Peter Rieß · Hans Hilger

Das Rechtspflegerecht des Einigungsvertrages

Peter Rieß · Hans Hilger

Das Rechtspflegerecht des Einigungsvertrages

Gesamtdarstellung mit besonderer Berücksichtigung der Gerichtsverfassung und des Strafverfahrens

1991
Walter de Gruyter · Berlin · New York

Sonderausgabe der Kommentierung aus Löwe-Rosenberg, Die Strafprozeßordnung und das Gerichtsverfassungsgesetz, 24., neubearbeitete Auflage

Professor Dr. Peter *Rieß*, Ministerialdirektor im Bundesministerium der Justiz;
Dr. Hans *Hilger*, Ministerialdirigent im Bundesministerium der Justiz.

∞ Gedruckt auf säurefreiem Papier, das die US-AINSI-Norm für Haltbarkeit erfüllt

Die Deutsche Bibliothek — CIP-Einheitsaufnahme

Rieß, Peter:
Das Rechtspflegerecht des Einigungsvertrages:
Gesamtdarstellung mit besonderer Berücksichtigung der Gerichtsverfassung und des Strafverfahrens/Peter Rieß; Hans Hilger. — Sonderausg. der Kommentierung aus Löwe-Rosenberg, Die Strafprozeßordnung und das Gerichtsverfassungsgesetz. — Berlin; New York: de Gruyter, 1991
ISBN 3-11-012943-4
NE: Hilger, Hans:

Printed in Germany
Satz und Druck: H. Heenemann GmbH & Co, 1000 Berlin 42
Bindearbeiten: Lüderitz & Bauer GmbH, 1000 Berlin 61

VORWORT

Mit dem 3. Oktober 1990 wurde durch den Beitritt der Deutschen Demokratischen Republik zur Bundesrepublik Deutschland gemäß Art. 23 des Grundgesetzes die Einheit Deutschlands wiederhergestellt. Nach den im Einigungsvertrag vom 31. August 1990 und seinen Anlagen vereinbarten Regelungen wurde mit dem Wirksamwerden des Beitritts in großem Umfang das Recht der Bundesrepublik Deutschland auf das Gebiet der Deutschen Demokratischen Republik erstreckt, so auch das Rechtspflegerecht. Jedoch gelten diese Rechtsvorschriften im beigetretenen Teil Deutschlands nicht uneingeschränkt, sondern mit teilweise einschneidenden Modifikationen und Maßgaben. Dies gilt vor allem für das Gerichtsverfassungsrecht, das Strafverfahrensrecht und das Richterrecht. Aber auch die Auswirkungen etwa auf die Zivilprozeßordnung und das Kostenrecht sind erheblich. Die Besonderheiten sind zwar vorwiegend für die Rechtspflege in den beigetretenen Ländern von Bedeutung, sie müssen aber auch sonst bei der Anwendung und Auslegung des Rechts beachtet werden.

Diese Entwicklung ließ eine Darstellung zweckmäßig erscheinen, die einen eingehenden Gesamtüberblick über die Rechtsangleichung im Rechtspflegebereich gibt, soweit dadurch das allgemein geltende Recht modifiziert wird. Dabei liegt ein Schwerpunkt der Darstellung auf einer vollständigen Kommentierung des Gerichtsverfassungsrechts einschließlich der Besonderheiten für die Fachgerichtsbarkeiten. In einem selbständigen Abschnitt werden ferner die Modifikationen im Strafverfahren eingehend erläutert. Wegen der Bedeutung für die Auslegung der teilweise sehr komplizierten Vorschriften ist auch die allgemeine Darstellung der Rechtsvereinheitlichung durch den Einigungsvertrag mit den sie tragenden Grundgedanken ausführlich gehalten worden.

Der den Erläuterungen vorangestellte Abdruck der Vertragstexte gibt die Maßgaben zum Rechtspflegeteil vollständig wieder und ergänzt sie um die einschlägigen Artikel des Einigungsvertrages. Aufrechterhaltenes Recht der Deutschen Demokratischen Republik ist erforderlichenfalls bei den einzelnen Erläuterungen wiedergegeben. Es ist im Anschluß an das Abkürzungsverzeichnis, das die neu erforderlich gewordenen Abkürzungen enthält, in einem besonderen Verzeichnis unter Angabe der Abdruckstelle nachgewiesen. Das einschlägige Schrifttum konnte bis etwa Anfang März 1991 berücksichtigt werden. Ebenfalls bis zu diesem Zeitpunkt berücksichtigt worden sind diejenigen Gesetzesänderungen nach dem Wirksamwerden des Beitritts, die sich auf die rechtspflegerechtlichen Regelungen auswirken, namentlich das Rechtspflege-Vereinfachungsgesetz und das 4. VwGOÄndG.

Die Schwerpunktbildung in dem hier vorgelegten Werk führt dazu, daß es zugleich einen weiteren Nachtrag zur 24. Auflage des Löwe-Rosenberg (Großkommentar zur Strafprozeßordnung und zum Gerichtsverfassungsgesetz) bildet. Die Besonderheiten des Rechtspflegerechts verstehen sich als Übergangsvorschriften bis zur Herstellung einer vollständigen Rechtseinheit. In einer künftigen Auflage wird deshalb der Löwe-Rosenberg die Strafprozeßordnung und das Gerichtsverfassungsgesetz für die Bundesrepublik Deutschland ebenso einheitlich erläutern können, wie dies bereits der Begründer dieses Kommentars 1879 unter der Bezeichnung Strafprozeßordnung für das Deutsche Reich tun konnte.

Bonn, im März 1991 Peter Rieß/Hans Hilger

Inhaltsübersicht

Abkürzungsverzeichnis

Anl.	Anlage
DtZ	Deutsch-Deutsche Rechts-Zeitschrift
DWiR	Deutsche Zeitschrift für Wirtschaftsrecht
EhRiWO	2. Durchführungsbestimmung zum Richtergesetz (der Deutschen Demokratischen Republik) — Ordnung zur Wahl und Berufung ehrenamtlicher Richter vom 1.9. 1990 (GBl. I S. 1553)
Einigungsvertrag	Vertrag zwischen der Bundesrepublik Deutschland und der Deutschen Demokratischen Republik über die Herstellung der Einheit Deutschlands vom 31. 8. 1990 (BGBl. II S. 889)
EinigungsvertrG	Gesetz zu dem Vertrag vom 31. 8. 1990 zwischen der Bundesrepublik Deutschland und der Deutschen Demokratischen Republik über die Herstellung der Einheit Deutschlands — Einigungsvertragsgesetz — und der Vereinbarung vom 18. 9. 1990 vom 23. 9. 1990 (BGBl. II S. 885)
GBl. I, II	Gesetzblatt der Deutschen Demokratischen Republik, Teil I und II
GemProt.	Gemeinsames Protoll
GNV	Gesetz über die Zuständigkeit und das Verfahren der Gerichte zur Nachprüfung von Verwaltungsentscheidungen vom 29. 6. 1990 (GBl. I S. 595)
GVG/DDR	Gesetz über die Verfassung der Gerichte der Deutschen Demokratischen Republik — Gerichtsverfassungsgesetz — vom 27. 9. 1974 (GBl. I S. 457), zuletzt geändert durch Gesetz vom 5. 7. 1990 (GBl. I S. 631)
GVollstrO	Verordnung über die Gesamtvollstreckung — Gesamtvollstreckungsordnung — vom 6. 6. 1990 (GBl. I S. 285), zuletzt geändert durch Anlage II Kap. III Sachgebiet A Abschnitt II Nr. 1 des Einigungsvertrags (BGBl. II S. 1153)
NJ	Neue Justiz
NotarVO	Verordnung über die Tätigkeit von Notaren in eigener Praxis vom 20. 6. 1990 (GBl. I S. 475), zuletzt geändert durch Anlage II Kap. III Sachgebiet A Abschnitt III Nr. 2 des Einigungsvertrags (BGBl. II S. 1156)
OWG/DDR	Gesetz zur Bekämpfung von Ordnungswidrigkeiten vom 12. 1. 1968 (GBl. I S. 101), zuletzt geändert durch Gesetz vom 29. 6. 1990 (GBl. I S. 526)
PAG/DDR	Gesetz (der Deutschen Demokratischen Republik) über die Aufgaben und Befugnisse der Polizei vom 13. 9. 1990 (GBl. I S. 1489)
RAG/DDR	Rechtsanwaltsgesetz der Deutschen Demokratischen Republik vom 13. 9. 1990 (GBl. I S. 1504)

RehabG	Rehabilitierungsgesetz (der Deutschen Demokratischen Republik) vom 6. 9. 1990 (GBl. I S. 1459)
RiG/DDR	Richtergesetz der Deutschen Demokratischen Republik vom 5. 7. 1990 (GBl. I S. 637)
RiWO	Ordnung über die Bildung und Arbeitsweise der Richterwahlausschüsse der Deutschen Demokratischen Republik vom 22. 7. 1990 (GBl. I S. 904)
SchiedsstG	Gesetz (der Deutschen Demokratischen Republik) über die Schiedsstellen in den Gemeinden vom 13. 9. 1990 (GBl. I S. 1527)
StAG/DDR	Gesetz über die Staatsanwaltschaft der Deutschen Demokratischen Republik vom 7. 4. 1977 (GBl. I S. 93), zuletzt geändert durch Gesetz vom 5. 7. 1990 (GBl. I S. 635)
StGB/DDR	Strafgesetzbuch der Deutschen Demokratischen Republik vom 12. 1. 1968 in der Neufassung vom 14. 12. 1988 (GBl. I 1989 S. 33), zuletzt geändert durch das 6. StrÄndG (DDR) vom 29. 6. 1990 (GBl. I S. 526)
StPO/DDR	Strafprozeßordnung der Deutschen Demokratischen Republik vom 12. 1. 1968 in der Neufassung vom 19. 1. 1974, zuletzt geändert durch das 6. StrÄndG (DDR) vom 29. 6. 1990 (GBl. I S. 526)
ÜberlG	Gesetz zur Überleitung von Bundesrecht nach Berlin (West) (Sechstes Überleitungsgesetz) vom 25. 9. 1990 (BGBl. I S. 2106)
WWSUVertrag	Vertrag über die Schaffung einer Währungs-, Wirtschafts- und Sozialunion zwischen der Bundesrepublik Deutschland und der Deutschen Demokratischen Republik vom 18. 5. 1990 (BGBl. II S. 537)
WWSUVertrG	Gesetz zu dem Vertrag vom 18. 5. 1990 über die Schaffung einer Währungs-, Wirtschafts- und Sozialunion zwischen der Bundesrepublik Deutschland und der Deutschen Demokratischen Republik vom 25. 6. 1990 (BGBl. II S. 518)
ZPO/DDR	Gesetz über das gerichtliche Verfahren in Zivil-, Familien- und Arbeitsrechtssachen — Zivilprozeßordnung — vom 19. 6. 1975 (GBl. I S. 533), zuletzt geändert durch Gesetz vom 29. 6. 1990 (GBl. I S. 547)
Zusatzvereinb.	Vereinbarung zwischen der Bundesrepublik Deutschland und der Deutschen Demokratischen Republik zur Durchführung und Auslegung des am 31. 8. 1990 in Berlin unterzeichneten Vertrages zwischen der Bundesrepublik Deutschland und der Deutschen Demokratischen Republik über die Herstellung der Einheit Deutschlands vom 18. 9. 1990 (BGBl. II S. 1239)

Verzeichnis der im Wortlaut abgedruckten Rechtsvorschriften der DDR

TEIL I

VERTRAGSWORTLAUT

1. Einigungsvertragsgesetz (Auszug)

Gesetz

zu dem Vertrag vom 31. August 1990 zwischen der Bundesrepublik Deutschland und der Deutschen Demokratischen Republik über die Herstellung der Einheit Deutschlands — Einigungsvertragsgesetz — und der Vereinbarung vom 18. September 1990

Vom 23. September 1990

(BGBl. II S. 885)

Der Bundestag hat mit Zustimmung des Bundesrates das folgende Gesetz beschlossen; Artikel 79 Abs. 2 des Grundgesetzes ist eingehalten:

Artikel 1

Zustimmung zum Vertrag

Dem in Berlin am 31. August 1990 unterzeichneten Vertrag zwischen der Bundesrepublik Deutschland und der Deutschen Demokratischen Republik über die Herstellung der Einheit Deutschlands einschließlich des Protokolls und der Anlagen I bis III sowie der in Bonn und Berlin am 18. September 1990 unterzeichneten Vereinbarung wird zugestimmt. Der Vertrag und die vorgenannten weiteren Urkunden sowie die dazu gehörige Vereinbarung werden nachstehend veröffentlicht.

Artikel 2

Verordnungsermächtigung

(Verträge der Bundesrepublik Deutschland im Bereich der sozialen Sicherheit)

(nicht abgedruckt)

Artikel 3

Verordnungsermächtigung

(Verträge der Deutschen Demokratischen Republik im Bereich der sozialen Sicherheit)

(nicht abgedruckt)

Artikel 4

Verordnungsermächtigung

(EG-Recht und EG-bedingtes Recht)

(nicht abgedruckt)

Artikel 5

Verordnungsermächtigung

(Anmeldung vermögensrechtlicher Ansprüche)

(nicht abgedruckt)

Artikel 6

Rückkehr zum einheitlichen Verordnungsrang, Aufhebung und Änderung von Verwaltungsvorschriften

(1) Die auf der Anlage I zu Artikel 8 des Vertrages beruhenden Teile der dort geänderten Rechtsverordnungen sowie die Maßgaben zu Rechtsverordnungen können auf Grund und im Rahmen der jeweils einschlägigen Ermächtigungen durch Rechtsverordnung geändert werden. Das auf Grund von Artikel 9 Abs. 2 bis 4 in Verbindung mit Anlage II zu dem Vertrag im Range einer Rechtsverordnung fortbestehende Bundesrecht sowie die Maßgaben dazu können durch Rechtsverordnung geändert oder aufgehoben werden.

(2) Soweit Verwaltungsvorschriften der Deutschen Demokratischen Republik nach Artikel 9 Abs. 2 in Verbindung mit Anlage II zu dem Vertrag fortbestehen, können sie durch Verwaltungsvorschrift geändert oder aufgehoben werden.

Artikel 7

Neufassung der durch den Vertrag geänderten Gesetze

(nicht abgedruckt)

Artikel 8

Änderung

des Gesetzes über die Statistik des Warenverkehrs mit der Deutschen Demokratischen Republik und Berlin (Ost)

(nicht abgedruckt)

Artikel 9

Berlin-Klausel

Dieses Gesetz gilt auch im Land Berlin, sofern das Land Berlin die Anwendung dieses Gesetzes feststellt. Rechtsverordnungen, die auf Grund dieses Gesetzes erlassen werden, gelten im Land Berlin nach § 14 des Dritten Überleitungsgesetzes.

Artikel 10

Inkrafttreten

(1) Dieses Gesetz tritt am Tage nach seiner Verkündung in Kraft[1].

(2) Der Tag, an dem der Vertrag einschließlich der in Artikel 1 Satz 1 aufgeführten weiteren Urkunden nach Artikel 45 des Vertrages zwischen der Bundesrepublik Deutschland und der Deutschen Demokratischen Republik über die Herstellung der Einheit Deutschlands in Kraft tritt, ist im Bundesgesetzblatt bekanntzugeben[2].

2. Einigungsvertrag (Auszug)

Vertrag

zwischen der Bundesrepublik Deutschland und der Deutschen Demokratischen Republik über die Herstellung der Einheit Deutschlands — Einigungsvertrag —

(Vom 31. August 1990, BGBl. II S. 889)

Die Bundesrepublik Deutschland und die Deutsche Demokratische Republik —

entschlossen, die Einheit Deutschlands in Frieden und Freiheit als gleichberechtigtes Glied der Völkergemeinschaft in freier Selbstbestimmung zu vollenden,

ausgehend von dem Wunsch der Menschen in beiden Teilen Deutschlands, gemeinsam in Frieden und Freiheit in einem rechtsstaatlich geordneten, demokratischen und sozialen Bundesstaat zu leben,

in dankbarem Respekt vor denen, die auf friedliche Weise der Freiheit zum Durchbruch verholfen haben, die an der Aufgabe der Herstellung der Einheit Deutschlands unbeirrt festgehalten haben und sie vollenden,

im Bewußtsein der Kontinuität deutscher Geschichte und eingedenk der sich aus unserer Vergangenheit ergebenden besonderen Verantwortung für eine demokratische Entwicklung in Deutschland, die der Achtung der Menschenrechte und dem Frieden verpflichtet bleibt,

in dem Bestreben, durch die deutsche Einheit einen Beitrag zur Einigung Europas und zum Aufbau einer europäischen Friedensordnung zu leisten, in der Grenzen nicht mehr trennen und die allen europäischen Völkern ein vertrauensvolles Zusammenleben gewährleistet,

---

[1] Verkündet durch Ausgabe am 28. September 1990.

[2] Der Vertrag ist am 29. September 1990 in Kraft getreten (Bekanntmachung vom 16. Oktober 1990 – BGBl. II S. 1360 – und vom 29. September 1990 – GBl. I S. 1988 –).

in dem Bewußtsein, daß die Unverletzlichkeit der Grenzen und der territorialen Integrität und Souveränität aller Staaten in Europa in ihren Grenzen eine grundlegende Bedingung für den Frieden ist —

sind übereingekommen, einen Vertrag über die Herstellung der Einheit Deutschlands mit den nachfolgenden Bestimmungen zu schließen:

Kapitel I
Wirkung des Beitritts

Artikel 1
Länder

(1) Mit dem Wirksamwerden des Beitritts der Deutschen Demokratischen Republik zur Bundesrepublik Deutschland gemäß Artikel 23 des Grundgesetzes am 3. Oktober 1990 werden die Länder Brandenburg, Mecklenburg-Vorpommern, Sachsen, Sachsen-Anhalt und Thüringen Länder der Bundesrepublik Deutschland. Für die Bildung und die Grenzen dieser Länder untereinander sind die Bestimmungen des Verfassungsgesetzes zur Bildung von Ländern in der Deutschen Demokratischen Republik vom 22. Juli 1990 — Ländereinführungsgesetz — (GBl. I Nr. 51 S. 955) gemäß Anlage II maßgebend.

(2) Die 23 Bezirke von Berlin bilden das Land Berlin.

...

Kapitel II
Grundgesetz

Artikel 3
Inkrafttreten des Grundgesetzes

Mit dem Wirksamwerden des Beitritts tritt das Grundgesetz für die Bundesrepublik Deutschland in der im Bundesgesetzblatt Teil III, Gliederungsnummer 100-1, veröffentlichten bereinigten Fassung, zuletzt geändert durch Gesetz vom 21. Dezember 1983 (BGBl. I S. 1481), in den Ländern Brandenburg, Mecklenburg-Vorpommern, Sachsen, Sachsen-Anhalt und Thüringen sowie in dem Teil des Landes Berlin, in dem es bisher nicht galt, mit den sich aus Artikel 4 ergebenden Änderungen in Kraft, soweit in diesem Vertrag nichts anderes bestimmt ist.

Artikel 4
Beitrittsbedingte Änderungen des Grundgesetzes

Das Grundgesetz für die Bundesrepublik Deutschland wird wie folgt geändert:

1. ...
2. ...
3. ...
4. ...
5. In das Grundgesetz wird folgender neuer Artikel 143 eingefügt:

„Artikel 143

(1) Recht in dem in Artikel 3 des Einigungsvertrags genannten Gebiet kann längstens bis zum 31. Dezember 1992 von Bestimmungen dieses Grundgesetzes abweichen, soweit und solange infolge der unterschiedlichen Verhältnisse die völlige Anpassung an die grundgesetzliche Ordnung noch nicht erreicht werden kann. Abweichungen dürfen nicht gegen Artikel 19 Abs. 2 verstoßen und müssen mit den in Artikel 79 Abs. 3 genannten Grundsätzen vereinbar sein.

(2) Abweichungen von den Abschnitten II, VIII, VIII a, IX, X und XI sind längstens bis zum 31. Dezember 1995 zulässig.

(3) Unabhängig von Absatz 1 und 2 haben Artikel 41 des Einigungsvertrags und Regelungen zu seiner Durchführung auch insoweit Bestand, als sie vorsehen, daß Eingriffe in das Eigentum auf dem in Artikel 3 dieses Vertrags genannten Gebiet nicht mehr rückgängig gemacht werden."

6. ...

...

Kapitel III

Rechtsangleichung

Artikel 8

Überleitung von Bundesrecht

Mit dem Wirksamwerden des Beitritts tritt in dem in Artikel 3 genannten Gebiet Bundesrecht in Kraft, soweit es nicht in seinem Geltungsbereich auf bestimmte Länder oder Landesteile der Bundesrepublik Deutschland beschränkt ist und soweit durch diesen Vertrag, insbesondere dessen Anlage I, nichts anderes bestimmt wird.

Artikel 9

Fortgeltendes Recht der Deutschen Demokratischen Republik

(1) Das im Zeitpunkt der Unterzeichnung dieses Vertrags geltende Recht der Deutschen Demokratischen Republik, das nach der Kompetenzordnung des Grundgesetzes Landesrecht ist, bleibt in Kraft, soweit es mit dem Grundgesetz ohne Berücksichtigung des Artikels 143, mit in dem in Artikel 3 genannten Gebiet in Kraft gesetztem Bundesrecht sowie mit dem unmittelbar geltenden Recht der Europäischen Gemeinschaften vereinbar ist und soweit in diesem Vertrag nichts anderes bestimmt wird. Recht der Deutschen Demokratischen Republik, das nach der Kompetenzordnung des Grundgesetzes Bundesrecht ist und das nicht bundeseinheitlich geregelte Gegenstände betrifft, gilt unter den Voraussetzungen des Satzes 1 bis zu einer Regelung durch den Bundesgesetzgeber als Landesrecht fort.

(2) Das in Anlage II aufgeführte Recht der Deutschen Demokratischen Republik bleibt mit den dort genannten Maßgaben in Kraft, soweit es mit dem Grundgesetz unter Berücksichtigung dieses Vertrags sowie mit dem unmittelbar geltenden Recht der Europäischen Gemeinschaften vereinbar ist.

(3) Nach Unterzeichnung dieses Vertrags erlassenes Recht der Deutschen Demokratischen Republik bleibt in Kraft, sofern es zwischen den Vertragsparteien vereinbart wird[3]. Absatz 2 bleibt unberührt.

(4) Soweit nach den Absätzen 2 und 3 fortgeltendes Recht Gegenstände der ausschließlichen Gesetzgebung des Bundes betrifft, gilt es als Bundesrecht fort. Soweit es Gegenstände der konkurrierenden Gesetzgebung oder der Rahmengesetzgebung betrifft, gilt es als Bundesrecht fort, wenn und soweit es sich auf Sachgebiete bezieht, die im übrigen Geltungsbereich des Grundgesetzes bundesrechtlich geregelt sind.

(5) Das gemäß Anlage II von der Deutschen Demokratischen Republik erlassene Kirchensteuerrecht gilt in den in Artikel 1 Abs. 1 genannten Ländern als Landesrecht fort.

Artikel 10

Recht der Europäischen Gemeinschaften

(1) Mit dem Wirksamwerden des Beitritts gelten in dem in Artikel 3 genannten Gebiet die Verträge über die Europäischen Gemeinschaften nebst Änderungen und Ergänzungen sowie die internationalen Vereinbarungen, Verträge und Beschlüsse, die in Verbindung mit diesen Verträgen in Kraft getreten sind.

(2) Die auf der Grundlage der Verträge über die Europäischen Gemeinschaften ergangenen Rechtsakte gelten mit dem Wirksamwerden des Beitritts in dem in Artikel 3 genannten Gebiet, soweit nicht die zuständigen Organe der Europäischen Gemeinschaften Ausnahmeregelungen erlassen. Diese Ausnahmeregelungen sollen den verwaltungsmäßigen Bedürfnissen Rechnung tragen und der Vermeidung wirtschaftlicher Schwierigkeiten dienen.

(3) Rechtsakte der Europäischen Gemeinschaften, deren Umsetzung oder Ausführung in die Zuständigkeit der Länder fällt, sind von diesen durch landesrechtliche Vorschriften umzusetzen oder auszuführen.

Kapitel IV

Völkerrechtliche Verträge und Vereinbarungen

Artikel 11

Verträge der Bundesrepublik Deutschland

Die Vertragsparteien gehen davon aus, daß völkerrechtliche Verträge und Vereinbarungen, denen die Bundesrepublik Deutschland als Vertragspartei angehört, einschließlich solcher Verträge, die Mitgliedschaften in internationalen Organisationen oder Institutionen begründen, ihre Gültigkeit behalten und die daraus folgenden Rechte und Verpflichtungen sich mit Ausnahme der in Anlage I genannten Verträge auch auf das in Artikel 3 genannte Gebiet beziehen. Soweit im Einzelfall Anpassungen erforderlich werden, wird sich die gesamtdeutsche Regierung mit den jeweiligen Vertragspartnern ins Benehmen setzen.

---

[3] S. Art. 3 der Zusatzvereinbarung vom 18. September 1990, auszugsweise abgedruckt unter 5.

Artikel 12

Verträge der Deutschen Demokratischen Republik

(1) Die Vertragsparteien sind sich einig, daß die völkerrechtlichen Verträge der Deutschen Demokratischen Republik im Zuge der Herstellung der Einheit Deutschlands unter den Gesichtspunkten des Vertrauensschutzes, der Interessenlage der beteiligten Staaten und der vertraglichen Verpflichtungen der Bundesrepublik Deutschland sowie nach den Prinzipien einer freiheitlichen, demokratischen und rechtsstaatlichen Grundordnung und unter Beachtung der Zuständigkeiten der Europäischen Gemeinschaften mit den Vertragspartnern der Deutschen Demokratischen Republik zu erörtern sind, um ihre Fortgeltung, Anpassung oder ihr Erlöschen zu regeln beziehungsweise festzustellen.

(2) Das vereinte Deutschland legt seine Haltung zum Übergang völkerrechtlicher Verträge der Deutschen Demokratischen Republik nach Konsultationen mit den jeweiligen Vertragspartnern und mit den Europäischen Gemeinschaften, soweit deren Zuständigkeiten berührt sind, fest.

(3) Beabsichtigt das vereinte Deutschland, in internationale Organisationen oder in sonstige mehrseitige Verträge einzutreten, denen die Deutsche Demokratische Republik, nicht aber die Bundesrepublik Deutschland angehört, so wird Einvernehmen mit den jeweiligen Vertragspartnern und mit den Europäischen Gemeinschaften, soweit deren Zuständigkeiten berührt sind, hergestellt.

Kapitel V

Öffentliche Verwaltung und Rechtspflege

Artikel 13

Übergang von Einrichtungen

(1) Verwaltungsorgane und sonstige der öffentlichen Verwaltung oder Rechtspflege dienende Einrichtungen in dem in Artikel 3 genannten Gebiet unterstehen der Regierung des Landes, in dem sie örtlich gelegen sind. Einrichtungen mit länderübergreifendem Wirkungskreis gehen in die gemeinsame Trägerschaft der betroffenen Länder über. Soweit Einrichtungen aus mehreren Teileinrichtungen bestehen, die ihre Aufgaben selbständig erfüllen können, unterstehen die Teileinrichtungen jeweils der Regierung des Landes, in dem sich die Teileinrichtung befindet. Die Landesregierung regelt die Überführung oder Abwicklung. § 22 des Ländereinführungsgesetzes vom 22. Juli 1990 bleibt unberührt.

(2) Soweit die in Absatz 1 Satz 1 genannten Einrichtungen oder Teileinrichtungen bis zum Wirksamwerden des Beitritts Aufgaben erfüllt haben, die nach der Kompetenzordnung des Grundgesetzes vom Bund wahrzunehmen sind, unterstehen sie den zuständigen obersten Bundesbehörden. Diese regeln die Überführung oder Abwicklung.

(3) Zu den Einrichtungen nach den Absätzen 1 und 2 gehören auch

1. Einrichtungen der Kultur, der Bildung und Wissenschaft sowie des Sports,
2. Einrichtungen des Hörfunks und des Fernsehens,

deren Rechtsträger die öffentliche Verwaltung ist.

Artikel 14

Gemeinsame Einrichtungen der Länder

(1) Einrichtungen oder Teile von Einrichtungen, die bis zum Wirksamwerden des Beitritts Aufgaben erfüllt haben, die nach der Kompetenzordnung des Grundgesetzes von den Ländern wahrzunehmen sind, werden bis zur endgültigen Regelung durch die in Artikel 1 Abs. 1 genannten Länder als gemeinsame Einrichtungen der Länder weitergeführt. Dies gilt nur, soweit die übergangsweise Weiterführung für die Erfüllung der Aufgaben der Länder unerläßlich ist.

(2) Die gemeinsamen Einrichtungen der Länder unterstehen bis zur Wahl der Ministerpräsidenten der Länder den Landesbevollmächtigten. Danach unterstehen sie den Ministerpräsidenten. Diese können die Aufsicht dem zuständigen Landesminister übertragen.

...

Artikel 17

Rehabilitierung

Die Vertragsparteien bekräftigen ihre Absicht, daß unverzüglich eine gesetzliche Grundlage dafür geschaffen wird, daß alle Personen rehabilitiert werden können, die Opfer einer politisch motivierten Strafverfolgungsmaßnahme oder sonst einer rechtsstaats- und verfassungswidrigen gerichtlichen Entscheidung geworden sind[4]. Die Rehabilitierung dieser Opfer des SED-Unrechts-Regimes ist mit einer angemessenen Entschädigungsregelung zu verbinden.

Artikel 18

Fortgeltung gerichtlicher Entscheidungen

(1) Vor dem Wirksamwerden des Beitritts ergangene Entscheidungen der Gerichte der Deutschen Demokratischen Republik bleiben wirksam und können nach Maßgabe des gemäß Artikel 8 in Kraft gesetzten oder des gemäß Artikel 9 fortgeltenden Rechts vollstreckt werden. Nach diesem Recht richtet sich auch eine Überprüfung der Vereinbarkeit von Entscheidungen und ihrer Vollstreckung mit rechtsstaatlichen Grundsätzen. Artikel 17 bleibt unberührt.

(2) Den durch ein Strafgericht der Deutschen Demokratischen Republik Verurteilten wird durch diesen Vertrag nach Maßgabe der Anlage I ein eigenes Recht eingeräumt, eine gerichtliche Kassation rechtskräftiger Entscheidungen herbeizuführen[5].

Artikel 19

Fortgeltung von Entscheidungen der öffentlichen Verwaltung

Vor dem Wirksamwerden des Beitritts ergangene Verwaltungsakte der Deutschen Demokratischen Republik bleiben wirksam. Sie können aufgehoben werden, wenn sie mit rechtsstaatlichn Grundsätzen oder mit den Regelungen dieses Vertrags unvereinbar sind. Im übrigen bleiben die Vorschriften über die Bestandskraft von Verwaltungsakten unberührt.

---

[4] S. dazu das aufrechterhaltene Rehabilitierungsgesetz, abgedruckt bei den Erläuterungen, Teil C Rdn. 79.

[5] S. dazu Anlage I Kap. III Sachgebiet A Abschnitt III Maßgabe 14 Buchst. h), abgedruckt unter 3. Erläuterungen zu Art. 18 in Teil C Rdn. 4 ff.

Artikel 20

Rechtsverhältnisse im öffentlichen Dienst

(1) Für die Rechtsverhältnisse der Angehörigen des öffentlichen Dienstes zum Zeitpunkt des Beitritts gelten die in Anlage I vereinbarten Übergangsregelungen.

(2) Die Wahrnehmung von öffentlichen Aufgaben (hoheitsrechtliche Befugnisse im Sinne von Artikel 33 Abs. 4 des Grundgesetzes) ist sobald wie möglich Beamten zu übertragen. Das Beamtenrecht wird nach Maßgabe der in Anlage I vereinbarten Regelungen eingeführt. Artikel 92 des Grundgesetzes bleibt unberührt.

(3) Das Soldatenrecht wird nach Maßgabe der in Anlage I vereinbarten Regelungen eingeführt.

...

Kapitel IX

Übergangs- und Schlußbestimmungen

Artikel 40

Verträge und Vereinbarungen

(1) Die Verpflichtungen aus dem Vertrag vom 18. Mai 1990 über die Schaffung einer Währungs-, Wirtschafts- und Sozialunion zwischen der Bundesrepublik Deutschland und der Deutschen Demokratischen Republik gelten fort, soweit nicht in diesem Vertrag Abweichendes bestimmt wird oder die Vereinbarungen im Zuge der Herstellung der Einheit Deutschland gegenstandslos werden.

(2) Soweit Rechte und Pflichten aus sonstigen Verträgen und Vereinbarungen zwischen der Bundesrepublik Deutschland oder den Bundesländern und der Deutschen Demokratischen Republik nicht im Zuge der Herstellung der Einheit Deutschlands gegenstandslos geworden sind, werden sie von den innerstaatlich zuständigen Rechtsträgern übernommen, angepaßt oder abgewickelt.

...

Artikel 44

Rechtswahrung

Rechte aus diesem Vertrag zugunsten der Deutschen Demokratischen Republik oder der in Artikel 1 genannten Länder können nach Wirksamwerden des Beitritts von jedem dieser Länder geltend gemacht werden.

Artikel 45

Inkrafttreten des Vertrags

(1) Dieser Vertrag einschließlich des anliegenden Protokolls und der Anlagen I bis III tritt an dem Tag in Kraft, an dem die Regierungen der Bundesrepublik Deutschland und der Deutschen Demokratischen Republik einander mitgeteilt haben, daß die erforderlichen innerstaatlichen Voraussetzungen für das Inkrafttreten erfüllt sind.

(2) Der Vertrag bleibt nach Wirksamwerden des Beitritts als Bundesrecht geltendes Recht.

3. Anlage I zum Einigungsvertrag (Überleitung von Bundesrecht) — Auszug —

Besondere Bestimmungen zur Überleitung von Bundesrecht

gemäß Artikel 8 und Artikel 11 des Vertrages

(BGBl. II S. 907)

Vorbemerkungen:

Von dem Inkrafttreten des Bundesrechts gemäß Artikel 8 des Vertrages sind die in Abschnitt I des jeweiligen Kapitels aufgeführten Rechtsvorschriften ausgenommen. Entsprechendes gilt gemäß Artikel 11 des Vertrages für die in Abschnitt I des Kapitels I genannten völkerrechtlichen Verträge.

Gemäß Abschnitt II des jeweiligen Kapitels werden die dort aufgeführten Rechtsvorschriften aufgehoben, geändert oder ergänzt.

Gemäß Abschnitt III des jeweiligen Kapitels treten die Rechtsvorschriften mit den dort bestimmten Maßgaben in dem in Artikel 3 des Vertrages genannten Gebiet in Kraft.

Soweit in übergeleitetem Bundesrecht auf andere Rechtsvorschriften der Bundesrepublik Deutschland verwiesen wird, ist die Verweisung auch wirksam, wenn die in Bezug genommenen Rechtsvorschriften nicht übergeleitet worden sind. Sollen an die Stelle der in Bezug genommenen Rechtsvorschriften der Bundesrepublik Deutschland Rechtsvorschriften der Deutschen Demokratischen Republik treten, ist dies ausdrücklich bestimmt.

...

Kapitel III

Geschäftsbereich des Bundesministers der Justiz

Sachgebiet A: Rechtspflege

Abschnitt I

Von dem Inkrafttreten des Bundesrechts gemäß Artikel 8 des Vertrages sind, vorbehaltlich der Sonderregelung für das Land Berlin in Abschnitt IV, ausgenommen:

1. Vergleichsordnung in der im Bundesgesetzblatt Teil III, Gliederungsnummer 311-1, veröffentlichten bereinigten Fassung, zuletzt geändert durch Artikel 10 Abs. 2 des Gesetzes vom 19. Dezember 1985 (BGBl. I S. 2355)

2. Gesetz betreffend die Einführung der Konkursordnung in der im Bundesgesetzblatt Teil III, Gliederungsnummer 311-2, veröffentlichten bereinigten Fassung, geändert durch Artikel 1 Nr. 10 des Gesetzes vom 11. März 1974 (BGBl. I S. 671)

3. Einführungsgesetz zu dem Gesetze, betreffend Änderungen der Konkursordnung in der im Bundesgesetzblatt Teil III, Gliederungsnummer 311-3, veröffentlichten bereinigten Fassung, mit Ausnahme seines Artikels IV, der nach näherer Maßgabe in Kraft gesetzt wird

4. Konkursordnung in der im Bundesgesetzblatt Teil III, Gliederungsnummer 311-4, veröffentlichten bereinigten Fassung, zuletzt geändert durch § 36 des Gesetzes vom 25. Juli 1986 (BGBl. I S 1130 in Verbindung mit der Bekanntmachung vom 30. Juli 1987 — BGBl. I S. 2083)
5. Gesetz über den Sozialplan im Konkurs- und Vergleichsverfahren vom 20. Februar 1985 (BGBl. I S. 369), zuletzt geändert durch Gesetz vom 22. Dezember 1989 (BGBl. I S. 2405)
6. Gesetz zur Schaffung eines Vorrechts für Umlagen auf die Erzeugung von Kohle und Stahl vom 1. März 1989 (BGBl. I S. 326)
7. Bundesrechtsanwaltsordnung in der im Bundesgesetzblatt Teil III, Gliederungsnummer 303-8, veröffentlichten bereinigten Fassung, zuletzt geändert durch Artikel 3 des Gesetzes vom 6. Juli 1990 (BGBl. I S. 1349)
8. Bundesnotarordnung in der im Bundesgesetzblatt Teil III, Gliederungsnummer 303-1, veröffentlichten bereinigten Fassung, zuletzt geändert durch Artikel 1 des Gesetzes vom 7. August 1981 (BGBl. I S. 803).

Abschnitt II

Bundesrecht wird wie folgt geändert oder ergänzt:

1. Nach § 744 der Zivilprozeßordnung in der im Bundesgesetzblatt Teil III, Gliederungsnummer 310-4, veröffentlichten bereinigten Fassung, die zuletzt durch Artikel 4 des Gesetzes vom 17. Mai 1990 (BGBl. I S. 926) geändert worden ist, wird folgender § 744 a eingefügt:

   „§ 744a

   Leben die Ehegatten gemäß Artikel 234 § 4 Abs. 2 des Einführungsgesetzes zum Bürgerlichen Gesetzbuch im Güterstand der Eigentums- und Vermögensgemeinschaft, sind für die Zwangsvollstreckung in Gegenstände des gemeinschaftlichen Eigentums und Vermögens die §§ 740 bis 744, 774 und 860 entsprechend anzuwenden."
2. Stellung und Befugnisse der Rechtsanwälte
   Ein Rechtsanwalt, der in dem in Artikel 3 des Einigungsvertrages genannten Gebiet oder im Geltungsbereich der Bundesrechtsanwaltsordnung zugelassen ist, steht in dem jeweils anderen Gebiet einem dort zugelassenen Rechtsanwalt gleich.

Abschnitt III

Bundesrecht tritt, soweit sich nicht aus den nachfolgenden Maßgaben ein anderer Geltungsbereich ergibt und vorbehaltlich der Sonderregelung für das Land Berlin in Abschnitt IV, in dem in Artikel 3 des Vertrages genannten Gebiet mit folgenden Maßgaben in Kraft:

1. **Gerichtsverfassungsgesetz** in der Fassung der Bekanntmachung vom 9. Mai 1975 (BGBl. I S. 1077), zuletzt geändert durch Artikel 3 des Gesetzes vom 5. April 1990 (BGBl. I S. 701),
   mit folgenden Maßgaben:

   Allgemeine Vorschriften
   a) *Aufbau der Gerichtsbarkeit*
   (1) Die ordentliche streitige Gerichtsbarkeit der Länder wird in den in Artikel 1 Abs. 1 des Vertrages genannten Ländern durch die Kreisgerichte und die Be-

zirksgerichte ausgeübt. Diese Gerichte sind auch zuständig für Angelegenheiten der freiwilligen Gerichtsbarkeit, die den Gerichten übertragen sind.
(2) Die Länder richten durch Gesetz die im Gerichtsverfassungsgesetz vorgesehenen Gerichte und Staatsanwaltschaften ein, sobald hierfür unter Berücksichtigung der Bedürfnisse einer geordneten Rechtspflege jeweils die personellen und sachlichen Voraussetzungen gegeben sind. Sie können dabei Regelungen über den Übergang der anhängigen Verfahren treffen.
(3) Bis zur Errichtung selbständiger Gerichtsbarkeiten sind die Kreis- und Bezirksgerichte nach den Maßgaben t) bis x) auch in Angelegenheiten der Verwaltungs-, Finanz-, Arbeits- und Sozialgerichtsbarkeit zuständig.

b) *Gleichstellungsklausel*
(1) Wo das Gerichtsverfassungsgesetz oder andere Rechtsvorschriften die Zuständigkeit der Gerichte regeln, den Gerichten Aufgaben zuweisen oder Gerichte bezeichnen, treten die Kreisgerichte an die Stelle der Amtsgerichte und die Bezirksgerichte an die Stelle der Landgerichte und der Oberlandesgerichte, soweit nichts anderes bestimmt ist.
(2) Absatz 1 gilt entsprechend für Aufgabenzuweisungen an die Präsidenten oder Präsidien der Gerichte. Dabei steht der Direktor eines Kreisgerichts mit mehr als 20 Richterplanstellen einem Präsidenten des Amtsgerichts gleich.
(3) Die Bezeichnung Senate bei den Bezirksgerichten steht der Bezeichnung Kammern bei den Landgerichten gleich, soweit die Bezirksgerichte an die Stelle der Landgerichte treten.

c) *Präsidium und Geschäftsverteilung*
(1) Bei den Kreis- und Bezirksgerichten sind erstmals für das am 1. Januar 1992 beginnende Geschäftsjahr Präsidien nach den Vorschriften des Zweiten Titels (§§ 21 a bis 21 i) nach Maßgabe der Absätze 3 und 4 zu bilden. Bis zu diesem Zeitpunkt gehören dem Präsidium des Bezirksgerichts der Präsident, seine Stellvertreter und die Vorsitzenden der Spruchkörper an. Bei den Kreisgerichten, bei denen das Präsidium nicht nach § 21 a Abs. 2 Nr. 3 aus allen wählbaren Richtern besteht, besteht das Präsidium bis zu diesem Zeitpunkt aus dem Direktor, den beiden Richtern mit der längsten und den beiden Richtern mit der kürzesten richterlichen Tätigkeit.
(2) An die Stelle des aufsichtführenden Richters (§ 21 a Abs. 2 Satz 1, § 21 c Abs. 1, § 21 e Abs. 8, §§ 21 h, 21 i Abs. 2 Satz 1) tritt der Direktor des Kreisgerichts; § 22 a ist nicht anzuwenden.
(3) Die Vorschriften über die paritätische Wahl und Besetzung des Präsidiums mit Vorsitzenden Richtern (§ 21 a Abs. 2 Satz 2, § 21 b Abs. 2, § 21 c Abs. 2 letzter Satzteil) finden keine Anwendung.
(4) Abweichend von § 21 b Abs. 1 Satz 2 sind zum Präsidium wählbar alle Richter, die bei dem Gericht eine Planstelle innehaben.
(5) In Spruchkörpern, die mit mehreren Berufsrichtern besetzt sind, bestimmt, abweichend von § 21 f Abs. 1, das Präsidium die Vorsitzenden. Auf diese ist § 21 e Abs. 2, Abs. 3 Satz 2 entsprechend anzuwenden.

d) *Verwendung von Richtern auf Probe, auf Zeit oder kraft Auftrags*
Vorschriften, die die Tätigkeit von Richtern auf Probe, Richtern auf Zeit oder Richtern kraft Auftrags ausschließen oder beschränken oder Richtern auf Lebenszeit bestimmte Aufgaben vorbehalten, finden keine Anwendung.

Zuständigkeit und Besetzung der Gerichte

e) *Zuständigkeit der Kreisgerichte in bürgerlichen Rechtsstreitigkeiten, Familiensachen und Angelegenheiten der freiwilligen Gerichtsbarkeit*

(1) In bürgerlichen Rechtsstreitigkeiten einschließlich von Ehe- und Familiensachen und in Angelegenheiten der freiwilligen Gerichtsbarkeit sind die Kreisgerichte zuständig, soweit die Zuständigkeit der Amtsgerichte oder der Landgerichte im ersten Rechtszug besteht.

(2) Bei den Kreisgerichten, in deren Bezirk das Bezirksgericht seinen Sitz hat, werden Kammern für Handelssachen gebildet. Diese sind für das Gebiet des Bezirksgerichts zuständig für Handelssachen im Sinne des § 95 mit Ausnahme der Nummer 4 Buchstaben c) und f). Die Vorschriften, die die Zuständigkeit der Kammer für Handelssachen von Anträgen der Parteien abhängig machen, finden keine Anwendung.

f) *Zuständigkeit der Kreisgerichte in Strafsachen*

(1) In Strafsachen sind die Kreisgerichte im ersten Rechtszug zuständig, soweit nicht die Zuständigkeit des Bezirksgerichts ausdrücklich begründet ist; sie dürfen auf keine höhere Strafe als auf drei Jahre Freiheitsstrafe und nicht auf Unterbringung in einem psychiatrischen Krankenhaus, allein oder neben einer Strafe, oder in der Sicherungsverwahrung erkennen.

(2) Die Kreisgerichte nehmen ferner die Aufgaben der Strafvollstreckungskammern nach § 78 a und des Landgerichts nach § 161 a Abs. 3 Satz 2 der Strafprozeßordnung wahr.

g) *Besetzung des Kreisgerichts*

(1) Die Kreisgerichte entscheiden, soweit nicht nach den Vorschriften des Gerichtsverfassungsgesetzes oder der Prozeßgesetze die ehrenamtlichen Richter nicht mitwirken,

1. in Handelssachen als Kammern für Handelssachen durch einen Richter und zwei ehrenamtliche Richter (Handelsrichter), in Registersachen durch einen Richter,
2. in Patent-, Gebrauchsmuster-, Geschmacksmuster- und Warenzeichenstreit sachen durch einen Richter und zwei ehrenamtliche Richter,
3. in Landwirtschaftssachen (§ 1 des Gesetzes über das gerichtliche Verfahren in Landwirtschaftssachen) durch einen Richter und zwei ehrenamtliche Richter,
4. in der Hauptverhandlung in Strafsachen als Schöffengerichte durch einen Richter und zwei Schöffen, es sei denn, daß keine höhere Strafe als Freiheitsstrafe von einem Jahr zu erwarten ist,
5. über die Aussetzung der Vollstreckung des Restes einer lebenslangen Freiheitsstrafe oder die Aussetzung der Vollstreckung der Unterbringung durch drei Richter.

(2) Im übrigen entscheiden die Kreisgerichte durch einen Richter.

h) *Zuständigkeit der Bezirksgerichte in bürgerlichen Rechtsstreitigkeiten, Familiensachen und Angelegenheiten der freiwilligen Gerichtsbarkeit*

(1) In bürgerlichen Rechtsstreitigkeiten einschließlich von Ehe- und Familiensachen und in Angelegenheiten der freiwilligen Gerichtsbarkeit entscheiden die Zivilsenate der Bezirksgerichte über Berufungen und Beschwerden gegen die Ent-

scheidungen des Kreisgerichts, soweit nicht die Zuständigkeit der besonderen Senate nach Maßgabe l) begründet ist. An die Stelle der Zivilsenate treten für die in Maßgabe e) Abs. 2 genannten Verfahren Senate für Handelssachen bei den Bezirksgerichten, in deren Bezirk die Landesregierung ihren Sitz hat; die Landesregierungen können durch Rechtsverordnung die örtliche Zuständigkeit eines anderen Bezirksgerichts begründen.

(2) Die Zivilsenate entscheiden über Berufungen und Beschwerden abschließend, soweit nach den Vorschriften des Gerichtsverfassungsgesetzes und der Zivilprozeßordnung im ersten Rechtszug das Amtsgericht und im zweiten Rechtszug das Landgericht zuständig wäre; Maßgabe l) Abs. 3 bleibt unberührt.

i) *Zuständigkeit der Bezirksgerichte in Strafsachen*

(1) Die Strafsenate der Bezirksgerichte sind als erkennende Gerichte des ersten Rechtszuges zuständig

1. für die in §74 Abs. 2, §74a genannten Straftaten,
2. wenn die Strafgewalt des Kreisgerichts nicht ausreicht,
3. wenn wegen des besonderen Umfangs, der besonderen Schwierigkeit oder der besonderen Bedeutung der Sache eine Verhandlung vor dem Strafsenat geboten ist,
4. soweit nach den Vorschriften des Jugendgerichtsgesetzes die Jugendkammer im ersten Rechtszug zuständig ist.

Die Zuständigkeit des besonderen Senats nach Maßgabe l) bleibt unberührt.

(2) Die Strafsenate der Bezirksgerichte sind ferner zuständig

1. zur Verhandlung und Entscheidung über Berufungen gegen Urteile des Kreisgerichts,
2. zur Entscheidung über Beschwerden gegen Verfügungen des Richters beim Kreisgericht und Entscheidungen der Kreisgerichte,
3. zur Entscheidung über Kassationen in Strafsachen.

j) *Besetzung der Bezirksgerichte*

(1) Die Bezirksgerichte entscheiden in Strafsachen in der Hauptverhandlung

1. durch zwei Richter und zwei Schöffen
   a) als erkennende Gerichte im ersten Rechtszug,
   b) über Berufungen gegen Urteile der Schöffengerichte,
2. durch einen Richter und zwei Schöffen über Berufungen gegen Urteile des Kreisgerichts als Einzelrichter.

Außerhalb der Hauptverhandlung entscheidet der Vorsitzende allein. In den in Maßgabe i) Abs. 2 Nr. 2 und 3 genannten Fällen entscheiden die Bezirksgerichte durch drei Richter.

(2) Die Bezirksgerichte entscheiden über Berufungen und Beschwerden in Handelssachen und in Landwirtschaftssachen durch einen Richter und zwei ehrenamtliche Richter; diese wirken nicht mit, soweit nach den Vorschriften des Gerichtsverfassungsgesetzes oder der Prozeßgesetze eine Mitwirkung der ehrenamtlichen Richter nicht stattfindet. Soweit nach den Vorschriften des Gerichtsverfassungsgesetzes und der Zivilprozeßordnung das Landgericht im ersten Rechtszug zuständig wäre, entscheidet der Senat für Handelssachen durch drei Richter.

(3) Im übrigen entscheiden die Bezirksgerichte in bürgerlichen Rechtsstreitigkeiten einschließlich von Ehe- und Familiensachen und in Angelegenheiten der freiwilligen Gerichtsbarkeit über Berufungen und Beschwerden durch drei Richter,

soweit nicht nach den Vorschriften der Prozeßgesetze ein Richter allein entscheidet.

k) *Besondere Senate des Bezirksgerichts*
(1) Bei den Bezirksgerichten, in deren Bezirk die Landesregierung ihren Sitz hat, werden besondere Senate gebildet. Diese Senate treten im Rahmen ihrer Zuständigkeit an die Stelle der Oberlandesgerichte.
(2) Die besonderen Senate entscheiden in der Besetzung mit drei Richtern, soweit nicht nach den Vorschriften der Prozeßgesetze der Einzelrichter zu entscheiden hat.

l) *Zuständigkeit der besonderen Senate*
(1) Die besonderen Senate sind im ersten Rechtszug als Strafsenate für die in § 120 genannten Sachen zuständig. Für diese Sachen ist zunächst für das in Artikel 3 des Einigungsvertrages genannte Gebiet das Kammergericht in Berlin zuständig. Sobald eines der in Artikel 1 Abs. 1 des Einigungsvertrages genannten Länder durch Landesgesetz die Zuständigkeit nach Satz 1 begründet, entfällt die Zuständigkeit des Kammergerichts für das Gebiet dieses Landes. Bereits anhängige Verfahren werden von einem Zuständigkeitswechsel nach Satz 3 nicht berührt.
(2) Die besonderen Senate sind als Strafsenate ferner zuständig
1. für die Verhandlung und Entscheidung des Rechtsmittels der Revision nach Maßgabe des § 121 Abs. 1 Nr. 1,
2. für die Verhandlung und Entscheidung über Rechtsbeschwerden über Entscheidungen der Strafvollstreckungskammern nach Maßgabe des § 121 Abs. 1 Nr. 3,
3. für die Entscheidungen gemäß § 25 Abs. 1, § 35 Satz 2, § 37 Abs. 1 des Einführungsgesetzes zum Gerichtsverfassungsgesetz, soweit der Antrag eine Angelegenheit der Strafrechtspflege oder des Vollzuges betrifft,
4. für die Entscheidungen, die nach dem Gesetz über die internationale Rechtshilfe in Strafsachen dem Oberlandesgericht obliegen,
5. für die Entscheidungen nach den §§ 120, 121, 172 Abs. 2 bis 4 der Strafprozeßordnung sowie über weitere Beschwerden in Haftsachen nach § 310 Abs. 1 der Strafprozeßordnung,
6. für die Entscheidungen, die nach §§ 138 a bis 138 c der Strafprozeßordnung den Oberlandesgerichten zugewiesen sind,
7. Für die Entscheidungen über Beschwerden gegen Entscheidungen der Strafsenate der Bezirksgerichte bei der Eröffnung des Hauptverfahrens und als erkennende Gerichte,
8. für die Bestimmung des zuständigen Gerichts in den Fällen des § 140 a und der Kassation (Maßgabe h) zur Strafprozeßordnung — Nr. 14).

(3) Die besonderen Senate sind als Zivilsenate zuständig für die Entscheidung
1. gemäß § 25 Abs. 1 des Einführungsgesetzes zum Gerichtsverfassungsgesetz, soweit nicht die Zuständigkeit des Strafsenats (Absatz 2 Nr. 3) begründet ist,
2. über Beschwerden und weitere Beschwerden nach dem Gesetz über die Angelegenheiten der freiwilligen Gerichtsbarkeit in den in §§ 27, 28, 143 Abs. 2 genannten Fällen sowie nach § 78 der Grundbuchordnung, soweit das Oberlandesgericht zuständig ist,
3. über sofortige Beschwerden nach § 8 Abs. 2 Satz 1 des Sorgerechtsübereinkommens-Ausführungsgesetzes vom 5. April 1990 (BGBl. I S. 701),
4. über Vorlagebeschlüsse nach Artikel III Abs. 1 Satz 1 des Dritten Gesetzes

zur Änderung mietrechtlicher Vorschriften vom 21. Dezember 1967 (BGBl. I S. 1248), geändert durch Gesetz vom 5. Juni 1980 (BGBl. I S. 657)[6],

5. über die Bestimmung des zuständigen Gerichts in den Fällen der §§ 5, 46 Abs. 2, 3 des Gesetzes über die Angelegenheiten der freiwilligen Gerichtsbarkeit, soweit das Oberlandesgericht zuständig ist,
6. über die Entscheidung der Landesjustizverwaltung nach Artikel 7 § 1 des Familienrechtsänderungsgesetzes vom 11. August 1961 (BGBl. I S. 1221), geändert durch Gesetz vom 14. Juni 1976 (BGBl. I S. 1421),
7. über Beschwerden gegen Verfügungen der Kartellbehörden nach §§ 62 ff des Gesetzes gegen Wettbewerbsbeschränkungen,
8. über sonstige Beschwerden, soweit diese nach §§ 71, 89 Abs. 1 Satz 3, §§ 135, 141 Abs. 3, §§ 372 a, 380, 387, 390, 406, 409, 411 Abs. 2 der Zivilprozeßordnung (Maßgabe d) zur Zivilprozeßordnung — Nr. 5) und § 102 des Gesetzes über die Zwangsversteigerung und die Zwangsverwaltung (Maßgabe a) zum Gesetz über die Zwangsversteigerung und die Zwangsverwaltung — Nr. 15) zulässig sind,
9. über die Anfechtung von Wahlen zum Präsidium nach § 21 b Abs. 6.

m) *Bußgeldsachen*
Die Maßgaben f), g), i), j), k) und l) gelten für Bußgeldsachen nach Maßgabe des § 46 Abs. 7 des Gesetzes über Ordnungswidrigkeiten sinngemäß. Für die Entscheidung über Rechtsbeschwerden und ihre Zulassung in Bußgeldsachen nach §§ 79 und 80 des Gesetzes über Ordnungswidrigkeiten und für Entscheidungen nach § 82, 84 und 85 des Gesetzes gegen Wettbewerbsbeschränkungen ist der besondere Senat des Bezirksgerichts (Maßgabe k) zuständig.

Weitere Anpassungsvorschriften

n) *Zuständigkeitskonzentrationen*
(1) Die Landesregierungen werden ermächtigt, durch Rechtsverordnung einem Gericht für die Bezirke mehrerer Gerichte Sachen aller Art ganz oder teilweise zuzuweisen oder auswärtige Kammern oder Senate von Gerichten einzurichten, wenn dies für eine sachdienliche Erledigung der Sachen zweckmäßig ist. Die Landesregierungen können die Ermächtigung durch Rechtsverordnung auf die Landesjustizverwaltungen übertragen.
(2) Die Länder können durch Vereinbarung dem Gericht eines Landes obliegende Aufgaben ganz oder teilweise dem zuständigen Gericht eines anderen Landes übertragen.
(3) Die nach dem bisher geltenden Recht vorgenommenen Konzentrationen bleiben, vorbehaltlich einer Regelung durch die Länder, bestehen; soweit sich die sachliche Zuständigkeit ändert, gilt die Konzentration auch für das danach sachlich zuständige Gericht. Satz 1 gilt nicht für Urheberrechtsstreitigkeiten.

o) *Staatsanwaltschaften*
(1) Bei den Bezirksgerichten sind Staatsanwaltschaften zu bilden, die auch das Amt der Staatsanwaltschaft bei den Kreisgerichten wahrnehmen, soweit dort keine selbständigen Staatsanwaltschaften eingerichtet werden. Eine der Staatsan-

[6] Gemäß Art. 8 Abs. 3 des Rechtspflege-Vereinfachungsgesetzes vom 17. Dezember 1990 (BGBl. I S. 2847) tritt mit Wirkung vom 1. April 1991 an die Stelle der Verweisung auf Art. III Abs. 1 Satz 1 des Dritten Gesetzes zur Änderung mietrechtlicher Vorschriften die Verweisung auf § 541 der Zivilprozeßordnung.

waltschaft bei den Oberlandesgerichten entsprechende Staatsanwaltschaft wird nur bei den Bezirksgerichten errichtet, bei denen besondere Senate gebildet sind. Im Sinne der §§ 144, 147 erstreckt sich der Bezirk dieser Staatsanwaltschaft auf das ganze Land.

(2) Zu Hilfsbeamten der Staatsanwaltschaft können auch Angestellte bestellt werden, die gemäß § 152 Abs. 2 bezeichneten Personengruppen vergleichbar sind.

p) *Ehrenamtliche Richter*

(1) Ehrenamtliche Richter, die nach § 37 des Richtergesetzes der Deutschen Demokratischen Republik vom 5. Juli 1990 (GBl. I Nr. 42 S. 637) gewählt oder berufen worden sind oder demnächst gewählt oder berufen werden, üben ihr Amt für die Dauer des Zeitraums, für den sie gewählt oder berufen sind, nach Maßgabe des Gerichtsverfassungsgesetzes und der sonstigen Verfahrensgesetze aus.

(2) Die Vorschriften über die Heranziehung der Schöffen in Strafverfahren sind erstmals auf die Schöffen anzuwenden, die nach den Vorschriften des Gerichtsverfassungsgesetzes gewählt werden. Bis zu diesem Zeitpunkt bewendet es bei den bisherigen Vorschriften der Deutschen Demokratischen Republik.

q) *Urkundsbeamte der Geschäftsstelle und Gerichtsvollzieher*

(1) Mit den Aufgaben eines Urkundsbeamten der Geschäftsstelle können auch andere als die in § 153 genannten Personen betraut werden.

(2) Die Aufgaben der Gerichtsvollzieher können auch von Angestellten wahrgenommen werden.

r) *Rechte der Sorben*

Das Recht der Sorben, in den Heimatkreisen der sorbischen Bevölkerung vor Gericht sorbisch zu sprechen, wird durch § 184 nicht berührt.

s) *Gerichtsferien*

Die Vorschriften des Siebzehnten Titels des Gerichtsverfassungsgesetzes über die Gerichtsferien sind nicht anzuwenden.

Besondere Vorschriften für die Verwaltungs-, Finanz-, Arbeits- und Sozialgerichtsbarkeit

t) Grundsatz

(1) Die Kreis- und Bezirksgerichte verhandeln und entscheiden bis zur Errichtung einer selbständigen Verwaltungs-, Finanz-, Arbeits- und Sozialgerichtsbarkeit als Gerichte der Länder auch in den in deren Zuständigkeit fallenden Sachen. Die Vorschriften der Verwaltungsgerichtsordnung, der Finanzgerichtsordnung, des Arbeitsgerichtsgesetzes und des Sozialgerichtsgesetzes über die Errichtung, die Organisation und die Besetzung der Gerichte finden für die Dauer der Zuständigkeit der Kreis- und Bezirksgerichte in diesen Sachen insoweit keine Anwendung, als die nachfolgenden Bestimmungen entgegenstehen.

(2) Im Verhältnis der Spruchkörper der Kreis- und Bezirksgerichte, die die ordentliche streitige Gerichtsbarkeit oder Angelegenheiten der freiwilligen Gerichtsbarkeit oder Aufgaben

— der Verwaltungsgerichtsbarkeit,
— der Finanzgerichtsbarkeit,
— der Arbeitsgerichtsbarkeit oder
— der Sozialgerichtsbarkeit

ausüben, gelten die Vorschriften über die Entscheidung über die Zulässigkeit oder Unzulässigkeit des Rechtswegs und die Verweisung in einen anderen Rechtsweg entsprechend.

(3) Für die Dauer der Zuständigkeit der Kreis- und Bezirksgerichte gelten die Maßgaben n), p) und r) entsprechend.

(4) Die Länder richten baldmöglichst durch Gesetz für die in Absatz 1 Satz 1 genannten Sachgebiete Gerichte der Länder ein, soweit hierfür unter Berücksichtigung der Bedürfnisse einer geordneten Rechtspflege jeweils die personellen und sachlichen Voraussetzungen geschaffen werden können. Sie können dabei Regelungen über den Übergang der anhängigen Verfahren treffen.

u) *Verwaltungsgerichtsbarkeit*

(1) Für Sachen, für die nach dem Recht der Bundesrepublik Deutschland die Verwaltungsgerichte zuständig sind, werden bei den Kreisgerichten, in deren Bezirk das Bezirksgericht seinen Sitz hat, Kammern für Verwaltungssachen eingerichtet. Diese verhandeln und entscheiden durch zwei Richter und drei ehrenamtliche Richter, soweit nicht nach den Vorschriften der Prozeßgesetze die ehrenamtlichen Richter nicht mitwirken oder ein Richter allein entscheidet. In den Fällen des § 5 Abs. 3 Satz 2 der Verwaltungsgerichtsordnung sowie des Artikels 2 § 1 Abs. 1 Satz 2 des Gesetzes zur Entlastung der Gerichte in der Verwaltungs- und Finanzgerichtsbarkeit vom 31. März 1978 (BGBl. I S. 446), zuletzt geändert durch Artikel 1 des Gesetzes vom 4. Juli 1985 (BGBl. I S. 1274), entscheiden die Kammern durch den Vorsitzenden; ist ein Berichterstatter bestellt, so entscheidet dieser.

(2) Für Sachen, für die nach dem Recht der Bundesrepublik Deutschland die Oberverwaltungsgerichte zuständig sind, werden bei den Bezirksgerichten, in deren Bezirk die Landesregierung ihren Sitz hat, Senate für Verwaltungssachen eingerichtet. Diese verhandeln und entscheiden durch drei Richter und zwei ehrenamtliche Richter; Absatz 1 Satz 2 letzter Satzteil gilt entsprechend.

(3) Soweit am Tag des Wirksamwerdens des Beitritts ein anderes Kreis- oder Bezirksgericht örtlich zuständig ist, bleibt es dabei. Die Landesregierungen können durch Rechtsverordnung die örtliche Zuständigkeit eines anderen Kreis- oder Bezirksgerichts begründen.

(4) Die Länder können vereinbaren, daß für Streitigkeiten nach dem Asylverfahrensgesetz und wegen Verwaltungsentscheidungen der Ausländerbehörden gegen Asylbewerber Gerichte in den Gebieten, in denen die Verwaltungsgerichtsordnung schon vor dem Wirksamwerden des Beitritts gegolten hat, auch dann zuständig sind, wenn der Asylantragsteller seinen Wohnsitz in dem in Artikel 3 des Vertrages genannten Gebiet hat.

v) *Finanzgerichtsbarkeit*

Für Sachen, für die nach dem Recht der Bundesrepublik Deutschland die Finanzgerichte zuständig sind, werden bei den Bezirksgerichten, in deren Bezirk die Landesregierung ihren Sitz hat, Senate für Finanzrecht eingerichtet. Diese verhandeln und entscheiden durch drei Richter und zwei ehrenamtliche Richter; Maßgabe u) Abs. 1 Satz 2 letzter Satzteil gilt entsprechend. Ist am Tag des Wirksamwerdens des Beitritts ein anderes Bezirksgericht eines Landes zuständig, so bleibt es dabei. Die Landesregierungen können durch Rechtsverordnung die Zuständigkeit eines anderen Bezirksgerichts des Landes begründen.

w) *Arbeitsgerichtsbarkeit*

(1) Für Sachen, für die nach dem Recht der Bundesrepublik Deutschland die Arbeitsgerichte zuständig sind, werden bei den Kreisgerichten Kammern für Arbeitsrecht eingerichtet.

(2) Für Sachen, für die nach dem Recht der Bundesrepublik Deutschland die Landesarbeitsgerichte zuständig sind, werden bei den Bezirksgerichten Senate für Arbeitsrecht eingerichtet.
(3) Die Kammern und Senate für Arbeitsrecht entscheiden in den im Arbeitsgerichtsgesetz in der Fassung der Bekanntmachung vom 2. Juli 1979 (BGBl. I S. 853, 1036), zuletzt geändert durch Artikel 1 des Gesetzes vom 26. Juni 1990 (BGBl. I S. 1206), festgelegten Besetzungen.

x) *Sozialgerichtsbarkeit*
(1) Für Sachen, für die nach dem Recht der Bundesrepublik Deutschland die Sozialgerichte zuständig sind, werden bei den Kreisgerichten, in deren Bezirk das Bezirksgericht seinen Sitz hat, Kammern für Sozialrecht eingerichtet. Diese entscheiden durch einen Richter und zwei ehrenamtliche Richter, soweit nicht nach den Prozeßgesetzen die ehrenamtlichen Richter nicht mitwirken.
(2) Für Sachen, für die nach dem Recht der Bundesrepublik Deutschland die Landessozialgerichte zuständig sind, werden bei den Bezirksgerichten, in deren Bezirk die Landesregierung ihren Sitz hat, Senate für Sozialrecht eingerichtet. Diese verhandeln und entscheiden durch drei Richter und zwei ehrenamtliche Richter; Maßgabe u) Abs. 1 Satz 2 letzter Satzteil gilt entsprechend.
(3) Diesen Kammern und Senaten gehören in allen Streitigkeiten je ein auf Vorschlag der Gewerkschaften und der Arbeitgeberverbände nach § 37 des Richtergesetzes der Deutschen Demokratischen Republik vom 5. Juli 1990 (GBl. I Nr. 42 S. 637) berufener ehrenamtlicher Richter an.
(4) Maßgabe u) Abs. 3 gilt entsprechend.

Überleitungsvorschriften für anhängige Verfahren

y) Oberstes Gericht
(1) Beim Obersten Gericht der Deutschen Demokratischen Republik anhängige Strafverfahren im ersten Rechtszug gehen in der Lage, in der sie sich befinden, auf das nach Maßgabe l) Abs. 1 zuständige Gericht über. Dieses kann die Sache mit bindender Wirkung an das Bezirks- oder Kreisgericht abgeben, wenn es dessen Zuständigkeit für begründet hält.
(2) Beim Obersten Gericht anhängige Revisionsverfahren, Berufungsverfahren, die als Revisionsverfahren fortgesetzt werden, sowie Berufungsverfahren, die Entscheidungen der Spruchstelle für Nichtigkeitserklärungen des Patentamts der Deutschen Demokratischen Republik betreffen, gehen in der Lage, in der sie sich befinden, auf den zuständigen obersten Gerichtshof des Bundes über. Richtet sich die Zulässigkeit der Revision nach neuem Recht, so entscheidet dieser auch über die Zulässigkeit.
(3) Beim Obersten Gericht anhängige andere Berufungs-, Protest-, Beschwerde- und Kassationsverfahren sowie andere Verfahren, für die nach neuem Recht das Bezirksgericht zuständig ist, gehen in der Lage, in der sie sich befinden, auf das Bezirksgericht über. Beim Bezirksgericht entscheidet ein anderer Spruchkörper als der, dessen Entscheidung angefochten ist; Maßgabe h) Satz 3 zur Strafprozeßordnung — Nr. 14 — bleibt unberührt. Ein Richter oder ehrenamtlicher Richter, der an der angefochtenen Entscheidung mitgewirkt hat, ist von der Ausübung des Richteramtes ausgeschlossen.

z) *Generalstaatsanwalt der Deutschen Demokratischen Republik*
Bei dem Generalstaatsanwalt der Deutschen Demokratischen Republik anhängige Verfahren gehen auf die Staatsanwaltschaft über, die nach den in Kraft gesetzten Vorschriften zuständig ist.

2. **Wahlordnung für die Präsidien der Gerichte** vom 19. September 1972 (BGBl. I S. 1821)
mit folgenden Maßgaben:
a) Die Regelungen der Wahlordnung finden, soweit sie sich auf die paritätische Besetzung des Präsidiums mit Richtern und Vorsitzenden Richtern beziehen (§ 2 Abs. 1 Satz 2, Abs. 3 Satz 2, § 4 Abs. 1 Nr. 4, § 5 Abs. 2 und 3, § 7 Abs. 3, § 8 Abs. 3 Nr. 5, § 9 Abs. 1 Nr. 5 und 6), keine Anwendung.
b) In § 15 werden die Worte „aufsichtführende Richter" durch das Wort „Direktor" ersetzt.

3. **Rechtspflegergesetz** vom 5. November 1969 (BGBl. I S. 2065), zuletzt geändert durch Artikel 9 Abs. 2 des Gesetzes vom 26. Juni 1990 (BGBl. I S. 1163),
mit folgenden Maßgaben:
a) Solange und soweit Rechtspfleger mit einer den Erfordernissen des § 2 entsprechenden Ausbildung nicht oder nicht in ausreichender Zahl zur Verfügung stehen, werden die den Rechtspflegern übertragenen Aufgaben der Rechtspflege von Richtern und von im Staatlichen Notariat tätig gewesenen Notaren sowie Geschäfte der Staatsanwaltschaft, soweit sie durch das Rechtspflegergesetz dem Rechtspfleger übertragen worden sind, von Staatsanwälten wahrgenommen. Gerichtssekretäre können Rechtspflegeraufgaben auf Sachgebieten wahrnehmen, die ihnen nach dem bisherigen Recht des in Artikel 3 des Vertrages genannten Gebietes zur Erledigung zugewiesen sind oder zugewiesen werden können. Gerichtssekretäre können nach näherer Bestimmung des Landesrechts mit weiteren Rechtspflegeraufgaben betraut werden, wenn sie auf Grund von Fortbildungsmaßnahmen zur Erledigung dieser Aufgaben geeignet sind.
b) Die Landesjustizverwaltungen können bestimmen, daß mit Aufgaben eines Rechtspflegers auch betraut werden kann, wer auf dem Sachgebiet, das ihm übertragen werden soll, einen Wissens- und Leistungsstand aufweist, der dem durch die Ausbildung nach § 2 vermittelten Stand vergleichbar ist.
c) Für die Anfechtung von Entscheidungen, die der Richter anstelle des Rechtspflegers getroffen hat, gilt § 11 Abs. 3; § 11 Abs. 5 bleibt unberührt.

4. **Verordnung zur einheitlichen Regelung der Gerichtsverfassung** in der im Bundesgesetzblatt Teil III, Gliederungsnummer 300-5, veröffentlichten bereinigten Fassung mit folgender Maßgabe:
An die Stelle des aufsichtführenden Amtsrichters tritt der Direktor des Kreisgerichts.

5. **Zivilprozeßordnung** in der im Bundesgesetzblatt Teil III, Gliederungsnummer 310-4, veröffentlichten bereinigten Fassung, zuletzt geändert durch Artikel 4 des Gesetzes vm 17. Mai 1990 (BGBl. I S. 926),
mit folgenden Maßgaben:
a) Wird ein Richter beim Kreisgericht abgelehnt, so entscheidet das Bezirksgericht, wenn nicht der Richter beim Kreisgericht das Ablehnungsgesuch für begründet hält. Die Entscheidung ist unanfechtbar (§§ 45, 46).
b) Vor dem Bundesgerichtshof müssen sich die Parteien durch einen bei diesem Gericht zugelassenen Rechtsanwalt vertreten lassen. Vor dem Bezirksgericht ist die Vertretung durch einen Rechtsanwalt erforderlich, der in dem in Artikel 3 des Vertrages genannten Gebiet seine Kanzlei unterhält. Im übrigen sind die Vorschriften, die die Zulassung eines Rechtsanwalts bei einem bestimmten Gericht

voraussetzen, insoweit nicht anzuwenden (§§ 78, 78 c, 91, 121, 157, 215, 271, 520, 573). § 625 findet keine Anwendung.

c) Für das Verfahren vor den Kreisgerichten gelten die §§ 495 ff. über das Verfahren vor den Amtsgerichten.

d) Gegen die Entscheidungen des Bezirksgerichts ist eine Beschwerde nicht zulässig. Ausgenommen sind Erstentscheidungen nach §§ 71, 89 Abs. 1 Satz 3, §§ 135, 141 Abs. 3, §§ 372 a, 380, 387, 390, 406, 409 und § 411 Abs. 2 sowie Beschwerden nach §§ 519 b, 542 Abs. 3 in Verbindung mit § 341 Abs. 2, §§ 568 a, 621 e Abs. 2.

e) Das Vereinfachte Verfahren zur Abänderung von Unterhaltstiteln nach §§ 641 l ff. und das Verfahren über den Regelunterhalt nichtehelicher Kinder nach §§ 642 ff. finden erst statt, wenn die in §§ 1612 a, 1615 f des Bürgerlichen Gesetzbuchs vorgesehenen Verordnungen in dem in Artikel 3 des Vertrages genannten Gebiet in Kraft getreten sind.

f) Eine gerichtliche Zahlungsaufforderung, die vor dem 1. Juli 1990 erlassen und zugestellt worden ist und deren Vollstreckung bis zum Tag des Wirksamwerdens des Beitritts nicht beantragt wurde, gilt als Mahnbescheid, gegen den ein Widerspruch nicht mehr zulässig ist. Der Lauf der in § 701 bestimmten Frist beginnt am Tag des Wirksamwerdens des Beitritts.

g) Ist am Tag des Wirksamwerdens des Beitritts ein Rechtsmittel eingelegt, so richtet sich seine Zulässigkeit nach den bisher geltenden Vorschriften, wenn das Rechtsmittelgericht vor dem Wirksamwerden des Beitritts bereits Beweis erhoben hat.

h) Für einen Rechtsstreit in Ehesachen (§§ 606 bis 638), der vor dem Wirksamwerden des Beitritts anhängig geworden ist, gelten folgende besondere Regelungen:

aa) Eine mündliche Verhandlung, die in einem Verfahren auf Scheidung oder Feststellung der Nichtigkeit der Ehe geschlossen worden ist, ist wieder zu eröffnen.

bb) Tatsachen, die erst durch mit dem Vertrag übergeleitete Rechtsvorschriften erheblich geworden sind, können noch in der Revisionsinstanz vorgebracht werden. Das Revisionsgericht verweist die Sache an das Berufungsgericht zurück, wenn bezüglich der neuen Tatsachen eine Beweisaufnahme erforderlich wird.

cc) Ist ein Verfahren auf Scheidung oder Feststellung der Nichtigkeit der Ehe in der Rechtsmittelinstanz anhängig, so ist, wenn die Ehe aufgelöst wird, in der ersten Entscheidung, die nach dem Wirksamwerden des Beitritts ergeht, über die Kosten des gesamten Verfahrens nach § 93 a Abs. 1, 3, 4 zu entscheiden.

dd) Werden innerhalb eines Monats nach dem Wirksamwerden des Beitritts Folgesachen der in § 621 Abs. 1 bezeichneten Art anhängig, während die Scheidungssache in der Rechtsmittelinstanz anhängig ist, so wird der Scheidungsausspruch nicht wirksam, bevor nicht über die Folgesachen erstinstanzlich entschieden ist; das Familiengericht kann den Scheidungsausspruch vorher für wirksam erklären, wenn die Voraussetzungen des § 628 Abs. 1 Satz 1 gegeben sind.

ee) Eine Entscheidung, die auf Grund der bisher geltenden Vorschriften ergangen ist, steht der Berufung auf solche Tatsachen nicht entgegen, die erst durch mit dem Vertrag übergeleitete Rechtsvorschriften erheblich geworden sind.

i) Gegen Entscheidungen, die vor dem Wirksamwerden des Beitritts rechtskräftig geworden sind, finden die vorgesehenen Rechtsbehelfe gegen rechtskräftige Entscheidungen statt (§§ 323, 324, 579 ff., 767 ff.). Die Voraussetzungen einschließlich der Fristen richten sich nach der Zivilprozeßordnung.

j) Entscheidungen der gesellschaftlichen Gerichte können nicht für vollstreckbar erklärt werden.

k) Eine vor dem Wirksamwerden des Beitritts in dem in Artikel 3 des Vertrages genannten Gebiet begonnene Maßnahme der Zwangsvollstreckung ist nach dem bisherigen Recht zu erledigen. Werden weitere selbständige Maßnahmen zur Fortsetzung der bereits begonnenen Zwangsvollstreckung nach dem Wirksamwerden des Beitritts in dem in Artikel 3 des Vertrages genannten Gebiet eingeleitet, gelten die Vorschriften der Zivilprozeßordnung. Die Verwertung eines gepfändeten Gegenstandes gilt als selbständige Maßnahme.

l) Für die am Tag des Wirksamwerdens des Beitritts noch nicht beendeten Schiedsverfahren, die in dem in Artikel 3 des Vertrages genannten Gebiet durchgeführt werden, sind §§ 1 bis 23 der Verordnung über das schiedsgerichtliche Verfahren der Deutschen Demokratischen Republik vom 18. Dezember 1975 (GBl. I 1976 Nr. 1 S. 8) mit der Maßgabe weiter anzuwenden, daß an die Stelle der Einigung im Sinne der §§ 18 und 19 dieser Verordnung der Schiedsvergleich nach § 1044 a tritt.

6. **Verwaltungsgerichtsordnung** in der im Bundesgesetzblatt Teil III, Gliederungsnummer 340-1, veröffentlichten bereinigten Fassung, zuletzt geändert durch Artikel 2 Nr. 9 des Gesetzes vom 8. Dezember 1986 (BGBl. I S. 2191),
mit folgender Maßgabe:
Im Einverständnis der Beteiligten kann der Vorsitzende oder ein von ihm bestimmter Richter den Rechtsstreit ganz oder teilweise anstelle der Kammer oder des Senats entscheiden.

7. **Finanzgerichtsordnung** vom 6. Oktober 1965 (BGBl. I S. 1477), zuletzt geändert durch Artikel 10 des Gesetzes vom 18. Dezember 1986 (BGBl. I S. 2496),
mit folgender Maßgabe:
Im Einverständnis der Beteiligten kann der Vorsitzende oder ein von ihm bestimmter Richter den Rechtsstreit ganz oder teilweise anstelle des Senats ohne mündliche Verhandlung durch Vorbescheid entscheiden.

8. **Deutsches Richtergesetz** in der Fassung der Bekanntmachung vom 19. April 1972 (BGBl. I S. 713), zuletzt geändert durch Artikel 4 des Gesetzes vom 26. Juni 1990 (BGBl. I S. 1206),
mit folgenden Maßgaben:

a) In dem in Artikel 1 Abs. 1 des Vertrages genannten Gebiet kann in ein Richterverhältnis auch berufen werden, wer die Befähigung zum Berufsrichter nach dem Recht der Deutschen Demokratischen Republik erworben hat.

b) Wer nach dem Recht der Deutschen Demokratischen Republik die Befähigung zum Berufsrichter erworben hat und nach dem Wirksamwerden des Beitritts mindestens drei Jahre im richterlichen Dienst tätig war, kann zum Richter auf Lebenszeit ernannt werden.

c) § 10 Abs. 2 findet auf Tätigkeiten vor dem Wirksamwerden des Beitritts in dem in Artikel 1 Abs. 1 des Vertrages genannten Gebiet keine Anwendung.

d) Richter, die nach den Vorschriften des Richtergesetzes der Deutschen Demokratischen Republik vom 5. Juli 1990 (GBl. I Nr. 42 S. 637) in Verbindung mit der

Ordnung über die Bildung und Arbeitsweise der Richterwahlausschüsse der Deutschen Demokratischen Republik vom 22. Juli 1990 (GBl. I Nr. 49 S. 904) in ein Richterverhältnis auf Zeit oder auf Probe berufen worden sind, dürfen dieselben Aufgaben wahrnehmen wie Richter auf Lebenszeit.

e) Richter, die nach den Vorschriften des Richtergesetzes der Deutschen Demokratischen Republik in Verbindung mit der Ordnung über die Bildung und Arbeitsweise der Richterwahlausschüsse in ein Richterverhältnis auf Probe berufen worden sind, sind spätestens fünf Jahre nach ihrer Ernennung zu Richtern auf Lebenszeit zu ernennen. § 12 Abs. 2 Satz 2 findet auf sie Anwendung.

f) Ein nach den Vorschriften des Richtergesetzes der Deutschen Demokratischen Republik in Verbindung mit der Ordnung über die Bildung und Arbeitsweise der Richterwahlausschüsse in ein Richterverhältnis auf Probe berufener Richter kann ohne seine Zustimmung nur bei einem Gericht oder bei einer Behörde der Gerichtsverwaltung verwendet werden.

g) Ein nach den Vorschriften des Richtergesetzes der Deutschen Demokratischen Republik in Verbindung mit der Ordnung über die Bildung und Arbeitsweise der Richterwahlausschüsse begründetes Richterverhältnis auf Zeit gilt als auf drei Jahre befristet.

h) Die Ernennung oder Berufung eines nach den Vorschriften des Richtergesetzes der Deutschen Demokratischen Republik in Verbindung mit der Ordnung über die Bildung und Arbeitsweise der Richterwahlausschüsse berufenen Richters auf Probe oder auf Zeit ist außer in den Fällen des § 19 Abs. 1 Nr. 2 bis 4 zurückzunehmen, wenn nachträglich Tatsachen bekannt geworden sind, die seine Berufung nicht gerechtfertigt hätten.

i) Amtsbezeichnungen der nach den Vorschriften des Richtergesetzes der Deutschen Demokratischen Republik in Verbindung mit der Ordnung über die Bildung und Arbeitsweise der Richterwahlausschüsse berufenen Richter auf Zeit sind Richter am Kreisgericht, Richter am Bezirksgericht, Direktor des Kreisgerichts, Vizepräsident oder Präsident des Bezirksgerichts.

j) An die Stelle des allgemeinen Dienstalters tritt die Dauer der richterlichen Vortätigkeit.

k) Ein nach den Vorschriften des Richtergesetzes der Deutschen Demokratischen Republik in Verbindung mit der Ordnung über die Bildung und Arbeitsweise der Richterwahlausschüsse berufener Richter auf Zeit kann außer aus den in § 21 genannten Gründen entlassen werden, wenn er für das Richteramt nicht geeignet ist. Die Entlassung kann nur zum Ablauf des sechsten, zwölften und achtzehnten Monats oder zum Ablauf des zweiten oder dritten Jahres erfolgen. § 22 Abs. 4 und 5 findet auf die Entlassung wegen Nichteignung entsprechende Anwendung; § 21 Abs. 3 findet keine Anwendung. Die Entlassungsverfügung kann beim Dienstgericht angefochten werden.

l) Für die nach den Vorschriften des Richtergesetzes der Deutschen Demokratischen Republik in Verbindung mit der Ordnung über die Bildung und Arbeitsweise der Richterwahlausschüsse berufenen Richter auf Probe gelten §§ 27, 31 Nr. 1, § 32 Abs. 1 Satz 1 entsprechend.

m) In dem in Artikel 1 Abs. 1 des Vertrages genannten Gebiet dürfen bei einem Gericht ausschließlich — oder neben Richtern auf Lebenszeit — Richter auf Zeit und Richter auf Probe tätig sein. Richter auf Probe und Richter auf Zeit dürfen auch in einem mit mehreren Berufsrichtern besetzten Spruchkörper den Vorsitz führen.

n) Für die nach den Vorschriften des Richtergesetzes der Deutschen Demokratischen Republik in Verbindung mit der Ordnung über die Bildung und Arbeitsweise der Richterwahlausschüsse berufenen Richter auf Probe gilt § 37 Abs. 3 mit der Maßgabe, daß sie längstens für zusammen sechs Monate abgeordnet werden dürfen.

o) Für den Fortbestand der Richterverhältnisse der am Tag des Wirksamwerdens des Beitritts amtierenden Richter gelten die Vorschriften des Richtergesetzes der Deutschen Demokratischen Republik in Verbindung mit der Ordnung über die Bildung und Arbeitsweise der Richterwahlausschüsse. Die auf dieser Grundlage gebildeten Richterwahlausschüsse bleiben auch nach Bildung der Länder bestehen. Die Befugnisse, die nach diesen Vorschriften der Volkskammer oder deren Organen zustehen, gehen auf die Landtage über. Das Landesrecht kann bestimmen, daß die Volkskammerabgeordneten, die Mitglieder der Richterwahlausschüsse nach § 12 Abs. 3 des Richtergesetzes der Deutschen Demokratischen Republik in Verbindung mit § 4 Abs. 2 der Ordnung über die Bildung und Arbeitsweise der Richterwahlausschüsse sind, durch Landtagsabgeordnete ersetzt werden. Bis zu ihrer Ersetzung durch Landtagsabgeordnete üben die zu Mitgliedern des Richterwahlausschusses berufenen Volkskammerabgeordneten ihr Amt aus, auch wenn ihr Mandat vorher endet.
Die Richterwahlausschüsse sollen über den Fortbestand der Richterverhältnisse der nach den Vorschriften des Richtergesetzes der Deutschen Demokratischen Republik zur Ausübung der Rechtsprechung ermächtigten Richter spätestens bis zum 15. April 1991 entscheiden. Bis zur Entscheidung durch den Richterwahlausschuß sind die im Amt befindlichen Richter zur Ausübung der Rechtsprechung ermächtigt.
Mit der Bildung der Landesregierungen gehen die Befugnisse des Ministers der Justiz auf die zuständigen Landesminister über.

p) Die Länder regeln Zuständigkeit und Verfahren für eine Rücknahme der Ernennung oder Berufung gemäß Maßgabe h). Solange das jeweilige Land keine Regelung getroffen hat, richten sich Zuständigkeit und Verfahren der Rücknahme nach den Vorschriften des Richtergesetzes der Deutschen Demokratischen Republik in Verbindung mit der Ordnung über die Bildung und Arbeitsweise der Richterwahlausschüsse.

q) Ein nach den Vorschriften des Richtergesetzes der Deutschen Demokratischen Republik in Verbindung mit der Ordnung über die Bildung und Arbeitsweise der Richterwahlausschüsse berufener Richter mit einer richterlichen Vortätigkeit von mindestens drei Jahren kann mit der Wahrnehmung von mit Dienstaufsichtsbefugnissen verbundenen Aufgaben beauftragt werden. Zuständigkeit und Verfahren richten sich nach dem am Tage vor dem Wirksamwerden des Beitritts nach dem Richtergesetz der Deutschen Demokratischen Republik in Verbindung mit der Ordnung über die Bildung und Arbeitsweise der Richterwahlausschüsse geltenden Recht über die Ernennung in eine Richterstellung mit entsprechenden Aufgaben, soweit nicht in dem jeweiligen Land eine Regelung getroffen worden ist.

r) Für Bildung und Aufgaben des Richterrats gelten die Bestimmungen des Richtergesetzes der Deutschen Demokratischen Republik, soweit nicht in dem jeweiligen Land eine Regelung getroffen worden ist.

s) Die Länder treffen bis spätestens 31. Dezember 1992 Regelungen über die Bildung und Aufgaben des Präsidialrats.

t) Die Altersgrenze richtet sich nach den bisher in der Deutschen Demokratischen Republik geltenden Bestimmungen, bis die jeweiligen Länder eine Regelung getroffen haben. Diese Regelung ist spätestens bis zum 31. Dezember 1991 in Kraft zu setzen.

u) Die Aufgaben des Dienstgerichts werden bis zu einer Regelung durch das jeweilige Land durch einen Senat des Bezirksgerichts wahrgenommen, in dessen Bezirk sich der Sitz der Landesregierung befindet. Der Senat entscheidet in der Besetzung mit drei Richtern. Die Mitglieder des Senats müssen mindestens drei Jahre im richterlichen Dienst tätig gewesen sein; sie werden von dem Präsidium des Gerichts bestimmt, bei dem das Dienstgericht errichtet ist.

v) Bis zur Regelung durch das jeweilige Land findet die Durchführungsverordnung zum Richtergesetz — Disziplinarordnung — vom 1. August 1990 (GBl. I Nr. 52 S. 1061) Anwendung.

w) Die Dienstbezüge, die Versorgung, der Mutterschutz, der Urlaub, die Reise- und Umzugskosten sowie das Trennungsgeld richten sich nach den Bestimmungen, die am Tag des Wirksamwerdens des Beitritts in dem in Artikel 1 Abs. 1 des Vertrages genannten Gebiet gelten. Die Bundesregierung wird durch Rechtsverordnung mit Zustimmung des Bundesrates die Regelungen der Entwicklung der allgemeinen wirtschaftlichen und finanziellen Verhältnisse in dem in Artikel 1 Abs. 1 des Vertrages genannten Gebiet regelmäßig anpassen. Vor Erlaß der Rechtsverordnung nach Satz 2 sind die Regierungen der betroffenen Länder zu hören.

x) Soweit nicht in den Maßgaben p) bis w) etwas anderes bestimmt ist, sind die in Artikel 1 Abs. 1 des Vertrages genannten Länder verpflichtet, Rechtsverhältnisse der Richter bis zum 31. Dezember 1992 nach § 71 Abs. 1 und 2 zu regeln. Die Bundesregierung bestimmt durch Rechtsverordnung, mit welchen Übergangsregelungen die für Landesrichter geltenden richterrechtlichen und auf Richter anwendbaren beamtenrechtlichen Bundesgesetze im Gebiet der in Artikel 1 Abs. 1 des Vertrages genannten Länder gelten, sowie ab wann und mit welchen Anpassungen, die durch die besonderen Gegebenheiten im Gebiet der in Artikel 1 Absatz 1 des Vertrages genannten Länder erforderlich sind, das übrige für Landesrichter unmittelbar oder kraft Verweisung auf beamtenrechtliche Vorschriften geltende Bundesrecht dort eingeführt wird. Vor Erlaß einer Rechtsverordnung nach Satz 2 sind die Regierungen der betroffenen Länder zu hören. Die Rechtsverordnungen bedürfen der Zustimmung des Bundesrates, wenn sie sich auf Gesetze beziehen, die der Zustimmung des Bundesrates bedürfen.

y) Für das in Artikel 1 Abs. 1 des Vertrages genannte Gebiet gelten folgende Überleitungsvorschriften:

   aa) Wer am Tag des Wirksamwerdens des Beitritts die Befähigung zum Berufsrichter erworben hat oder demnächst erwirbt, behält diese Befähigung. Gleiches gilt für aus der Vertragsgerichtsbarkeit in die ordentliche Gerichtsbarkeit übergeführte Richter und für aus den Staatlichen Notariaten in die ordentliche Gerichtsbarkeit übergeführte Notare.

   bb) Wer nach dem Wirksamwerden des Beitritts gemäß Maßgabe b) in ein Richterverhältnis auf Lebenszeit berufen wird, erfüllt damit auch die Voraussetzungen für die Berufung in ein Richterverhältnis in dem Gebiet, in dem das Deutsche Richtergesetz bereits vor dem Wirksamwerden des Beitritts galt.

   cc) In dem in Artikel 1 Abs. 1 des Vertrages genannten Gebiet können Richter aus den Gebieten, in denen das Deutsche Richtergesetz schon vor dem Wirksamwerden des Beitritts galt, im Wege der Zuweisung rechtsprechende Gewalt ausüben. Zugewiesene Richter sind für die Präsidien wahlberechtigt und wählbar.

dd) Hochschullehrer an rechtswissenschaftlichen Fakultäten oder Fachbereichen von wissenschaftlichen Hochschulen oder Universitäten in dem in Artikel 1 Abs. 1 des Vertrages genannten Gebiet, die die Einstellungsvoraussetzungen für Professoren nach § 44 des Hochschulrahmengesetzes erfüllen und nach dem Wirksamwerden des Beitritts berufen worden sind, sind zum Richteramt befähigt.

ee) Wer bis zum 31. Dezember 1991 Richter-, Staatsanwalts-, Rechtsanwalts- oder Notarassistent ist oder wird, beendet seine Ausbildung nach den in dem in Artikel 1 Abs. 1 des Vertrages genannten Gebiet geltenden Bestimmungen und erwirbt mit dem erfolgreichen Abschluß die in diesen Bestimmungen vorgesehene Befähigung. Dies gilt nicht für Absolventen der Juristischen Hochschule Potsdam-Eiche oder vergleichbarer Einrichtungen.

ff) Diplom-Juristen, die ihr Diplom nicht an der Juristischen Hochschule Potsdam-Eiche oder einer vergleichbaren Einrichtung erworben haben und am Tag des Wirksamwerdens des Beitritts eine mindestens dreijährige Berufserfahrung besitzen, erwerben nach einer erfolgreichen Einarbeitungszeit von einem Jahr bei einem Gericht in dem in Artikel 1 Abs. 1 des Vertrages genannten Gebiet die Befähigung zum Berufsrichter.

gg) Der Abschluß eines rechtswissenschaftlichen Studiums als Diplom-Jurist an einer Universität oder wissenschaftlichen Hochschule in dem in Artikel 1 Abs. 1 des Vertrages genannten Gebiet — mit Ausnahme eines an der Juristischen Hochschule Potsdam-Eiche oder einer vergleichbaren Einrichtung erworbenen Diploms — wird der ersten Staatsprüfung im Sinne der §§ 5 bis 6 gleichgestellt.

hh) Wer vor dem 1. September 1990 in dem in Artikel 1 Abs. 1 des Vertrages genannten Gebiet ein Studium der Rechtswissenschaften — mit Ausnahme eines Studiums an der Juristischen Hochschule Potsdam-Eiche oder einer vergleichbaren Einrichtung — aufgenommen hat, kann das Studium nach den fortgeltenden Bestimmungen abschließen. Der erfolgreiche Abschluß der Ausbildung gilt als erste Staatsprüfung im Sinne der §§ 5 bis 6.

ii) Studenten, die ihr Studium in dem in Artikel 1 Abs. 1 des Vertrages genannten Gebiet bis zum Jahre 1993 abschließen, können einen besonderen Vorbereitungsdienst ableisten, der sich aus theoretischen und praktischen Ausbildungsabschnitten zusammensetzt und zweieinhalb Jahre dauert.

Der Vorbereitungsdienst umfaßt Einführungslehrgänge in die Rechts- und Wirtschaftsordnung und in das Zivilrecht von vier Monaten, das Strafrecht von einem Monat und das Verwaltungsrecht von zwei Monaten, jeweils unter Einschluß des dazugehörigen Verfahrensrechts. Die praktische Ausbildung findet bei folgenden Pflichtstationen statt:

— bei einem ordentlichen Gericht in Zivilsachen für die Dauer von sechs Monaten,
— bei einem Gericht in Strafsachen oder einer Staatsanwaltschaft für die Dauer von drei Monaten,
— bei einer Verwaltungsbehörde für die Dauer von vier Monaten,
— bei einem Rechtsanwalt für die Dauer von vier Monaten.

Im Anschluß an die Pflichtstationen wird der Rechtspraktikant für sechs Monate nach seiner Wahl bei einer oder zwei der in § 5 b Abs. 1 Nr. 5 genannten Stationen ausgebildet.

Für die Prüfungsjahrgänge 1991 bis 1993 können die Einführungslehrgänge unter Berücksichtigung ihrer Ausbildung im Recht der Bundesrepublik

Deutschland während des Studiums abgekürzt werden; die Dauer der Pflichtstationen verlängert sich um die Zeit, um die der zugehörige Einführungslehrgang verkürzt wird.
Die zweite juristische Prüfung wird nach Maßgabe des jeweiligen Landesrechts von dem Land abgenommen, in dem der Rechtspraktikant den Vorbereitungsdienst überwiegend abgeleistet hat. Bei der Aufgabenstellung für die Rechtspraktikanten sind die Besonderheiten ihres Ausbildungsganges angemessen zu berücksichtigen.
Die Rechtspraktikanten werden in ein Rechtsverhältnis zu ihren Herkunftsländern übernommen.

jj) Ein an der Juristischen Hochschule Potsdam-Eiche oder einer vergleichbaren Einrichtung erworbener Abschluß berechtigt nicht zur Aufnahme eines gesetzlich geregelten juristischen Berufs.

z) Für Staatsanwälte gilt folgendes:

aa) § 38 a Abs. 1 des Gesetzes über die Staatsanwaltschaft der Deutschen Demokratischen Republik vom 7. April 1977 (GBl. I Nr. 10 S. 93), zuletzt geändert durch Gesetz vom 5. Juli 1990 (GBl. I Nr. 42 S. 635), gilt entsprechend Maßgabe o) weiter.

bb) Soweit der Minister der Justiz der Deutschen Demokratischen Republik gemäß § 38 a Abs. 2 des Gesetzes über die Staatsanwaltschaft Staatsanwälte mit der Rechtsfolge des § 38 a Abs. 3 neu berufen hat, verbleibt es hierbei.

cc) Im übrigen gelten die Maßgaben a), b), c), e), h), k), p), q), v), w), y)aa), y)bb), y)ee), y)ff) und y)jj) sinngemäß.

8a. **Rechtsberatungsgesetz** in der im Bundesgesetzblatt Teil III, Gliederungsnummer 303-12, veröffentlichten bereinigten Fassung, zuletzt geändert durch Artikel 3 des Gesetzes vom 13. Dezember 1989 (BGBl. I S. 2135),
mit folgenden Maßgaben:

a) Personen, die am Tag des Wirksamwerdens des Beitritts eine nach dem Rechtsberatungsgesetz erlaubnispflichtige Tätigkeit ausüben, ohne im Besitz der erforderlichen Erlaubnis zu sein, dürfen erteilte Aufträge in den folgenden sechs Monaten fortführen, sofern sie innerhalb von zwei Wochen nach dem Wirksamwerden des Beitritts um eine entsprechende Erlaubnis nachsuchen. Neue Aufträge dürfen nicht angenommen werden.

b) Soweit in den zur Ausführung des Rechtsberatungsgesetzes erlassenen Rechtsverordnungen die Zuständigkeit des Präsidenten des Landgerichts oder des Amtsgerichts vorgesehen ist, ist für diese Aufgaben der Direktor des Kreisgerichts am Sitz des Bezirksgerichts zuständig, in dessen Bezirk die Rechtsbesorgung ausgeübt werden soll oder ausgeübt wird. Gehört der Ort zu dem Bezirk eines Kreisgerichts, dessen Direktor dem Präsidenten eines Amtsgerichts gleichsteht, entscheidet der Direktor dieses Kreisgerichts.

9. **Gesetz zur Durchführung der Richtlinie des Rates der Europäischen Gemeinschaften** vom 22. März 1977 **zur Erleichterung der tatsächlichen Ausübung des freien Dienstleistungsverkehrs der Rechtsanwälte** vom 16. August 1980 (BGBl. I S. 1453), zuletzt geändert durch Artikel 1 des Gesetzes vom 14. März 1990 (BGBl. I S. 479), mit folgender Maßgabe:
Soweit das Gesetz auf Bestimmungen der Bundesrechtsanwaltsordnung verweist, treten an deren Stelle die entsprechenden Bestimmungen des Rechtsanwaltsgesetzes der Deutschen Demokratischen Republik.

10. **Beratungshilfegesetz** vom 18. Juni 1980 (BGBl. I S. 689),
mit folgender Maßgabe:
Beratungshilfe wird auch in Angelegenheiten des Arbeitsrechts und des Sozialrechts gewährt.

11. **Patentanwaltsordnung** vom 7. September 1966 (BGBl. I S. 557), zuletzt geändert durch Artikel 4 des Gesetzes vom 6. Juli 1990 (BGBl. I S. 1349),
mit folgenden Maßgaben:
    a) Patentanwälte und Patentassessoren, die am Tag des Wirksamwerdens des Beitritts in die beim Patentamt der Deutschen Demokratischen Republik geführten Listen der Patentanwälte oder der Patentassessoren nicht nur vorläufig eingetragen sind, stehen Personen gleich, die nach § 5 der Patentanwaltsordnung die Voraussetzungen für den Zugang zum Beruf des Patentanwalts durch Prüfung erlangt haben. Die in die beim Patentamt der Deutschen Demokratischen Republik geführte Liste eingetragenen Patentanwälte sind nach der Patentanwaltsordnung zur Patentanwaltschaft zugelassen.
    b) Am Tag des Wirksamwerdens des Beitritts noch nicht oder nur vorläufig beschiedene Anträge auf Eintragung in die Liste der Patentanwälte gelten als Anträge auf Zulassung zur Patentanwaltschaft, noch nicht oder nur vorläufig beschiedene Anträge auf Eintragung in die Liste der Patentassessoren gelten als Anträge auf Anerkennung als Patentassessor. Es entscheidet der Präsident des Patentamts nach Anhörung des Vorstands der Patentanwaltskammer nach den Bestimmungen der Patentanwaltsordnung. Die Frage, ob der Antragsteller die Ausbildungsvoraussetzungen erfüllt, wird nach den Bestimmungen der Anordnung der Deutschen Demokratischen Republik über die Vertretung vor dem Patentamt vom 21. März 1990 (GBl. I Nr. 21 S. 208) entschieden.

12. **Gesetz über das gerichtliche Verfahren bei Freiheitsentziehungen** in der im Bundesgesetzblatt Teil III, Gliederungsnummer 316-1, veröffentlichten bereinigten Fassung, zuletzt geändert durch Artikel 12 Abs. 2 des Gesetzes vom 9. Juli 1990 (BGBl. I S. 1354),
mit folgenden Maßgaben:
    a) Unterbringungen, die mit Freiheitsentziehung verbunden sind und vor dem Wirksamwerden des Beitritts vorgenommen wurden, gelten als Freiheitsentziehungen im Sinne von § 1, soweit das Verfahren nicht abweichend geregelt ist.
    b) Die zuständige Verwaltungsbehörde hat alsbald die Anordnung der Freiheitsentziehung beim Gericht zu beantragen, sofern der Untergebrachte nicht freigelassen wird. Der Untergebrachte ist spätestens nach Ablauf von sechs Monaten nach dem Wirksamwerden des Beitritts freizulassen, wenn das Gericht die Freiheitsentziehung nicht vorher angeordnet hat. § 13 Abs. 1 Satz 2 findet in dem in Artikel 3 des Vertrages genannten Gebiet während dieses Zeitraums keine Anwendung.

13. **Gesetz über die Angelegenheiten der freiwilligen Gerichtsbarkeit** in der im Bundesgesetzblatt Teil III, Gliederungsnummer 315-1, veröffentlichten bereinigten Fassung, zuletzt geändert durch Artikel 7 des Gesetzes vom 26. Juni 1990 (BGBl. I S. 1163),
mit folgenden Maßgaben:
    a) Für das gerichtliche Verfahren über Unterbringungsmaßnahmen sind die Vorschriften über Unterbringungssachen des Betreuungsgesetzes vom 12. September 1990 (BGBl. I S. 2002) anzuwenden.

b) Verfahren nach §§ 125 bis 148 Abs. 1, die noch nicht entschieden sind, werden durch Beschluß an das zuständige Gericht verwiesen.
c) Solange das jeweilige Land keine Bestimmung über die zuständigen Registergerichte getroffen hat, werden in dem in Artikel 1 Abs. 1 des Vertrages genannten Gebiet die Handels- und Genossenschaftsregister von den Kreisgerichten, in deren Bezirk das Bezirksgericht seinen Sitz hat, für das Gebiet des Bezirksgerichts geführt.
d) Die in dem in Artikel 3 des Vertrages genannten Gebiet bei den Räten der Kreise befindlichen Vorgänge über Handels- und Genossenschaftsregister werden zu den nach Maßgabe c) zuständigen Gerichten übergeführt.
e) Für Verfahren nach § 148 Abs. 2 bis § 158 gilt folgendes:
   aa) Eine Dispache, die noch nicht nach § 8 Abs. 2 der Verordnung über das Dispacheverfahren der Deutschen Demokratischen Republik vom 27. Mai 1976 (GBl. I Nr. 21 S. 298) anerkannt ist, gilt als Dispache eines Dispacheurs nach § 728 des Handelsgesetzbuchs oder nach § 87 Abs. 2 des Binnenschiffahrtsgesetzes.
   bb) Eine noch nicht rechtskräftig entschiedene Feststellungsklage nach § 10 der Verordnung über das Dispacheverfahren ist als Antrag nach § 150 Satz 1 zu behandeln.
   cc) Soweit in einem Rechtsstreit gemäß § 11 der Verordnung über das Dispacheverfahren in erster Instanz bereits eine Beweisaufnahme stattgefunden hat oder bereits ein Urteil ergangen ist, ist der Rechtsstreit nach den bisher geltenden Verfahrensvorschriften zu Ende zu führen. Ist dies nicht der Fall, hat erneut ein Verfahren nach §§ 153 bis 156 stattzufinden.
f) Auf eine nach der Verordnung über das Dispacheverfahren anerkannte Dispache findet § 158 Abs. 2 und 3 Anwendung.

14. **Strafprozeßordnung** in der Fassung der Bekanntmachung vom 7. April 1987 (BGBl. I S. 1074, 1319), zuletzt geändert durch Artikel 12 Abs. 1 des Gesetzes vom 9. Juli 1990 (BGBl. I S. 1354),
mit folgenden Maßgaben:
a) Am Tag des Wirksamwerdens des Beitritts anhängige, an ein gesellschaftliches Gericht abgegebene Verfahren sind von der Staatsanwaltschaft zu übernehmen. Die Staatsanwaltschaft entscheidet über die Einleitung eines Ermittlungsverfahrens oder dessen Fortführung nach Maßgabe der Vorschriften der Strafprozeßordnung; war das Verfahren bereits bei einem Gericht anhängig gewesen, so ist es diesem zuzuleiten.
b) Eine Regelung, die die Abgabe von Verfahren wegen eines Vergehens mit geringfügigen Folgen an Schiedsstellen zuläßt, falls der Beschuldigte zustimmt und kein öffentliches Interesse an der Verfolgung besteht, bleibt — unbeschadet der §§ 153, 153a — unberührt[7].
c) Soweit die Vorschriften der Strafprozeßordnung den Hilfsbeamten der Staatsanwaltschaft (§ 152 des Gerichtsverfassungsgesetzes) Befugnisse einräumen, stehen diese Befugnisse bis zum Erlaß einer Rechtsverordnung nach § 152 Abs. 2 des Gerichtsverfassungsgesetzes, längstens jedoch bis zum 30. Juni 1991, auch den Untersuchungsorganen der Ministerien des Innern zu.

---

[7] Vgl. die §§ 40 bis 45 des Gesetzes über die Schiedsstellen in den Gemeinden, abgedruckt bei den Erläuterungen, Teil C Rdn. 26.

d) Die Vollstreckung einer Rechtsfolge aus einer Entscheidung eines Strafgerichts der Deutschen Demokratischen Republik ist zulässig, es sei denn es wird durch ein Gericht festgestellt, daß die Verurteilung mit rechtsstaatlichen Maßstäben nicht vereinbar ist oder daß Art oder Höhe der Rechtsfolge nach rechtsstaatlichen Grundsätzen nicht angemessen sind oder dem Zweck eines Bundesgesetzes widersprechen. Es kann auch festgestellt werden, daß die Rechtsfolge in einer milderen Folgenart zu vollstrecken ist. Der Antrag auf Feststellung kann von dem Verurteilten oder von der Staatsanwaltschaft gestellt werden. Der Antrag ist unzulässig, wenn ein Kassationsverfahren durchgeführt worden ist oder noch durchgeführt werden kann. Über den Antrag entscheidet das Gericht, das nach Maßgabe h) für eine Kassation zuständig wäre. § 458 Abs. 3 Satz 1 und § 462 Abs. 1 Satz 1 und Abs. 2 gelten entsprechend. Die Entscheidung ist nicht anfechtbar. Der Aufschub oder die Unterbrechung der Vollstreckung kann auch von der Staatsanwaltschaft angeordnet werden.

e) Soweit nach § 15 des Gesetzes über die innerdeutsche Rechts- und Amtshilfe in Strafsachen in der im Bundesgesetzblatt Teil III, Gliederungsnummer 312-3, veröffentlichten bereinigten Fassung, zuletzt geändert durch Artikel 2 Abs. 3 des Gesetzes vom 18. August 1980 (BGBl. I S. 1503), die Unzulässigkeit der Vollstreckung einer Strafe festgestellt worden ist, findet eine Vollstreckung auch in dem in Artikel 3 des Vertrages genannten Gebiet nicht statt.

f) Für die Vollstreckung einer von einem Gericht der Deutschen Demokratischen Republik verhängten Geldstrafe und die Festsetzung einer Ersatzfreiheitsstrafe verbleibt es bei dem bisherigen Recht der Deutschen Demokratischen Republik mit folgenden Maßgaben:

aa) Die Regelungen über die Festsetzung einer Ersatzfreiheitsstrafe finden keine Anwendung, soweit die Geldstrafe gegen einen Jugendlichen oder einen Heranwachsenden verhängt wurde.

bb) Für das Verfahren der Vollstreckung gilt statt der Bestimmungen des Zivilverfahrensrechts (§ 23 Abs. 3 Satz 1 der Ersten Durchführungsbestimmung zur Strafprozeßordnung der Deutschen Demokratischen Republik vom 20. März 1975, GBl. I Nr. 15 S. 285) die Justizbeitreibungsordnung.

cc) Es kann auch eine Ersatzfreiheitsstrafe von weniger als drei Monaten verhängt werden.

g) Der Staatsanwaltschaft am Tag des Wirksamwerdens des Beitritts vorliegende Gesuche von Verurteilten auf Wiederaufnahme des Verfahrens sind dem für die Entscheidung im Wiederaufnahmeverfahren zuständigen Gericht zuzuleiten.
Hat das Gericht vor dem Wirksamwerden des Beitritts eine Wiederaufnahme zu Ungunsten des Angeklagten angeordnet, so gilt die Anordnung, falls die Hauptverhandlung noch nicht abgeschlossen ist, lediglich als den Wiederaufnahmeantrag für zulässig erklärender Beschluß.

h) Die Staatsanwaltschaft und der Verurteilte können *bis zum 31. Dezember 1991*[8] die Kassation einer rechtskräftigen Entscheidung eines Gerichts der Deutschen Demokratischen Republik beantragen. Über den Antrag entscheidet das Bezirksgericht. War dieses mit der Sache bereits befaßt, so entscheidet ein anderes Bezirksgericht; der besondere Senat des Bezirksgerichts bestimmt vor Beginn

[8] Nach Art. 4 Nr. 1 der Zusatzvereinbarung (auszugsweise abgedruckt unter 5) treten an die Stelle der Worte „bis zum 31. Dezember 1991“ die Worte „bis zum Ablauf der in § 10 Abs. 1 des Rehabilitierungsgesetzes vom 6. September 1990 (GBl. I Nr. 60 S. 1459) genannten Frist“.

des Geschäftsjahres, welche Bezirksgerichte örtlich zuständig sind. Die Vorschriften der Strafprozeßordnung der Deutschen Demokratischen Republik über das Kassationsverfahren in der Fassung des Gesetzes vom 29. Juni 1990 (GBl. I Nr. 39 S. 526) — §§ 311 bis 327 — bleiben mit Ausnahme des § 313 mit folgenden Maßgaben[9] anwendbar:

aa) § 361 gilt sinngemäß.

bb) Der Kassationsantrag des Verurteilten und der in § 361 genannten Personen ist der Staatsanwaltschaft zur Stellungnahme zuzuleiten.

cc) Das Kassationsgericht kann auch ohne Zustimmung der Staatsanwaltschaft die Vollstreckung aussetzen.

dd) Das Kassationsgericht kann in entsprechender Anwendung des § 349 über den Antrag durch Beschluß entscheiden.

ee) § 23 Abs. 2 gilt sinngemäß.

ff) Die Entscheidung des Kassationsgerichts ist nicht anfechtbar.

gg) Für die Entscheidung über die Kosten des Verfahrens gelten die Vorschriften des Zweiten Abschnitts des Siebenten Buches sinngemäß[9].

i) Das Begnadigungsrecht steht dem Bund auch dann zu, wenn ein Gericht der Deutschen Demokratischen Republik in einer Sache entschieden hat, die der Gerichtsbarkeit des Bundes unterfallen würde.

j) Die abschließende Entscheidung des Gerichts nach Maßgabe d) ist dem Generalbundesanwalt — Bundeszentralregister — mitzuteilen. Sie ist in ihm zu vermerken, wenn die Vollstreckung einer Rechtsfolge insgesamt oder in einer milderen Folgenart für zulässig erklärt worden ist. Ist die Verurteilung noch nicht im Bundeszentralregister eingetragen, so wird die Eintragung von der Registerbehörde entsprechend den Feststellungen in der abschließenden Entscheidung vorgenommen. Die Eintragung im bisherigen Strafregister der Deutschen Demokratischen Republik über eine Rechtsfolge, deren Vollstreckung für unzulässig erklärt worden ist, ist nicht in das Bundeszentralregister zu übernehmen. Bei bereits erfolgter Eintragung im Bundeszentralregister ist diese wieder zu entfernen. Eintragungen auf Grund der gerichtlichen Entscheidung werden hinsichtlich der Folgen nach dem Bundeszentralregistergesetz wie Eintragungen von Verurteilungen durch deutsche Gerichte im bisherigen Geltungsbereich des Bundeszentralregistergesetzes behandelt.

k) Bei einem begründeten Kassationsantrag (Maßgabe h) ist dem Generalbundesanwalt beim Bundesgerichtshof — Bundeszentralregister — die Entscheidung des Gerichts, mit der die angefochtene rechtskräftige Entscheidung aufgehoben und abgeändert oder die Sache zurückverwiesen worden ist, mitzuteilen. Eintragungen im bisherigen Strafregister der Deutschen Demokratischen Republik, die auf einer Entscheidung beruhen, die in einem Kassationsurteil mit Freispruch aufge-

[9] Nach Art. 4 Nr. 2 der Zusatzvereinbarung (auszugsweise abgedruckt unter Nr. 5) wird folgender Doppelbuchstabe hh) angefügt:
„hh) § 311 Abs. 2 der Strafprozeßordnung der Deutschen Demokratischen Republik vom 12. Januar 1968, zuletzt geändert durch das 6. Strafrechtsänderungsgesetz vom 29. Juni 1990 (BGl. I Nr. 39 S. 526) wird wie folgt gefaßt:
‚(2) Die Kassation ist nur zugunsten eines Verurteilten zulässig. Sie kann durchgeführt werden, wenn
1. die Entscheidung auf einer schwerwiegenden Verletzung des Gesetzes beruht,
2. die Entscheidung im Strafausspruch oder im Ausspruch über die sonstigen Rechtsfolgen der Tat gröblich unrichtig oder nicht mit rechtsstaatlichen Maßstäben vereinbar ist.' "

hoben worden ist, werden nicht in das Bundeszentralregister übernommen oder wieder aus dem Bundeszentralregister entfernt. Ein zurückverweisendes Kassationsurteil und die ihm zugrundeliegende Entscheidung sind im Bundeszentralregister einzutragen, es sei denn, daß die Vollstreckung der im angegriffenen Urteil erkannten Rechtsfolgen ausgesetzt wird. Ist im letztgenannten Fall das angegriffene Urteil bereits aus dem Strafregister der Deutschen Demokratischen Republik in das Bundeszentralregister übernommen worden, so ist die Eintragung zu entfernen. Ergeht eine abschließende Entscheidung mit einer registerpflichtigen Verurteilung, so wird diese Entscheidung im Bundeszentralregister vermerkt.
Auf Eintragungen nach Absatz 1 finden die Vorschriften des Bundeszentralregistergesetzes über die registerrechtliche Behandlung von Wiederaufnahmeverfahren entsprechende Anwendung.

15. **Gesetz über die Zwangsversteigerung und die Zwangsverwaltung** in der im Bundesgesetzblatt Teil III, Gliederungsnummer 310-4, veröffentlichten bereinigten Fassung, zuletzt geändert durch Artikel 5 Nr. 2 des Gesetzes vom 20. Februar 1986 (BGBl. I S. 301),
mit folgenden Maßgaben:
a) Gegen die Entscheidung des Bezirksgerichts (§§ 95 bis 104) ist eine weitere Beschwerde, ausgenommen im Fall des § 102, nicht zulässig.
b) Eine vor dem Wirksamwerden des Beitritts in dem in Artikel 3 des Vertrages genannten Gebiet anhängig gewordene Vollstreckung in Grundstücke ist nach der Grundstücksvollstreckungsverordnung der Deutschen Demokratischen Republik vom 6. Juni 1990 (GBl. I Nr. 32 S. 288) zu erledigen.

16. **Justizbeitreibungsordnung** in der im Bundesgesetzblatt Teil III, Gliederungsnummer 365-1, veröffentlichten bereinigten Fassung, zuletzt geändert durch Artikel 5 Abs. 2 des Gesetzes vom 7. Juli 1986 (BGBl. I S. 977),
mit folgender Maßgabe:
Ein vor dem Wirksamwerden des Beitritts in dem in Artikel 3 des Vertrages genannten Gebiet begonnenes Einziehungsverfahren ist nach den bisherigen Regelungen zu erledigen.

17. Artikel IV des **Einführungsgesetzes zu dem Gesetze, betreffend Änderungen der Konkursordnung** in der im Bundesgesetzblatt Teil III, Gliederungsnummer 311-3, veröffentlichten bereinigten Fassung,
mit folgenden Maßgaben:
a) Konkursverfahren im Sinne dieser Vorschrift kann auch ein Verfahren nach der Gesamtvollstreckungsordnung (Anlage II Kapitel III Sachgebiet A Abschnitt II Nr. 1) sein. Sieht auf Grund dieser Vorschrift erlassenes Landesrecht Beschränkungen oder den Ausschluß eines Verfahrens nach der Gesamtvollstreckungsordnung vor, so gilt dies auch für die Zulässigkeit eines Konkursverfahrens.
b) Sieht auf Grund dieser Vorschrift erlassenes Landesrecht Beschränkungen oder den Ausschluß eines Konkursverfahrens vor, so gilt dies auch für die Zulässigkeit eines Verfahrens nach der Gesamtvollstreckungsordnung.

18. **Ausführungsgesetz zum deutsch-österreichischen Konkursvertrag** vom 8. März 1985 (BGBl. I S. 545 in Verbindung mit der Bekanntmachung vom 6. Mai 1985, BGBl. I S. 780),
mit folgender Maßgabe:

Die in diesem Gesetz für Konkursverfahren nach der Konkursordnung getroffenen Regelungen gelten im Anwendungsbereich der Gesamtvollstreckungsordnung (Anlage II Kapitel III Sachgebiet A Abschnitt II Nr. 1) auch für das Gesamtvollstreckungsverfahren.

19. **Gerichtskostengesetz** in der Fassung der Bekanntmachung vom 15. Dezember 1975 (BGBl. I S. 3047), zuletzt geändert durch Artikel 2 des Gesetzes vom 15. Juni 1989 (BGBl. I S. 1082),
mit folgenden Maßgaben:
a) Die sich aus den in Kraft gesetzten Vorschriften ergebenden Gebühren ermäßigen sich um 20 vom Hundert, wenn der Kostenschuldner seinen allgemeinen Gerichtsstand in dem in Artikel 3 des Vertrages genannten Gebiet hat. Die Ermäßigung erstreckt sich auf andere Kostenschuldner, die als Zweitschuldner gemäß § 58 Abs. 2 in Anspruch genommen werden, § 11 Abs. 3 bleibt unberührt.
b) Das Gericht kann unter Berücksichtigung aller Umstände des Einzelfalles, insbesondere des Umfangs und der Bedeutung der Sache und der Vermögens- und Einkommensverhältnisse der Beteiligten, einen um bis zu einem Drittel geringeren Wert festsetzen, wenn nach den gesetzlichen Vorschriften ein Mindestwert oder ein fiktiver Wert festgelegt ist, weil genügende tatsächliche Anhaltspunkte für die Bestimmung des Wertes nicht bestehen.
c) Im Kassationsverfahren gelten die Vorschriften des Kostenverzeichnisses (Anlage 1 zum Gerichtskostengesetz) über das Revisionsverfahren in Strafsachen sinngemäß.
d) § 73 Abs. 1 und 3 gilt auch für das Inkrafttreten dieses Gesetzes in dem in Artikel 3 des Vertrages genannten Gebiet.
In Strafsachen, in gerichtlichen Verfahren nach dem Gesetz über Ordnungswidrigkeiten und nach dem Strafvollzugsgesetz werden die Kosten nach dem bisherigen Recht erhoben, wenn das Verfahren vor dem Inkrafttreten dieses Gesetzes anhängig geworden ist. Dies gilt nicht im Verfahren über ein Rechtsmittel, das nach dem Inkrafttreten dieses Gesetzes eingelegt worden ist.

20. **Kostenordnung** in der im Bundesgesetzblatt Teil III, Gliederungsnummer 361-1, veröffentlichten bereinigten Fassung, zuletzt geändert durch Artikel 9 Abs. 4 des Gesetzes vom 26. Juni 1990 (BGBl. I S. 1163),
mit folgenden Maßgaben:
a) Die sich aus den in Kraft gesetzten Vorschriften ergebenden Gebühren ermäßigen sich für Kostenschuldner, die ihren Wohnsitz oder Sitz der Hauptniederlassung, bei einer Handelsgesellschaft den Sitz der Gesellschaft, in dem in Artikel 3 des Vertrages genannten Gebiet haben, um 20 vom Hundert. Soweit in bundesrechtlichen Vorschriften ein höherer Ermäßigungssatz festgelegt ist, gilt dieser. § 33 bleibt unberührt. § 144 Abs. 3 gilt sinngemäß.
b) Eine weitere Beschwerde gegen die Entscheidung des Bezirksgerichts findet nicht statt.
c) Soweit Vorschriften des Rechts der Deutschen Demokratischen Republik, die als Bundesrecht weitergelten, eine weitergehende Befreiung von Gebühren und Auslagen vorsehen als bundesrechtliche Vorschriften in dem Gebiet, in dem die Kostenordnung schon vor dem Beitritt gegolten hat, sind diese Vorschriften des Rechts der Deutschen Demokratischen Republik nicht anzuwenden.
d) Für die Bewertung des land- und forstwirtschaftlichen Vermögens im Sinne des § 19 Abs. 4 gelten die Vorschriften des Bewertungsgesetzes für die Bewertung

von Vermögen in dem in Artikel 3 des Vertrages genannten Gebiet. Zum land- und forstwirtschaftlichen Vermögen gehören jedoch auch die Wohngebäude einschließlich des dazugehörigen Grund und Bodens. § 126 Abs. 2 des Bewertungsgesetzes gilt sinngemäß.

e) § 161 gilt auch für das Inkrafttreten dieses Gesletzes in dem in Artikel 3 des Vertrages genannten Gebiet.

21. **Gesetz zur Änderung und Ergänzung kostenrechtlicher Vorschriften** in der im Bundesgesetzblatt Teil III, Gliederungsnummern 360-3 und 369-1, veröffentlichten bereinigten Fassung, zuletzt geändert durch Artikel 2 des Gesetzes vom 18. August 1980 (BGBl. I S. 1503),
mit folgender Maßgabe:
Eine weitere Beschwerde gegen die Entscheidung des Bezirksgerichts findet nicht statt.

22. **Verordnung über Kosten im Bereich der Justizverwaltung** in der im Bundesgesetzblatt Teil III, Gliederungsnummer 363-1, veröffentlichten bereinigten Fassung, zuletzt geändert durch Artikel 6 des Gesetzes vom 9. Dezember 1986 (BGBl. I S. 2326),
mit folgenden Maßgaben:
a) Bis zum Inkrafttreten landesrechtlicher Vorschriften gilt in Justizverwaltungsangelegenheiten der Länder des in Artikel 3 des Vertrages genannten Gebietes die Justizverwaltungskostenordnung in der jeweils für die Justizbehörden des Bundes geltenden Fassung entsprechend.
b) § 16 gilt auch für das Inkrafttreten dieses Gesetzes in dem in Artikel 3 des Vertrages genannten Gebiet.

23. **Gesetz über Kosten der Gerichtsvollzieher** in der im Bundesgesetzblatt Teil III, Gliederungsnummer 362-1, veröffentlichten bereinigten Fassung, zuletzt geändert durch Artikel 9 Abs. 9 des Gesetzes vom 26. Juni 1990 (BGBl. I S. 1163),
mit folgenden Maßgaben:
a) Die sich aus den in Kraft gesetzten Vorschriften ergebenden Gebühren ermäßigen sich um 20 vom Hundert.
b) Für Gebühren und Auslagen, die vor dem Wirksamwerden des Beitritts fällig geworden sind, gilt das bisherige Recht.

24. **Gesetz über die Entschädigung der ehrenamtlichen Richter** in der Fassung der Bekanntmachung vom 1. Oktober 1969 (BGBl. I S. 1753), zuletzt geändert durch Artikel 5 des Gesetzes vom 9. Dezember 1986 (BGBl. I S. 2326), mit folgenden Maßgaben:
a) Die sich aus § 2 Abs. 1 ergebende Entschädigung sowie die in § 2 Abs. 2 und 3 festgesetzten Höchstbeträge ermäßigen sich um 20 vom Hundert. Die Entschädigung kann im Einzelfall unter Berücksichtigung aller Umstände bis zu den Höchstsätzen dieses Gesetzes festgesetzt werden, wenn die sich nach Satz 1 ergebende Entschädigung unbillig wäre.
b) Die Entschädigung richtet sich nach dem bisherigen Recht, soweit die Heranziehung vor dem Wirksamwerden des Beitritts erfolgte.

25. **Gesetz über die Entschädigung von Zeugen und Sachverständigen** in der Fassung der Bekanntmachung vom 1. Oktober 1969 (BGBl. I S. 1756), zuletzt geändert durch

Artikel 4 Abs. 18 des Gesetzes vom 8. Juni 1989 (BGBl. I S. 1026),
mit folgenden Maßgaben:

a) Die sich aus § 2 Abs. 3 Satz 2, §§ 3, 5 Abs. 1, 2 und 3 Satz 1, §§ 17 und 17 a Abs. 1 bis 3 ergebende Entschädigung sowie die in § 2 Abs. 2 und § 5 Abs. 3 Satz 2 festgesetzten Höchstbeträge ermäßigen sich für Beteiligte, die ihren Wohnsitz oder Sitz in dem in Artikel 3 des Vertrages genannten Gebiet haben, um 20 vom Hundert. Die Entschädigung kann im Einzelfall unter Berücksichtigung aller Umstände bis zu den Höchstsätzen dieses Gesetzes festgesetzt werden, wenn die sich nach Satz 1 ergebende Entschädigung unbillig wäre.
b) § 18 gilt auch für das Inkraftttreten dieses Gesetzes in dem in Artikel 3 des Vertrages genannten Gebiet.

26. **Bundesgebührenordnung für Rechtsanwälte** in der im Bundesgesetzblatt Teil III, Gliederungsnummer 368-1, veröffentlichten bereinigten Fassung, zuletzt geändert durch Artikel 1 des Gesetzes vom 20. August 1990 (BGBl. I S. 1765),
mit folgenden Maßgaben[10]:

a) Die sich aus den in Kraft gesetzten Vorschriften ergebenden Gebühren ermäßigen sich bei der Tätigkeit von Rechtsanwälten, die ihre Kanzlei in dem in Artikel 3 des Vertrages genannten Gebiet eingerichtet haben, um 20 vom Hundert. Die Gebühren ermäßigen sich in gleicher Weise, wenn ein Rechtsanwalt vor Gerichten oder Behörden, die ihren Sitz in dem in Artikel 1 Abs. 1 des Vertrages genannten Gebiet haben, im Auftrag eines Beteiligten tätig wird, der seinen Wohnsitz oder Sitz in dem in Artikel 3 des Vertrages genannten Gebiet hat. § 11 Abs. 2 bleibt unberührt.
b) Eine weitere Beschwerde gegen die Entscheidung des Bezirksgerichts findet nicht statt.
c) Bei den Gebühren der §§ 83, 85, 86 stehen
   aa) im ersten Rechtszug Verfahren vor dem Bezirksgericht den entsprechenden Verfahren des § 83 Abs. 1 Nr. 1 und 2, Verfahren vor dem Kreisgericht den Verfahren des § 83 Abs. 1 Nr. 3,
   bb) im Berufungsverfahren Verfahren vor dem Bezirksgericht den entsprechenden Verfahren des § 85 Abs. 1,
   cc) im Revisionsverfahren Verfahren vor dem Bezirksgericht den entsprechenden Verfahren des § 86 Abs. 1 Nr. 2

   gleich.
d) Im Kassationsverfahren gelten die Vorschriften über das Revisionsverfahren in Strafsachen sinngemäß.
e) § 134 gilt auch für das Inkrafttreten dieses Gesetzes in dem in Artikel 3 des Vertrages genannten Gebiet.

27. Für die **Kostengesetze** gilt im übrigen die folgende
allgemeine Maßgabe:
Der Bundesminister der Justiz wird ermächtigt, durch Rechtsverordnung die jeweils in den Buchstaben a) der Maßgaben zum Gerichtskostengesetz, zur Kostenordnung, zum Gesetz über Kosten der Gerichtsvollzieher, zum Gesetz über die Entschädigung der ehrenamtlichen Richter, zum Gesetz über die Entschädigung von Zeugen und

[10] Geändert durch Art. 4 Nr. 3 der Zusatzvereinbarung (abgedruckt unter Nr. 5) durch Einfügung einer neuen Maßgabe e) und Bezeichnung der bisherigen Maßgabe e) als Maßgabe f).

Sachverständigen und zur Bundesgebührenordnung für Rechtsanwälte bestimmten Ermäßigungssätze zur Anpassung an die wirtschaftlichen Verhältnisse neu festzusetzen oder aufzuheben. Die Rechtsverordnungen bedürfen der Zustimmung des Bundesrates, wenn sie sich auf Gesetze beziehen, die der Zustimmung des Bundesrates bedürfen.

28. Im übrigen gelten, falls in den Nummern 1 bis 27 nichts anderes bestimmt ist, die folgenden
allgemeinen Maßgaben:
a) Soweit in Vorschriften, die in dem in Artikel 3 des Vertrages genannten Gebiet in Kraft gesetzt werden oder auf Grund des Staatsvertrages vom 18. Mai 1990 in Kraft gesetzt worden sind, auf Recht der Bundesrepublik Deutschland verwiesen wird, das in diesem Gebiet keine Anwendung findet, sind die entsprechenden Vorschriften der Deutschen Demokratischen Republik anzuwenden. Bestehen solche Vorschriften nicht oder würde ihre Anwendung dem Sinn der Verweisung widersprechen, gelten die Vorschriften, auf die verwiesen wird, entsprechend.
b) Soweit in fortgeltendem Recht der Deutschen Demokratischen Republik auf Vorschriften verwiesen wird, die keine Anwendung mehr finden, sind die entsprechenden Vorschriften des Rechts der Bundesrepublik Deutschland anzuwenden.
c) Soweit in anderen Vorschriften auf Vorschriften verwiesen wird, die durch diesen Vertrag geändert werden, treten an deren Stelle die geänderten Vorschriften.
d) Die Maßgaben a) bis c) gelten auch, wenn Vorschriften an bestimmte Verfahren anknüpfen.
e) Werden in den Vorschriften, die in dem in Artikel 3 des Vertrages genannten Gebiet in Kraft gesetzt werden, und in dem in diesem Gebiet geltenden Recht vergleichbare Behörden, sonstige Stellen oder Verfahren unterschiedlich bezeichnet, so treten die im dort geltenden Recht bezeichneten Stellen oder Verfahren an die Stelle derjenigen, die in den in Kraft gesetzten Vorschriften genannt sind; gleiches gilt bei Abweichungen in der Bezeichnung sonstiger Umstände, die inhaltlich vergleichbar sind.
f) Durch Verordnung eingeführte Vordrucke können in angepaßter Form verwendet werden.
g) Die am Tag des Wirksamwerdens des Beitritts anhängigen Verfahren werden in der Lage, in der sie sich befinden, nach den in Kraft gesetzten Vorschriften fortgesetzt.
h) Der Lauf einer verfahrensrechtlichen Frist, der vor dem Wirksamwerden des Beitritts begonnen hat, richtet sich nach den in der Deutschen Demokratischen Republik geltenden Vorschriften.
i) Ist am Tag des Wirksamwerdens des Beitritts ein Rechtsmittel oder Rechtsbehelf bereits eingelegt oder zwar noch nicht eingelegt, aber die Frist zur Einlegung noch nicht abgelaufen, so richtet sich die Zulässigkeit des Rechtsmittels oder Rechtsbehelfs und das weitere Verfahren hierzu nach den in Kraft gesetzten Vorschriften. Jedoch führen, wenn ein Rechtsmittel oder Rechtsbehelf bereits unter Beachtung der Formvorschriften des Rechts der Deutschen Demokratischen Republik eingelegt ist, abweichende Formvorschriften nicht zur Unzulässigkeit; nach den in Kraft gesetzten Vorschriften erforderliche Rechtsmittelanträge und -gründe sind binnen eines Monats nach dem Wirksamwerden des Bei-

tritts nachzureichen. Ist die Zulässigkeit eines Rechtsmittels nach den in Kraft gesetzten Vorschriften davon abhängig, daß es von dem Gericht, dessen Entscheidung angefochten ist, zugelassen wird, so entscheidet das Rechtsmittelgericht auch über die Zulassung des Rechtsmittels.

j) Ist vor dem Wirksamwerden des Beitritts ein Rechtsmittel oder Rechtsbehelf nach dem Recht der Deutschen Demokratischen Republik in zulässiger Weise eingelegt worden, jedoch nach den in Kraft gesetzten Vorschriften nicht mehr zulässig und deshalb zu verwerfen, so fallen die im Rechtsmittel- oder Rechtsbehelfsverfahren entstandenen Kosten und notwendigen Auslagen der Staatskasse zur Last. Entsprechendes gilt für Klagen, wenn die Klagebefugnis entfällt.

k) Geht durch das Inkraftsetzen des Bundesrechts in dem Artikel 3 des Vertrages genannten Gebiet die Zuständigkeit für eine Sache auf eine andere Stelle über, so hat die bisher zuständige Stelle die bei ihr befindlichen Akten und Vorgänge dieser Sache unverzüglich der nunmehr zuständigen Stelle zuzuleiten. Entsprechendes gilt für Akten und Vorgänge, die von der bisher zuständigen Stelle anderen Stellen nur vorübergehend ausgehändigt sind.

l) Am Tag des Wirksamwerdens des Beitritts anhängige Kassationsverfahren werden nach dem Verfahrensrecht der Deutschen Demokratischen Republik zu Ende geführt.

Abschnitt IV

Abweichend von den Regelungen der Abschnitte I und III wird der im bisherigen Geltungsbereich des Grundgesetzes für die Bundesrepublik Deutschland bestehende Gerichtsaufbau der ordentlichen Gerichtsbarkeit einschließlich des Aufbaus der Staatsanwaltschaft, der Verwaltungsgerichtsbarkeit, der Finanzgerichtsbarkeit, der Arbeitsgerichtsbarkeit und der Sozialgerichtsbarkeit auf den Teil des Landes **Berlin** erstreckt, in dem das Grundgesetz bisher nicht galt.

1. Folgende Rechtsvorschriften gelten abweichend von Abschnitt I auch in dem beigetretenen Teil des Landes Berlin:

   a) **Bundesrechtsanwaltsordnung** in der im Bundesgesetzblatt Teil III, Gliederungsnummer 303-8, veröffentlichten bereinigten Fassung, zuletzt geändert durch Artikel 3 des Gesetzes vom 6. Juli 1990 (BGBl. I S. 1349),
   mit folgenden Maßgaben:

   aa) Rechtsanwälte, die am Tag des Wirksamwerdens des Beitritts mit Kanzlei in dem Teil des Landes Berlin, in dem das Grundgesetz bisher nicht galt, zugelassen sind, gelten als nach der Bundesrechtsanwaltsordnung zur Rechtsanwaltschaft zugelassen. Sie gehören der Rechtsanwaltskammer Berlin an. Sie haben den Antrag auf Zulassung bei einem Gericht der ordentlichen Gerichtsbarkeit des Landes Berlin zu stellen. Wird der Antrag nicht binnen drei Monaten nach dem Wirksamwerden des Beitritts gestellt, ist die Zulassung zur Rechtsanwaltschaft zu widerrufen.

   bb) Personen, die am Tag des Wirksamwerdens des Beitritts ihren Wohnsitz in dem Teil des Landes Berlin, in dem das Grundgesetz bisher nicht galt, unterhalten, können nach der Bundesrechtsanwaltsordnung zur Rechtsanwaltschaft auch zugelassen werden, wenn sie die Befähigung zur anwaltlichen Tätigkeit nach den in den in Artikel 1 Abs. 1 des Vertrages genannten Ländern geltenden Vorschriften besitzen.

   cc) Für Berufspflichtverletzungen, die vor dem Wirksamwerden des Beitritts begangen wurden, gilt die Verjährungsbestimmung der Verordnung über die

Tätigkeit und die Zulassung von Rechtsanwälten mit eigener Praxis vom 22. Februar 1990 (GBl. I Nr. 17 S. 147).

b) **Bundesnotarordnung** in der im Bundesgesetzblatt Teil III, Gliederungsnummer 303-1, veröffentlichten bereinigten Fassung, zuletzt geändert durch Artikel 1 des Gesetzes vom 7. August 1981 (BGBl. I S. 803),
mit folgender Maßgabe:
In dem Teil des Landes Berlin, in dem das Grundgesetz bisher nicht galt, werden ausschließlich Rechtsanwälte für die Dauer ihrer Zulassung bei einem Gericht als Notare zu gleichzeitiger Amtsausübung neben dem Beruf des Rechtsanwalts bestellt.
Rechtsanwälte, die am Tag des Wirksamwerdens des Beitritts in dem Teil des Landes Berlin zu Anwaltsnotaren in eigener Praxis bestellt sind, werden nach ihrer Zulassung bei einem Gericht in Berlin, in dem das Grundgesetz bisher nicht galt, zu Anwaltsnotaren nach der Bundesnotarordnung bestellt. Sie gehören der Notarkammer Berlin an.

2. Folgende Rechtsvorschriften gelten in dem Teil des Landes Berlin, in dem das Grundgesetz bisher nicht galt, ohne die in Abschnitt III genannten Maßgaben:
   a) **Wahlordnung für die Präsidien der Gerichte** vom 19. September 1972 (BGBl. I S. 1821)
   b) **Verordnung zur einheitlichen Regelung der Gerichtsverfassung** in der im Bundesgesetzblatt Teil III, Gliederungsnummer 300-5, veröffentlichten bereinigten Fassung
   c) **Verwaltungsgerichtsordnung** in der im Bundesgesetzblatt Teil III, Gliederungsnummer 340-1, veröffentlichten bereinigten Fassung, zuletzt geändert durch Artikel 2 Nr. 9 des Gesetzes vom 8. Dezember 1986 (BGBl. I S. 2191)
   d) **Finanzgerichtsordnung** vom 6. Oktober 1965 (BGBl. I S. 1477), zuletzt geändert durch Artikel 10 des Gesetzes vom 18. Dezember 1986 (BGBl. I S. 2496)
   e) **Rechtsberatungsgesetz** in der im Bundesgesetzblatt Teil III, Gliederungsnummer 303-12, veröffentlichten bereinigten Fassung, zuletzt geändert durch Artikel 3 des Gesetzes vom 13. Dezember 1989 (BGBl. I S. 2135)
   f) **Gesetz** zur Durchführung der Richtlinie des Rates der Europäischen Gemeinschaften vom 22. März 1977 **zur Erleichterung der tatsächlichen Ausübung des freien Dienstleistungsverkehrs der Rechtsanwälte** vom 16. August 1980 (BGBl. I S. 1453), zuletzt geändert durch Artikel 1 des Gesetzes vom 14. März 1990 (BGBl. I S. 479)
   g) **Beratungshilfegesetz** vom 18. Juni 1980 (BGBl. I S. 689)
   h) **Gesetz zur Änderung und Ergänzung kostenrechtlicher Vorschriften** in der im Bundesgesetzblatt Teil III, Gliederungsnummern 360-3 und 369-1, veröffentlichten bereinigten Fassung, zuletzt geändert durch Artikel 2 des Gesetzes vom 18. August 1980 (BGBl. I S. 1503).

3. Für folgende in Abschnitt III genannte Rechtsvorschriften gelten im Land Berlin folgende Besonderheiten:
   a) **Gerichtsverfassungsgesetz** in der Fassung der Bekanntmachung vom 9. Mai 1975 (BGBl. I S. 1077), zuletzt geändert durch Artikel 3 des Gesetzes vom 5. April 1990 (BGBl. I S. 701),
   mit folgenden Maßgaben anstelle der in Abschnitt III in bezug auf dieses Gesetz genannten Maßgaben:

aa) Richter aus dem Teil des Landes Berlin, in dem das Grundgesetz bisher nicht galt, dürfen abweichend von § 23 b Abs. 3 Satz 2 Geschäfte des Familienrichters wahrnehmen, wenn sie vor dem Wirksamwerden des Beitritts mindestens drei Jahre als Richter tätig gewesen sind.

bb) § 21 f Abs. 1 ist, unbeschadet des § 28 Abs. 2 des Deutschen Richtergesetzes, für das Landgericht Berlin bis zum 31. Dezember 1993 nicht anzuwenden.

cc) Ehrenamtliche Richter:
- Die nach dem Gerichtsverfassungsgesetz in Berlin berufenen Schöffen und Hilfsschöffen üben ihr Amt für die Dauer des Zeitraums aus, für den sie berufen sind. Eine Neuwahl findet nicht statt. Die vorhandenen Vorschlagslisten (§ 52 Abs. 6 GVG) gelten bis zum Ende der laufenden Schöffenwahlperiode fort.
- § 108 gilt mit folgender Maßgabe:
  Zum ehrenamtlichen Richter einer Kammer für Handelssachen bei dem Landgericht Berlin kann bis zum 31. Dezember 1991 auf Vorschlag der Industrie- und Handelskammern auch ernannt werden, wer am Tag des Wirksamwerdens des Beitritts bei dem Stadtbezirksgericht Berlin-Mitte an einer Kammer für Handelssachen als ehrenamtlicher Richter tätig war.
- § 13 Abs. 1 des Sozialgerichtsgesetzes und § 20 Abs. 1 des Arbeitsgerichtsgesetzes gelten mit folgender Maßgabe:
  Zum ehrenamtlichen Richter bei dem Sozialgericht Berlin oder dem Arbeitsgericht Berlin kann bis zum 31. Dezember 1991 auf Vorschlag der zuständigen Verbände oder Stellen auch berufen werden, wer am Tag des Wirksamwerdens des Beitritts Schöffe für Arbeitsrecht in dem Teil des Landes Berlin, in dem das Grundgesetz bisher nicht galt, war.
- § 25 der Verwaltungsgerichtsordnung gilt mit folgender Maßgabe:
  Die am Tag des Wirksamwerdens des Beitritts einer Kammer für Verwaltungssachen beim Stadtbezirksgericht Berlin-Mitte zugeordneten Schöffen gelten als ehrenamtliche Richter des Verwaltungsgerichts Berlin für die Dauer der laufenden Wahlperiode mit Wirkung von dem Tag an als gewählt, der zwei Monate nach dem Wirksamwerden des Beitritts liegt.

dd) die Maßgabe q) zum Gerichtsverfassungsgesetz in Abschnitt III — Nr. 1 — gilt sinngemäß.

ee) Die Maßgaben y) und z) zum Gerichtsverfassungsgesetz in Abschnitt III — Nr. 1 — gelten sinngemäß mit der Maßgabe, daß an die Stelle des Bezirksgerichts das Landgericht Berlin tritt, soweit nicht die Zuständigkeit eines Gerichts der besonderen Gerichtsbarkeiten gegeben ist.

b) **Deutsches Richtergesetz** in der Fassung der Bekanntmachung vom 19. April 1972 (BGBl. I S. 713), zuletzt geändert durch Artikel 4 des Gesetzes vom 26. Juni 1990 (BGBl. I S. 1206),
mit folgenden Maßgaben anstelle der in Abschnitt III in bezug auf dieses Gesetz genannten Maßgaben:

aa) Wer bei einem Stadtbezirksgericht oder dem Stadtgericht Berlin als Richter tätig war oder ist, kann im Land Berlin Aufgaben der rechtsprechenden Gewalt wahrnehmen, und zwar als
- beisitzender Richter, jedoch nicht bei einem oberen Landesgericht,
- Richter bei dem Arbeitsgericht Berlin,

— Richter bei einem Amtsgericht, jedoch nicht als Vorsitzender eines Schöffengerichts.

Er erhält die Stellung eines Richters auf Probe. Voraussetzung für die Berufung in das Richterverhältnis auf Probe ist die Befähigung zum Berufsrichter im Sinne des § 9 des Richtergesetzes der Deutschen Demokratischen Republik vom 5. Juli 1990 (GBl. I Nr. 42 S. 637). Soweit aus dem Teil des Landes Berlin, in dem das Grundgesetz bisher nicht galt, tätige Richter gemäß § 45 Abs. 2 Satz 2 des Richtergesetzes der Deutschen Demokratischen Republik zur Ausübung der Rechtsprechung lediglich ermächtigt sind, entscheidet über die Berufung in das Richterverhältnis auf Probe der Senator für Justiz gemeinsam mit dem Richterwahlausschuß.

bb) Bis zum 31. Dezember 1993 ist bei dem Landgericht Berlin die Besetzung von Zivilkammern mit zwei Richtern auf Probe oder kraft Auftrags oder abgeordneten Richtern als Beisitzern zulässig, von denen einer länger als zwölf Monate im richterlichen Dienst stehen und die Befähigung zum Richteramt nach §§ 5 ff des Deutschen Richtergesetzes erworben haben muß.

cc) Wer beim Generalstaatsanwalt von Berlin oder bei den Staatsanwaltschaften der Stadtbezirke von Berlin als Staatsanwalt tätig war oder ist, kann im Land Berlin Aufgaben als Staatsanwalt bei der Staatsanwaltschaft bei dem Landgericht in einem dem Richterverhältnis auf Probe entsprechenden Rechtsverhältnis wahrnehmen. Voraussetzung ist die Befähigung zum Amt eines Staatsanwalts gemäß § 35 Abs. 1 des Gesetzes über die Staatsanwaltschaft der Deutschen Demokratischen Republik vom 7. April 1977 (GBl. I Nr. 10 S. 93), zuletzt geändert durch Gesetz vom 5. Juli 1990 (GBl. I Nr. 42 S. 635). Soweit eine Überprüfung der Staatsanwälte durch den zuständigen Ausschuß in der Deutschen Demokratischen Republik nicht stattgefunden hat, entscheidet über die Berufung der Senator für Justiz gemeinsam mit dem Richterwahlausschuß.

dd) Ein Richter, der nach Maßgabe aa) zum Richter auf Probe ernannt worden ist, kann unter der Voraussetzung des § 25 des Richtergesetzes der Deutschen Demokratischen Republik in den Vorruhestand versetzt werden. Für das Vorruhestandsverhältnis gelten die für die Richter der in Artikel 1 Abs. 1 des Vertrages genannten Länder anzuwendenden Vorschriften.

ee) In dem Teil des Landes Berlin, in dem das Grundgesetz bisher nicht galt, gelten für Richter die Maßgaben a), b), c), e), f), h), j), w) und y) zum Deutschen Richtergesetz in Abschnitt III — Nr. 8 —; für Staatsanwälte gelten die Maßgaben a), b), c), e), h), w), y) aa), y) bb), y) ee), y) ff), y) jj) und z) aa) sinngemäß. Das Land Berlin kann das Prüfungsverfahren des Staatsexamens für Studenten der Humboldt-Universität an das geltende Landesrecht anpassen.

c) **Zivilprozeßordnung** in der im Bundesgesetzblatt Teil III, Gliederungsnummer 310-4 veröffentlichten bereinigten Fassung, zuletzt geändert durch Artikel 4 des Gesetzes vom 17. Mai 1990 (BGBl. I S. 926),
mit folgenden Maßgaben:

aa) Die Maßgaben a) bis d) zur Zivilprozeßordnung in Abschnitt III — Nr. 5 — sind nicht anzuwenden.

bb) In den von Gerichten des Teils des Landes Berlin, in dem das Grundgesetz bisher nicht galt, übergehenden Verfahren ist bis zur Beendigung des Rechtszugs eine Vertretung der Parteien durch einen Rechtsanwalt als

Prozeßbevollmächtigten nicht erforderlich, soweit sie nach den bisher geltenden Vorschriften nicht vorgeschrieben war.
Rechtsanwälte mit Kanzlei in dem in Artikel 3 des Vertrages genannten Gebiet, die in übergehenden Verfahren zu Prozeßbevollmächtigten bestellt sind, sind bis zur Beendigung des Rechtszugs zur Fortführung der Prozeßvertretung berechtigt. Vorschriften, die die Zulassung eines Rechtsanwalts bei einem bestimmten Gericht voraussetzen, sind insoweit nicht anzuwenden.

d) **Gesetz über die Angelegenheiten der freiwilligen Gerichtsbarkeit** in der im Bundesgesetzblatt Teil III, Gliederungsnummer 315-1, veröffentlichten bereinigten Fassung, zuletzt geändert durch Artikel 7 des Gesetzes vom 26. Juni 1990 (BGBl. I S. 1163),
mit folgenden Maßgaben:
aa) Die Maßgaben a) und c) zu diesem Gesetz in Abschnitt III — Nr. 13 — sind nicht anzuwenden.
bb) Die Maßgabe d) zu diesem Gesetz in Abschnitt III — Nr. 13 — gilt im Land in Berlin in folgender Fassung:
Die in dem in Artikel 3 des Vertrages genannten Gebiet bei den Räten der Kreise befindlichen Vorgänge über Handels- und Genossenschaftsregister werden zu den nach dem im Geltungsbereich des Grundgesetzes der Bundesrepublik Deutschland geltenden Recht zuständigen Gerichten übergeführt.
cc) Für die am Tag des Wirksamwerdens des Beitritts den Teil des Landes Berlin, in dem das Grundgesetz bisher nicht galt, betreffenden anhängigen sowie die künftigen Verfahren nach § 148 Abs. 2 bis § 158 sind die nach dem im bisherigen Geltungsbereich des Grundgesetzes der Bundesrepublik Deutschland geltenden Recht zuständigen Gerichte zuständig.

e) **Strafprozeßordnung** in der Fassung der Bekanntmachung vom 7. April 1987 (BGBl. I S. 1074, 1319), zuletzt geändert durch Artikel 12 Abs. 1 des Gesetzes vom 9. Juli 1990 (BGBl. I S. 1354),
mit folgender Maßgabe:
Für Kassationsverfahren nach der Maßgabe h) zur Strafprozeßordnung in Abschnitt III — Nr. 14 — tritt im Land Berlin an die Stelle des Bezirksgerichts das Landgericht Berlin.

f) **Gerichtskostengesetz** in der Fassung der Bekanntmachung vom 15. Dezember 1975 (BGBl. I S. 3047), zuletzt geändert durch Artikel 2 des Gesetzes vom 15. Juni 1989 (BGBl. I S. 1082),
mit folgender Maßgabe:
Die Maßgabe b) zum Gerichtskostengesetz in Abschnitt III — Nr. 19 — ist nicht anzuwenden.

g) **Kostenordnung** in der im Bundesgesetzblatt Teil III, Gliederungsnummer 361-1, veröffentlichten bereinigten Fassung, zuletzt geändert durch Artikel 9 Abs. 4 des Gesetzes vom 26. Juni 1990 (BGBl. I S. 1163),
mit folgender Maßgabe:
Die Maßgabe a) zur Kostenordnung in Abschnitt III — NHr. 20 — findet für die Tätigkeit von Notaren Anwendung, die ihre Geschäftsstelle in dem Teil des Landes Berlin, in dem das Grundgesetz bisher nicht galt, halten.

h) **Gesetz über Kosten der Gerichtsvollzieher** in der im Bundesgesetzblatt Teil III, Gliederungsnummer 362-1, veröffentlichten bereinigten Fassung, zuletzt geändert durch Artikel 9 Abs. 9 des Gesetzes vom 26. Juni 1990 (BGBl. I S. 1163), mit folgender Maßgabe:
Die sich aus den in Kraft gesetzten Vorschriften ergebenden Gebühren ermäßigen sich um 20 vom Hundert, wenn der Kostenschuldner seinen allgemeinen Gerichtsstand in dem Teil des Landes Berlin, in dem das Grundgesetz bisher nicht galt, hat. Soweit die notwendigen Kosten der Zwangsvollstreckung wegen der in Satz 1 vorgesehenen Ermäßigung von dem Vollstreckungsschuldner nicht eingezogen werden können, erstreckt sich die Ermäßigung auf den Auftraggeber.

i) **Bundesgebührenordnung für Rechtsanwälte** in der im Bundesgesetzblatt Teil III, Gliederungsnummer 368-1, veröffentlichten bereinigten Fassung, zuletzt geändert durch Artikel 1 des Gelsetzes vom 20. August 1990 (BGBl. I S. 1765), mit folgender Maßgabe:
Die Maßgaben b) und c) zur Bundesgebührenordnung für Rechtsanwälte in Abschnitt III — Nr. 26 — sind nicht anzuwenden.

j) Die in Abschnitt III Nr. 28 aufgeführten **allgemeinen Maßgaben** werden um folgende Überleitungsvorschrift für die Berliner Gerichte ergänzt:
Die bei den Gerichten des Teils des Landes Berlin, in dem das Grundgesetz bisher nicht galt, anhängigen Verfahren gehen am Tag des Wirksamwerdens des Beitritts in der Lage, in der sie sich befinden, auf die nach dem im bisherigen Geltungsbereich des Grundgesetzes der Bundesrepublik Deutschland geltenden Recht zuständigen Gerichte über.
Die Zuständigkeit für Rechtsmittel und Rechtsbehelfe richtet sich nach dem neuen Recht.
Für die Erledigung anhängiger Kassationsverfahren ist anstelle des Bezirksgerichts das Landgericht Berlin zuständig, soweit nicht die Zuständigkeit eines Rechtsmittelgerichts der besonderen Gerichtsbarkeiten gegeben ist.

4. Im übrigen finden die in Abschnitt III aufgeführten Maßgaben im Land Berlin Anwendung. Sie finden keine Anwendung, soweit sie mit der Aufrechterhaltung der besonderen Gerichtsstruktur im Gebiet des Artikels 1 Abs. 1 des Vertrages zusammenhängen.

...

4. Anlage II zum Einigungsvertrag (fortgeltendes Recht der DDR) — Auszug —

Besondere Bestimmungen für fortgeltendes Recht der Deutschen Demokratischen Republik

(BGBl. II S. 1148)

Vorbemerkungen:

Das in Abschnitt I des jeweiligen Kapitels aufgeführte Recht der Deutschen Demokratischen Republik bleibt in Kraft. Entsprechendes gilt für die in Abschnitt I des Kapitels I genannten völkerrechtlichen Verträge gemäß Artikel 12 des Vertrages.

Gemäß Abschnitt II des jeweiligen Kapitels werden die dort aufgeführten Rechtsvorschriften der Deutschen Demokratischen Republik aufgehoben, geändert oder ergänzt.
Gemäß Abschnitt III des jeweiligen Kapitels bleibt Recht der Deutschen Demokratischen Republik mit den dort bestimmten Maßgaben in Kraft.
Soweit in Rechtsvorschriften der Deutschen Demokratischen Republik, die als Bundesrecht fortgelten, auf nicht fortgeltende Vorschriften verwiesen wird, treten an ihre Stelle grundsätzlich die entsprechenden Vorschriften des Bundesrechts, soweit nichts anderes bestimmt ist.
Soweit in Rechtsvorschriften der Deutschen Demokratischen Republik, die als Bundesrecht fortgelten, eine Ermächtigung zum Erlaß von Rechtsverordnungen, Anordnungen oder allgemeinen Verwaltungsvorschriften enthalten ist, findet Artikel 129 des Grundgesetzes entsprechend Anwendung.
Soweit Rechtsvorschriften ausdrücklich aufgeführt sind, die von der Deutschen Demokratischen Republik zwischen der Unterzeichnung dieses Vertrages und dem Wirksamwerden des Beitritts erlassen werden, treten sie gemäß Artikel 9 Abs. 3 des Vertrages in Verbindung mit Absatz 2 und Anlage II auch ohne zusätzliche Vereinbarung zwischen der Bundesrepublik Deutschland und der Deutschen Demokratischen Republik mit den in dieser Anlage niedergelegten Maßgaben in Kraft.

...

Kapitel III

Geschäftsbereich des Bundesministers der Justiz

Sachgebiet A: Rechtspflege

Abschnitt I

Folgendes Recht der Deutschen Demokratischen Republik bleibt in Kraft:

1. Durchführungsbestimmung zur Verordnung über die Tätigkeit von Notaren in eigener Praxis vom 9. August 1990 (GBl. I Nr. 54 S. 1152)
2. Verordnung über die Dienstordnung der Notare (DONot) vom 22. August 1990 (GBl. I Nr. 57 S. 1332)
3. Gesetz über die Schiedsstellen in den Gemeinden vom 13. September 1990 (GBl. I Nr. 61 S. 1527)
4. Verordnung über die Ausbildung von Juristen in der Deutschen Demokratischen Republik (noch zu erlassen)[11]
5. Beschluß der Volkskammer der Deutschen Demokratischen Republik zum Richtergesetz — Ordnung über die Bildung und Arbeitsweise der Richterwahlausschüsse — vom 22. Juli 1990 (GBl. I Nr. 49 S. 904)
6. Durchführungsverordnung zum Richtergesetz vom 1. August 1990 — Disziplinarordnung — (BGl. I Nr. 52 S. 1061)
7. Erste Durchführungsbestimmung zum Richtergesetz vom 14. August 1990 (GBl. I Nr. 56 S. 1267)

[11] Gemäß Art. 4 Nr. 9 der Zusatzvereinbarung (abgedruckt unter Nr. 5) hat die Nr. 4 folgende Fassung erhalten: „Verordnung über die Ausbildung von Studenten, die vor dem 1. September 1990 an den juristischen Sektionen der Universität der Deutschen Demokratischen Republik immatrikuliert worden sind, vom 5. September 1990 (GBl. Nr. 59 S. 1436)."

8. Zweite Durchführungsverordnung zum Richtergesetz — Wahlordnung für ehrenamtliche Richter — (noch zu erlassen)[12]
9. Dritte Durchführungsverordnung zum Richtergesetz — Berufung ehrenamtlicher Richter — (noch zu erlassen)[12]
10. Anordnung über die Assistentenzeit für Hochschulabsolventen an den Kreisgerichten der Deutschen Demokratischen Republik — Richterassistentenordnung — vom 24. Januar 1978 (GBl. I Nr. 6 S. 88)
11. Anordnung über die Bestellung von Dolmetschern und Übersetzern für die Gerichte und Staatlichen Notariate vom 5. Februar 1976 (GBl. I Nr. 6 S. 101).

Abschnitt II

Folgendes Recht der Deutschen Demokratischen Republik bleibt mit folgenden Aufhebungen, Änderungen, Ergänzungen und Maßgaben in Kraft:

1. **Verordnung über die Gesamtvollstreckung — Gesamtvollstreckungsverordnung** — vom 6. Juni 1990 (GBl. I Nr. 32 S. 285), geändert durch die Zweite Verordnung über die Gesamtvollstreckung — Unterbrechung des Verfahrens — vom 25. Juli 1990 (GBl. I Nr. 45 S. 782)
   mit folgenden Maßgaben:
   a) Sie gilt in dem in Artikel 3 des Vertrages genannten Gebiet als Gesetz des Bundes fort.
   b) Sie wird wie folgt geändert:
      aa) Die Überschrift wird wie folgt gefaßt: „Gesamtvollstreckungsordnung"
      bb) der Satz vor § 1 wird gestrichen.
      cc) § 1 wird wie folgt geändert:
         — Absatz 1 Satz 1 wird wie folgt gefaßt:
           „Die Gesamtvollstreckung erfolgt bei Zahlungsunfähigkeit einer natürlichen oder juristischen Person sowie einer nicht rechtsfähigen Personengesellschaft oder eines Nachlasses, bei einer juristischen Person oder einem Nachlaß auch im Falle der Überschuldung."
         — Absatz 2 Satz 2 wird aufgehoben.
         — In Absatz 4 Satz 1 werden die Worte „Verordnung über die Gesamtvollstreckung" durch das Wort „Gesamtvollstreckungsordnung" ersetzt.
         — In Absatz 4 Satz 2 werden die Worte „dieser Verordnung" durch die Worte „dieses Gesetzes" ersetzt.
      dd) § 6 Abs. 1 Satz 1 wird wie folgt gefaßt:
         „Der Eröffnungsbeschluß ist in einer Tageszeitung und auszugsweise im Bundesanzeiger öffentlich bekanntzumachen."
      ee) In § 9 Abs. 2 wird das Wort „Werktätigen" durch das Wort „Arbeitnehmern" ersetzt.
      ff) In § 10 Abs. 1 Nr. 3 wird das Wort „abgeschlossen" durch das Wort „vorgenommen" ersetzt.
      gg) § 12 wird wie folgt gefaßt:

---

[12] Geändert durch Art. 4 Nr. 10 der Zusatzvereinbarung (auszugsweise abgedruckt unter Nr. 5) wie folgt:
„10. In Anlage II Kapitel III Sachgebiet A Abschnitt I wird Nummer 8 wie folgt gefaßt:
„8. Durchführungsbestimmung zum Richtergesetz – Ordnung zur Wahl und Berufung ehrenamtlicher Richter – vom 1. September 1990 (GBl. I Nr. 62 S. . . .)".
Die bisherige Nr. 9 entfällt. Die bisherigen Nummern 10 und 11 werden Nummern 9 und 10."

„§ 12
Eigentums- und Pfandrechte Dritter

(1) Gegenstände, an denen Dritten ein Eigentums- oder ein Pfandrecht zusteht, sind vom Verwalter an die Berechtigten herauszugeben, wenn er nicht das Pfandrecht durch Zahlung ablöst. Verweigert der Verwalter die Herausgabe eines Gegenstands oder die Anerkennung eines Pfandrechts, kann der Berechtigte auf Herausgabe oder auf Feststellung seines Rechts klagen.

(2) Die Verwertung der Gegenstände, die von Dritten beansprucht werden, ist bis zur Entscheidung über das Bestehen eines Eigentums- oder Pfandrechts auszusetzen.

(3) Der Verwalter hat auch die zur Deckung weiterer Verwaltungsausgaben sowie die zur Erfüllung nicht anerkannter Forderungen erforderlichen Geldbeträge bis zur Einstellung der Gesamtvollstreckung bzw. bis zur Entscheidung über das Bestehen bestrittener Ansprüche zurückzubehalten. Ein bei Einstellung der Gesamtvollstreckung verbleibender Überschuß ist nachträglich zu verteilen."

hh) § 13 wird wie folgt gefaßt:

„§ 13
Vorab zu begleichende Ansprüche

(1) Aus den vorhandenen Mitteln hat der Verwalter mit Einwilligung des Gerichts vorab in folgender Reihenfolge zu begleichen:

1. die durch die Verwaltung entstandenen notwendigen Ausgaben einschließlich derjenigen, die durch den Abschluß oder die Erfüllung von Verträgen, durch die Geltendmachung von Forderungen und Rechten des Schuldners sowie durch die Ablösung von Pfandrechten entstehen;
2. die Gerichtskosten für das Verfahren einschließlich der vom Gericht festgesetzten Vergütung des Verwalters und der Mitglieder des Gläubigerausschusses;
3. mit gleichem Rang
   a) Lohn- oder Gehaltsforderungen von Arbeitnehmern, die im Unternehmen des Schuldners beschäftigt waren, höchstens für einen nicht länger als sechs Monate vor der Eröffnung der Gesamtvollstreckung zurückliegenden Zeitraum sowie für den Zeitraum, für den sie von ihrer Beschäftigung infolge einer Kündigung durch den Verwalter freigestellt sind;
   b) die Ansprüche der Träger der Sozialversicherung und der Bundesanstalt für Arbeit auf Beiträge einschließlich Säumniszuschläge und auf Umlagen wegen der Rückstände für die letzten sechs Monate vor Eröffnung der Gesamtvollstreckung.

(2) Gehen in Absatz 1 Nr. 3 Buchstabe a bezeichnete Ansprüche für einen vor der Eröffnung der Gesamtvollstreckung liegenden Zeitraum nach § 141 m Abs. 1 des Arbeitsförderungsgesetzes oder nach § 9 Abs. 3 Satz 1 des Vorruhestandsgesetzes auf die Bundesanstalt für Arbeit über, so werden sie mit dem Rang gemäß § 17 Abs. 3 Nr. 1 berichtigt. Das gleiche gilt für die in Absatz 1 Nr. 3 Buchstabe b bezeichneten Ansprüche auf Beiträge, die nach § 141 n Abs. 2 Satz 1 des Arbeitsförderungsgesetzes gegenüber dem Schuldner bestehen bleiben."

ii) § 15 wird wie folgt geändert:

— In Absatz 4 Satz 2 werden nach dem Wort „Forderungsbeträge" die Worte „dieser Gläubiger" eingefügt.

— In Absatz 5 Satz 1 werden die Worte „eines Zwangsvergleichs" durch die Worte „eines Vergleichs" ersetzt.

jj) § 16 Abs. 4 Satz 3 werden nach dem Wort „Forderungsbeiträge" die Worte „dieser Gläubiger" eingefügt.

kk) § 17 Abs. 3 wird wie folgt geändert:

— Nummer 1 wird wie folgt gefaßt:

„1. mit gleichem Rang

a) Lohn- oder Gehaltsforderungen für die Zeit bis zu zwölf Monaten vor der Eröffnung der Gesamtvollstreckung,

b) die Forderungen der Träger der Sozialversicherung und der Bundesanstalt für Arbeit wegen der Rückstände für die letzten zwölf Monate vor der Eröffnung der Gesamtvollstreckung auf Beiträge einschließlich Säumniszuschläge und auf Umlagen,

c) Forderungen aus einem vom Verwalter vereinbarten Sozialplan, soweit die Summe der Sozialplanforderungen nicht größer ist als der Gesamtbetrag von drei Monatsverdiensten der von einer Entlassung betroffenen Arbeitnehmer und ein Drittel des zu erteilenden Erlöses nicht übersteigt; entsprechendes gilt für außerhalb eines Sozialplans zu gewährende Leistungen,

soweit die in den Buchstaben a und b genannten Forderungen nicht gemäß § 13 vorab zu begleichen sind;"

— Die bisherige Nummer 2 wird gestrichen; die bisherigen Nummern 3 bis 5 werden Nummern 2 bis 4.

ll) § 20 wird wie folgt gefaßt:

„§ 20

Rechtsmittel

Gegen Entscheidungen des Gerichts steht dem Schuldner und allen Betroffenen die sofortige Beschwerde zu."

mm) § 21 wird wie folgt gefaßt:

„§ 21

Ergänzende Vorschriften

(1) Die Vergütung und die Erstattung von Auslagen des Verwalters und der Mitglieder des Gläubigerausschusses richten sich nach der Verordnung über die Vergütung des Konkursverwalters, des Vergleichsverwalters, der Mitglieder des Gläubigerausschusses und der Mitglieder des Gläubigerbeirats in der im Bundesgesetzblatt Teil III, Gliederungsnummer 311-6, veröffentlichten bereinigten Fassung, zuletzt geändert durch Verordnung vom 11. Juni 1979 (BGBl. I S. 647), in der jeweils geltenden Fassung.

(2) Die Landesregierungen werden ermächtigt, durch Rechtsverordnung die Gesamtvollstreckungssachen einem Kreisgericht für die Bezirke mehrerer Kreisgerichte zuzuweisen, sofern die Zusammenfassung für eine sachliche Förderung und schnellere Erledigung der Verfahren zweckmäßig ist. Die Landesregierungen können die Ermächtigung durch Rechtsverordnung auf die Landesjustizverwaltungen übertragen. Die Erste Durchführungsbestimmung zur Verordnung über die Gesamtvollstreckung vom 31. Juli 1990 (GBl. I Nr. 54 S. 1152) gilt bis zu ihrer Änderung nach Maßgabe des Landesrechts in dem in Artikel 3 des Einigungsvertrages genannten Gebiet als Rechtsverordnung im Sinne des Satzes 1 fort."

nn) In § 22 wird nach Absatz 3 folgender Absatz 4 angefügt:

„(4) Absatz 1 gilt entsprechend für ein Konkursverfahren, das im Geltungsbereich der Konkursordnung eröffnet wird. Die Absätze 2 und 3 sind in diesem Fall nicht anzuwenden."

oo) In § 23 werden die Worte „Bei Inkrafttreten dieser Verordnung" durch die Worte „Am 1. Juli 1990" ersetzt.

pp) § 24 wird gestrichen.

c) Wird in übergeleitetem Bundesrecht auf die Vergleichsordnung in der im Bundesgesetzblatt Teil III, Gliederungsnummer 311-1, veröffentlichten bereinigten Fassung, zuletzt geändert durch Artikel 10 Abs. 2 des Gesetzes vom 19. Dezember 1985 (BGBl. I S. 2355) Bezug genommen, so ist sie nicht anzuwenden. An ihre Stelle treten, soweit möglich, die entsprechenden Vorschriften der Gesamtvollstreckungsordnung oder des Gesetzes über die Unterbrechung von Gesamtvollstreckungsverfahren.

d) Ein Gesamtvollstreckungsverfahren erfaßt auch das im Geltungsbereich der Konkursordnung befindliche Vermögen des Schuldners. Die Zwangsvollstreckung in solches Vermögen oder ein gesondertes Konkursverfahren hierüber sind nicht zulässig.

2. **Zweite Verordnung über die Gesamtvollstreckung — Unterbrechung des Verfahrens** — vom 25. Juli 1990 (GBl. I Nr. 45 S. 782)
mit folgenden Maßgaben:

a) Sie gilt in dem in Artikel 3 des Vertrages genannten Gebiet als Gesetz des Bundes fort.

b) Sie wird wie folgt geändert:

aa) Die Überschrift wird wie folgt gefaßt:
„Gesetz über die Unterbrechung von Gesamtvollstreckungsverfahren"

bb) Der Satz vor § 1 wird gestrichen.

cc) In § 1 werden die Worte „Diese Verordnung" durch die Worte „Dieses Gesetz" und das Wort „Gesamtvollstreckungsverordnung" durch das Wort „Gesamtvollstreckungsordnung" ersetzt.

dd) In § 6 Abs. 3 Satz 1 wird vor dem Wort „Beschwerde" das Wort „sofortige" eingefügt.

ee) § 7 wird wie folgt geändert:

— In Absatz 1 Satz 4 werden das Wort „Gesamtvollstreckungsverordnung" jeweils durch das Wort „Gesamtvollstreckungsordnung" und die Worte „im Rang nach § 17 Abs. 3 Ziff. 5" durch die Worte „im Rang des § 17 Abs. 3 Nr. 4" ersetzt.

— In Absatz 3 Satz 2 wird das Wort „Gesamtvollstreckungsverordnung" durch das Wort „Gesamtvollstreckungsordnung" ersetzt.

ff) In § 9 Abs. 1 Satz 1 und 2 wird das Wort „Gesamtvollstreckungsverordnung" jeweils durch das Wort „Gesamtvollstreckungsordnung" ersetzt.

gg) §§ 10 und 11 werden gestrichen.

3. Die in Anlage I Kapitel III Sachgebiet A Abschnitt III unter Nummer 28 aufgeführten allgemeinen Maßgaben gelten entsprechend.

Abschnitt III

Folgendes Recht der Deutschen Demokratischen Republik bleibt — unbeschadet der Maßgabe y) zum Deutschen Richtergesetz — Nr. 8 — in Anlage I Kapitel III Sachgebiet A Abschnitt III — mit folgenden Maßgaben in Kraft:

1. **Rechtsanwaltsgesetz** vom 13. September 1990 (GBl. I Nr. 61 S. 1504) mit folgenden Maßgaben:
   a) Soweit nach fortgeltendem Berufsrecht der Deutschen Demokratischen Republik der Senat für Anwaltssachen beim Obersten Gericht zuständig ist, tritt an dessen Stelle der Senat für Anwaltssachen des Bundesgerichtshofs; an die Stelle des Generalstaatsanwalts tritt der Generalbundesanwalt.
   b) Soweit auf die Verfahrensordnung zur gerichtlichen Nachprüfung von Verwaltungsentscheidungen verwiesen wird, tritt an deren Stelle das Gesetz über die Angelegenheiten der freiwilligen Gerichtsbarkeit.
   c) Die nach dem Berufsrecht der Deutschen Demokratischen Republik errichteten Rechtsanwaltskammern gehören der Bundesrechtsanwaltskammer an. Vorschriften über den Zusammenschluß von Rechtsanwaltskammern nach dem Berufsrecht der Deutschen Demokratischen Republik entfallen.
   d) Soweit nach fortgeltendem Berufsrecht der Deutschen Demokratischen Republik der Minister der Justiz zum Erlaß von Rechtsverordnungen ermächtigt ist, tritt an seine Stelle der Bundesminister der Justiz.
   e) Die Befähigung zur anwaltlichen Tätigkeit besitzt auch, wer die Befähigung zum Richteramt nach §§ 5 ff. des Deutschen Richtergesetzes hat oder wer die Eignungsprüfung nach dem Gesetz über die Eignungsprüfung für die Zulassung zur Rechtsanwaltschaft vom 6. Juli 1990 (BGBl. I S. 1349) bestanden hat.
   f) Vorschriften über die überörtliche Sozietät und die Rechtsanwaltsgesellschaft mit beschränkter Haftung entfallen[13]. Sie sind auch auf vor dem Wirksamwerden des Beitritts eingegangene Rechtsverhältnisse nicht anzuwenden.

2. **Verordnung über die Tätigkeit von Notaren in eigener Praxis** vom 20. Juni 1990 (GBl. I Nr. 37 S. 475), geändert durch die Verordnung zur Änderung und Ergänzung der Verordnung über die Tätigkeit von Notaren in eigener Praxis vom 22. August 1990 (GBl. I Nr. 57 S. 1328) mit folgenden Maßgaben:
   a) Soweit der Senat für Notarsachen bei dem Obersten Gericht zuständig ist, tritt an dessen Stelle der Senat für Notarsachen des Bundesgerichtshofs.
   b) Die Notarkammern gehören der Bundesnotarkammer an.
   c) Soweit auf Vorschriften des Disziplinarverfahrens gegen Richter der Deutschen Demokratischen Republik verwiesen wird, tritt an deren Stelle das Recht des Disziplinarverfahrens gegen Bundesbeamte; soweit auf Vorschriften des Gesetzes zur Nachprüfung von Verwaltungsentscheidungen verwiesen wird, gelten an deren Stelle für das Verfahren §§ 33, 35 Abs. 1 und 2, §§ 36, 37 und 38 Abs. 4 bis 6 und für die Kosten §§ 179 bis 182 des Rechtsanwaltsgesetzes entsprechend.
   d) § 2 ist in folgender Fassung anzuwenden:

„§ 2

Stellung und Aufgaben des Notars

(1) Der Notar nimmt als unabhängiges Organ der Rechtspflege staatliche Funktionen wahr. Er ist unparteiischer Betreuer der Rechtssuchenden.

(2) Die Notare sind zuständig, Beurkundungen jeder Art vorzunehmen sowie Unterschriften, Handzeichen und Abschriften zu beglaubigen. Zu ihren Aufgaben gehören insbesondere auch die Beurkundung von Versammlungsbeschlüssen, die Vornahme von Verlosungen und Auslosungen, die Aufnahme von Vermögens-

---

[13] Nach Art. 4 Nr. 11 der Zusatzvereinbarung (abgedruckt unter Nr. 5) erhält Satz 1 folgende Fassung. „Vorschriften über die überörtliche Sozietät entfallen".

verzeichnissen, die Anlegung und Abnahme von Siegeln, die Aufnahme von Protesten, die Zustellung von Erklärungen sowie die Ausstellung sonstiger Bescheinigungen über amtlich von ihnen wahrgenommene Tatsachen.

(3) Die Notare sind auch zuständig, Auflassungen entgegenzunehmen sowie Teilhypotheken- und Teilgrundschuldbriefe auszustellen.

(4) Die Notare sind ferner zuständig, freiwillige Versteigerungen durchzuführen. Eine Versteigerung beweglicher Sachen sollen sie nur vornehmen, wenn diese durch die Versteigerung unbeweglicher Sachen oder durch eine von dem Notar beurkundete oder vermittelte Vermögensauseinandersetzung veranlaßt ist.

(5) Inwieweit die Notare zur Vermittlung von Nachlaß- und Gesamtgutauseinandersetzungen — einschließlich der Erteilung von Zeugnissen nach §§ 36 und 37 der Grundbuchordnung —, zur Aufnahme von Nachlaßverzeichnissen und Nachlaßinventaren sowie zur Anlegung und Abnahme von Siegeln im Rahmen eines Nachlaßsicherungsverfahrens zuständig sind, bestimmt sich nach den landesrechtlichen Vorschriften.

(6) Im übrigen sind die Notare zuständig für die Wahrnehmung der in den §§ 21 bis 24 der Bundesnotarordnung bezeichneten Aufgaben."

e) Die dem Minister der Justiz der Deutschen Demokratischen Republik nach § 18 Abs. 3 der Verordnung über die Tätigkeit von Notaren in eigener Praxis vom 20. Juni 1990 (GBl. I Nr. 37 S. 475), geändert durch die Verordnung zur Änderung und Ergänzung der Verordnung über die Tätigkeit von Notaren in eigener Praxis vom 22. August 1990 (GBl. I Nr. 57 S. 1328), obliegende Aufgabe geht auf den Bundesminister der Justiz über.

3. Die in Anlage I Kapitel III Sachgebiet A Abschnitt III unter Nummer 28 aufgeführten **allgemeinen Maßgaben** gelten entsprechend.

Abschnitt IV

In dem Teil des Landes **Berlin**, in dem das Grundgesetz bisher nicht galt, gelten folgende Besonderheiten:

1. Folgende Vorschriften gelten nicht:
   a) **Rechtsanwaltsgesetz** vom 13. September 1990 (GBl. I Nr. 61 S. 1504)
   b) **Verordnung über die Tätigkeit von Notaren in eigener Praxis** vom 20. Juni 1990 (GBl. I Nr. 37 S. 475), geändert durch die Verordnung zur Änderung und Ergänzung der Verordnung über die Tätigkeit von Notaren in eigener Praxis vom 22. August 1990 (GBl. I Nr. 57 S. 1328)
   c) **Durchführungsbestimmung zur Verordnung über die Tätigkeit von Notaren in eigener Praxis** vom 9. August 1990 (GBl. I Nr. 54 S. 1152)
   d) **Verordnung über die Dienstordnung der Notare** (DONot) vom 22. August 1990 (GBl. I Nr. 57 S. 1332)

2. Die **Gesamtvollstreckungsordnung und das Gesetz über die Unterbrechung von Gesamtvollstreckungsverfahren** gelten mit folgenden ergänzenden Maßgaben:
   a) An die Stelle des Kreisgerichts tritt das Amtsgericht.
   b) Die Gesamtvollstreckungsordnung und das Gesetz über die Unterbrechung von Gesamtvollstreckungsverfahren sind auch dann anzuwenden, wenn eine Zuständigkeit von Gerichten in dem Teil des Landes Berlin begründet ist, in dem das Grundgesetz bisher schon galt.

c) § 21 Abs. 2 der Gesamtvollstreckungsordnung ermächtigt auch zur Zuweisung von Streitigkeiten nach der Gesamtvollstreckungsordnung an ein Amtsgericht in dem Teil des Landes Berlin, in dem das Grundgesetz bisher schon galt.

5. Zusatzvereinbarung (Auszug)

Vereinbarung zwischen der Bundesrepublik Deutschland und der Deutschen Demokratischen Republik zur Durchführung und Auslegung des am 31. August 1990 in Berlin unterzeichneten Vertrages zwischen der Bundesrepublik Deutschland und der Deutschen Demokratischen Republik über die Herstellung der Einheit Deutschlands

— Einigungsvertrag —

(Vom 18. September 1990, BGBl. II S. 1239)

Die Bundesrepublik Deutschland

und

die Deutsche Demokratische Republik —

in dem Bestreben, die Durchführung und Auslegung des am 31. August 1990 in Berlin unterzeichneten Vertrages zwischen der Bundesrepublik Deutschland und der Deutschen Demokratischen Republik über die Herstellung der Einheit Deutschlands — Einigungsvertrag — sicherzustellen,

in Ausfüllung des Artikels 9 Abs. 3 des Einigungsvertrags —

sind übereingekommen, eine Vereinbarung mit den nachfolgenden Bestimmungen zu schließen:

...

Artikel 3

Das nachfolgend aufgeführte Recht der Deutschen Demokratischen Republik bleibt nach Wirksamwerden des Beitritts in Kraft. Artikel 9 Abs. 4 des Vertrags gilt entsprechend.

...

Zu Kapitel III (Geschäftsbereich des Bundesministers der Justiz)

...

6. **Rehabilitierungsgesetz** vom 6. September 1990 (GBl. I Nr. 60 S. 1459) mit folgenden Maßgaben:
   a) § 1 Abs. 1 Nr. 2 und 3 und Absatz 4 sowie der 3. bis 5. Abschnitt (§§ 18 bis 42) finden keine Anwendung. § 2 Abs. 2 gilt nur für Ansprüche der gemäß dem 2. Abschnitt (§§ 3 bis 17) rehabilitierten Personen.

b) Personen, die durch eine rechtsstaatswidrige Einweisung in eine psychiatrische Anstalt Opfer im Sinne des Artikels 17 des Vertrages geworden sind, haben die gleichen Ansprüche wie gemäß dem 2. Abschnitt (§§ 3 bis 17) Rehabilitierte.
c) § 2 Abs. 2 und 3 wird wie folgt gefaßt:
„(2) Ferner begründet die Rehabilitierung Ansprüche des Betroffenen nach Maßgabe dieses Gesetzes.
(3) Für die Rückerstattungg oder Rückgabe von Vermögenswerten, die im Zusammenhang mit rechtsstaatswidrigen Strafverfolgungsmaßnahmen dem Betroffenen oder Dritten entzogen worden sind, findet das Gesetz zur Regelung offener Vermögensfragen (Anlage II Kapitel III Sachgebiet B Abschnitt I zum Vertrag vom 31. August 1990) Anwendung."
d) § 6 wird wie folgt gefaßt:

„§ 6

Ansprüche auf Rückerstattung bezahlter Geldstrafen, Gebühren und Auslagen des Strafverfahrens sowie Haftkosten bleiben einer besonderen gesetzlichen Regelung vorbehalten."
e) § 8 Abs. 2 wird wie folgt gefaßt:
„(2) Bei der Entscheidung über soziale Ausgleichsleistungen sind an den Rehabilitierten bereits erbrachte Leistungen, insbesondere nach dem Häftlingshilfegesetz, anzurechnen."
f) Soweit nach § 11 Abs. 1 Satz 2 und Absatz 2 das Oberste Gericht zuständig ist, tritt an seine Stelle das Bezirksgericht.
g) Soweit nach § 14 Abs. 2 das Oberste Gericht zuständig ist, tritt an seine Stelle der Besondere Senat des Bezirksgerichts, in dessen Bezirk die Landesregierung ihren Sitz hat (Anlage I Kapitel III Sachgebiet A Abschnitt III Nr. 1 — Gerichtsverfassungsgesetz — Buchstabe k zum Vertrag vom 31. August 1990).
h) In den Fällen einer Verweisung nach § 15 gilt ein Antrag auf Rehabilitierung als rechtzeitig gestellter Kassationsantrag und umgekehrt.
i) In § 15 wird folgender neuer Absatz 3 eingefügt:
„(3) Ein Verweisungsbeschluß nach Absatz 1 oder Absatz 2 ist für das Gericht, an das verwiesen wird, bindend."
Für die Anwendung in dem Teil des Landes Berlin, in dem das Grundgesetz bisher nicht galt, gelten zusätzlich folgende Maßgaben:
   a) An die Stelle der in § 11 Abs. 1 bezeichneten Gerichte tritt das Landgericht Berlin.
   b) § 11 Abs. 2 und 3 findet keine Anwendung.
   c) Soweit nach § 14 Abs. 2 das Oberste Gericht zuständig ist, tritt an seine Stelle das Kammergericht.

...

Artikel 4

Der am 31. August 1990 in Berlin unterzeichnete Vertrag über die Herstellung der Einheit Deutschlands (Einigungsvertrag) wird wie folgt geändert:
1. In Anlage I Kapitel III Sachgebiet A Abschnitt III Nr. 14 Buchst. h) werden die Worte „bis zum 31. Dezember 1991" durch die Worte „bis zum Ablauf der in § 10 Abs. 1 des Rehabilitierungsgesetzes vom 6. September 1990 (GBl. I Nr. 60 S. 1459) genannten Frist" ersetzt.
2. In Anlage I Kapitel III Sachgebiet A Abschnitt III Nr. 14 Buchst. h) wird folgender Doppelbuchstabe hh) eingefügt:

„hh) § 311 Abs. 2 der Strafprozeßordnung der Deutschen Demokratischen Republik vom 12. Januar 1968, zuletzt geändert durch das 6. Strafrechtsänderungsgesetz vom 29. Juni 1990 (GBl. I Nr. 39 S. 526) wird wie folgt gefaßt:

„(2) Die Kassation ist nur zugunsten eines Verurteilten zulässig. Sie kann durchgeführt werden, wenn

1. die Entscheidung auf einer schwerwiegenden Verletzung des Gesetzes beruht,
2. die Entscheidung im Strafausspruch oder im Ausspruch über die sonstigen Rechtsfolgen der Tat gröblich unrichtig oder nicht mit rechtsstaatlichen Maßstäben vereinbar ist." "

3. Anlage I Kapitel III Sachgebiet A Abschnitt III Nr. 26 wird wie folgt abgeändert:
   a) Nach Maßgabe d) wird folgende Maßgabe e) eingefügt:
      e) In Verfahren, die eine Rehabilitierung gemäß dem 2. Abschnitt des Rehabilitierungsgesetzes vom 6. September 1990 (GBl. I Nr. 60 S. 1459) zum Gegenstand haben, gilt folgendes:
         aa) Im ersten Rechtszug gilt § 83 Abs. 1 Nr. 2 sinngemäß. Findet eine mündliche Verhandlung nicht statt, gilt § 84 sinngemäß.
         bb) Im Beschwerdeverfahren (§ 14 des Rehabilitierungsgesetzes) gelten die Vorschriften über das Berufungsverfahren vor der großen Strafkammer sinngemäß.
         cc) § 89 gilt mit der Maßgabe sinngemäß, daß der Rechtsanwalt im Beschwerdeverfahren die Gebühren für das Verfahren im ersten Rechtszug erhält."
   b) Die bisherige Maßgabe e) wird Maßgabe f).

...

9. In Anlage II Kapitel III Sachgebiet A Abschnitt I wird Nummer 4 wie folgt gefaßt:

   „Verordnung über die Ausbildung von Studenten, die vor dem 1. September 1990 an den juristischen Sektionen der Universitäten der Deutschen Demokratischen Republik immatrikuliert worden sind, vom 5. September 1990 (GBl. I Nr. 59 S. 1436)."

...

10. In Anlage II Kapitel III Sachgebiet A Abschnitt I wird Nummer 8 wie folgt gefaßt:

    „8. Durchführungsbestimmung zum Richtergesetz — Ordnung zur Wahl und Berufung ehrenamtlicher Richter — vom 1. September 1990 (GBl. I Nr. 62 S. ...)".

    Die bisherige Nr. 9 entfällt. Die bisherigen Nummern 10 und 11 werden Nummern 9 und 10.

11. In Anlage II Kapitel III Sachgebiet A Abschnitt III Nummer 1 wird Maßgabe f) wie folgt gefaßt:

    „f) Vorschriften über die überörtliche Sozietät entfallen. Sie sind auch auf vor dem Wirksamwerden des Beitritts eingegangene Rechtsverhältnisse nicht anzuwenden."

...

Artikel 6

Bei Zweifeln oder Unstimmigkeiten über den Inhalt des Vertrags oder seiner Anlagen ist diese Vereinbarung maßgebend.

Artikel 7

Diese Vereinbarung tritt gleichzeitig mit dem am 31. August 1990 unterzeichneten Vertrag in Kraft.

6. Materialien

BTDrucks. **11** 7760 (Gesetzentwurf vom 31. 8. 1990 der Fraktionen der CDU/CSU und der FDP zum Einigungsgesetz — mit Vertragstext einschließlich Anlagen und mit Denkschrift zum Einigungsvertrag ohne Erläuterungen zu den Anlagen); BTDrucks. **11** 7841 (textidentischer Gesetzentwurf der Bundesregierung vom 12. 9. 1990 zum Einigungsgesetz — ohne Gesetzes- und Vertragstext, mit Stellungnahme des Bundesrates und Gegenäußerung der Bundesregierung); BTDrucks. **11** 7817 (vom 10. 9. 1990, Unterrichtung durch die Bundesregierung, Erläuterungen zu den Anlagen zum Einigungsvertrag); BTDrucks. **11** 7831 (Erläuterungen durch die Bundesregierung zum „Gesetz zur Regelung offener Vermögensfragen"); BTDrucks. **11** 7920 (Beschlußempfehlung und Bericht des Ausschusses Deutsche Einheit vom 18. 9. 1990 — mit Stellungnahmen aller mitberatender Ausschüsse); BTDrucks. **11** 7931 (Beschlußempfehlung und ergänzender Bericht des Ausschusses Deutsche Einheit — zur Zusatzvereinb. vom 18. 9. 1990); BTDrucks. **11** 7932 (Bericht des Haushaltsausschusses); 1. Lesung BT, 222. Sitzung am 5. 9. 1990 (Plenarprot. **11** 222, S. 17 483 ff; 1. Lesung BR, 618. Sitzung am 7. 9. 1990, Plenarprot. S. 457 ff; 2./3. Lesung BT, 226. Sitzung am 20. 9. 1990 (Plenarprot. **11** 226, S. 17 803 ff; 619. Sitzung BR am 21. 9. 1990, Plenarprot. S. 491 ff.

TEIL II

ERLÄUTERUNGEN

Hinweis zur Zitierweise

Wenn in den folgenden Erläuterungen Maßgaben aus den Anlagen zum Einigungsvertrag nur mit Nummern und Buchstaben (ggfs. zusätzlich mit Doppelbuchstaben) zitiert werden, bezieht sich dieses Zitat auf die in Anlage I Kapitel III Sachgebiet A Abschnitt III enthaltenen Maßgaben. Wird auf Regelungen verwiesen, die sich an anderen Stellen des Vertragswerkes befinden, so geschieht dies regelmäßig durch ein Vollzitat; die Angabe der Anlage, ggfs. auch des Kapitels und Sachgebiets entfallen dann, wenn der Sachzusammenhang eindeutig ist.

Innerhalb der Erläuterungen zum Gerichtsverfassungsrecht (Teil B) wird im allgemeinen auf die Angabe der Nummer 1 (für die Maßgaben zum Gerichtsverfassungsgesetz) und innerhalb der Erläuterungen zum Strafverfahrensrecht (Teil C) auf die Angabe der Nummer 14 (für die Maßgaben zur Strafprozeßordnung) verzichtet und sogleich auf die jeweiligen Buchstaben (ggfs. zusätzlich auf den Doppelbuchstaben) verwiesen.

Die Erläuterungen sind in den Teilen A, B und C mit jeweils durchlaufend numerierten Randnummern (Rdn.) versehen. Innerhalb des Teiles wird nur auf die jeweilige Randnummer verwiesen; wird auf eine Randnummer zu einem anderen Teil der Erläuterungen verwiesen, so wird dieser der Angabe der Randnummer vorangestellt. Selbständige Werke, die im Schrifttumsverzeichnis enthalten sind, werden nur mit dem Namen der Verfasser, ggfs. mit einer ergänzenden Kurzbezeichnung zitiert. Die Zitierweise der Zeitschriften entspricht der allgemeinen Übung. Die Abkürzung LR bezieht sich, soweit keine andere Auflage angegeben wird, auf die 24. Auflage des Löwe-Rosenberg, Großkommentar zur StPO und zum GVG.

Schrifttum

Amelung/Brüssow/Keck/Kemper/Mehle Rehabilitierung und Kassation (1991); *Arnold* Zwangsvollstreckung bei fortgeltendem Güterstand der Eigentums- und Vermögensgemeinschaft, DtZ **1991** 80; *Bergerfurth* Zum Anwaltszwang im Beitrittsgebiet, DtZ **1990** 350; *Brachmann* Die Gerichtsverfassung im Übergang — Zur Regelung auf dem Gebiet der ehemaligen DDR nach dem Einigungsvertrag, DtZ **1990** 298; *Brachmann/Dammköhler* Gerichtlicher Rechtsschutz in öffentlich-rechtlichen Angelegenheiten, NJ **1990** 325; *Buchholz* Wiedergutmachung von Unrecht, ZRP **1990** 466; *Christoph* Erweiterung der Zuständigkeit der Gerichte der DDR auf dem Gebiet des Verwaltungsrechts, DtZ **1990** 175; *Dithmar* Die Notariatsverfassung nach der Vereinigung, NJ **1990** 478; *Dörig* Die Fortgeltung juristischer Abschlüsse aus der DDR, DtZ **1990** 348; *Drobnig* Überlegungen zur innerdeutschen Rechtsangleichung, DtZ **1990** 116; *Engelhard* Stand und Perspektiven Deutsch-Deutscher Rechtsangleichung nach Inkrafttreten des Staatsvertrages, DtZ **1990** 129; *Errens* Gerichtsverfassung in den neuen Bundesländern, AnwBl. **1990** 599; *Feuerich* Unzulässigkeit des Wechsels der Zulassung eines Rechtsanwalts aus den neuen Bundesländern in den Geltungsbereich der Bundesrechtsanwaltsordnung, DtZ **1991** 38; *Fieberg/Reichenbach* Zum Problem der offenen Vermögensfragen, NJW **1991** 321; *Gottwald* Das Zivilverfahrensrecht im Einigungsvertrag, FamRZ **1990** 1177; *Grunzig/Müller* Länderverfassung und Gerichtsverfassung, NJ **1990** 372; *Han-*

nemann/Haring Eine neue Rechtsvorschrift über die Justitiare in der Deutschen Demokratischen Republik, DtZ **1990** 73; *Hansens* Das Recht der Anwaltsvergütung nach der Herstellung der Einheit Deutschlands in Ost und West, AnwBl. **1991** 24; *Henrichs/Kremer/Hucke* Ehemalige DDR-Richter als Richter im geeinten Deutschland? NJW **1991** 449; *Herrmann* Das Prinzip des gesetzlichen Richters im künftigen Gerichtsverfassungsrecht, NJ **1990** 250; *Kemper/Lehner* Überprüfung rechtskräftiger Strafurteile der DDR, NJW **1991** 329; *Kinkel* Wiedervereinigung — Aufgabe und Herausforderung der Justiz, Festschr. für Sendler (1990); *Kinkel* Deutsche Rechtseinheit — eine Standortbestimmung, NJW **1991** 340; *Kissel* Die Arbeitsgerichtsbarkeit in den Ländern Brandenburg, Mecklenburg-Vorpommern, Sachsen, Sachsen-Anhalt und Thüringen ab 3. 10. 1990, NZA **1990** 833; *Koch/Bach* Das Rechtsanwaltsgesetz für die fünf neuen Bundesländer, AnwBl. **1990** 596; *Krefeldt/Wagner* GesamtvollstreckungsVO und GrundstücksvollstreckungsVO, NJ **1990** 257; *Krone/Schüler* (Rück-)Übertragung der Freiwilligen Gerichtsbarkeit auf die Gerichte, NJ **1990** 353; *Krumsiek* Der Beitrag der Länderjustizverwaltungen zur Deutschen Einheit, DVBl. **1990** 1301; *Lansnicker/Schwirtzek* Ehemalige Mitarbeiter des früheren Ministeriums für Staatssicherheit im öffentlichen Dienst — Weiterbeschäftigung und Übernahme? MDR **1991** 202; *Lemke* Strafrecht nach dem Einigungsvertrag (Einleitung) (1991); *Lörler* Das öffentliche Recht im Einigungsvertrag, NVwZ **1991** 133; *Lübchen* Reform des Zivilprozeßrechts der DDR, NJ **1990** 293; *Lübchen/Landfermann* Das neue Insolvenzrecht der DDR, ZIP **1990** 829; *Luther* Strafgerichtsbarkeit im Prozeß der Rechtsvereinheitlichung, NStZ **1990** 361; *Luther* Schiedsstellen in den Gemeinden als Möglichkeit für eine außergerichtliche Konfliktlösung in den neuen Bundesländern, DtZ **1991** 17; *Maiwald* Zum Standesrecht der Anwaltschaft in der DDR als Teil der deutschen und europäischen Anwaltschaft, DtZ **1990** 68; *Matthias/Schroeder* Die Errichtung und das Verfahren der Schiedsstellen für Arbeitsrecht, NJ **1990** 341; *Niederleithinger* Beseitigung von Hemmnissen bei der Privatisierung und Förderung von Investitionen in den neuen Bundesländern, ZIP **1991** 205; *Nissel* Fortgeltendes DDR-Recht nach dem Einigungsvertrag, DtZ **1990** 330; *Obermüller* Auswirkungen einer Gesamtvollstreckung auf Kreditgeschäft und Kreditsicherheiten, WM **1991** 305; *Oetker* Die Rechtsstellung der Arbeitnehmer-Beisitzer in den Schiedsstellen für Arbeitsrecht, NJ **1990** 534; *Peller* Gerichtsverfassung der DDR im Prozeß der rechtsstaatlichen Entwicklung, NJ **1990** 338; *Peller/Hünefeld* Gerichte und Richter im Rechtsstaat, NJ **1990** 9; *Pfister* Das Rehabilitierungsgesetz, NStZ **1991** 165; *Renger* Rechtspflege in der DDR, ROW **1990** 12; *Reuter* Der widersprüchliche Prozeß der Erneuerung der Staatsanwaltschaft, NJ **1990** 322; *Rieß* Strafgerichtsbarkeit und Strafverfahren in der DDR nach dem Einigungsvertrag, Strafvert.Forum **1990** 111; *Rieß* Rechtspflege in einem vereinigten Deutschland, Die Sozialgerichtsbarkeit **1991** 1; *Rieß* Rechtspflege in Deutschland nach der Wiedervereinigung, DWiR **1991** 10; *Roggemann* Von der interdeutschen zur innerdeutschen Rechtsangleichung, JZ **1990** 363; *Roggemann* Richterwahl und Rechtspflege in den Ländern der früheren DDR, NJW **1991** 456; *Schmidt-Räntsch* Die neue Verordnung über die Gesamtvollstreckung der DDR, DtZ **1990** 199; *Schmidt-Räntsch* Die zweite Verordnung über die Gesamtvollstreckung, ZIP **1990** 1045; *Schmidt-Räntsch* Das Insolvenzrecht nach dem Einigungsvertrag, DtZ **1990** 344; *Schmidt-Räntsch* Richterrecht in den neuen Ländern, DtZ **1991** 33; *Schmidt-Räntsch* Das neue Richtergesetz der DDR, Recht im Amt **1990** 261; *Schmidt-Räntsch* Grundbuchvorfahrt bei Investitionsvorhaben in den neuen Bundesländern, DtZ **1991** 65; *Schnapauff* Der Einigungsvertrag — Überleitungsgesetzgebung in Vertragsform, DVBl. **1990** 1249; *Schulze* Die Aufhebung strafgerichtlicher Verurteilungen in der früheren DDR im Wege der Rehabilitierung und der Kassation, DtZ **1991** 55; *Semmroth* Die Entwicklung der Rechtsgrundlagen für die Erbringung anwaltlicher Dienstleistungen durch ost- und westdeutsche Rechtsanwälte, ROW **1991** 5; *Sendler* Verwaltungsgerichtsbarkeit in der DDR — Wie können wir helfen? DtZ **1990** 166; *Stelkens* Die Einführung der Verwaltungsgerichtsbarkeit im Gebiet der früheren DDR — eine Wende? DtZ **19890** 305; **1991** 7; *Stern* Der verfassungsändernde Charakter des Einigungsvertrages, DtZ **1990** 289; *Stern/Schmidt-Bleibtreu* Staatsvertrag zur Währungs-, Wirtschafts- und Sozialunion (Einführung) (1990); *Stern/Schmidt-Bleibtreu* Einigungsvertrag (Einleitung) (1991); *Stoltenberg* Zur Regelung des Umgangs mit den Stasi-Akten, ZRP **1990** 460; *Thomas* Auf dem Wege zur Rechtseinheit — Die Grundzüge des Fortbildungsprogramms der Justizverwaltungen für DDR-Juristen, DRiZ **1990** 265; *Tischendorf* Das Comeback der Handelsgerichtsbarkeit in der DDR, DtZ **1990** 266; *Treffkorn* Möglichkeiten des Tätigwerdens außerhalb der DDR zugelassener Rechtsanwälte in der DDR, NJ **1990** 354; *Treffkorn* Zum Rechtsanwaltsgesetz der DDR, DtZ **1990** 308;

Viehmann Einigungsvertrag, Justiz und Rechtspflege (1990); *Vollkommer* ZPO und GVG nach dem Einigungsvertrag mit der DDR, Beiheft zu Zöller, ZPO, 16. Aufl. (1990); *Walter* Stellung und Funktion des Staatlichen Vertragsgerichts der DDR und seine Umgestaltung zur Handels- und Registergerichtsbarkeit, DtZ **1990** 262; *Wasmuth* Das Regelungswerk des Einigungsvertrages, DtZ **1990** 294; *Wasmuth* Erleichterung der Tätigkeit von Rechtsanwälten in beiden deutschen Staaten, MDR **1990** 760; *Wasmuth* Anwaltliches Berufsrecht nach dem Einigungsvertrag, BRAK-Mitteilungen **1990** 194; *Wasmuth* Straf- und Strafverfahrensrecht nach dem Einigungsvertrag, NStZ **1991** 160; *Weiß* Wiedereinführung des Berufsbeamtentums im beigetretenen Teil Deutschlands, ZBR **1991** 2; *Wolff* Zur aktuellen Situation der Rechtsanwaltschaft in der DDR, DtZ **1990** 113; *Wünsche* Zum Verlauf der Rechtsund Justizreform in der DDR, DtZ **1990** 134; *Zimmermann/Halle* Zur Frage der Notariatsverfassung, NJ **1991** 56.

A. ÜBERBLICK ÜBER DIE RECHTSVEREINHEITLICHUNG AUF DEM GEBIET DER RECHTSPFLEGE

Übersicht

I. Zur Rechtsangleichung im Einigungsvertrag

1 Der im Herbst 1989 offenkundig werdende Zusammenbruch des Systems des „real-existierenden Sozialismus" in der Deutschen Demokratischen Republik führte in mehreren Etappen in einer sich dramatisch beschleunigenden Entwicklung zur Vereinigung Deutschlands[1]. Am 3. Oktober 1990 traten auf der Grundlage von Art. 23 GG die damit entstehenden fünf neuen Bundesländer sowie der Ostteil von Berlin der Bundesrepublik bei[2]. Damit entstand durch die Erstreckung des Grundgesetzes auf das beigetretene Gebiet ein einheitliches deutsches Staatsgebiet; die Bundesrepublik Deutschland erweiterte sich personell und räumlich um das Gebiet der Deutschen Demokratischen Republik. Grundlage dieser Vereinigung war ein völkerrechtlicher Vertrag zwischen beiden deutschen Staaten, der Einigungsvertrag[3]. Ihm vorangegangen war, am 1. Juli 1990 in Kraft tretend, ein Vertrag zwischen den beiden deutschen Staaten, der eine Währungs-, Wirtschafts- und Sozialunion begründete; schon er bewirkte in großem Umfang die inhaltliche Übernahme vom Recht der Bundesrepublik Deutschland durch die Deutsche Demokratische Republik[4] (näher Rdn. 7 ff). Begleitet war dieser innerstaatliche, wenn auch in Formen des Völkerrechts sich vollziehende Einigungsprozeß durch völkerrechtliche Vereinbarungen mit den Siegermächten des Zweiten Weltkriegs, die

[1] Übersicht über die Gesamtentwicklung z. B. bei *Stern/Schmidt-Bleibtreu* in den beiden Einführungen zum WWSUVertrag und zum Einigungsvertrag.

[2] Der Beitrittsbeschluß der Volkskammer der DDR vom 23. 8. 1990 ist in BGBl. I Nr. 49 S. 2057 und in GBl. I Nr. 57 S. 1324 veröffentlicht.

[3] Vgl. zur Gesamtkonzeption u. a. *Schnapauff* DVBl. **1990** 129 ff; *Stern* in Stern/Schmidt-Bleibtreu, Einigungsvertrag, S. 5, 20 f; zur Rechtsnatur, insbesondere den Besonderheiten gegenüber allgemeinen völkerrechtlichen Verträgen s. auch BVerfG v. 18. 9. 1990 – 2 BvE – DVBl. **1990** 1163.

[4] *Stern* in Stern/Schmidt-Bleibtreu, Staatsvertrag, S. 43 ff.

— insbesondere für Berlin[5] — die Restbestände des Besatzungsrechts beseitigten und die volle Souveränität des vereinigten Deutschlands herbeiführten[6].

Die staatliche Einheit Deutschlands auf der Grundlage des Grundgesetzes eröff- **2** nete den Weg zur **Rechtseinheit** in den Bereichen, in denen die ausschließliche oder die in Anspruch genommene konkurrierende Gesetzgebung des Bundes besteht[7]. Daraus ergab sich allerdings nicht zwangsläufig die Notwendigkeit, im Grundsatz und in weitem Umfang alsbald mit dem Beitritt das Bundesrecht auf das Beitrittsgebiet zu erstrekken. Denkbar wäre es auch gewesen, für eine Übergangszeit in größerem Umfang das Recht der (früheren) DDR, ggfs. modifiziert, als (partielles) Bundesrecht im Beitrittsgebiet aufrechtzuerhalten[8] oder aus Anlaß des Beitritts Bundesrecht insgesamt, auch unter Einbeziehung rechtlicher Regelungen der DDR, zu modifizieren und zu reformieren[9]. Es gehört zu der den Prozeß der Einigung bestimmenden politischen Entwicklung, daß dieser Weg als grundsätzliche Konzeption nicht beschritten worden ist; schon die gesellschaftliche und politische Dynamik, die der Einigungsprozeß auch in zeitlicher Hinsicht entwickelte, schloß dies aus. Die zwischen der Bundesrepublik und der DDR in den Artikel 8 und 9 des Einigungsvertrages vereinbarte Rechtsangleichung (näher Rdn. 22 ff) verwirklicht diese daher in der Form der grundsätzlichen Übertragung des Bundesrechts auf das Beitrittsgebiet (Art. 8) und der ausnahmsweisen Aufrechterhaltung des Rechts der DDR (Art. 9 Abs. 2, 3).

Der Einigungsvertrag sieht jedoch **keine** ausnahmslose, sofortige und **vollständige** **3** **Erstreckung des Bundesrechts** auf das Beitrittsgebiet vor. Er enthält für dieses zahlreiche, teilweise komplizierte und umfangreiche Modifikationen, verwirklicht Änderungen für das insgesamt geltende Bundesrecht, namentlich kollisionsrechtlicher Art, mit denen der Abwicklung längerfristig angelegter Rechtsbeziehungen Rechnung getragen werden soll, und erhält enumerativ aufgezähltes Recht der DDR, oft unter nochmaliger Anpassung und Modifikation aufrecht, teilweise zeitlich befristet, teilweise ohne ausdrückliche zeitliche Begrenzung. Ganz überwiegend wird die Rechtfertigung für diese Ausnahmen in den unterschiedlichen Lebensverhältnissen und gesellschaftlichen Strukturen gesehen, also in Realitäten, deren allmähliche Angleichung nach der Vereinigung zwar angestrebt wird[9a], die aber bis zu dieser Angleichung unterschiedliche rechtliche Regelungen wünschenswert erscheinen lassen, wenn nicht zwingend erfordern. Hierbei handelt es sich vielfach um Rechtsnormen, die von der DDR nach dem Zusammenbruch des früheren Systems und größtenteils auf der Grundlage der Verpflichtung des WWSUVertrages erlassen worden sind und bei deren inhaltlicher Gestaltung die an der

---

[5] S. insbes. das Gesetz zur Überleitung von Bundesrecht nach Berlin (West) (6. Überleitungsgesetz) vom 25. 9. 1990 (BGBl. I S. 2106); das Übereinkommen zur Regelung bestimmter Fragen in bezug auf Berlin vom 25. 9. 1990 (BGBl. II S. 1273) sowie das Berliner Gesetz über die Vereinheitlichung des Berliner Landesrechts vom 28. 9. 1990 (GVBl. Berlin S. 2119), das in ähnlicher Form wie der Einigungsvertrag die Erstrekkung des Westberliner Landesrechts und die ausnahmsweise Fortgeltung des Rechts der DDR (als Berliner Landesrecht) regelt.

[6] S. näher *Blumenwitz* NJW **1990** 3041 ff; *Rauschning* DVBl. **1990** 1275 ff; Übersicht über das gesamte Gesetz- und Vertragswerk bei *Schnapauff* DVBl. **1990** 1249 f; *Viehmann* Einigungsvertrag, S. 2 f.

[7] Wegen des Landesrechts s. Rdn. 5; 25.

[8] So ist beispielsweise weitgehend bei der Eingliederung des Saarlandes verfahren worden; s. dazu z. B. *Fiedler* JZ **1990** 668; *Schnapauff* DVBl. **1990** 1251.

[9] Vgl. dazu und in diese Richtung gehend beispielsweise *Drobnig* DtZ **1990** 116 f; *Westen* DtZ **1990** 1; *Roggemann* JZ **1990** 363; s. auch unten Fußn. 30.

[9a] Zu den verfassungsrechtlichen Ableitungen des Begriffs der Einheitlichkeit der Lebensverhältnisse vgl. *Hohmann* DÖV **1991** 191 ff.

Gesetzgebungsvorbereitung beteiligten Stellen der Bundesrepublik und der DDR eng zusammengearbeitet haben[9b].

4 In einigen wichtigen Punkten enthält der Einigungsvertrag der Sache nach neues **gemeinschaftlich** erarbeitetes und **gesetztes Recht**, indem bisher rechtlich nicht geregelte Lebenssachverhalte, bei denen aufgrund der Vereinigung oder des Wandels der politischen und gesellschaftlichen Verhältnisse in der DDR dringender Regelungsbedarf bestand, in den Anlagen zum Einigungsvertrag durch selbständige neue Gesetze rechtlich geregelt wurden[10]. Formal erscheinen diese Bestimmungen zwar als aufrechterhaltenes DDR-Recht im Sinne des Artikel 9 Abs. 2 des Einigungsvertrags. Es handelt sich aber insoweit um gesamtdeutsches Recht, als es aufgrund gemeinschaftlicher Vorbereitung während der Vertragsverhandlungen[10a] und seiner Verabschiedung durch die gesetzgebenden Körperschaften der beiden deutschen Staaten (in Form der Zustimmungsgesetze) erst mit dem Wirksamwerden des Einigungsvertrages und damit wenige Tage vor dem Beitritt in Kraft trat und schon von seiner Konzeption und gesetzestechnischen Ausgestaltung darauf angelegt ist, als — wenn auch in seinem Geltungsbereich beschränktes — Bundesrecht nach der Rechtsordnung der Bundesrepublik Deutschland zu gelten.

5 Infolge der zeitlichen Dynamik der zum Beitritt führenden politischen Entwicklung entstanden auf dem Gebiet der DDR **selbständige Länder** mit eigenen Gesetzgebungskompetenzen erst im Zeitpunkt des Beitritts[11]. Mit der Aufgabe der Rechtsangleichung war deshalb gleichzeitig die Notwendigkeit der **kompetenzmäßigen Aufteilung** des einheitlichen zentralstaatlichen Rechts der DDR auf künftiges Bundes- und Landesrecht verbunden. Bei Gesetzgebungsmaterien, die in die Kompetenz des Landesgesetzgebers fallen, kam eine Erstreckung von Bundesrecht nicht in Betracht. Art. 9 Abs. 1 des Einigungsvertrages bestimmt deshalb als Grundsatz, daß insoweit das bisherige Recht der DDR unter den dort genannten Voraussetzungen als Landesrecht fortgilt (näher Rdn. 25).

6 Die **Rechtsangleichung im Rechtspflegerecht**[12] entspricht der in den vorstehenden Randnummern skizzierten allgemeinen Situation. Auch hier geht der Einigungsvertrag vom Grundsatz der Erstreckung des Bundesrechts auf das Beitrittsgebiet aus[13]. Die Ausnahmen hiervon sind jeweils durch besondere Sachgründe oder Umstände gerechtfertigt; dabei spielt insbesondere die Rücksichtnahme auf die Realitäten eine entscheidende Rolle[14].

9b Vgl auch *Lörler* NVwZ **1991** 133.

10 S. insbes. das Gesetz über besondere Investitionen in der Deutschen Demokratischen Republik (Anlage II Kap. III Sachgebiet B Abschnitt I Nr. 4); das Gesetz zur Regelung offener Vermögensfragen (aaO); das Gesetz über die Eröffnungsbilanz in Deutsche Mark und die Kapitalneufestsetzung (DMBilG) (Anlage II Kap. III Sachgebiet D Abschnitt I) und das Gesetz zur Regelung des Kirchensteuerwesens (Anlage II Kap. IV Abschnitt I Nr. 5), das nach Art. 9 Abs. 5 des Einigungsvertrages als Landesrecht fortgilt; zur Problematik der Regelung der Stasi-Akten s. *Stoltenberg* ZRP **1990** 460 ff.

10a Vgl. dazu *Niederleithinger* ZIP **1991** 205.

11 Nach dem Ländereinführungsgesetz der DDR vom 22. 7. 1990 (GBl. I S. 955) waren die Länder mit Wirkung vom 14. 10. 1990 zu bilden. Der Einigungsvertrag (Anlage II Kap. II Sachgebiet A Abschnitt II) ordnet dessen Fortgeltung mit der Maßgabe an, daß der Termin der Länderbildung auf den 3. 10. 1990, also auf das Wirksamwerden des Beitritts vorgezogen wurde; vgl. auch (auch zur Wahrnehmung der Aufgaben der Länderorgane) *Schnapauff* DVBl. **1990** 1255.

12 Zum Inhalt des Begriffs s. Rdn. 38.

13 BTDrucks. **11** 7817, S. 6 f.

14 Wegen der Einzelheiten der Gesamtkonzeption im Rechtspflegebereich s. Rdn. 18 ff.

II. Allgemeines zur Rechtsangleichung im Rechtspflegerecht

1. Entwicklung

a) Vertrag über die Währungs-, Wirtschafts- und Sozialunion. Namentlich das Ergebnis der ersten freien Wahlen zur Volkskammer in der DDR am 18. März 1990 eröffnete den Weg zu einer Währungs-, Wirtschafts- und Sozialunion zwischen der DDR und der Bundesrepublik Deutschland, für die ein rechtsstaatliches Rechtspflegerecht im Sinne des gewaltenteilenden Rechtsstaates, wie er u. a. durch die Verfassungsordnung des Grundgesetzes konstituiert worden ist, einen wichtigen Bestandteil bildete[15]. Das folgt schon aus den grundsätzlichen Aussagen in Art. 2 des WWSUVertrags, wonach sich die Vertragsparteien zu einer freiheitlichen, demokratischen, föderativen, rechtsstaatlichen und sozialen Grundordnung bekennen[16]. Die in Ausfüllung dieser Verpflichtung von der DDR in Abänderung ihrer sozialistischen Verfassung beschlossenen Verfassungsgrundsätze[17] beziehen die Unabhängigkeit der Rechtspflege und den gerichtlichen Rechtsschutz gegen Maßnahmen der staatlichen Gewalt ausdrücklich mit ein. Bereits dadurch war das sozialistische Verständnis von Rechtspflege, das diese lediglich instrumental als ein Mittel zur Erreichung eines einheitlichen Staatszweckes und gesellschaftlichen Zieles in einem gewaltenhäufenden zentralistischen Staat verstand[18], überwunden. Der WWSUVertrag verpflichtete die DDR auch zur Schaffung eines Rechtspflegerechts, das dem Grundverständnis und Typ nach dem der Bundesrepublik entsprach; er legte sie aber — anders als in vielen Bereichen des Wirtschafts-, Finanz- und Sozialrechts — nicht auf eine Übernahme von Rechtspflegerecht der Bundesrepublik fest, sondern eröffnete ihr einen eigenen Gestaltungsraum und die Möglichkeit der eigenverantwortlichen Umgestaltung ihres Rechtspflegerechts (s. auch Rdn. 11). 7

Die **Leitlinien dieser Umgestaltung** ergeben sich mit unterschiedlicher Verbindlichkeit aus dem WWSUVertrag. Dessen Art. 6 garantiert als unmittelbar verbindliches Recht den grundsätzlichen Standard einer unabhängigen, effektiven Rechtspflege und damit ein Minimalprogramm für den Aufbau einer rechtsstaatlichen Justiz[18a]. Zugleich werden Eckwerte für die inhaltliche Ausgestaltung im Regelungsbereich der Währungs-, Wirtschafts- und Sozialunion vorgegeben; diese Vorgaben haben auch die Regelungen im Einigungsvertrag mit beeinflußt. Art. 6 des WWSU-Vertrags hat folgenden Wortlaut: 8

Artikel 6
Rechtsschutz

(1) Wird jemand durch die öffentliche Gewalt in seinen durch diesen Vertrag oder in Ausführung dieses Vertrags gewährleisteten Rechten verletzt, so steht ihm der Rechtsweg zu den Gerichten offen. Soweit eine andere Zuständigkeit nicht begründet ist, ist der ordentliche Rechtsweg gegeben.

(2) Die Deutsche Demokratische Republik gewährleistet gerichtlichen Rechtsschutz einschließlich eines effektiven einstweiligen Rechtsschutzes. Soweit für öffentlich-rechtliche Streitigkeiten keine besonderen Gerichte bestehen, werden Spezialspruchkörper bei den ordentli-

---

[15] Vgl. dazu *Engelhard* DtZ **1990** 131.

[16] S. auch BTDrucks. **11** 7171 (Denkschrift zum Vertrag), S. 100 f.

[17] Gesetz zur Änderung und Ergänzung der Verfassung der Deutschen Demokratischen Republik (Verfassungsgrundsätze) vom 17. 6. 1990 (GBl. I S. 299), insbes. Art. 5 (Rechtsweggarantie und Unabhängigkeit der Rechtsprechung).

[18] S. zum früheren Rechtspflegerecht der DDR insgesamt die Darstellung bei *Brunner* Das Staatsrecht der Deutschen Demokratischen Republik in: Handbuch des Staatsrechts, Bd. I (1987), S. 428 ff; ferner die Nachweise Teil B Rdn. 4 Fußn. 4.

[18a] BTDrucks. **11** 7171 (Denkschrift zum Vertrag), S. 101 f.

chen Gerichten eingerichtet. Die Zuständigkeit für diese Streitigkeiten wird bei bestimmten Kreis- und Bezirksgerichten konzentriert.

(3) Bis zum Aufbau einer besonderen Arbeitsgerichtsbarkeit werden Rechtsstreitigkeiten zwischen Arbeitgebern und Arbeitnehmern aus dem Arbeitsverhältnis von neutralen Schiedsstellen entschieden, die paritätisch mit Arbeitgebern und Arbeitnehmern sowie einem neutralen Vorsitzenden zu besetzen sind. Gegen ihre Entscheidung können die staatlichen Gerichte angerufen werden.

(4) Die Deutsche Demokratische Republik läßt eine freie Schiedsgerichtsbarkeit auf dem Gebiet des Privatrechts zu.

9 Im gem. Prot. über **Leitsätze** zum WWSUVertrag werden ebenfalls mit unmittelbar verbindlicher Wirkung diejenigen Begrifflichkeiten und dogmatischen Figuren des bisherigen Rechtspflegerechts der DDR beseitigt, die eine sozialistische Rechtspflege konstituieren. Im einzelnen handelt es sich dabei um folgende Bestimmungen[18b]:

A. Generelle Leitsätze
I. Allgemeines

1. Das Recht der Deutschen Demokratischen Republik wird nach den Grundsätzen einer freiheitlichen, demokratischen, föderativen, rechtsstaatlichen und sozialen Ordnung gestaltet und sich an der Rechtsordnung der Europäischen Gemeinschaften orientieren.
2. Vorschriften, die den einzelnen oder Organe der staatlichen Gewalt einschließlich Gesetzgebung und Rechtsprechung auf die sozialistische Gesetzlichkeit, die sozialistische Staats- und Gesellschaftsordnung, die Vorgaben und Ziele zentraler Leitung und Planung der Volkswirtschaft, das sozialistische Rechtsbewußtsein, die sozialistischen Anschauungen, die Anschauungen einzelner Bevölkerungsgruppen oder Parteien, die sozialistische Moral oder vergleichbare Begriffe verpflichten, werden nicht mehr angewendet. Die Rechte und Pflichten der am Rechtsverkehr Beteiligten finden ihre Schranken in den guten Sitten, dem Grundsatz von Treu und Glauben und dem Schutz des wirtschaftlich schwächeren Vertragsteils vor unangemessener Benachteiligung.
3. ...

B. Leitsätze für einzelne Rechtsgebiete
I. Rechtspflege

1. Vorschriften werden nicht mehr angewendet, soweit sie die Mitwirkung von Kollektiven, gesellschaftlichen Organen, der Gewerkschaften, der Betriebe, von gesellschaftlichen Anklägern und gesellschaftlichen Verteidigern an der Rechtspflege und deren Unterrichtung über Verfahren regeln; das Recht der Gewerkschaften zur Beratung und Prozeßvertretung in Arbeitsstreitigkeiten bleibt unbeführt.
2. Vorschriften werden nicht mehr angewendet, soweit sie die Zusammenarbeit der Gerichte mit den örtlichen Volksvertretungen und anderen Organen, die Berichtspflicht der Richter diesen gegenüber sowie die Gerichtskritik regeln.
3. Die Vorschriften über die Mitwirkung der Staatsanwaltschaft an der Rechtspflege werden nur noch angewendet, soweit sie ihre Mitwirkung im Strafverfahren und in Familienrechts-, Kindschafts- und Entmündigungssachen betreffen.
4. Die im Strafrecht der Deutschen Demokratischen Republik auf die sozialistische Gesetzlichkeit sowie auf die sozialistische Staats- und Gesellschaftsordnung bezogenen Grundsätze sowie Vorschriften, die der Verfestigung planwirtschaftlicher Strukturen dienen, einer künftigen Vereinigung beider deutscher Staaten entgegenstehen oder Grundsätzen eines freiheitlichen demokratischen Rechtsstaats widersprechen, finden auf nach Inkrafttreten dieses Vertrages begangene Taten keine Anwendung.
5. Soweit Vorschriften des Strafgesetzbuchs das sozialistische Eigentum betreffen, finden sie auf Taten, die nach Inkrafttreten dieses Vertrages begangen werden, keine Anwendung;

[18b] Einzelheiten BTDrucks. **11** 7171, S. 115.

die das persönliche oder private Eigentum betreffenden Vorschriften finden nach dem Inkrafttreten dieses Vertrags auch Anwendung auf das sonstige Eigentum oder Vermögen.

6. Soweit die in der Anlage II des Vertrags genannten Regelungen straf- oder bußgeldbewehrt sind und sich diese Bewehrungsvorschriften nicht in das Sanktionensystem der Deutschen Demokratischen Republik einfügen, wird die Deutsche Demokratische Republik diese Vorschriften ihrem Recht in möglichst weitgehender Angleichung an das Recht der Bundesrepublik Deutschland anpassen.

Dagegen überläßt es der WWSUVertrag im einzelnen der DDR, in welcher **Form und** mit welchem **konkreten Inhalt** sie der Verpflichtung zur Schaffung eines rechtsstaatlichen Rechtspflegerechts nachkommt. Insofern enthält der Vertrag in Anlage III Abschnitt II Nr. 21 lediglich eine Zielvorgabe, in der sich die DDR verpflichtet, ihr Rechtspflegerecht zu ändern[19]. Die Bestimmung hat folgenden Wortlaut[19a]: **10**

21. Die die Rechtspflege betreffenden Gesetze werden mit folgender Zielsetzung geändert:
   a) Gerichtsverfassungsrecht
   Stärkung der richterlichen Unabhängigkeit und des Grundsatzes der Gewaltenteilung, namentlich durch Beseitigung der Leitung, Beaufsichtigung und Beeinflussung der Rechtspflege sowie der Zusammenarbeit der Gerichte mit den örtlichen Volksvertretungen, der Berichtspflicht der Richter diesen gegenüber und der Gerichtskritik;
   b) Zivilprozeßrecht
      aa) Erkenntnisverfahren
      Beseitigung von Vorschriften, die die Privatautonomie beeinträchtigen; Geltung der Parteimaxime in vermögensrechtlichen Streitigkeiten; Beseitigung des Verfahrensziels der Erziehung der Gesellschaft;
      bb) Vollstreckungsverfahren
      Abbau marktwirtschaftlicher Hemmnisse; Reduzierung der Möglichkeiten staatlicher Einflußnahme; Beseitigung gerichtsfremder Einflüsse durch die Betriebe und Entlastung der Betriebe von betriebsfremden Aufgaben; Sicherung eines pfändungsfreien Arbeitseinkommens, das dem Schuldner einen den wirtschaftlichen Verhältnissen entsprechenden Betrag für ein menschenwürdiges Dasein beläßt;
   c) Änderungen bei den gesellschaftlichen Gerichten
   Beseitigung der Zuständigkeit für arbeitsrechtliche Streitigkeiten; Bildung etwaiger Schlichtungsstellen durch demokratisch legitimierte Gremien;
   d) Registerbehörden, Grundbuch
   Überprüfungsmöglichkeit der Entscheidungen der Registerbehörden und in Grundbuchangelegenheiten durch die Gerichte, soweit die Führung der Register nicht den ordentlichen Gerichten übertragen wird;
   e) Staatsanwaltschaft
   Beseitigung der allgemeinen Gesetzlichkeitsaufsicht; Beschränkung ihrer Mitwirkungsbefugnis auf Strafverfahren und Familienrechts-, Kindschafts- und Entmündigungssachen;
   f) Strafverfahren
   Beseitigung der Tätigkeit von gesellschaftlichen Anklägern und gesellschaftlichen Verteidigern; Verbesserung der Rechte der Beschuldigten, namentlich bessere Verankerung des Grundsatzes, sich nicht selbst belasten zu müssen;
   g) Gerichtlicher Rechtsschutz in abgaben-, sozial- und sonstigen verwaltungsrechtlichen Angelegenheiten
   Sicherung eines Mindestmaßes an Rechtsschutz einschließlich eines effektiven einstweiligen Rechtsschutzes, namentlich gegen alle Verwaltungsentscheidungen, durch die Un-

---

[19] Nach Art. 4 Abs. 1 des WWSUVertrages ist die DDR verpflichtet, bis zur Errichtung der Währungsunion die in Anlage III bezeichneten Vorschriften aufzuheben oder zu ändern.

[19a] Zur Begründung im einzelnen BTDrucks. 11 7171 (Denkschrift zum Vertrag), S. 131 ff.

ternehmen und Unternehmungen Beschränkungen und Lasten, insbesondere Steuern und andere Abgaben, auferlegt oder Gewährungen versagt werden, sowie gegen alle Verwaltungsentscheidungen auf den Gebieten des Sozialrechts, insbesondere des Sozialversicherungsrechts, des Rechts der Arbeitsförderung und der Arbeitslosenversicherung;

h) Rechtsberatung
Freier Zugang zum Beruf des Rechtsanwalts und gerichtliche Überprüfung der Zulassung und deren Entziehung; uneingeschränkte Beratungs- und Vertretungsbefugnis der Rechtsanwälte in allen Rechtsangelegenheiten; für in der Bundesrepublik Deutschland zugelassene Rechtsanwälte im Grundsatz Befugnisse, die einem Rechtsanwalt in der Deutschen Demokratischen Republik zustehen, zumindest im grenzüberschreitenden Verkehr; entsprechende Regelungen für Patentanwälte; Sicherung der Unabhängigkeit und Unparteilichkeit der Notariate.

11 Die DDR hat sich während des restlichen Zeitraums ihrer Eigenstaatlichkeit intensiv bemüht, die **Gesetzgebungsverpflichtungen** zur rechtsstaatlichen Umgestaltung des Rechtspflegerechts aus dem WWSUVertrag zu erfüllen; allerdings konzentrierte sich dies im weiteren Zeitablauf zunehmend darauf, in Abstimmung mit dem Einigungsprozeß dasjenige Recht der DDR anzupassen und zu reformieren, über dessen Beibehaltung auch nach der Vereinigung Übereinstimmung bestand[20]. In die erste Phase fallen beispielsweise das Richtergesetz[21] sowie die Änderung des GVG[21a], des StAG[22], der ZPO[23] und der StPO[24] sowie die ersten Ansätze der Reform der Gesamtvollstreckungsordnung[25], in den zweiten Abschnitt der Erlaß des Rechtsanwaltsgesetzes[26], des Rehabilitierungsgesetzes[27], des Schiedsstellengesetzes[28] sowie eine Reihe von Verordnungen, die der Umsetzung aufrechterhaltenen Rechts dienen sollten.

12 **b) Wandel der Konzeption.** Bereits mit dem WWSUVertrag war zwar die Vereinigung Deutschlands auf der Grundlage des Beitritts der DDR nach Artikel 23 GG beabsichtigt[29], jedoch war der zeitliche Rahmen hierfür ungewiß. Die Rechtspflegeregelungen dieses Vertrages waren daher so konzipiert, daß sich in zwei selbständigen Staaten kompatible und in ihren Grundstrukturen und wichtigen Eckpunkten übereinstimmen-

---

[20] Überblick bei *Nissel* DtZ **1990** 330.

[21] Vom 5. 7. 1990 (GBl. I S. 637); dazu u. a. *Schmidt-Räntsch* Recht im Amt **1990** 261.

[21a] Verfassungsgesetz zur Änderung und Ergänzung des Gerichtsverfassungsgesetzes vom 5. 7. 1990 (GBl. I S. 634); dazu *Peller* NJ **1990** 338.

[22] Verfassungsgesetz zur Änderung und Ergänzung des Gesetzes über die Staatsanwaltschaft der Deutschen Demokratischen Republik vom 5. 7. 1990 (GBl. I S. 635); dazu *Reuter* NJ **1990** 332.

[23] Gesetz zur Änderung und Ergänzung der Zivilprozeßordnung vom 29. 6. 1990 (GBl. I S. 547); dazu *Lübchen* NJ **1990** 293.

[24] 6. Strafrechtsänderungsgesetz vom 29. 6. 1990 (GBl. I S. 526).

[25] Gesamtvollstreckungsverordnung vom 6. 6. 1990 (GBl. I S. 285); dazu u. a. *Lübchen/Landfermann* ZIP **1990** 829; die weiteren insolvenzrechtlichen Änderungen (s. Rdn. 97 f) sind überwiegend durch die bevorstehende Vereinigung geprägt.

[26] Vom 13. 9. 1990 (GBl. I S. 1504); dazu z. B. *Treffkorn* DtZ **1990** 308.

[27] Vom 6. 9. 1990 (GBl. I 1459); dazu u. a. *Kemper/Lehner* NJW **1991** 329 ff; ausführlich *Amelung/Brüssow/Keck/Kemper/Mehle* Rehabilitierung und Kassation; Textabdruck Teil C Rdn. 79.

[28] Gesetz über die Schiedsstellen in den Gemeinden vom 13. 9. 1990 (GBl. I S. 1527); dazu *Luther* DtZ **1991** 17; Textabdruck Teil C Rdn. 26.

[29] Vgl. die Passge der Präambel: „ausgehend von dem beiderseitigen Wunsch, ... einen ersten bedeutsamen Schritt in Richtung auf die Herstellung der staatlichen Einheit nach Artikel 23 des Grundgesetzes der Bundesrepublik Deutschland ... zu unternehmen ...".

de, aber eigenständige Rechtspflegesysteme entwickeln konnten[30]. Bereits kurz nach dem Inkrafttreten der Währungs-, Wirtschafts- und Sozialunion wurde indessen erkennbar, daß die staatliche Einheit innerhalb eines kurzen Zeitraums verwirklicht werden würde. Daraus ergab sich die Frage, ob auch danach das sich erneuernde Rechtspflegerecht der DDR (als partielles Bundesrecht) für das Beitrittsgebiet aufrecht zu erhalten sei. Dem stand entgegen[31], daß tragende Teile des Rechtspflegerechts in einer Weise verfassungsrechtlich fundiert sind, der das Rechtspflegerecht der DDR nicht entsprach und der es auch nicht innerhalb der noch zur Verfügung stehenden Zeit angepaßt werden konnte, und daß die vorgreifliche Entscheidung für die weitgehende Übertragung des materiellen Rechts der Bundesrepublik auf das Beitrittsgebiet wegen seiner vielfältigen Verzahnung mit dem Verfahrensrecht auch dessen Erstreckung nahelegte. Schon Ende Juli 1990 bestand daher bei den Vertragsverhandlungen zwischen der Bundesrepublik und der DDR grundsätzliche Übereinstimmung darüber, daß mit der Herstellung der staatlichen Einheit in größtmöglichem Umfang das Rechtspflegerecht der Bundesrepublik auf das Beitrittsgebiet zu erstrecken sei; ebenfalls bestand Übereinstimmung, daß dies nicht vollständig möglich sein würde (s. auch Rdn. 15).

c) **Einigungsvertrag.** Die Verhandlungen zwischen der Bundesrepublik Deutschland und der Deutschen Demokratischen Republik über den vertraglich zu vereinbarenden Beitritt begannen alsbald nach dem Inkrafttreten des WWSUVertrags mit der ersten Sitzung der Verhandlungsdelegationen am 6. Juli 1990; sie wurden in der Nacht vom 30. zum 31. August 1990, also innerhalb eines Zeitraums von weniger als zwei Monaten abgeschlossen[32]. Dazwischen fanden vom 1. bis 3. August und vom 20. bis 24. August 1990 zwei Sitzungen der Verhandlungsdelegationen statt. Auf seiten der Bundesrepublik Deutschland war ein Teil der Bundesländer in die Regierungsdelegation einbezogen; die Ausschüsse des Bundestages wurden über die Verhandlungen unterrichtet. Bei diesen Verhandlungsrunden zwischen den offiziellen Regierungsdelegationen der beiden Staaten stand der Rechtspflegeteil (Kapitel III Sachgebiet A der beiden Anlagen), der im wesentlichen in der Verhandlungsrunde vom 20. bis 24. August erörtert wurde, nicht im Mittelpunkt, weil insoweit durch unmittelbare Verhandlungen zwischen dem BMJ und dem MdJ der DDR, überwiegend auf Fachebene, weitgehende Übereinstimmung über den Inhalt der Regelungen erzielt werden konnte. **13**

Die Verhandlungen über die Rechtsangleichung im Rechtspflegebereich begannen nach vorbereitenden Gesprächen mit den Bundesländern, den obersten Bundesgerichten und den mitbetroffenen Bundesressorts[33] mit einer umfassenden Erörterung aller Sachbereiche zwischen den zuständigen Fachabteilungen des BMJ und das MdJ am 10. und 11. Juli 1990, an der auch die Bundesländer Berlin, Bayern und Nordrhein-Westfalen **14**

---

[30] S. dazu auch die von einer Arbeitsgruppe des Ministeriums der Justiz der DDR (MdJ) bereits Anfang 1990 erarbeiteten Thesen zur Justizreform, abgedruckt in NJ **1990** 86; dazu *Gerhards* NJ **1990** 140; ferner die in der Beilage in NJ **1990** Heft 6 abgedruckte Ausarbeitung der Arbeitsgruppe „Rechts- und Justizreform" des MdJ „Zur Durchführung einer auf die Rechtsangleichung beider deutscher Staaten gerichteten Rechts- und Justizreform".

[31] So BTDrucks. **11** 7817, S. 6.

[32] Zur Entstehungsgeschichte des Einigungsvertrages s. näher *Viemann* Einigungsvertrag, S. 2; *Schmidt-Bleibtreu* in Stern/Schmidt-Bleibtreu, Einigungsvertrag, S. 58 ff.; s. dazu auch die Rede von BMI *Schäuble* bei der ersten Lesung des EinigungsG, 222. Sitzung des BT, vom 5. 9. 1990, Plenarprot. **11** 222, S. 17 484 ff.

[33] Insbesondere das Bundesministerium für Arbeit und Soziales wegen der Zuständigkeit für die Arbeits- und Sozialgerichtsbarkeit und das Bundesministerium des Innern wegen der Federführung für den Einigungsvertrag.

teilnahmen. Dabei streitig gebliebene grundsätzliche Fragen wurden in einer Besprechung der Staatssekretäre der beiden Ministerien bis Ende Juli 1990 weitgehend geklärt. Auf der Grundlage der Ergebnisse dieser Gespräche fanden in den folgenden Wochen zwischen den für die einzelnen Rechtspflegebereiche zuständigen Arbeitseinheiten beider Ministerien Einzelverhandlungen statt, in denen der Wortlaut der jeweiligen Sondervorschriften und Maßgaben erarbeitet wurde. Sie wurden, wiederum unter Mitwirkung der bereits genannten Bundesländer und der betroffenen Bundesressorts, in einer zweiten Gesamtbesprechung vom 14. bis 16. August 1990 soweit abgestimmt, daß sie in die Sitzung der Gesamtdelegationen (20. bis 24. August) eingebracht werden konnten. Die **Sonderregelungen für Berlin** (jeweils Abschnitt IV der Anlagen I und II) wurden abschließend erst während dieser Sitzung von den Fachabteilungen erarbeitet. Auch bei demjenigen Recht der DDR, dessen Fortgeltung vereinbart wurde, fand bei der Vorbereitung der Entwürfe eine intensive Abstimmung zwischen dem BMJ und dem MdJ statt.

15 Bei diesen Verhandlungen bestand von Anfang an **grundsätzliche Übereinstimmung** darüber, daß jedenfalls mittelfristig wesentliche Teile des Rechtspflegerechts der Bundesrepublik im Beitrittsgebiet in Kraft zu setzen seien, aber auch darüber, daß der alsbaldigen vollen Erstreckung des Bundesrechts die Realitäten des Rechtspflegesystems der DDR entgegenstanden und daß es vorrangig sei, eine funktionsfähige Rechtspflege auch für die Übergangszeit zu gewährleisten. **Meinungsverschiedenheiten** bestanden zunächst darüber, ob über die hierauf Rücksicht nehmenden Ausnahmen hinaus Rechtspflegerecht der DDR aus anderen Gründen aufrechtzuerhalten sei. So sprach sich die DDR anfänglich dafür aus, die Eigenständigkeit ihres dreistufigen Gerichtsaufbaus stärker zu konservieren[34] sowie (mit entsprechenden Maßgaben und Anpassungsvorschriften) vor allem die ZPO/DDR und die StPO/DDR beizubehalten[34a], letztere vor allem im Hinblick auf eine Zusammenführung beider Verfahrensordnungen bei einer zukünftig zu erwartenden Gesamtreform des Strafverfahrensrechts[35]. Auch im Bereich des Richterrechts trat die DDR für eine weitergehende Gleichstellung der dort erworbenen Richteramtsbefähigung ein, vermochte sich aber mit all diesen Wünschen nicht durchzusetzen.

16 **d) Zusatzvereinbarung.** Namentlich der Umstand, daß nach Art. 9 Abs. 3 des Einigungsvertrages Recht der DDR, das nach der Vertragsunterzeichnung erlassen wurde, nur dann weitergilt, wenn dies ausdrücklich vereinbart wird, machte es erforderlich, hierüber durch eine Zusatzvereinbarung Regelungen zu treffen, die nach ebenfalls intensiven und unter großem Zeitdruck stehenden Verhandlungen am 18. September 1990 vereinbart wurden. Gegenstand dieser Zusatzvereinbarung waren ferner einige strittig gebliebene oder aufgrund der parlamentarischen Erörterungen zu den Zustimmungsgesetzen strittig gewordene Fragen sowie in Einzelfällen die Beseitigung von Unklarheiten in den Anlagen zum Einigungsvertrag.

17 Zum **Rechtspflegebereich** im weiteren Sinne gehört insoweit das RehabG, dessen Aufrechterhaltung in erheblich reduziertem Umfang erst nach schwierigen Verhandlungen vereinbart wurde[36]. Im Zusammenhang damit wurde in der letzten Verhand-

---

[34] Dabei stand freilich nie zur Diskussion, das Oberste Gericht und die Generalstaatsanwaltschaft der DDR aufrechtzuerhalten.

[34a] Vgl. dazu die in Fußn. 30 genannten Arbeitspapiere des Ministeriums der Justiz der DDR.

[35] S. zu dieser LR Einl., Kap. **5** 166.

[36] Vgl. Zusatzvereinb. Art. 3 Nr. 6 und die Erl. in Teil C Rdn. 79 ff; zur Entstehungsgeschichte und zur Übernahmegeschichte näher *Amelung/Brüssow/Keck/Kemper/Mehle* Teil B I; *Pfister* NStZ **1991** 166.

lungsphase zugleich eine Änderung des die Kassation betreffenden § 311 StPO/DDR vereinbart[36a], der durch Maßgabe Nr. 14 Buchst. h schon im Einigungsvertrag aufrechterhalten war (s. näher Teil C Rdn. 48 ff); außerdem machte die Übernahme des RehabG eine ergänzende Maßgabe in den kostenrechtlichen Vorschriften erforderlich[37]. Ferner enthält die Zusatzvereinbarung einige nachträgliche Anpassungen von Maßgaben an zwischenzeitlich erlassene aber bereits in der Anlage II zum Einigungsvertrag aufrechterhaltene rechtspflegerechtliche Vorschriften (s. näher Rdn. 26).

2. Die inhaltliche Grundkonzeption der Rechtsangleichung im Rechtspflegerecht

a) Ausgangslage. Bei der Rechtsvereinheitlichung im Rechtspflegerecht war insgesamt auf tatsächliche und kurzfristig nicht veränderbare Situationen der Rechtspflege im Beitrittsgebiet Rücksicht zu nehmen[38]. Sie war (und ist teilweise noch heute[38a]) unter anderem durch folgende Umstände gekennzeichnet: Neben dem Obersten Gericht gab es im Bereich der früheren DDR (ohne Berlin/Ost) etwa 210 Kreisgerichte und 14 Bezirksgerichte, die im wesentlichen für zivilrechtliche (einschließlich familienrechtlicher), strafrechtliche und arbeitsrechtliche Streitigkeiten zuständig waren. Der überwiegende Teil der der freiwilligen Gerichtsbarkeit zugehörenden Angelegenheiten war aus der Justiz ausgegliedert. Ein Finanz- und Sozialrechtsschutz durch unabhängige Gerichte war nicht vorhanden; Verwaltungsrechtsschutz nur in rudimentärem Ansätzen. Art. 6 des WWSUVertrags verpflichtete materiell zur Einrichtung eines unabhängigen Rechtsschutzes gegen Maßnahmen der öffentlichen Gewalt, enthielt aber keine kurzfristige Verpflichtung zur Einrichtung auch organisatorisch verselbständigter Fachgerichtsbarkeiten. Aufgrund der andersartigen gesellschaftlichen Verhältnisse und durch den Abschichtungseffekt der gesellschaftlichen Gerichte[39] (Konflikt- und Schiedskommissionen) lag der auf die Einwohnerzahl bezogene Geschäftsanfall namentlich in zivil- und arbeitsrechtlichen Streitigkeiten deutlich unter dem der Bundesrepublik[39a]. Die Richterzahl lag mit etwa 1500 weit unter dem nach dem Standard der Bundesrepublik erforderlichen Bedarf; Rechtspfleger waren nicht vorhanden. Auch die Zahl der Rechtsanwälte (ursprünglich etwa 600) deckte den zu erwartenden Bedarf bei weitem nicht. Namentlich bei den Richtern und Staatsanwälten bestand nicht nur, wie bei allen juristischen Berufen, ein sehr erheblicher Fort- und Weiterbildungsbedarf infolge der weitgehenden Übernahme des für sie völlig neuen Rechts der Bundesrepublik; die nach der früheren Staats- und Gesellschaftsordnung für den Zugang zu diesen Berufen unerläßliche Systemkonformität ließ die Fähigkeit und Bereitschaft zu einer Rechtspflegetätigkeit rechtsstaatlicher Art nicht in allen Fällen als unzweifelhaft erscheinen[39b]. Hier muß die Bereitschaft zur geistig-moralischen Bewußtseinswende im Einzelfalle überprüft werden[39c]. 18

Die Konzeption des Einigungsvertrages beruht deshalb auf einem **Kompromiß** zwischen dem Wunsch nach voller und möglichst baldiger Rechtsangleichung auch im Rechtspflegerecht und der Rücksichtnahme auf die tatsächlichen Verhältnisse. Der Grundsatz der Vollübernahme wird überall dort eingeschränkt und modifiziert, wo dies nach Meinung der vertragschließenden Parteien unerläßlich erscheint, um eine funktionsfähige Rechtspflege aufrechtzuerhalten[40]. Trotz dieses Vorbehalts wird der über- 19

[36a] Näher *Amelung/Brüssow/Keck/Kemper/Mehle* Teil B II.

[37] Art. 4 Nr. 3 Zusatzvereinb.; Maßgabe Nr. 26 Buchst. e; s. näher Teil C Rdn. 82.

[38] BTDrucks. **11** 7817, S. 7.

[38a] Zum Zustand der Rechtspflege Ende Februar 1991 s. Rdn. 102 a ff.

[39] S. Teil B Rdn. 13; *Feltes* ZRP **1991** 94.

[39a] S. näher die Angaben in Rdn. 102 b.

[39b] Zur Situation im öffentlichen Dienst insgesamt vgl. u. a. *Lansnicker/Schwirtzek* MDR **1991** 202 ff; *Weiß* ZBR **1991** 31 f.

[39c] Vgl. *Kinkel* FS Sendler (1991), II 1.

[40] BTDrucks. **11** 7817, S. 7.

wiegende Teil der rund 70 das Rechtspflegerecht der Bundesrepublik betreffenden Gesetze und Verordnungen unverändert oder mit eher geringfügigen Modifikationen (insbesondere Überleitungsvorschriften und Anpassungen an unterschiedliche Rechtszustände im materiellen Recht) auf das Beitrittsgebiet erstreckt; tiefergreifende Abweichungen bestehen nur in wenigen Bereichen (Rdn. 39). In eher geringem Umfang bleibt Rechtspflegerecht der DDR aufrechterhalten; dabei handelt es sich ausnahmslos um solches, das nach der WWSU geschaffen oder tiefgreifend reformiert worden ist.

20 b) Folgende **tragende Leitprinzipien** lassen sich, ausgehend vom Grundsatz der Vollübertragung, bei einer nachträglichen Analyse des durch den Einigungsvertrag geschaffenen Rechtszustandes bezeichnen:

— Die Nichtübertragung von Rechtspflegerecht und -strukturen auf das Beitrittsgebiet ist vorwiegend durch die tatsächliche Situation begründet; sie ist auch dann nur akzeptiert worden, wenn rechtsstaatliche Mindestanforderungen nicht gefährdet erscheinen.

— Die Übertragung des Verfahrensrechts hat wegen seiner Fundierung im Verfassungsrecht und seiner vielfachen Verzahnung mit dem materiellen Recht den Vorrang vor der Veränderung des gerichtsverfassungsrechtlichen Aufbaus und der organisatorischen Strukturen.

— Beim Berufsrecht insbesondere der Richter und Staatsanwälte ist ein zeitweiliger Verzicht auf das Leitbild des auf Lebenszeit bestellten Richters insbesondere deshalb geboten, um der Notwendigkeit einer auch geistig-moralischen Erneuerung dieses Berufsstandes Rechnung tragen zu können[40a].

— Wo eine Reform des bundesrepublikanischen Rechts dringlich erscheint und in absehbarer Zeit zu erwarten ist, kann das Recht der DDR aufrechterhalten werden, wenn es rechtsstaatlichen Anforderungen entspricht und hinreichend kompatibel ist.

— Partielle Modifikationen des zu übertragenden Rechtspflegerechts sind dort notwendig, wo spezifische Bedürfnisse der „Vergangenheitsbewältigung“ dazu Anlaß geben.

— Aus dem noch nicht vollständig vollzogenen Übergang von einer zentralstaatlichen Justiz zur Justizhoheit der Länder erklärt sich die vorübergehende Aufrechterhaltung von länderübergreifendem DDR-Recht und länderübergreifenden Justizstrukturen, auch soweit die Justizhoheit der Länder berührt ist.

21 c) **Sonderregelung für Berlin.** Für den beitretenden Teil des Landes Berlin wird das Rechtspflegerecht der Bundesrepublik in weitergehendem Umfang übertragen als im übrigen Beitrittsgebiet (vgl. jeweils die Abschnitte IV der Anlagen I und II), weil dort, namentlich wegen des Vorhandenseins eines vollständigen Gerichtsaufbaus die der Übertragung entgegenstehenden tatsächlichen Umstände nicht in gleichem Umfang vorhanden sind[41]. Die Einzelheiten sind bei den jeweiligen Erläuterungen mitgeteilt.

3. Zur Regelungstechnik und Terminologie der Rechtsangleichung im Rechtspflegerecht

a) Allgemeines (Artikel 8 und 9 des Einigungsvertrages)

22 aa) **Erstreckung von Bundesrecht.** Gemäß Artikel 8 des Einigungsvertrages tritt Bundesrecht grundsätzlich mit dem Wirksamwerden des Beitritts (s. Rdn. 33) im Gebiet der früheren DDR[42] unverändert in Kraft. Eine vergleichbare Konzeption enthält

[40a] S. näher Rdn. 41 ff.

[41] Vgl. BTDrucks. 11 7817, S. 7 f.

[42] Zum Umfang des Geltungsbereichs der Erstreckung im einzelnen und der dabei verwendeten Terminologie s. Rdn. 32.

Art. 10 für EG-Recht und Art. 11 für die von der Bundesrepublik Deutschland abgeschlossenen völkerrechtlichen Verträge und Vereinbarungen. Diese generelle Erstrekkung des Bundesrechts durch eine Generalklausel bewirkt ohne Einzelaufzählung die Geltung des Bundesrechts einschließlich etwaigen Gewohnheitsrecht und richterrechtlicher Rechtsfortbildung im Beitrittsgebiet[42a]. Zum Bundesrecht gehört auch vorkonstitutionelles Recht, soweit es nach den Artikeln 123 ff GG Bundesrecht geworden ist. Früheres **Reichsrecht**, das in der bisherigen DDR fortgegolten hatte und in der Bundesrepublik nach den Artikeln 123 ff GG Bundesrecht geworden ist, gilt im Beitrittsgebiet nunmehr kraft Art. 8 des Einigungsvertrages und damit in der Form, die es zwischenzeitlich durch den Bundesgesetzgeber erhalten hat. Es bedarf daher nicht der teilweise schwierigen Prüfung, ob früheres Reichsrecht in der DDR fortgegolten hat.

Die **unveränderte Geltung** des Bundesrechts **tritt nicht ein**, soweit ausdrücklich **23**
durch den Einigungsvertrag und seine Anlage I etwas anderes bestimmt ist. Dabei sind mehrere Fallgestaltungen zu unterscheiden. Teilweise wird Bundesrecht von der Erstreckung seines Geltungsbereiches in das Beitrittsgebiet gänzlich ausgenommen, so beispielsweise die Bundesrechtsanwaltsordnung[43]. Teilweise wird Bundesrecht in modifizierter Form erstreckt[44] oder es wird der Zeitpunkt seines Wirksamwerdens zeitlich hinausgeschoben. In anderen Fällen wird aus Anlaß des Beitritts durch den Einigungsvertrag und seine Anlagen Bundesrecht in seinem gesamten Geltungsbereich geändert, also auch für das Gebiet der bisherigen Bundesrepublik[45]. Schließlich können die Modifikationen und Einschränkungen auch lediglich den räumlichen Geltungsbereich betreffen (s. Rdn. 32).

bb) Die **Fortgeltung des Rechts der Deutschen Demokratischen Republik** be- **24**
stimmt sich nach Artikel 9 des Einigungsvertrages; für die völkerrechtlichen Verträge der DDR ist Artikel 12 maßgebend[45a]. Soweit es um die Fortgeltung des innerstaatlichen Rechts der DDR geht, sind mehrere Fallgruppen zu unterscheiden:

Recht der DDR, das nach der Kompetenzordnung des Grundgesetzes im Zeit- **25**
punkt des Beitritts **Landesrecht** wäre, bleibt nach der Generalklausel des Art. 9 Abs. 1 als Landesrecht in Kraft, wenn es mit dem Grundgesetz[45b], dem im Beitrittsgebiet geltenden Bundesrecht und dem unmittelbar geltenden Recht der EG vereinbar ist. In Betracht kommen sowohl diejenigen Fälle, in denen eine originäre Gesetzgebungskompetenz der Länder besteht, als auch die der konkurrierenden Gesetzgebungskompetenz des Bundes[46], wenn und soweit der Bundesgesetzgeber von dieser keinen Gebrauch gemacht hat. Für die Fortgeltung als Landesrecht kommt es demnach nicht darauf an, daß dies im Einigungsvertrag und seinen Anlagen ausdrücklich vereinbart ist. Andererseits bedeutet die ausdrückliche Vereinbarung der Fortgeltung von Recht der DDR nicht, daß dieses Recht nunmehr Bundesrecht geworden ist. Da der Gesetzgeber der zentralstaatlich organisierten DDR auf die Kompetenzabgrenzung keine Rücksicht zu nehmen brauchte, kann ein einheitliches, aufrechterhaltenes Gesetz sich nunmehr teilweise

---

42a Vgl. zum Wandel der Überleitungskonzeption von der ursprünglich vorgesehenen Positivliste des überzuleitenden Bundesrechts zur Generalklausel u. a. *Weiß* ZBR **1991** 13, 26.

43 Anlage I Kap. III Sachgebiet A Abschnitt I Nr. 5; näher Rdn. 67; wegen anderer Fälle s. Rdn. 73; 97.

44 So der überwiegende Teil der Maßgaben zum Rechtspflegerecht.

45 Zur Zuordnung dieser Fälle zu den Verschiedenen Abschnitten der Anlage I s. Rdn. 28.

45a Vgl. dazu *Drobnig* DtZ **1991** 76 ff.

45b Und zwar ohne Berücksichtigung des neuen § 143 GG, der unter bestimmten Voraussetzungen von der Beachtung bestimmte verfassungsrechtlicher Vorgabe befristet suspendiert; s. dazu *Stern* DtZ **1990** 290 f.

46 Vgl. Art. 9 Abs. 4 Satz 2 des Einigungsvertrages.

als Bundesrecht und teilweise als Landesrecht darstellen[47]. Ferner sind teilweise Bestimmungen in die Anlage II aufgenommen worden, deren Charakter als Landesrecht nicht zweifelhaft ist; sie sind damit nicht der künftigen Disposition durch den Landesgesetzgeber entzogen[47a].

26 Recht der DDR, das nach der Kompetenzordnung des GG **Bundesrecht** ist, weil es Gegenstände der ausschließlichen Gesetzgebungskompetenz des Bundes oder in Anspruch genommene Gegenstände der konkurrierenden oder Rahmengesetzgebung betrifft, bleibt nur dann und in der Form aufrechterhalten, die im Einigungsvertrag und seinen Anlagen ausdrücklich vereinbart ist, darüber hinaus nur dann, wenn es mit dem Grundgesetz[48] und dem unmittelbar geltenden Recht der EG vereinbar ist (Art. 9 Abs. 2 des Einigungsvertrags)[49]. Es gilt hier also ein **Enumerativkatalog**. Recht der DDR, das nach der Unterzeichnung des Einigungsvertrages (also nach dem 31. August 1990) erlassen worden ist, gilt grundsätzlich nur dann weiter, wenn dies nachträglich vereinbart ist; dies ist durch Art. 3 der Zusatzvereinb. geschehen. Dieses Erfordernis nachträglicher Vereinbarung gilt jedoch für solches **später erlassenes Recht der DDR** nicht, das bereits in den Anlagen zum Einigungsvertrag mit einem späteren Verkündungsdatum oder mit dem Hinweis „noch zu erlassen" aufgeführt ist[50]. Das folgt daraus, daß Art. 9 Abs. 3 Satz 2 des Einigungsvertrags ausdrücklich anordnet, daß Absatz 2 unberührt bleibt[51].

27 Für den Fall, daß **untergesetzliches Recht der DDR** in Bereichen fortgilt, die nach den Vorschriften des Grundgesetzes nur durch Gesetz geregelt werden können, enthalten das EinigungsG und der Einigungsvertrag keine ausdrücklichen Vorschriften[52]. Man wird hier aus allgemeinen verfassungsrechtlichen Grundsätzen ableiten müssen, daß derartige Rechtsvorschriften, insbesondere Rechtsverordnungen, auch dann mit dem Rang von (Bundes)gesetzen fortgelten, wenn dies nicht, wie es teilweise geschehen ist[53], ausdrücklich bestimmt ist. Sie können also künftig nur durch den Gesetzgeber geändert werden. Allerdings ließe sich im Hinblick auf den neuen Art. 143 GG möglicherweise die Ansicht vertreten, daß unter den dort genannten Voraussetzungen in der Übergangszeit Verordnungsermächtigungen des DDR-Rechts auch dann wirksam bleiben, wenn sie den Erfordernissen des Art. 80 GG nicht voll entsprechen.

28 **b) Aufbau und Bedeutung der Anlagen zum Einigungsvertrag.** Die meisten sachlichen Regelungen über die Rechtsangleichung nach den Art. 8 und 9 des Einigungsvertrages finden sich in dessen Anlagen I und II, deren Ordnung nicht besonders übersicht-

---

[47] Vgl. z. B. zum SchiedstG unten Teil C Rdn. 26.

[47a] So aus dem Rechtspflegebereich (s. Anlage II Kap. III Sachgebiet A Abschnitt I Nr. 4 und 11) die VO über die Ausbildung von Juristen und die Anordnung über die Bestellung von Dolmetschern und Übersetzern; s. dazu BT-Drucks. 11 7817, S. 59.

[48] Unter Berücksichtigung des durch den Einigungsvertrag für das Beitrittsgebiet neu eingeführten Art. 143 GG, s. oben Fußn. 45a.

[49] Fortgeltung von DDR-Recht ist entgegen dem zu engen Wortlaut von Art. 9 Abs. 2 nicht nur in der Anlage II angeordnet worden, s. Rdn. 29.

[50] So beispielsweise für den Rechtspflegebereich die EhRiWO (Anlage II Kap. III Sachgebiet A Abschnitt I Nr. 8, 9); das SchiedsstG (aaO Nr. 3) und das RAG (aaO, Abschnitt III Nr. 1).

[51] Ebenso der letzte Absatz der Vorbemerkungen zur Anlage II.

[52] Geregelt ist in Art. 6 des EinigungsG in der sog. „Entsteinerungsklausel" nur der umgekehrte Fall.

[53] So im Rechtspflegebereich hinsichtlich der Gesamtvollstreckungsordnung in Anlage II Kap. III Sachgebiet A Abschnitt II Nr. 1 Buchst. a; anders jedoch bei der aufrechterhaltenen Verordnung über die Tätigkeit von Notaren in eigener Praxis (aaO, Abschnitt III Nr. 2), wo dieser Hinweis fehlt.

lich ist[54]. Grundsätzlich befaßt sich die **Anlage I** mit demjenigen Bundesrecht, das nicht (Abschnitt I) oder mit Maßgaben und Modifikationen (Abschnitt III) in das Beitrittsgebiet übergeleitet oder aus Anlaß des Beitritts insgesamt geändert wird (Abschnitt II). Dabei ist die nicht immer trennscharf mögliche Abgrenzung zwischen den Abschnitten II und III rein formal vorgenommen worden, so daß sachlich gleichbedeutende Regelungen, wenn sie in ein bereits vorhandenes Einführungsgesetz eingestellt worden sind, in Abschnitt II[55], wenn sie als selbständige Maßgaben zu einem überzuleitenden Gesetz ausformuliert sind, aber in Abschnitt III erscheinen[56]. Im Rechtspflegebereich (und nur in diesem) sind die Besonderheiten der Rechtsangleichung für das Land Berlin in einem Abschnitt IV besonders herausgehoben.

Die in ihren Abschnitten spiegelbildlich aufgebaute[57] **Anlage II** enthält das insge- **29**
samt, modifiziert oder mit Maßgaben aufrechterhaltene Recht der DDR. Sie ist jedoch, auch soweit es sich um Bundesrecht handelt, entgegen dem mißverständlichen Wortlaut des Art. 9 Abs. 2, 3 des Einigungsvertrages nicht abschließend. Auch ohne zusätzliche Erwähnung in der Anlage II gilt DDR-Recht insoweit fort, wie dies im Rahmen von Maßgaben zum übergeleiteten Bundesrecht ausdrücklich angeordnet ist[58]; gerade das Rechtspflegerecht enthält insoweit mehrere Varianten. Teilweise geschieht dies in der Form, daß die aufrechterhaltenen Vorschriften, ggfs. mit nochmaliger Änderung, ausdrücklich genannt werden[59], teilweise auch dadurch, daß lediglich bestimmt ist, die Behandlung bestimmter Sachverhalte regele sich nach dem bisherigen Bestimmungen der DDR[60].

In der **Anordnung des Stoffes** folgen die Anlagen nicht dem Gliederungssystem **30**
von BGBl. III und dem entsprechenden Fundstellenverzeichnis des Bundesrechtes; die einzelnen Kapitel sind nach den Zuständigkeiten des jeweils federführenden Bundesministeriums[61] und innerhalb dieser nach einzelnen Sachgebieten geordnet. Der überwiegende Teil des Rechtspflegerechts wird dabei von **Kapitel III Sachgebiet A** erfaßt; jedoch ist dieser Teil nicht vollständig, weil Rechtspflegerecht im weiteren Sinne auch in Vorschriften enthalten ist, die zu anderen Sachgebieten oder zur Federführung anderer Ministerien gehören. Außerhalb des Rechtspflegeteils (Kap. III Sachgebiet A) finden sich beispielsweise besondere Vorschriften für das Registerwesen[62], das BVerfGG[63],

---

[54] Nähere Hinweise, auch zur praktischen Handhabung, insbes. bei *Viehmann* Einigungsvertrag, S. 36 ff; s. auch *Wasmuth* DtZ **1990** 296.

[55] So z. B. im Justizbereich die neuen Art. 230 ff EGBGB (Anlage I Kap. III Sachgebiet B Abschnitt II).

[56] So z. B. zahlreiche im Rechtspflegebereich (Sachgebiet A) in Abschnitt III getroffene Maßgaben.

[57] Vgl. *Viehmann* Einigungsvertrag, S. 38.

[58] *Viehmann* Einigungsvertrag, S. 37.

[59] Z. B. die Vorschriften der StPO/DDR über die Kassation in Maßgabe Nr. 14 Buchst. h in Verb. mit Art. 4 Nr. 2 Zusatzvereinb.

[60] So z. B. Maßgabe Nr. 8 Buchst. o zum DRiG.

[61] Deshalb finden sich beispielsweise, obwohl für das BGB und das HGB grundsätzlich der BMJ zuständig ist und daher die Regelung des Überleitungsrechts in Kap. III (Sachgebiet B Abschnitt II Nr. 1; Sachgebiet D Abschnitt III Nr. 1) erfolgt, für die in die Zuständigkeit des BMA fallenden Vorschriften dieser Gesetze Regelungen in Kap. VIII Sachgebiet A Abschnitt III Nr. 1 und 2.

[62] Schiffsregister Kap. III Sachgebiet B Abschnitt III Nr. 6, 7; Grundbuchwesen Kap. III Sachgebiet B Abschnitt III Nr. 1 bis 5 (s. Rdn. 89).

[63] Kap. III Sachgebiet F Abschnitt III Nr. 1 (s. Rdn. 51a).

das OWiG[64], das JGG[65], das SGG[66], das ArbGG[67] und für die Kammern und Senate für Baulandsachen[68].

31 c) **Terminologie in den Anlagen zum Einigungsvertrag.** Zur Bezeichnung der verschiedenen örtlichen und zeitlichen Geltungsbereiche des durch den Einigungsvertrag gesetzten Rechts sowie bei den Verweisungen auf andere Normen ist in den Anlagen zum Einigungsvertrag eine einheitliche Terminologie verwendet worden. Dabei ist allerdings jeweils im Einzelfall zu prüfen, ob diese nicht durch besondere Vorschriften oder systematische Zusammenhänge abgewandelt ist; dies gilt insbesondere für die Regelung im Rechtspflegebereich, weil hier jeweils in den Abschnitten IV der Anlagen I und II (Kapitel III Sachgebiet A) besondere Vorschriften für das Land Berlin enthalten sind, die der Festlegung des Geltungsbereichs nach der gebräuchlichen Terminologie vorgehen können.

32 aa) **Räumlicher Geltungsbereich.** In räumlicher Hinsicht wird das gesamte **Gebiet der** früheren **DDR**, also einschließlich des Ostteils von Berlin regelmäßig als das „in Artikel 3 [des Vertrages] genannte Gebiet" bezeichnet. Soll der (früher zur DDR gehörende) Ostteil von Berlin nicht mit einbezogen werden[69], so wird die Wendung „die in Art. 1 Abs. 1 [des Vertrages] genannten Länder" gebraucht; es handelt sich nach dem in Bezug genommenen Artikel um die neuen Bundesländer Brandenburg, Mecklenburg-Vorpommern, Sachsen, Sachsen-Anhalt und Thüringen. Das **Gebiet der bisherigen Bundesrepublik** (oder von Teilen) wird in der Form bezeichnet, daß auf die Geltung des Grundgesetzes oder jeweiligen Gesetzes vor dem Wirksamwerden des Beitritts abgehoben wird, entweder in der Form „Gebiet, in dem das Grundgesetz[70] schon vor dem Wirksamwerden des Beitritts gegolten hat" oder in der einfacheren Formulierung „bisheriger Geltungsbereich des Grundgesetzes". Mit der Bezeichnung „Land **Berlin**" ist Berlin in seinem nach dem Beitritt des Ostteils entstandenen Umfang gemeint[71]; soll allein auf das (frühere) **Ostberlin** abgestellt werden, so geschieht dies durch die Worte: „Teil des Landes Berlin, in dem das Grundgesetz bisher nicht galt". Das (frühere) **Westberlin** wird durch die Wendung abgegrenzt: „Teil des Landes Berlin, in dem das Grundgesetz schon vor dem Wirksamwerden des Beitritts galt".

33 bb) **Zeitlicher Geltungsbereich.** In zeitlicher Hinsicht verwenden die Regelungen im Einigungsvertrag und seinen Anlagen die Formulierung „mit dem Wirksamwerden des Beitritts", „am Tage des Wirksamwerden des Beitritts", „vor dem Wirksamwerden des Beitritts" und (namentlich für das Ingangsetzen von Fristen) „nach dem Wirksamwerden des Beitritts". Wirksam geworden ist der Beitritt zu Beginn des 3. Oktober 1990[72]. Für durch den Beitritt in Gang gesetzte Fristen dürften die Auslegungsregeln der §§ 187 ff BGB allgemein heranzuziehen sein; anzuwenden ist daher § 187 Abs. 2,

[64] Kap. III Sachgebiet C Abschnitt III Nr. 4.
[65] Kap. III Sachgebiet C Abschnitt III Nr. 3.
[66] Kap. VIII Sachgebiet D Abschnitt II Nr. 1 und Abschnitt III Nr. 4 (s. Rdn. 96).
[67] Kap. VIII Sachgebiet A Abschnitt III Nr. 15 (s. Rdn. 95).
[68] Kap. XIV Abschnitt II Nr. 1 (§ 246a Abs. 1 Nr. 17 BauGB; s. Teil B Rdn. 182).
[69] Zur Bestimmung der Grenzen des Landes Berlin ist Art. 1 Abs. 2 des Einigungsvertrages sowie Nr. 1 Abs. 1 des gemProt. (BGBl. II S. 905) zu beachten.
[70] Oder das jeweils gemeinte Gesetz.
[71] S. Art. 1 Abs. 2 des Einigungsvertrages: „Die 23 Bezirke von Berlin bilden das Land Berlin".
[72] Beitrittsbeschluß der Volkskammer der Deutschen Demokratischen Republik vom 23. 8. 1990 (BGBl. I S. 2057).

§ 188 Abs. 2 BGB. Eine vom Tage des Wirksamwerdens des Beitritts an zählende Monatsfrist[73] hat daher beispielsweise mit Ablauf des 2. November 1990 geendet.

cc) **Verweisungen.** Bei Verweisungen im übergeleiteten Recht auf nicht übergeleitetes Recht ist in den Vorbemerkungen zu Anlage I zwar generell bestimmt, daß diese Verweisung wirksam bleibt, jedoch gilt für den Bereich des Rechtspflegerechts infolge des dortigen Vorbehalts[74] grundsätzlich etwas anderes. Denn nach Buchst. a der allgemeinen Maßgaben zum Rechtspflegerecht (Nr. 28) sind in diesem Fall die entsprechenden Vorschriften der Deutschen Demokratischen Republik anzuwenden[75]. Dies gilt jedoch nicht, wenn diese Anwendung dem Sinn der Verweisung widersprechen würde oder wenn entsprechende Vorschriften nicht vorhanden sind, dann ist die Vorschrift auf die verwiesen wird „entsprechend" anzuwenden. Allerdings steht auch diese allgemeine Maßgabe unter dem Vorbehalt, daß nicht in einer einzelnen Regelung etwas anderes bestimmt ist. 34

Bei **Bezugnahmen auf Gesetzesvorschriften** innerhalb der einzelnen Maßgaben beziehen sich die Paragraphen- oder Artikelangaben ohne zusätzliche Bezeichnung des jeweiligen Gesetzes (der jeweiligen Rechtsverordnung) auf das im Eingang der jeweiligen Maßgabe genannte Gesetz oder die dort genannte Verordnung, also in der Anlage I jeweils auf Bundesrecht, in der Anlage II jeweils auf das aufrechterhaltene Recht der DDR. Paragraphenangaben ohne Zusatz in Anlage I Abschnitt III Nr. 1 beziehen sich also auf das GVG (der Bundesrepublik), solche in Nr. 14 auf die StPO der Bundesrepublik, während hier Verweisungen auf die insoweit aufrechterhaltene StPO der DDR besonders gekennzeichnet sind[76]. Soweit innerhalb der Maßgaben zum Rechtspflegerecht in der Anlage I auf andere Gesetze verwiesen wird, die in der Bundesrepublik und der (früheren) DDR gleichlautend bezeichnet sind[77], ist ohne besonderen Zusatz das Recht der Bundesrepublik gemeint. 35

4. **Zur Methode der Auslegung der Anlagen zum Einigungsvertrag.** Die oben (Rdn. 13 ff) geschilderte Entstehungsgeschichte des Einigungsvertrages und seiner Anlagen muß auch bei der Auslegung berücksichtigt werden. Der außerordentliche Zeitdruck, unter dem die komplexen und praktisch das gesamte Bundesrecht betreffenden Anpassungsregelungen erarbeitet, mit der Deutschen Demokratischen Republik verhandelt, überarbeitet und schließlich in die Textvorlagen für die abschließenden Vertragsverhandlungen eingestellt, teilweise auch noch während dieser Verhandlungen geändert wurden, ist mit der üblichen Gesetzgebungsvorbereitung und Gesetzgebungsberatung nicht vergleichbar, an der sich die herkömmlichen Auslegungsregeln orientieren. Eine Gesamtabstimmung der einzelnen Teile der Anlagen zum Einigungsvertrag, die über die gesamtpolitisch wichtigen Fragen hinausging, hat in den Einzelheiten praktisch nicht stattgefunden. Entsprechendes gilt für die in der Regel erst nachträglich und ebenfalls unter hohem Zeitdruck entstandenen Erläuterungen zu den Anlagen (BTDrucks. **11** 7817): ihnen kann für die Auslegung deshalb nicht die Bedeutung zugemessen wer- 36

[73] So z. B. die Frist zur Nachholung von Revisionsbegründungen gemäß Maßgabe Nr. 28 Buchstabe i Satz 2; s. auch Teil C Rdn. 19.

[74] „Sollen an die Stelle der in Bezug genommenen Rechtsvorschriften der Bundesrepublik Deutschland Rechtsvorschriften der Deutschen Demokratischen Republik treten, ist dies ausdrücklich bestimmt."

[75] Zur Begründung s. BTDrucks. **11** 7817, S. 31.

[76] Vgl. z. B. Maßgabe Nr. 14 Buchst. h (i. d. F. der Zusatzvereinb.) mit der Verweisung auf die §§ 311 ff der StPO/DDR.

[77] Beispielsweise StPO, ZPO oder GVG – jedenfalls in den amtlichen Kurzbezeichnungen.

den, die üblicherweise für eine sogenannte amtliche Gesetzesbegründung in Anspruch genommen wird.

37 Bei der **Auslegung** des Wortlauts der Anlagen zum Einigungsvertrag muß deshalb die sog. grammatikalische und die dogmatisch-systematische Auslegung zugunsten einer überwiegend teleologisch orientierten zurücktreten. Es kann namentlich bei kleineren Unterschieden im Sprachgebrauch nicht davon ausgegangen werden, daß damit auch sachliche Unterscheidungen beabsichtigt waren, und es ist vor allem besondere Zurückhaltung bei Umkehrschlüssen aus der Nichtregelung bestimmter Sachverhalte angebracht. Für den **Bereich der Rechtspflege** ist für die gebotene teleologische Auslegung vorrangig der für beide vertragschließende Parteien maßgebende Gesichtspunkt heranzuziehen[78], daß die Ausnahmen vom Grundsatz der Vollübertragung in erster Linie das Ziel verfolgen, die Funktionsfähigkeit des Rechtspflegesystems in der (früheren) DDR auch in der Phase des Übergangs zu sichern, und es ist ergänzend auf die sonstigen tragenden Leitprinzipien (s. Rdn. 20) abzustellen, die für die Konzeption des Überleitungsrechts maßgebend waren.

III. Übersicht über die Einzelheiten der Rechtsangleichung im Rechtspflegerecht

38 **1. Allgemeines. Hinweise.** Unter dem bisher in der Gesetzessprache nicht bekannten, zuerst im WWSUVertrag[79] verwendeten Begriff des **Rechtspflegerechts** sind, wie sich aus den dort geregelten Materien ergibt, diejenigen Rechtsvorschriften gemeint, die den Bereich der Rechtspflege im Sinne des Art. 92 ff GG betreffen, und darüber hinaus diejenigen, mit denen die Voraussetzungen und Rahmenbedingungen für die Ausübung von Rechtsprechung geordnet werden. Eine trennscharfe Begriffsbestimmung läßt sich nicht geben; sie dürfte derzeit auch nicht erforderlich sein, weil aus der terminologischen Heraushebung in den beiden Verträgen keine Folgerungen zu ziehen sind. Zum Rechtspflegerecht gehören insbesondere das Gerichtsorganisationsrecht und das sonstige Gerichtsverfassungsrecht, auch soweit es nicht im GVG, sondern in anderen Gesetzen geregelt ist, das das gerichtliche Verfahren regelnde Recht, auch soweit es nicht durch die klassischen verfahrensrechtlichen Kodifikationen geregelt ist, das Berufsrecht der rechtsberatenden Berufe sowie das Kosten- und Entschädigungsrecht, soweit es die genannten Materien betrifft. Das Insolvenzrecht wird mindestens insoweit, als es das Insolvenzverfahren betrifft, dem Rechtspflegerecht zuzurechnen sein, entsprechendes gilt für andere Gesetze, die sowohl materielles als auch Verfahrensrecht enthalten, wie etwa JGG und OWiG. Zum Rechtspflegerecht gehören auch die entsprechenden landesrechtlichen Vorschriften[80], also beispielsweise die die Gerichtsorganisation regelnden Ausführungsgesetze zum GVG sowie die Landesrichtergesetze und die Vorschriften über das Justizprüfungswesen.

39 Das **Schwergewicht der Modifikationen und Besonderheiten** des Einigungsvertrages liegt beim Rechtspflegerecht im Gerichtsverfassungsrecht (im weiteren Sinne) und im Berufsrecht. Die Besonderheiten des Strafverfahrens betreffen vor allem das zum Zweck der „Vergangenheitsbewältigung" umgestaltet aufrechterhaltene Recht der DDR (s. Teil C Rdn. 48 ff). Die Maßgaben in den übrigen Bereichen des Rechtspflegerechts, von dem ein quantitativ erheblicher Teil unverändert auf das Beitrittsgebiet er-

---

78 S. BTDrucks. **11** 7817, S. 6 f.

79 WWSUVertrag Anlage III Nr. 21, s. oben Rdn. 10.

80 Zur Abgrenzung der Gesetzgebungs- und Regelungskompetenz, namentlich zum Umfang der Justizhoheit der Länder vgl. LR Vor § 1 GVG, 1; Vor § 12 GVG, 1 f; *Kissel* GVG, Einl. Rdn. 10 ff.

streckt wird[81], sind schwerpunktmäßig durch die gerichtsverfassungsrechtlichen und gerichtsorganisatorischen Besonderheiten oder durch die Nichterstreckung von materiellem Recht bedingt, oder sie regeln Übergangs- und Überleitungsfragen.

Der nachfolgende inhaltliche Überblick beschränkt sich auf die **Besonderheiten**, **40**
die sich aus dem Einigungsvertrag und seinen Anlagen gegenüber dem allgemein geltenden Recht entweder nur für das Beitrittsgebiet oder insgesamt ergeben, und hierbei auf die wichtigeren Grundzüge. Das Gerichtsverfassungsrecht und das Strafverfahren werden in den Teilen B und C eingehend erläutert. Soweit es der Sachzusammenhang dienlich erscheinen läßt, sind dort auch diejenigen Besonderheiten anderer Teile des Rechtspflegerechts angesprochen, die mit dem abweichenden Gerichtsaufbau oder den Besonderheiten des Strafverfahrens zusammenhängen.

2. Richterrecht

a) Allgemeines. Problematik und Übersicht. Die Zusammenführung des neugestal- **41**
teten Richterrechts der DDR[82] mit dem in erster Linie durch das DRiG geregelte Richterrecht der Bundesrepublik[83] stellt aus verschiedenen Gründen eine der sachlich und gesetzestechnisch schwierigsten Probleme der Rechtsangleichung im Rechtspflegerecht dar. Die in der Maßgabe Nr. 8 getroffene, komplizierte und verwickelte Regelung, die teilweise durch aufrechterhaltenes Recht der DDR ergänzt wird[84], kann hier nur in ihren Grundzügen dargestellt werden[84a]. Formal wird die Rechtsangleichung durch die Übertragung des DRiG vorgenommen; jedoch greifen die übergangsweise geltenden Maßgaben so einschneidend in tragende Grundsätze dieses Gesetzes, namentlich in das Leitbild des Richters auf Lebenszeit, ein, daß von der Sache her von einem übergangsweise geltenden besonderen Richterrecht für die fünf neuen Länder gesprochen werden muß, dessen Besonderheiten auch erhebliche Konsequenzen für das Gerichtsverfassungsrecht und das Verfahrensrecht haben. S. insoweit für die Bildung der Präsidien Teil B Rdn. 44 f, für den Vorsitz in den Spruchkörpern Teil B Rdn. 48 ff, für die Verwendung von Richtern, die nicht Richter auf Lebenszeit sind, Teil B Rdn. 62 f sowie für die Richterdienstgerichte Teil B Rdn. 116.

Die Besonderheiten für das Richterrecht in den fünf neuen Ländern[85] sind durch **42**
mehrere **Gründe** bedingt[86]: Für diejenigen Juristen, die ihre Berufsqualifikation für die

---

[81] Mißverständlich *Vollkommer* Einigungsvertrag Rdn. 1, der unter Zugrundelegung von Abschnitt III von insgesamt 26 justizrechtlichen Bundesgesetzen und Rechtsverordnungen ausgeht und dabei diejenigen unberücksichtigt läßt, die ohne besondere Maßgaben aufgrund von Art. 8 des Einigungsvertrages übergeleitet werden. Die Erläuterungen zum Einigungsvertrag (BTDrucks. **11** 7817, S. 7) sprechen von rund 70 Gesetzen und Verordnungen, die die Rechtspflege betreffen. Etwa 35 von ihnen gelten ohne Einschränkung im Beitrittsgebiet.

[82] Richtergesetz vom 5. 7. 1990 (GBl. I S. 639); dazu *Schmidt-Räntsch* Recht im Amt **1990** 261 ff; zur Rechtsstellung der Richter in der DDR vor der „Wende" s. *Schmidt-Räntsch* DRiG[4], Einl. Rdn. 22 ff; vgl. auch mit einer wohl überzogenen Negativbewertung *Henrichs/Kremer/Hucke* NJW **1991** 449 ff.

[83] Die sonstigen bundesrechtlichen Vorschriften des Richterrechts, insbesondere das Richterwahlgesetz, die Verordnung über das allgemeine Dienstalter der Richter in besonderen Fällen, die Verordnung über die Nebentätigkeit der Richter im Bundesdienst und die Verordnung über eine Noten- und Punkteskala für die erste und zweite juristische Prüfung gelten unverändert; sie sind, ausgenommen die letzte, für das Beitrittsgebiet ohne Bedeutung.

[84] Anlage II Kap. III Sachgebiet A Abschnitt I Nr. 4 bis 9 (in der Zählung der Zusatzvereinb.) sowie einige Maßgaben zum DRiG.

[84a] Zur gegenwärtigen tatsächlichen Situation s. Rdn. 102 c, 102 d.

[85] Wegen der Regelung für Berlin s. Rdn. 58.

[86] S. ausführlich BTDrucks. **11** 7817, S. 18 f; *Schmidt-Räntsch* DtZ **1991** 33 ff.

richterliche Tätigkeit nach dem Recht der früheren DDR erworben haben, waren Regelungen über ihre Fortgeltung nach dem DRiG zu treffen[87]; als Sonderproblematik war hierbei für diejenigen Richter, die im Zeitpunkt des Beitritts amtierten, die Frage der weiteren Zulassung zur richterlichen Tätigkeit zu klären. Die insoweit in Anlehnung an die Bestimmungen des RiG/DDR verwirklichte Lösung, vorerst nicht den Status des Richters auf Lebenszeit zu verleihen, erforderte besondere statusrechtliche Vorschriften für die Übergangszeit. Da das DRiG, soweit es für Richter im Landesdienst gilt, lediglich einen rahmenrechtlichen Kompetenztitel besitzt und der Ausfüllung durch in den fünf neuen Ländern noch zu erlassende Landesrichtergesetze bedarf, waren die bis zu deren Erlaß maßgebenden Rechtsgrundlagen zu bestimmen. Ähnliches gilt insoweit, als sich das im DRiG vielfach ergänzend in Bezug genommene Beamtenrecht in den fünf neuen Ländern noch im Aufbau befindet[87a]. Für Richter, die in einem Dienstverhältnis zu einem Dienstherrn im bisherigen Geltungsbereich des DRiG stehen und Rechtsprechungsaufgaben in den fünf neuen Ländern wahrnehmen, war der besondere Status zu klären. Schließlich sind Regelungen für die Überleitung der Juristenausbildung erforderlich.

43 Das durch die Maßgaben in den fünf neuen Ländern übergangsweise bestehende Richterrecht sichert in weitaus geringerem Maße als nach dem DRiG die in Art. 97 Abs. 2 GG garantierte **persönliche Unabhängigkeit** der Richter, weil es in großem Umfang den Einsatz von Richtern ermöglicht, die auf Probe oder auf Zeit berufen sind. Der Verzicht auf die Dominanz des auf Lebenszeit angestellten Richters erscheint an sich verfassungsrechtlich unter dem Gesichtspunkt der Gewährleistung unabhängiger Rechtsprechung[88] bedenklich; er wird aber durch Art. 143 GG[89] gerechtfertigt, weil es sich um eine notwendige Berücksichtigung der unterschiedlichen Verhältnisse handelt[90]. Wegen des notwendigen Rückgriffs auf Art. 143 GG dürfen diejenigen Besonderheiten des Richterrechts, die den über die Vorschriften des DRiG hinausgehenden Einsatz anderer Richter als Richter auf Lebenszeit betreffen, nicht länger als bis Ende 1995 (Art. 143 Abs. 2 GG) andauern.

44 **b) Berufung in das Richterverhältnis.** Grundlagen sind neben den Vorschriften des DRiG (§ 9 DRiG) die Maßgabe Nr. 8 Buchst. a und Buchst. y aa und dd. Nach Buchst. a kann in den fünf neuen Ländern zum Richter auch berufen werden, wer nach § 9 Abs. 2 RiG/DDR die Befähigung zum Berufsrichter erworben hat[91]. § 9 Abs. 1 RiG/DDR wird durch § 9 Nr. 1 und 2 DRiG und § 9 Abs. 3 durch Maßgabe y dd verdrängt. Die praktische Bedeutung dieser Vorschrift dürfte gering bleiben, weil § 9 Abs. 2 RiG/DDR neben dem Studium einen zweijährigen Vorbereitungsdienst voraussetzt, der neu eingerichtet werden muß, und demgegenüber vielfach der besondere Vorbereitungsdienst nach Buchst. y ii vorgezogen werden dürfte, weil er nach erfolgreichem Abschuß sogleich die Vollbefähigung zum Richteramt nach den §§ 5 ff DRiG vermittelt. Unabhängig hiervon behält nach Buchst. y aa die Befähigung zum Berufsrichter, wer sie bis zum 3. Oktober 1990, auch nach den vor dem Erlaß des RiG/DDR geltenden Bestim-

---

[87] S. auch Art. 37 des Einigungsvertrages (dazu BTDrucks. **11** 7760, S. 374), der von der grundsätzlichen Fortgeltung erworbener Berufsqualifikationen ausgeht, allerdings einen Vorbehalt für besondere Regelungen enthält; vgl. ferner *Roggemann* NJW **1991** 458 ff.

[87a] Dazu ausführlich *Weiß* ZBR **1991** 24 ff.

[88] S. hierzu *Schmidt-Räntsch* DRiG[4] § 25, 4; § 27, 2.

[89] I. d. F. des Art. 4 Nr. 5 des Einigungsvertrages; s. dazu *Stern* DtZ **1990** 290 f.

[90] S. *Kinkel* FS Sendler (1991) IV 2.

[91] S. BTDrucks. **11** 7817, S. 19; zur Berufung der Berufsrichter näher *Schmidt-Räntsch* Recht im Amt **1990** 264.

mungen, erworben hatte oder aufgrund der den Abschluß der Ausbildung regelnden Maßgabe y ee und ff erwirbt[92], ferner wer vor dem 3. Oktober 1990 als Richter beim staatlichen Vertragsgericht oder als Notar bei den staatlichen Notariaten tätig war und danach als Richter in der ordentlichen Gerichtsbarkeit eingesetzt wurde. Bei diesen Personen kommt es nicht darauf an, ob sie die Voraussetzungen des DDR-Rechts zur Berufung als Richter im übrigen erfüllen.

Daneben können (selbstverständlich) in unmittelbarer Anwendung des § 9 DRiG auch Personen zu Richtern berufen werden, die die **Befähigung zum Richteramt nach den §§ 5 bis 7 DRiG** besitzen[92a]; für sie gelten die besonderen Einschränkungen der Maßgaben zum DRiG nicht. Sie können also bei Vorliegen der allgemeinen Voraussetzungen (§ 10 DRiG) zu Richtern auf Lebenszeit ernannt werden und sie können auch, solange sie Richter auf Probe sind, aufgrund ihrer umfassenden Befähigung zum Richteramt das Amt des Richters in einem der alten Bundesländer ausüben[93]. Andererseits kommen auch ihnen, soweit sie als Richter auf Probe oder auf Zeit berufen werden, die besonderen Regelungen zugute, die während der Übergangszeit in den fünf Ländern bestehen (s. Rdn. 50). **45**

c) Fortbestand bestehender Richterverhältnisse. Da nach dem ursprünglichen Recht der DDR die Richter von den Volksvertretungen lediglich auf die Dauer von vier Jahren gewählt wurden[94] und ihrte Wahlperiode im Frühjahr 1990 endete, wurden durch mehrere Rechtsetzungsakte, namentlich durch § 45 Abs. 2 Satz 2 RiG/DDR[95] die amtierenden Richter zur Ausübung der Rechtsprechung befristet *ermächtigt.* Maßgabe Nr. 8 Buchst. o Abs. 2 Satz 2 hält diese Ermächtigung für die im Zeitpunkt des Beitritts amtierenden Richter dergestalt aufrecht, daß sie bis zur Entscheidung durch die Richterwahlausschüsse (Rdn. 47) bestehen bleibt[95a]. Abweichend von der Fassung des § 45 Abs. 2 Satz 2 RiG/DDR und der für ehrenamtliche Richter nach der Neufassung dieser Vorschrift geltenden Regelung (s. Teil B Rdn. 155), ist damit kein fester Endzeitpunkt bestimmt. Zwar *sollen* die Richterwahlausschüsse bis zum 15. 4. 1990 entscheiden, doch stellt die Fortdauer der Ermächtigung nicht auf diesen Endzeitpunkt ab, sondern auf die tatsächliche Entscheidung des Richterwahlausschusses[95b]. Die Ermächtigung endet deshalb vorher, wenn der Richterwahlausschuß seine Entscheidung vorher trifft, sie bleibt erhalten, wenn diese Entscheidung am 15. 4. 1990 noch nicht vorliegt[96]. **46**

---

[92] S. BTDrucks. **11** 7817, S. 22. Danach können Personen, die bis zum 31. 12. 1991 Richterassistenten sind oder werden, ihre Ausbildung nach den bisherigen Vorschriften, also durch Ableistung einer einjährigen Assistentenzeit, beenden (Doppelbuchst. ee), und es können Diplomjuristen mit mindestens dreijähriger Berufserfahrung die Befähigung zum Berufsrichter nach einer einjährigen Einarbeitungszeit erwerben (Doppelbuchst. ff).

[92a] Wegen der besoldungsrechtlichen Anreize und Ausgleichsmaßnahmen bei der Einstellung von Bewerbern aus den Altländern in den öffentlichen Dienst, die auch für Richter gelten, s. Rdn. 102 d sowie *Weiß* ZBR **1991** 28 ff.

[93] Wegen der vorübergehenden Beschäftigung solcher Richter in den fünf neuen Ländern im Wege der Abordnung oder Zuweisung s. Rdn. 53 f.

[94] §§ 44 ff GVG/DDR; näher *Schmidt-Räntsch* DRiG[4], Einl. Rdn. 25 f.

[95] Wortlaut Teil B Rdn. 155.

[95a] Zur Frage, ob überhaupt früher amtierende Richter der DDR als Richter in den neuen Ländern in Betracht kommen, vgl. beispielsweise die unterschiedlichen Grundpositionen von *Henrichs/Kremer/Hucke* NJW **1991** 449 ff und *Roggemann* NJW **1991** 457 f.

[95b] Wegen der voraussichtlichen Überschreitung des Termins s. Rdn. 102 c.

[96] *Schmidt-Räntsch* DtZ **1991** 36 Fußn. 33 bezeichnet dies (wohl zu Unrecht) als „nicht ganz eindeutig".

Die an die Ernennung zum Richter auf Probe oder Richter auf Zeit anknüpfenden Fristen in Maßgabe Nr. 8 Buchst. e, f und k beginnen jedoch spätestens am 15. 4. 1991 zu laufen, auch wenn zu diesem Zeitpunkt die Ernennung noch nicht erfolgt ist und die Ermächtigung fortdauert, anderenfalls würde durch die Verzögerung im Ernennungsverfahren die Rechtsposition dieser Richter ohne sachlichen Grund verschlechtert werden.

47 d) Die **Ernennung zum Richter** durch den Minister der Justiz[97] war nach den Regelungen des RiG/DDR (§§ 12, 13) an die eine Mehrheit von zwei Dritteln erfordernde Zustimmung von **Richterwahlausschüssen** gebunden, die sich aus sechs von der Volkskammer zu wählenden Abgeordneten und vier von den Richtervertretungen gewählten und vom Rechtsausschuß der Volkskammer bestätigten Richtern zusammensetzen. Einzelheiten der Bildung und des Verfahrens sind in der durch Beschluß der Volkskammer erlassenen Ordnung über die Bildung und Arbeitsweise der Richterwahlausschüsse[98] geregelt. Ohne diese Zustimmung darf eine Ernennung nicht stattfinden; an ein positives Votum des Ausschusses ist der Justizminister nicht gebunden. Da es bis zum Beitritt zur Bildung dieser Ausschüsse nicht mehr überall gekommen ist und sie mit ihrer Tätigkeit in keinem Fall begonnen hatten, hält die Maßgabe Nr. 8 Buchst. o[99] die Befugnis zur Einrichtung dieser Richterwahlausschüsse aufrecht, regelt den Fortbestand der Mitgliedschaft und ermächtigt das Landesrecht, Volkskammerabgeordnete durch Landtagsabgeordnete zu ersetzen. Sie bestimmt zugleich, daß die Richterwahlausschüsse bis spätestens 15. 4. 1991 über den Fortbestand der Richterverhältnisse der derzeit amtierenden und zur Rechtsprechung ermächtigten Richter entscheiden sollen. Ob der nach § 12 Abs. 2 RiG/DDR in Verb. mit § 3 Abs. 1, § 4 Abs. 1 RiWO einzurichtende **zentrale Richterwahlausschuß**, für den die Mitglieder noch vor dem Beitritt bestimmt worden sind, durch Buchst. o aufrechterhalten ist[99a], erscheint zweifelhaft und dürfte zu verneinen sein. Als Richterwahlausschuß für die Berufung der Richter am Obersten Gericht ist er nach dem Beitritt funktionslos. Als Beschwerdeausschuß (§ 13 Abs. 6 RiG/DDR, § 8 Abs. 4 RiWO) dürfte seiner Tätigkeit der föderative Aufbau der Justiz in den fünf neuen Ländern entgegenstehen, da es kein zentrales Organ mehr gibt, das den Ausschuß einberufen und in ihm den Vorsitz führen könnte (§ 7 Abs. 1 RiWO). Die Bildung von Beschwerdeausschüssen in den einzelnen Ländern sieht das aufrechterhaltene Recht nicht vor.

48 Bei den fortgeltenden Vorschriften des RiG/DDR und der RiWO handelt es sich grundsätzlich um **Landesrecht**, das der Disposition des Landesgesetzgebers unterliegt[100]. Dieser ist zwar berechtigt (Art. 97 Abs. 4 GG) aber nicht verpflichtet, die Mitwirkung von Richterwahlausschüssen vorzusehen; eine Kompetenz des Bundesgesetzgebers besteht insoweit nicht. Das ist unzweifelhaft, soweit das Ernennungs- und Wahlverfahren nach den §§ 12, 13 RiG/DDR in Verb. mit der RiWO solche Richter betrifft, die neu eingestellt werden und bis zu ihrer Ernennung nicht als zur Ausübung der Rechtsprechung ermächtigt amtierten; hierauf bezieht sich der Buchst. o nicht[101]. Zweifelhaft ist allein, ob für die aufgrund der Ermächtigung amtierenden Richter für die bestätigende Ernennung die Mitwirkung der Richterwahlausschüsse bundesrechtlich zwingend vorgeschrieben ist. Die Frage dürfte schon deshalb zu verneinen sein, weil auch in-

---

[97] Nach Maßgabe Nr. 8 Buchst. o Abs. 3 ist an dessen Stelle der Landesjustizminister getreten.

[98] Vom 22. 7. 1990 (GBl. I S. 904); eingehend, auch zu den Kriterien, *Roggemann* NJW **1991** 459 ff.

[99] Wegen der Einzelheiten s. BTDrucks. **11** 7817, S. 20.

[99a] In diese Richtung deutet eine nicht ganz eindeutige Wendung der Erl. in BTDrucks. **11** 7817, S. 20.

[100] *Schmidt-Räntsch* DtZ **1991** 34.

[101] So ausdrücklich BTDrucks. **11** 7817, S. 21.

soweit eine bundesrechtliche Kompetenz nicht (mehr) besteht. Die neuen Länder sind daher nicht gehindert, durch ein Landesgesetz die Richterwahlausschüsse auch insoweit abzuschaffen und die Entscheidung über die weitere Verwendung nach dem Auslaufen der Ermächtigung dem Landesjustizminister zu übertragen. Soweit andere Maßgaben zum DRiG (Buchst. d, e, f, g, h, i, k, l und q) an die Berufung eines Richters nach den Vorschriften des RiG/DDR „in Verbindung mit der Ordnung über die Bildung und Wahl der Richterwahlausschüsse" anknüpfen, wird man annehmen müssen, daß diese auch für solche Richter gelten, die aufgrund der besonderen Berufungsvoraussetzungen nach Buchst. a und Buchst. y aa ernannt werden, wenn und soweit durch den Landesgesetzgeber die Mitwirkung der Richterwahlausschüsse nicht mehr vorgesehen würde.

e) **Status der Richter.** Nach Maßgabe Nr. 8 Buchst. b kann aufgrund der Befähigung zur richterlichen Tätigkeit nach dem Recht der DDR (Rdn. 44) zum Richter auf Lebenszeit ernannt werden, wer nach dem 2. Oktober 1990 mindestens drei Jahre im richterlichen Dienst tätig gewesen ist (näher Rdn. 51); andere nach § 10 Abs. 2 DRiG anrechenbare Tätigkeiten können nur angerechnet werden, wenn sie nach dem 2. Oktober 1990 liegen. Für Juristen, die erstmals nach diesem Zeitpunkt ohne eine vorherige anrechenbare Tätigkeit in ein Richteramt berufen werden, entspricht die Rechtslage der nach dem DRiG. Jedoch können aufgrund dieser Maßgabe in Verb. mit den Buchst. e und g auch solche Richter der (früheren) DDR zunächst nicht Richter auf Lebenszeit werden, die eine beliebig lange **richterliche Vortätigkeit** aufzuweisen haben. Vielmehr sind sie zunächst entweder als Richter auf Probe oder als Richter auf Zeit[102] zu berufen. Der Status des Richters auf Zeit stimmt mit dem in § 11 DRiG erwähnten nicht voll überein, sondern der Sache nach handelt es sich ebenfalls um einen Richter auf Probe, für den die besonderen Maßgaben Buchst. g (anders als bei Richtern auf Probe feste Befristung auf drei Jahre) und Buchst. k (entsprechend der Regelung für Richter auf Probe Entlassung bei Nichteignung nur zu festen Terminen[103]) gelten. Es bleibt der Entscheidung der Landesjustizverwaltung überlassen, wen sie zum Richter auf Zeit und zum Richter auf Probe berufen will, mag es auch naheliegen, bereits berufserfahrene Richter in erster Linie zu Richtern auf Zeit zu ernennen. Da das aufrechterhaltene RiG/DDR als insoweit partielles Bundesrecht die Rechtsfigur des Richters auf Zeit generell kennt, dürfte es auch zulässig sein, Personen mit der Befähigung zum Richteramt nach den Vorschriften des DRiG in den fünf neuen Ländern zu Richtern auf Zeit zu ernennen. **49**

In einzelnen Punkten ist der **rechtliche Status dieser Richter auf Probe und auf Zeit** nach den Maßgaben dem des Richters auf Lebenszeit angeglichen. So können sie dieselben Aufgaben wahrnehmen wie Richter auf Lebenszeit (Buchst. d s. näher Teil B Rdn. 63), dürfen in kollegial besetzten Spruchkörpern den Vorsitz führen (Buchst. m, s. näher Teil B Rdn. 63 ff), sind zum Präsidium wählbar (Maßgabe Nr. 1 — GVG — Buchst. c Abs. 4, s. näher Teil B Rdn. 45), dürfen ohne ihre Zustimmung für höchstens sechs Monate an ein anderes Gericht abgeordnet werden (Buchst. n)[103a] und können nach einer richterlichen Vortätigkeit von mindestens drei Jahren, die auch vor dem Beitritt liegen kann, zu Präsidenten und Direktoren von Gerichten ernannt werden (Buchst. q)[104] und Mitglieder von Richterdienstgerichten werden (Buchst. q, s. auch **50**

---

[102] Wegen der Einzelheiten des Status s. die Erläuterungen zu den einzelnen Maßgaben in BTDrucks. **11** 7817, S. 19 f; *Schmidt-Räntsch* Recht im Amt **1990** 263.

[103] Eine vergleichbare Regelung für die Richter auf Probe brauchte nicht getroffen zu werden, weil insoweit § 22 DRiG unmittelbar gilt.

[103a] Abweichend von § 37 Abs. 3 DRiG insoweit, als nach der dortigen Regelung die Abordnung auf höchstens 3 Monate befristet ist.

[104] S. wegen der Einzelheiten BTDrucks. **11** 7817, S. 21.

Teil B Rdn. 116). Andererseits sind die Möglichkeiten der **Zurücknahme der Ernennung** erweitert; sie ist nach Buchst. h auch geboten (zwingende Vorschrift) wenn nachträglich Tatsachen bekannt werden, die der Berufung entgegengestanden hätten, also namentlich Umstände der persönlichen Verstrickung in das Unrechtsregime der Vergangenheit[105]. Die Entlassungsmöglichkeit nach den §§ 21, 22 DRiG besteht daneben, der Entlassungsgrund der mangelnden Eignung gilt auch für die Richter auf Zeit (Buchst. k).

51 Die **Ernennung zu Richtern auf Lebenszeit** ist bei diesen Richtern erst nach mindestens dreijähriger richterlicher Tätigkeit seit dem 3. 10. 1990, also frühestens am 3. 10. 1993 möglich; sie hat, sofern diese Richter nicht entlassen werden, bei den Richtern auf Zeit drei Jahre nach ihrer Ernennung zu geschehen, bei den Richtern auf Probe spätestens nach Ablauf von 5 Jahren[106]. Erst mit der Ernennung zum Richter auf Lebenszeit erwerben die Richter, die nicht die Richteramtsbefähigung nach dem DRiG besitzen, nach Buchstaben y bb die Befugnis, als Richter im bisherigen Geltungsbereich des DRiG tätig zu werden, also als Richter des Bundes oder eines der alten Länder[107]. Diese Befugnis zur Ausübung der rechtsprechenden Tätigkeit im gesamten Bundesgebiet steht der Befähigung zum Richteramt i. S. der §§ 5 ff DRiG insoweit nicht gleich, als diese auch Zugangsvoraussetzung für andere Berufe ist; sie können daher weder Rechtsanwalt nach den Zugangsvoraussetzungen der BRAO (s. aber Rdn. 68) noch Staatsanwalt werden. Als Richter auf Lebenszeit können bis Oktober 1993 in den fünf neuen Ländern nur Richter berufen werden, die die Befähigung zum Richteramt nach dem DRiG erworben haben und durch eine dreijährige Proberichtertätigkeit oder anrechenbare Tätigkeit nach § 10 Abs. 2 DRiG auch im bisherigen Geltungsbereich des DRiG die Voraussetzung nach § 10 Abs. 1 DRiG erfüllen, also vorwiegend Richter, die bereits als Richter in den alten Bundesländern tätig gewesen sind. Die Berufung von Richtern (gleiches gilt für Staatsanwälte und Rechtspfleger) aus den Altländern, die sich bereits im Ruhestand befinden (sog. **Seniorenmodell**) ist möglich, wenn durch die landesrechtliche Bestimmung der Altersgrenze (s. Rdn. 52) hierfür die rechtlichen Voraussetzungen geschaffen worden sind.

51a Zu **Richtern des Bundesverfassungsgerichts** können, abweichend von dem Erfordernis der Befähigung zum Richteramt nach den DRiG gemäß § 3 Abs. 2 BVerfGG, auch solche Personen gewählt werden, die den Hochschulabschluß eines Diplomjuristen[107a] nach dem Recht der DDR besitzen[107b]; eine weitere Qualifikation oder Befähigung wird nicht verlangt, also auch nicht der Erwerb der Befähigung zum Berufsrichter nach dem RiG/DDR oder den Maßgaben Nr. 8 zum DRiG. Sie müssen allerdings bis zu ihrer Wahl zum Richter des Bundesverfassungsgerichts im Beitrittsgebiet tätig sein.

52 f) **Landesrichtergesetze.** Die Länder sind verpflichtet, Landesrichtergesetze zu erlassen, die den rahmenrechtlichen Bestimmungen der §§ 71 ff DRiG entsprechen müssen[108]. Dies muß spätestens bis zum 31. 12. 1992 geschehen (Maßgabe Nr. 8 Buchst. x)[108a]. Bereits bis Ende 1991 müssen, sofern nicht bis dahin die Landesrichtergesetze insgesamt erlassen werden können, nach Maßgabe Nr. 8 Buchst. t Regelungen

---

[105] BTDrucks. **11** 7817, S. 20.

[106] Maßgabe Nr. 8 Buchst. e und Buchst. g; s. BTDrucks. **11** 7817, S. 19.

[107] BTDrucks. **11** 7817, S. 22.

[107a] Wegen Maßgabe Nr. 8 Buchst. y jj mit Ausnahme des Abschlusses der Hochschule Potsdam-Eiche oder einer vergleichbaren Einrichtung.

[107b] Anlage I Kap. III Sachgeb. F Abschnitt III Buchst. a; s. BTDrucks. **11** 7817, S. 59.

[108] Das Land Sachsen hat das Richtergesetz bereits erlassen; s. Richtergesetz des Freistaates Sachsen – (SächsRiG) vom 29. 1. 1991 (GVBl. Sachsen S. 21).

[108a] Näher BTDrucks. **11** 7817, S. 21.

für die Altersgrenze getroffen werden[108b]. Bis zum Erlaß dieser Landesrichtergesetze gelten teilweise die den Regelungsgegenstand des Landesrecht entsprechenden Vorschriften des RiG/DDR gemäß Art. 9 Abs. 1 des Einigungsvertrages weiter[109], überwiegend treffen jedoch die Maßgabe zum DRiG hierüber besondere Regelungen oder enthalten übergangsweise Ermächtigungen zum Erlaß von anpassenden Rechtsverordnungen durch die Bundesregierung[110]. Auf die Einzelheiten ist in dieser Übersicht nicht einzugehen.

g) Abgeordnete und zugewiesene Richter. Maßgabe Nr. 8 Buchst. y cc bestimmt, daß Richter aus den Gebieten, in dem das DRiG schon vor dem Beitritt galt, also Richter im Bundesdienst oder im Dienst der alten Bundesländer im Wege der „Zuweisung" rechtsprechende Gewalt ausüben können. Damit im Zusammenhang steht die aufrechterhaltene[111] Verordnung der DDR vom 14. 8. 1990 (GBl. I 1267), die die Befugnis zur rechtsprechenden Tätigkeit solcher Richter regelte. Sie hat folgenden Wortlaut: **53**

Erste Durchführungsbestimmung zum Richtergesetz

vom 14. August 1990

Aufgrund des § 46 des Richtergesetzes vom 5. Juli 1990 (GBl. I Nr. 42 S. 647) wird folgendes bestimmt:

§ 1

Richter aus der Bundesrepublik Deutschland, welchen durch die jeweils zuständigen Minister und Senatoren der Länder der Bundesrepublik Deutschland richterliche Tätigkeit in der Deutschen Demokratischen Republik gemäß § 123 a Beamtenrechtsrahmengesetz zugewiesen wurde, sind zur Ausübung der Rechtsprechung an staatlichen Gerichten der Deutschen Demokratischen Republik befugt.

§ 2

Die Befugnis zur Ausübung der Rechtsprechung an einem bestimmten Gericht erteilt der Minister der Justiz der Deutschen Demokratischen Republik. Dem Richter ist darüber eine Urkunde auszuhändigen.

§ 3

Die Richter aus der Bundesrepublik Deutschland sind an Verfassung, Gesetz und Recht der Deutschen Demokratischen Republik gebunden. Die Grundsätze des Richtergesetzes vom 5. Juli 1990 (GBl. I Nr. 42 S. 637) gelten entsprechend.

§ 4

Die Richter aus der Bundesrepublik Deutschland verhandeln und entscheiden Rechtsstreitigkeiten und andere Rechtsangelegenheiten auf dem Gebiet des Verwaltungs-, Finanz-, Sozial- und Arbeitsrechts. Die Geschäftsverteilung bedarf ihrer Zustimmung.

§ 5

Diese Durchführungsbestimmung tritt mit ihrer Veröffentlichung in Kraft.

108b Entsprechend der Regelung im SächsRiG (§ 61 Abs. 10) können die Länder dabei (auch für eine Übergangszeit) die Altersgrenze für Richter über das 65. Lebensjahr hinaus festlegen, um dadurch den Einsatz pensionierter Richter aus den Altländern zu ermöglichen; s. auch Rdn. 102 d.

109 *Schmidt-Räntsch* DtZ **1991** 30, 36.

110 S. insbes. die Buchst. p bis x und die Erl. in BTDrucks. **11** 7817, S. 21.

111 Anlage II Kap. III Sachgebiet A Abschnitt I Nr. 7.

54 Die in § 123 a BRRG[112] geregelte **Zuweisung** von Beamten ist ein der Abordnung vergleichbares Rechtsinstitut, das den Einsatz von Beamten auch außerhalb des Bundesgebietes unter Aufrechterhaltung ihrer dienstrechtlichen Stellung gegenüber ihrem Dienstherrn ermöglicht. Der Rückgriff auf diese Vorschrift war für die Dauer der staatlichen Selbständigkeit der DDR insbesondere deshalb geboten, um den Einsatz von Richtern in der DDR nach innerstaatlichem Recht ohne Beurlaubung zu ermöglichen; die nach dem damaligen Recht der DDR erforderliche Rechtsgrundlage fand sich in § 46 RiG/DDR[113] in Verbindung mit dieser Verordnung.

55 Die **Bedeutung des Zuweisungsbegriffs** in der Maßgabe sowie die heutige Bedeutung der aufrechterhaltenden Verordnung sind unklar. Es handelt sich wohl nicht um eine Zuweisung im Sinne des § 123 a BRRG, weil deren tatbestandsmäßige Voraussetzungen nicht vorliegen, sondern um eine spezifisch richterrechtliche Einrichtung, die in den Rechtsfolgen der Zuweisung des § 123 a BRRG entspricht und wie diese die Zustimmung des Betroffenen voraussetzt. Im Zusammenhang mit der aufrechterhaltenden Verordnung vom 14. 8. 1990 (Rdn. 53) folgt aus der Maßgabe, daß zugewiesene Richter vom jeweiligen Landesjustizminister einem bestimmten Gericht zugewiesen werden und zu Präsidium wählbar und wahlberechtigt sind (s. auch Teil B Rdn. 41, 45). Die §§ 1 und 3 der Verordnung wird man als gegenstandslos betrachten müssen; gleiches gilt für § 4 Abs. 1 der VO insoweit, als der die Befugnis der zugewiesenen Richter auf Rechtsprechungstätigkeit in Angelegenheiten der besonderen Gerichtsbarkeiten beschränkt[114]. Wegen der Bedeutung des § 4 Satz 2 s. Teil B Rdn. 59 f. Unberührt bleibt die dienstrechtliche Möglichkeit der **Abordnung** eines Richters aus den alten Ländern, und nach der in diesem Kommentar vertretenen Auffassung sind sowohl zugewiesene als auch abgeordnete Richter entgegen § 18 VwGO zum Vorsitz im Kollegialspruchkörper befugt (s. Teil B Rdn. 65).

56 Keiner besonderen Regelung bedarf, daß Richter aus den alten Bundesländern auch im Wege der **Versetzung** (mit ihrem Einverständnis und im Einverständnis zwischen dem alten und neuen Dienstherrn) in die neuen Länder wechseln können. Für diese Richter ist dann allerdings, anders als bei den zugewiesenen und abgeordneten Richtern, vorwiegend das Dienst-, Besoldungs- und Versorgungsrecht der neuen Länder maßgebend, wobei für das Besoldungs- und Versorgungsrecht in den aufgrund des Einigungsvertrags bestehenden Vorschriften[115] besondere Regelungen getroffen worden sind[115a].

57 h) **Juristenausbildung.** Zusätzlich zu den die Juristenausbildung regelnden §§ 5 a bis 6 DRiG, die auch im Beitrittsgebiet anzuwenden sind, enthält die Maßgabe Nr. 8 Buchst. y Doppelbuchstaben ee bis jj umfangreiche Überleitungs- und Anpassungsvorschriften, deren Inhalt hier im einzelnen nicht darzustellen ist[116]. Grundsätzlich steht der Abschluß eines rechtswissenschaftlichen Studiums als Diplomjurist an einer Univer-

---

[112] Eingefügt durch Art. 3 des 5. Gesetzes zur Änderung besoldungsrechtlicher Vorschriften vom 28. 5. 1990 (BGBl. I S. 967).

[113] Zum Inhalt s. näher *Schmidt-Räntsch* Recht im Amt **1990** 263 f.

[114] S. auch BTDrucks. **11** 7817, S. 22, wo davon die Rede ist, daß die Möglichkeiten der Zuweisung *erweitert* werden sollen.

[115] S. dazu die besonderen Maßgaben und Regelungen in Anlage I Kap. XIX des Einigungsvertrags, insbes. Abschnitt II Nr. 2 (Beamtenversorgungsgesetz) und Abschnitt II Nr. 3, Abschnitt III Nr. 11 (Bundesbesoldungsgesetz); vgl. auch *Weiß* ZBR **1991** 28 ff.

[115a] S. näher Rdn. 102 d.

[116] S. näher BTDrucks. **11** 7817, S. 22 f; *Schmidt-Räntsch* DtZ **1991** 37; *Dörig* DtZ **1990** 348 ff.

sität oder wissenschaftlichen Hochschule auf dem Territorium der früheren DDR[117] der ersten juristischen Staatsprüfung gleich (Buchst. y gg, hh). Dies gilt nicht für die bloße Anerkennung der Qualifikation als Diplomjurist aufgrund eines ausländischen Studiums (insbesondere in der Sowjetunion) nach dem früheren Recht der DDR. Sondervorschriften ermöglichen entweder den Abschluß der Ausbildung nach den bisherigen Vorschriften mit dem Erwerb der Befugnis zum Richter, Staatsanwalt und Notar oder Rechtsanwalt im Umfang der bisherigen Befugnisse der DDR mit dem sich aus den einzelnen Maßgaben ergebenden Möglichkeiten der Erweiterung (Buchst. y ee und ff) oder die Ableistung eines **besonderen Vorbereitungsdienstes** in den alten Bundesländern nach Buchstabe y ii, dessen erfolgreicher Abschluß die Befähigung zum Richteramt nach den Vorschriften des DRiG vermittelt.

i) **Sonderregelung für das Land Berlin** enthält die Anlage I Kap. III Sachgebiet A **58**
Abschnitt IV Nr. 3 Buchst. b[118]. Wegen der Einzelheiten s. Teil B Rdn. 67.

3. **Staatsanwaltschaftsrecht.** Für die Befugnis, das Amt des Staatsanwalts wahrzu- **59**
nehmen, enthält die Maßgabe Nr. 8 Buchst. z Vorschriften, die den Maßgaben im Richterrecht weitgehend entsprechen[118a]. Sie knüpfen an die reformierten Regelungen des StAG[119], insbesondere an dessen § 38 a an, der wiederum auf die Vorschriften des RiG/DDR über die befristete Ermächtigung zur Ausübung der Tätigkeit, die Vorschriften über die Ernennung unter Mitwirkung eines Staatsanwaltschaftsberufungsausschusses und über die Probezeit verweist. Zu berücksichtigen ist hierbei, daß nach dem früheren, bis zum 15. 7. 1990 geltendem Recht der DDR getrennte Berufsqualifikationen für Richter und Staatsanwälte erworben wurden[120]; die Voraussetzung der Befähigung zum Richteramt nach § 9 des RiG/DDR (§ 35 Abs. 1 StAG n. F.) gilt erst seit der Reform des StAG. Zum Staatsanwalt neu berufen werden kann deshalb nunmehr nur, wer auch nach § 9 RiG/DDR in Verb. mit Maßgabe Nr. 8 Buchst. a diese Befähigung erworben hat; insoweit wird man auch einen Laufbahnwechsel in den Richterdienst im Bereich der neuen Länder als zulässig ansehen müssen. Die Fälle werden allerdings voraussichtlich aus den in Rdn. 44 dargelegten Gründen keine große praktische Bedeutung erlangen. Dagegen behält derjenige, der die Befähigung zum Staatsanwalt nach den früheren Vorschriften erworben hatte, diese Befähigung nach Buchst. y aa, ohne daß ein Laufbahnwechsel möglich ist.

Für den **Fortbestand** bestehender Staatsanwaltschaftsverhältnisse im Wege der befri- **60**
steten Ermächtigung sowie die **Ernennung** zum Staatsanwalt unter Mitwirkung der Staatsanwaltschaftsberufungsausschüsse und dem verbleibenden Spielraum des Landesrechts gelten die Erläuterungen in den Rdnrn. 46 bis 48 entsprechend. Für das Statusrecht der Staatsanwälte ergibt sich aus der Aufrechterhaltung des § 38 a StAG sowie aus

[117] Wegen des generellen Ausschlusses der Anerkennung von Abschlüssen der juristischen Hochschule Potsdam-Eiche (Maßgabe 8 Buchst. y jj) s. BTDrucks. **11** 7817, S. 23. Feststellungen über „vergleichbare Einrichtungen" im Sinne dieser Maßgabe liegen bisher nicht vor.

[118] Näher BTDrucks. **11** 7817, S. 34; s. auch *Roggemann* NJW **1991** 459.

[118a] Näher BTDrucks. **11** 7817, S. 24.

[119] §§ 35, 36, 38 a StAG i. d. F. des Änderungsgesetzes vom 5. 7. 1990 (GBl. I S. 635).

[120] Vgl. § 35 Abs. 2 StAG a. F.: „Zum Staatsanwalt kann jeder Bürger der Deutschen Demokratischen Republik ernannt werden, dessen Persönlichkeit den an einen Staatsanwalt gestellten Anforderungen entspricht und der eine juristische Ausbildung auf einer dazu bestimmten Ausbildungsstätte erworben hat oder auf Grund seiner Kenntnisse und Fähigkeiten für die Tätigkeit eines Staatsanwalts geeignet ist."

der in der Maßgabe Nr. 8 Buchst. z cc geregelten sinngemäßen Anwendung der für Richter geltenden Maßgaben, daß die Staatsanwälte für die Dauer von 3 bis 5 Jahren als **Beamte auf Probe** amtieren und daß danach über ihre Berufung zu Beamten auf Lebenszeit zu entscheiden ist; die besonderen Zurücknahmevoraussetzung nach Buchst. h und k (s. Rdn. 50) gelten auch für sie. Mit der Ernennung zum Beamten auf Lebenszeit erwerben die Beamten die Berechtigung, als Staatsanwalt auch im bisherigen Geltungsbereich des DRiG tätig zu werden; die Befugnis zur richterlichen Tätigkeit ist damit nicht verbunden (s. Rdn. 51). Die Bestellung von als Beamten auf Probe tätigen Staatsanwälten zu **Behördenleitern** ist nach der entsprechend anwendbaren Maßgabe q unter den dort genannten Voraussetzungen (s. Rdn. 50) möglich. Die besonderen beamtenrechtlichen Überleitungsvorschriften in Anlage I Kapitel XIX Sachgebiet A Abschnitt III Nr. 1 werden durch diese besonderen Vorschriften verdrängt[121]. Der Einsatz von Staatsanwälten aus den Altländern unter Aufrechterhaltung ihres Dienstverhältnisses zu ihrem bisherigen Dienstherrn ist nur im Wege der **Abordnung** möglich; die besondere Regelung über die Zuweisung (Rdn. 53 ff) gilt hier nicht[121a].

4. Rechtspflegerrecht

61 a) **Allgemeines.** Das Rechtspflegergesetz wird grundsätzlich auf das Beitrittsgebiet übertragen. Die Maßgabe Nr. 3 trägt jedoch dem Umstand Rechnung, daß es den Beruf des Rechtspflegers in der DDR nicht gab und deshalb in den fünf neuen Ländern vorerst Personen kaum zur Verfügung stehen, die die Ausbildungsvoraussetzungen des § 2 RpflG erfüllen, ebensowenig solche, die aufgrund ihrer bisherigen Ausbildung und Tätigkeit ohne weiteres in der Lage wären, alle dem Rechtspfleger nach dem RPflG obliegenden Aufgaben wahrzunehmen[121b]. Im **Land Berlin** sind zwar Rechtspfleger vorhanden, jedoch erfordert auch hier der Zuwachs an Aufgaben die in den Maßgaben vorgesehenen Abhilfemöglichkeiten; diese gelten deshalb auch dort[122]. Die alsbaldige Erstreckung des RPflG macht deutlich, daß auch in den neuen Ländern die den Rechtspflegern nach diesem Gesetz vorbehaltenen Geschäfte möglichst bald durch den hierfür besonders ausgebildeten Personenkreis wahrgenommen werden sollen. Sie verpflichtet die neuen Länder, notfalls im Wege von Verwaltungsvereinbarungen untereinander oder mit den alten Ländern, eine den Anforderungen des § 2 RPflG entsprechende Rechtspflegerausbildung aufzubauen, um den erheblichen Bedarf an Rechtspflegern baldmöglichst zu decken. Für die Übergangszeit bestimmt die Maßgabe, daß und in welcher Form Rechtspflegeraufgaben von anderen Personen wahrgenommen werden können.

62 **b) Wahrnehmung von Rechtspflegeraufgaben durch Richter, Notare und Staatsanwälte.** Nach Buchst. a Abs. 1 der Maßgabe Nr. 3 werden die den Rechtspflegern übertragenen Aufgaben, solange Rechtspfleger nicht oder nicht in ausreichender Zahl zur Verfügung stehen, von den dort genannten Personen wahrgenommen. Die Entscheidung darüber, ob Rechtspfleger in ausreichender Zahl zur Verfügung stehen, trifft die Landesjustizverwaltung aufgrund der konkreten Situation bei dem jeweiligen Gericht. Ihr

---

[121] S. dort Absatz 7. Dabei handelt es sich bei der Verweisung auf die Maßgabe Nr. 2 in Kap. III Sachgebiet A Abschnitt III im Text um einen offensichtlichen Schreibfehler, gemeint ist Nr. 8, die auch in den Erläuterungen (BTDrucks. **11** 7817, S. 180) genannt ist.

[121a] Wegen der Maßnahmen zur personellen Verstärkung der Staatsanwaltschaft s. Rdn. 102 d.

[121b] Auch für Rechtspfleger kommen die für die Richter erwähnten Möglichkeiten der Versetzung, Abordnung oder des Einsatzes von Pensionären in Betracht.

[122] BTDrucks. **11** 7817, S. 36.

obliegt auch die Bestimmung, welche Rechtspflegeraufgaben bei nicht ausreichendem Bestand von Rechtspflegern zunächst diesen übertragen werden. Die Aufgabenwahrnehmung nach Buchst. a Abs. 1, die an keine weiteren Voraussetzungen gebunden ist, kann durch Richter, in den staatlichen Notariaten tätig gewesenen Notare und **Staatsanwälte** erfolgen, im letzteren Fall nur in den in § 31 RPflG aufgeführten Angelegenheiten, im übrigen uneingeschränkt. Eines besonderen Übertragungsaktes für Rechtspflegeraufgaben auf Richter, Staatsanwälte und Notare bedarf es rechtlich nicht. Vielmehr ergibt sich für das jeweilige Gericht aus der Tatsache, daß Rechtspfleger nicht bestellt sind, daß die gesetzlich dem Rechtspfleger zugewiesenen Aufgaben von dem nach dem Geschäftsverteilungsplan zuständigen Richter oder Staatsanwalt zu erledigen sind; für die (ehemaligen) Notare sind Art und Umfang der Aufgaben klarstellend zu bestimmen. Sind Rechtspfleger nur für einzelne Rechtspflegergeschäfte bestellt, so ergibt sich daraus, daß die übrigen Rechtspflegergeschäfte von anderen Personen, also auch Richtern oder Staatsanwälten, wahrgenommen werden. Sind mehrere Richter bei einem Gericht tätig, so sind die von ihnen wahrzunehmenden Rechtspflegeraufgaben durch den Geschäftsverteilungsplan zuzuweisen. Als **Notare** kommen nur diejenigen in Betracht, die nach ihrer Tätigkeit in den aufgelösten staatlichen Notariaten nicht zu Notaren mit eigener Praxis bestellt worden sind (s. Rdn. 73) und auch nicht aufgrund der Befugnis nach Maßgabe Nr. 8 Buchst. y aa als Richter amtieren. Soweit der **Richter** Rechtspflegergeschäfte wahrnimmt, ist gegen seine Entscheidung unmittelbar die Beschwerde nach § 11 Abs. 3 RPflG, nicht etwa die Erinnerung zulässig (Buchst. c). Entsprechendes wird auch ohne ausdrückliche Regelung für die Tätigkeit der Staatsanwälte anzunehmen sein; § 31 Abs. 6 RPflG gilt also nicht. Gegen die Entscheidung des als Rechtspfleger tätigen Notars ist dagegen die Erinnerung nach § 11 Abs. 1 RPflG eröffnet.

c) **Wahrnehmung der Rechtspflegeraufgaben durch Gerichtssekretäre.** Nach dem Recht der DDR oblagen den Gerichtssekretären teilweise Aufgaben, die nach dem RPflG dem Rechtspfleger übertragen sind, so z. B. die Kostenfestsetzung (§ 179 ZPO/DDR), der Pfändungsbeschluß bei Forderungspfändungen (§ 99 ZPO/DDR) sowie Aufgaben nach der GVollstrO. Soweit diese Aufgaben deckungsgleich mit Rechtspflegeraufgaben sind, sind nach Buchst. a Abs. 2 Satz 1 die Gerichtssekretäre ohne weiteres zu ihrer Wahrnehmung befugt. Wegen der Gleichstellung des Mahnbescheids mit der gerichtlichen Zahlungsaufforderung (s. Rdn. 80), die nach § 15 Abs. 1 ZPO/DDR vom Gerichtssekretär zu erlassen war, wird der Gerichtssekretär nach dieser Regelung auch für das Mahnverfahren insoweit als zuständig anzusehen sein, als es um den Erlaß des Mahnbescheids geht, dagegen nicht mehr für den Erlaß des Vollstreckungsbescheids (§ 699 ZPO), da die insoweit vergleichbare Entscheidung nach § 15 Abs. 4, 5 ZPO/DDR[123] durch den Richter zu treffen war. Soll das gesamte Mahnverfahren den Gerichtssekretären übertragen werden, so muß hinsichtlich des Vollstreckungsbescheides eine Übertragung nach Buchst. a Abs. 2 Satz 2 oder Buchst. b vorgenommen werden. **63**

Weitere Rechtspflegeraufgaben können den Gerichtssekretären nach Buchst. a Abs. 2 Satz 2 „nach näherer Bestimmung des Landesrechts“ dann übertragen werden, wenn sie aufgrund von Fortbildungsmaßnahmen zu ihrer Erledigung geeignet sind. Die Vorschrift ermöglicht den Ländern eine auf bestimmte Sachgebiete der Rechtspflegeraufgaben konzentrierte kürzere Ausbildung, die auch berufsbegleitend erfolgen kann, und nach deren erfolgreichem Abschluß die Übertragung bestimmter Aufgabenberei- **64**

---

[123] I. d. F. des Gesetzes vom 29. 6. 1990 (GBl. I S. 547); s. Rdn. 80.

che. Dabei ist keine Einzelübertragung erforderlich; es reicht aus, die Fortbildungsmaßnahmen und die daraus folgende (partielle) Qualifikation generell zu bestimmen; jedoch muß dies nach dem eindeutigen Wortlaut der Bestimmung durch eine Rechtsvorschrift geschehen; eine bloße Verwaltungsanweisung reicht nicht aus.

65 **d) Wahrnehmung von Rechtspflegeraufgaben durch andere Personen.** Buchst. b ermächtigt in Anlehnung an den für Urkundsbeamten der Geschäftsstellen geltenden § 153 Abs. 5 GVG[124], anderen Personen (einzelne) Rechtspflegeraufgaben zu übertragen, wenn sie auf dem jeweiligen Gebiet einen Wissens- und Leistungsstand aufweisen, der dem durch die Rechtspflegerausbildung auf diesem Sachgebiet vermittelten vergleichbar ist. Für den Fall, daß die Angelegenheiten des Grundbuchs auf die Kreisgerichte übertragen werden (s. Rdn. 82), kommen hierfür namentlich diejenigen Bediensteten der Liegenschaftsdienste in Betracht, die derzeit dort Grundbuchangelegenheiten bearbeiten und hierin besonders ausgebildet sind oder werden[125]. Auch Diplomjuristen der DDR, die bisher als Justitiare oder sonst als Wirtschaftsjuristen tätig waren, können für bestimmte Aufgaben in Betracht kommen, ebenso Gerichtssekretäre und sonstige Justizbedienstete, die die Voraussetzungen des Buchst. a Abs. 2 nicht erfüllen. Die Regelung schließt vorbereitende Aus- und Fortbildungsmaßnahmen nicht aus. Erforderlich ist in jedem Fall eine einzelfallbezogene Prüfung und die personenbezogene Verleihung der Befugnisse[126], doch ist es zulässig, die dafür maßgebenden Gesichtspunkte generalisierend festzulegen.

5. Rechtsanwaltsrecht

66 **a) Vorgeschichte. Allgemeines.** Nach dem früheren Recht der DDR war die zahlmäßig geringe[127] Rechtsanwaltschaft der DDR ganz überwiegend in Kollegien organisiert; das Berufsrecht der dortigen Rechtsanwaltschaft war mit dem der Bundesrepublik kaum vergleichbar[128]. Seit Anfang 1990 wurde durch eine Reihe von Rechtsetzungsakten der DDR das mindestens faktische Monopol der Rechtsanwaltskollegien weitgehend durchbrochen[129]. Im WWSUVertrag wurde die grundsätzliche Gleichstellung der in der DDR und der Bundesrepublik tätigen Rechtsanwälte auf der Grundlage zweier nebeneinander bestehender Staaten vereinbart[130]; die Realisierung dieser Vereinbarung erfolgte zunächst nach den Grundsätzen des grenzüberschreitenden Dienstleistungsverkehrs. Daraus ergab sich für die in der Bundesrepublik zugelassenen Rechtsanwälte die Möglichkeit der Einrichtung von Zweigstellen im Gebiet der DDR unter Anwendung des § 29 a BRAO sowie der Bildung von überörtlichen Sozietäten mit Rechtsanwälten der DDR[131]. Die das Berufsrecht der Rechtsanwälte auf dem Gebiet der DDR vollständig verändernde Entwicklung endete am 13. 9. 1990 mit der Verabschie-

---

124 S. BTDrucks. **11** 7817, S. 16.

125 Vgl. BTDrucks. **11** 7817, S. 16.

126 BTDrucks. **11** 7817, S. 16.

127 Es gab etwa 600 Rechtsanwälte; derzeit sind in den fünf neuen Ländern etwa 2000 zugelassen.

128 Zur Entwicklung u. a. *Treffkorn* DtZ **1990** 309; *Maiwald* DtZ **1990** 68 ff; zur Rolle der Rechtsanwaltschaft und der Kollegien aus der Sicht des früheren sozialistischen Rechtsverständnisses s. *Wünsche* e. a. Grundlagen der Rechtspflege, Lehrbuch (DDR), 1983, S. 178 ff; vgl. auch BTDrucks. **12** 21, S. 121 ff (Bericht der Bundesregierung über die Lage der freien Berufe).

129 Übersichten bei *Wolff* DtZ **1990** 113; *Treffkorn* DtZ **1990** 309.

130 Vgl. Art. 21 § 1 WWSUVertrG und Anlage III Abschnitt II Nr. 21 Buchst. h des WWSUVertrags (Text Rdn. 10).

131 Übersicht bei *Wasmuth* MDR **1990** 760; *Treffkorn* NJ **1990** 354; vgl. auch *Semmroth* ROW **1991** 5 ff.

dung eines neuen Rechtsanwaltsgesetzes der DDR[132], das inhaltlich mit der BRAO weitgehend übereinstimmt und, mit gewissen Maßgaben, als partielles Bundesrecht für die fünf neuen Länder[133] fortgilt[134].

Für das Berufsrecht der Rechtsanwälte gelten damit **unterschiedliche Kodifikationen**, nämlich für die alten Bundesländer sowie insgesamt in Berlin die BRAO, für die fünf neuen Länder das RAG. Von der Erstreckung der BRAO ist vor allem deshalb abgesehen worden, weil eine umfassende Reform des Berufsrechts der Rechtsanwälte in Kürze beabsichtigt ist[135]. Nach der Vorstellung der vertragsschließenden Parteien im Einigungsvertrag soll das RAG/DDR durch die grundlegend überarbeitete BRAO „in zwei oder drei Jahren" abgelöst werden; jedoch ist die Fortgeltung des RAG nicht ausdrücklich befristet. **67**

b) Gleichstellungsklausel. Trotz der unterschiedlichen berufsrechtlichen Grundlagen bestehen für die Rechtsanwälte in ganz Deutschland aufgrund der in Anlage I Kap. III Sachgebiet A Abschnitt II Nr. 2 des Einigungsvertrages enthaltenden Gleichstellungsklausel weitgehend die gleichen Betätigungsmöglichkeiten[136]. Diese Klausel hat folgenden Wortlaut: **68**

Stellung und Befugnisse der Rechtsanwälte

Ein Rechtsanwalt, der in dem in Artikel 3 des Einigungsvertrages genannten Gebiet oder im Geltungsbereich der Bundesrechtsanwaltsordnung zugelassen ist, steht in dem jeweils anderen Gebiet einem dort zugelassenen Rechtsanwalt gleich.

Sie bewirkt, daß alle in verfahrensrechtlichen Vorschriften einem Rechtsanwalt ohne Rücksicht auf den Sitz seiner Kanzlei eingeräumten oder vorbehaltenen Befugnisse unabhängig davon bestehen, ob er nach den Vorschriften der BRAO oder das RAG zugelassen ist. Aus ihr ergibt sich ferner, daß ein Wechsel der Zulassung von dem einen in das andere Gebiet möglich ist. In dem Verfahren, das sich an § 33 BRAO orientiert, sind die Voraussetzungen für die Zulassung zur Rechtsanwaltschaft nicht mehr zu prüfen. Deshalb kann ein Rechtsanwalt, der aufgrund der Zulassungsvoraussetzung des § 4 RAG in einem der fünf neuen Länder zugelassen ist, im Wege der Umzulassung sich im Geltungsbereich der BRAO niederlassen, obwohl er die Voraussetzung des § 4 nicht erfüllt[137].

Die Gleichstellungsklausel gibt jedoch keine weitergehende Befugnisse als die dem im jeweiligen Gebiet zugelassenen Rechtsanwalt eingeräumten; verfahrensrechtliche **Lokalisierungsgebote gehen vor**. Deshalb kann z. B. ein im Bereich der fünf Länder **69**

[132] Vom 13. 9. 1990 (GBl. I S. 1504); dazu u. a. *Koch/Bach* AnwBl. **1990** 596; *Treffkorn* DtZ **1990** 310 ff; *Wasmuth* BRAK-Mitt. **1990** 194 ff.

[133] Abweichende Regelung in Berlin gemäß Anlage I Kap. III Sachgebiet A Abschnitt IV Nr. 1, Anlage II aaO, Abschnitt IV Nr. 1 Buchst. a (Geltung der BRAO mit Maßgaben).

[134] Anlage II Kap. III Sachgebiet A Abschnitt III Nr. 1; korrespondierend (Nichtgeltung der BRAO) Anlage I Kap. III Sachgebiet A Abschnitt I Nr. 7.

[135] BTDrucks. **11** 7817, S. 8.

[136] BTDrucks. **11** 7817, S. 9.

[137] So ausdrücklich BTDrucks. **11** 7817, S. 9; ebenso *Wasmuth* BRAK-Mitt. **1990** 197; *Dörig* DtZ **1990** 348; **a. A.** *Feuerich* DtZ **1991** 39 f, der dem überwiegend terminologischen Unterschied zwischen der Zulassung nach der BRAO und der Registrierung nach dem RAG zu große Bedeutung beimißt und sich mit der in den Erläuterungen deutlich werdenden Absicht der vertragsschließenden Parteien nicht auseinandersetzt. Für den umgekehrten Fall ist die Regelung deshalb ohne Bedeutung, weil die Bestellungsvoraussetzungen der BRAO auch für das RAG ausreichen, s. Rdn. 70.

zugelassener Rechtsanwalt wegen § 78 ZPO in Zivilsachen nicht vor dem Landgericht oder einem Gericht höherer Ordnung auftreten; ein im Geltungsbereich der BRAO zugelassener wegen der Maßgabe Nr. 6 (ZPO) Buchst. b Satz 2 nicht vor dem Bezirksgericht in einem der fünf Länder in Berufungszivilsachen[138]. Letzteres gilt nicht für arbeitsrechtliche Streitigkeiten vor den Fachsenaten für Arbeitsrecht der Bezirksgerichte[139]; die Regelung in § 11 Abs. 2 Satz 1 zweiter Halbsatz ArbGG geht vor. Das ergibt sich trotz der mißverständlichen und zu weit gehenden Maßgabe zum ArbGG, nach der dieses mit den Maßgaben in Kapitel III Sachgebiet A Abschnitt III und IV gilt[140], aus dem Sachzusammenhang. Die Erläuterung hierzu[141] stellt allein auf die Besonderheiten des gerichtsverfassungsrechtlichen Aufbaus ab; im übrigen bestimmt die präzisere Fassung der Maßgabe Nr. 1 Buchst. t Abs. 1 Satz 2[142], daß nur die die Errichtung, Organisation und Besetzung der Gerichte betreffenden Vorschriften des ArbGG keine Anwendung finden, soweit sie mit den besonderen Bestimmungen der Maßgaben t und w nicht vereinbar sind.

70 c) **Das Rechtsanwaltsgesetz für die fünf neuen Länder** regelt die Zulassungsvoraussetzungen in § 4 abweichend von § 4 BRAO unter Berücksichtigung der in der DDR erworbenen Berufsqualifikation und erhält in § 189 Abs. 1 vor seinem Inkrafttreten erteilte Zulassungen aufrecht[143]. Ergänzend bestimmt die Maßgabe e zum RAG[143a] der Sache nach, daß auch zuzulassen ist, wer die Zulassungsvoraussetzungen nach § 4 BRAO besitzt. An die Stelle der Zulassung bei einem bestimmten Gericht (§ 18 ff BRAO) tritt nach § 21 RAG die Registrierung bei dem Bezirksgericht, in dessen Gerichtsbezirk sich die Kanzlei befindet. Die weiteren Maßgaben zu diesem Gesetz integrieren die nach dem Gesetz zu bildenden **Rechtsanwaltskammern** in die Bundesrechtsanwaltskammer (Buchst. c) und enthalten Übergangsvorschriften (Buchst. a, b und d). Aus der in Buchst. f getroffenen Regelung, daß Vorschriften über die überörtliche Sozietät entfallen[143b] kann kein Verbot der überörtlichen Sozietät entnommen werden[143c]; die Rechtsprechung des Bundesgerichtshofes, der sie unter bestimmten Voraussetzung für zulässig hält[144], wird auch hier anzuwenden sein[144a]. Hinsichtlich der Bezeichnung als **Fachanwalt** stimmt die in § 15 RAG getroffene und in den fünf neuen Länder fortgel-

[138] BTDrucks. **11** 7817, S. 9; näher *Feuerich* DtZ **1991** 39.

[139] S. zu diesen Teil B Rdn. 171 ff.

[140] Anlage I Kap. VIII Sachgebiet A Abschnitt III Nr. 15 Buchst. a.

[141] BTDrucks. **11** 7817, S. 138.

[142] Näher Teil B Rdn. 177.

[143] S. auch § 192 RAG, nach dem die bisher freiberuflich tätigen Justitiare mit eigener Praxis, die aufgrund der VO vom 15. 3. 1990 (GBl. I S. 171) und der VO vom 18. 4. 1990 (GBl. I S. 239) zugelassen worden waren, kraft Gesetzes zur Rechtsanwaltschaft zugelassen sind; vgl. *Treffkorn* DtZ **1990** 312; kritisch zu den Zulassungsvoraussetzungen nach dem RAG *Wasmuth* BRAK-Mitt. **1990** 195 f.

[143a] Anlage II Kap. III Sachgebiet A Abschnitt III Nr. 1.

[143b] In der Fassung von Art. 4 Nr. 11 der Zusatzvereinb. Die ursprünglich hier enthaltene weitere Regelung hinsichtlich der Rechtsanwaltsgesellschaft mit beschränkter Haftung konnte entfallen, da das verabschiedete RAG, anders als der bei Abschluß des Einigungsvertrags vorliegende Entwurf, keine Vorschriften hierüber enthält.

[143c] *Feuerich* DtZ **1991** 39; unklar *Wasmuth* BRAK-Mitt. **1990** 196 f (Regelung sei „gegenstandslos").

[144] BGH NJW **1989** 2890; NJW **1991** 49.

[144a] S. dazu BTDrucks. **11** 7817, S. 61, wonach lediglich eine Präjudizierung eines zentralen Reformthemas verhindert werden soll. Die nach § 39 Abs. 4 RAG zulässige „überörtliche Bürogemeinschaft" wird von der Maßgabe nicht betroffen.

tende Regelung nach der Einführung der §§ 42 a bis 42 d BRAO[144b] in den entscheidenden Punkten überein.

d) Die Einrichtung von **Zweigstellen**, die für nach der BRAO zugelassene Anwälte in dem Gebiet der fünf neuen Länder bis zum Tage des Wirksamwerdens des Beitritts auf § 29 a BRAO gestützt werden konnte, ist seitdem nicht mehr nach dieser Vorschrift zulässig[145]. In Betracht kommt sie nunmehr allenfalls aufgrund der Ausnahmegenehmigung der Landesjustizverwaltungen nach § 28 Abs. 1 Satz 2 BRAO unter den dort genannten Voraussetzungen[145a]. Darüber, ob vor dem 3. Oktober 1990 genehmigte, auf § 29 a BRAO gestützte Zweigstellen zulässig bleiben, sind keine Regelungen getroffen; die Frage bedarf unter Berücksichtigung des Gedankens des Vertrauensschutzes weiterer Klärung. **71**

e) **Weitere Fragen des Rechtsberatungsrechts.** Das **Rechtsberatungsgesetz** gilt mit Übergangsvorschriften[146] auch im Beitrittsgebiet; die besondere Verordnung der DDR über die Tätigkeit von Erlaubnisscheininhabern nach dem Recht der Bundesrepublik[147] ist dadurch gegenstandslos und nicht aufrechterhalten worden. Lediglich mit einer Anpassungsmaßgabe gilt das **Dienstleistungsgesetz**[148] und uneingeschränkt das Gesetz über die **Eignungsprüfung** über die Zulassung zur Rechtsanwaltschaft vom 6.7. 1990 (BGBl. I S. 1369). Ebenfalls gilt das **Beratungshilfegesetz** mit der Erweiterung, daß Beratungshilfe auch in Angelegenheiten des Arbeitsrechts und des Sozialrechts gewährt wird[149]. Soweit Beratungshilfe durch die Amtsgerichte zu gewähren ist (§ 3 BeratHG), tritt sie an die Stelle der gerichtlichen Rechtsauskunft nach § 28 Abs. 1 GVG/DDR. Für das Land Berlin gelten diese Rechtsvorschriften uneingeschränkt[149a] **72**

6. Notarrecht

a) **Allgemeines.** Den nach dem Gesetz über das staatliche Notariat — Notariatsgesetz — vom 5. 2. 1976 (GBl. I S. 93) eingerichteten staatlichen Notariaten[150] oblagen neben den auch in der Bundesrepublik den Notaren zugewiesenen Aufgaben Tätigkeiten der freiwilligen Gerichtsbarkeit, vor allem Nachlaßsachen, Vormundschaften und Pflegschaften für Volljährige und Hinterlegungen. Daneben waren in äußerst geringem Umfang freie Notare tätig[151]. Das Notariatsgesetz ist, da seine Fortgeltung im Einigungsvertrag nicht vereinbart ist, mit dem Beitritt entfallen; die staatlichen Notariate haben ihre Tätigkeit eingestellt. Bereits vorher war durch die **Verordnung über die Tätigkeit von Notaren in eigener Praxis** vom 20. 6. 1990 (GBl. I S. 475) im wesentlichen für die der BNotO entsprechenden Notariatsaufgaben das freiberufliche Notariat ermöglicht worden; die Zuständigkeiten beider Institutionen bestanden nebeneinander. Die **73**

[144b] Art. 2 des Gesetzes zur Änderung des Berufsrechts der Notare und Rechtsanwälte vom 29. 1. 1991 (BGBl. I S. 150).

[145] *Koch/Bach* AnwBl. **1990** 598.

[145a] Dem dürfte nicht entgegenstehen, daß § 26 Abs. 1 Satz 2 RAG eine solche Ausnahmegenehmigung für Zweigstellen nicht vorsieht. Für die nach der BRAO zugelassenen Rechtsanwälte aus den alten Ländern gilt diese Vorschrift auch dann nicht, wenn sie eine Zweigstelle in den neuen Ländern einrichten wollen.

[146] Maßgabe Nr. 8 a.

[147] Vom 22. 8. 1990 (GBl. I S. 1261).

[148] Maßgabe Nr. 9; s. BTDrucks. **11** 7817, S. 24.

[149] Zu den Gründen s. BTDrucks. **11** 7817, S. 24.

[149a] Anlage I Kap. III Sachgebiet A Abschnitt IV Nr. 2 Buchst. e, f und g.

[150] S. zu den vorangegangenen Regelungen und zur Einrichtung und Bedeutung des Notariatswesens nach dem früheren Verständnis der Rechtspflege in der DDR insgesamt *Wünsche* e. a. (Fußn. 128), S. 166.

[151] Erste Durchführungsverordnung zum Notariatsgesetz vom 5. 2. 1976 (GBl. I S. 99); s. auch *Zimmermann/Halle* NJ **1991** 58.

Verordnung ist durch Verordnung vom 22. 8. 1990 (GBl. I S. 1328) erheblich umgestaltet worden, u. a. durch die Gleichstellung der Befähigung zum Richteramt nach dem DRiG mit den berufsspezifischen Bestellungsvoraussetzungen nach den Ausbildungsgängen des Rechts der DDR und der Einführung von Notarkammern. Der überwiegende Teil der notariellen Mitarbeiter in den staatlichen Notariaten wechselte in das freie Notariat[151a]. Durch den Einigungsvertrag ist mit nochmaligen anpassenden Maßgaben diese Verordnung über die Tätigkeit von Notaren in eigener Praxis für das Gebiet der fünf neuen Länder[152] aufrechterhalten worden[153]; die BNotO ist von der Erstreckung des Bundesrechts ausgenommen worden[154]. Die Situation stimmt insoweit weitgehend mit der für die Rechtsanwälte bestehenden überein; maßgebend für die Aufrechterhaltung des Rechts der früheren DDR sind die gleichen Erwägungen (s. Rdn. 67) gewesen.

74 In ihrer **nunmehrigen Fassung** stimmt die Verordnung über die Tätigkeit von Notaren in eigener Praxis, die als Gesetz des Bundes fortgilt (s. Rdn. 27), in allen wesentlichen Punkten mit der BNotO inhaltlich überein, namentlich in bezug auf die Beschreibung der Aufgaben des Notars[155], die Amtspflichten, die Einrichtung von Notarkammern, die der Bundesnotarkammer angehören, die Aufsicht und das Disziplinarrecht. Nach § 3 der Verordnung wird der Notar zur hauptberuflichen Amtsausübung bestellt; es gilt also in den fünf neuen Ländern das **Nurnotariat**. Das für den Inhalt der Tätigkeit der Notare maßgebende **Beurkundungsgesetz** gilt nach der Generalklausel des Art. 8 des Einigungsvertrages unverändert auch im Beitrittsgebiet. Bis zur Schaffung landesrechtlicher Regelungen gilt für die notarielle Tätigkeit in den fünf neuen Ländern die **Dienstordnung für Notare** (DONot) des Landes Bayern[155a]; als **Amtssiegel** konnten die Notare (auch nach dem Beitritt) die Dienstsiegel der staatlichen Notariate der DDR bis zur Verfügungstellung von Amtssiegeln durch die neuen Länder weiter nutzen[155b].

75 **b) Anwaltsnotariat.** Nach § 2 Abs. 3 RAG kann „ein Rechtsanwalt zur gleichzeitigen Amtsausübung als Notar bestellt werden, sofern ein Gesetz das vorsieht". Der Regelungsgehalt dieser Bestimmung, über die veröffentlichte Gesetzgebungsmaterialien nicht vorliegen, ist dunkel. Sie hat ihren Grund wohl in erster Linie in den Meinungsverschiedenheiten darüber, ob in der damaligen DDR das Anwalts- oder Nurnotariat eingeführt und ob die Entscheidung für das Nurnotariat wieder zugunsten des Anwaltsnotariats rückgängig gemacht werden sollte[156]. Eine bundesrechtliche Ermächtigung an die Landesgesetzgeber zur Umwandlung des Nurnotariats in das Anwaltsnotariat kann in der unklaren Vorschrift schon ihrem Wortlaut nach kaum gesehen werden. Dieser Interpretation steht aber vor allem entgegen, daß die Vorschrift dann nicht als fortgeltend an-

---

[151a] Zur Entstehung der Notariatsverfassung und zum augenblicklichen Zustand s. näher *Dithmar* NJ **1990** 478 ff; *Zimmermann/Halle* NJ **1991** 56.

[152] In Berlin gilt die BNotO (Abschnitt IV Nr. 1 Buchst. b) mit der Maßgabe, daß dort insgesamt das Anwaltsnotariat gilt.

[153] Anlage II Kap. III Sachgebiet A Abschnitt III Nr. 2.

[154] Anlage I Kap. III Sachgebiet A Abschnitt I Nr. 8.

[155] § 2 BNotO und § 2 der VO (i. d. F. der Maßgabe Nr. 2 Buchst. d) stimmen im Wortlaut überein.

[155a] Verordnung über die Dienstordnung der Notare (DONot.) vom 22. 8. 1990 (GBl. I S. 1332), aufrechterhalten durch Anlage II Kap. III Sachgebiet A Abschnitt I Nr. 2. § 2 Abs. 2 der VO ist wegen unmittelbarer Geltung des Berliner Rechts bedeutungslos.

[155b] Durchführungsbestimmung über die Tätigkeit von Notaren in eigener Praxis vom 9. 8. 1990 (GBl. I S. 1152), aufrechterhalten durch Anlage II Kap. III Sachgebiet A Abschnitt I Nr. 1.

[156] S. dazu u. a. *Koch/Bach* AnwBl. **1990** 599; *Zimmermann/Halle* NJ **1991** 56.

gesehen werden könnte. Denn bei der Frage, ob auch Rechtsanwälte zu Notaren bestellt werden können, handelt es sich um eine Angelegenheit des bundesrechtlich geregelten Notarrechts, dessen Fortgeltung sich nach Art. 9 Abs. 2, 3 des Einigungsvertrages richtet. Da die Bestimmung nach dem Abschluß des Einigungsvertrages erlassen worden ist und sich der Sache nach als eine Änderung der Verordnung über die Tätigkeit von Notaren in eigener Praxis darstellen würde, deren Fortgeltung im Einigungsvertrag gemäß Art. 9 Abs. 2 vereinbart worden ist, hätte es hierfür einer besonderen Vereinbarung nach Art. 9 Abs. 3 Satz 1 bedurft, die in der Zusatzvereinbarung nicht enthalten ist. Im Ergebnis besagt daher die Bestimmung nur die Selbstverständlichkeit, daß der gesamtdeutsche Bundesgesetzgeber befugt ist, in den fünf beigetretenen Ländern vom Nurnotariat zum Anwaltsnotariat überzugehen[156a].

7. **Sonstiges Berufsrecht.** Wegen der **Urkundsbeamten der Geschäftsstelle** s. Teil B Rdn. 170, wegen der **Gerichtsvollzieher** Teil B Rdn. 171, wegen der **Amtsanwälte** Teil B Rdn. 146 und wegen der **Hilfsbeamten der Staatsanwaltschaft** Tei B Rdn. 148, Teil C Rdn. 28. Zur Geltung der **Patentanwaltsordnung** s. Maßgabe Nr. 11[157]. **76**

8. Zivilprozeßrecht

a) **Allgemeines.** Die in Erfüllung der Verpflichtung aus dem WWSUVertrag (Rdn. 7 ff) erheblich geänderte ZPO/DDR[158] ist durch den Einigungsvertrag nicht, auch nicht in Teilen, aufrechterhalten worden[159]. Vielmehr ist das Zivilprozeßrecht der Bundesrepublik mit dem Tage des Beitritts mit eher geringfügigen Maßgaben in den fünf neuen Ländern wirksam geworden[160]. Diese enthalten neben Übergangsregelungen für anhängige Verfahren[160a] vor allem Folgerungen aus der Nichtanwendbarkeit bestimmter materiell-rechtlicher Regelungen, namentlich im Ehe- und Familienrecht, oder Konsequenzen, die sich in erster Linie aus dem abweichenden Gerichtsaufbau ergeben. S. wegen weiterer Einzelheiten die Erläuterungen in Teil B insbesondere zur Zuständigkeit Rdn. 70 f, 94, zur Anwendung der Vorschriften über das amtsgerichtliche Verfahren Rdn. 72, zum Umfang der Rechtsmittelbefugnis und zur Einschränkung der Beschwerde Rdn. 95, 128. **77**

[156a] Zur Problematik *Zimmermann/Halle* NJ **1991** 59. Vgl. auch den Bericht von *Dithmar* DtZ **1991** 90, wo von einer konkurrierenden Gesetzgebung des Bundes ausgegangen wird. Unzutreffend allerdings die dort weiter mitgeteilte Auffassung, daß bei Nichtinanspruchnahme die Länder zur Regelung befugt seien. Der Bundesgesetzgeber hat durch den Erlaß der BNotO seine Gesetzgebungsbefugnis in Anspruch genommen.

[157] Wegen der Einzelheiten s. die Erl. in BT-Drucks. **11** 7817, S. 24.

[158] Gesetz zur Änderung und Ergänzung der Zivilprozeßordnung vom 29. 6. 1990 (GBl. I S. 547); dazu *Lübchen* NJ **1990** 293 ff.

[159] Einzige Ausnahme bilden Vorschriften der Verordnung über das schiedsgerichtliche Verfahren für noch nicht beendete Schiedsverfahren; s. Rdn. 84.

[160] Anzuwenden sind nach ihrem Inkrafttreten auch die umfangreichen Änderungen der ZPO durch das Rechtspflege-Vereinfachungsgesetz vom 17. 12. 1990 (BGBl. I S. 2847). Eine Reihe von zivilprozessualen Nebengesetzen gilt unverändert im Beitrittsgebiet, so das EGZPO; das Gesetz über das gerichtliche Verfahren in Binnenschiffahrtssachen sowie die verschiedene Verordnungen über die Einführung von Vordrucken für die Prozeßkostenhilfe und das Mahnverfahren (wegen der Bezeichnungsänderungen s. Teil B Rdn. 34).

[160a] Dazu ausführlich *Gottwald* FamRZ **1990** 1180 ff; zum Rechtsmittelübergang s. auch allgemeine Maßgabe Nr. 28 i, j; *Vollkommer* Einigungsvertrag, Rdn. 42; BGH vom 20. 12. 1990 – IX 2 B 93/90 – DtZ **1991** 58 f; BGH DtZ **1991** 143.

78 **b) Allgemeines Erkenntnisverfahren.** Maßgabe Nr. 5 Buchst. a regelt im wesentlichen nur klarstellend[161], das (entsprechend § 45 Abs. 2 ZPO) über **Ablehnungsgesuche** gegen einen Richter beim Kreisgericht, die nicht bereits dieser Richter für begründet hält, das Bezirksgericht entscheidet, und zwar ohne die an sich in § 46 Abs. 2 ZPO[162] für den Fall der Ablehnung vorgesehene Möglichkeit der sofortigen Beschwerde. Für das gesamte erstinstanzliche Verfahren, also auch in Sachen, die zur Zuständigkeit des Landgerichts gehören würden, gelten nach Maßgabe c die **Sondervorschriften für das amtsgerichtliche Verfahren** (§§ 495 bis 510 c ZPO — s. auch Teil B Rdn. 72)[163]. **Abänderungs-** und **Nachforderungsklagen** (§§ 323, 324 ZPO), **Nichtigkeits-** und **Restitutionsklagen** (§ 579 ff ZPO; zur Zuständigkeit s. Teil B Rdn. 71) sowie Vollstreckungsabwehrklagen (§ 767 ZPO) richten sich auch dann nach neuem Recht, wenn sie Entscheidungen betreffen, die vor dem Beitritt (nach altem Recht) ergangen sind (Buchst. i)[164]. Umgekehrt richtet sich die Statthaftigkeit der Revision auch dann (nur) nach neuem Recht, wenn nach der ZPO/DDR der Revisionsrechtsweg eröffnet gewesen wäre; eine danach unzulässig gewordene Revision ist vom Bundesgerichtshof zu verwerfen[164a].

79 Erhebliche Abweichungen in den fünf neuen Ländern[165] bestehen nach Buchst. b in der Regelung des **Anwaltszwangs**[166], der dem Verfahrensrecht der früheren DDR nicht bekannt war[167]. Generell kein Anwaltszwang besteht in den Verfahren vor den **Kreisgerichten**, entgegen § 78 ZPO auch dann nicht, wenn nach allgemeinen Vorschriften das Landgericht im ersten Rechtszug zuständig wäre oder eine Familiensache zu verhandeln ist. Für Verfahren vor dem **Bezirksgericht**, für die die ZPO gilt[167a], besteht dagegen Anwaltszwang, jedoch können sich die Parteien durch jeden Anwalt vertreten lassen, der im Beitrittsgebiet (auch im beigetretenen Teil Berlins) seine Kanzlei unterhält; es gilt also nicht das zivilprozessuale Lokalisationsprinzip[168]. Die Einschränkung des Anwaltszwangs schließt die Beiordnung eines Rechtsanwalts im Wege der **Prozeßkostenhilfe**, die insgesamt und mit den allgemein maßgeblichen Einkommensgrenzen gilt, nicht aus; insbesondere wird von der Möglichkeit der Beiordnung nach § 121 Abs. 2 ZPO eher großzügig Gebrauch zu machen sein, um den Wegfall des Anwaltszwangs im ersten Rechtszug zu kompensieren[169].

---

[161] S. die allgemeine Gleichstellungsklausel in Maßgabe Nr. 1 Buchst. b.

[162] Außer in den Fällen der Entscheidung durch das OLG (§ 567 Abs. 3 ZPO); vgl. *Zöller/Vollkommer* ZPO[16] § 46, 14.

[163] Zur Begründung s. BTDrucks. **11** 7817, S. 16.

[164] Gleiches wird für die Klage aus § 826 BGB gegen einen unredlich erworbenen Titel anzunehmen sein; *Vollkommer* Einigungsvertrag, Rdn. 30.

[164a] BGH vom 20. 12. 1990 – IX ZB 93/90 – DtZ **1991** 58 f; vgl. auch LG Berlin **1991** 60 (zur Unzulässigkeit von Kostenbeschwerden, die die Beschwergrenze nicht überschreiten); LAG Berlin DtZ **1991** 60 (Nichterreichen der Berufungssumme); BGH DtZ **1991** 144 (Nichterreichen der Revisionssumme).

[165] Besondere Regelung für das Land Berlin in Abschnitt IV Nr. 3 Buchst. c bb; s. dazu *Bergerfurth* DtZ **1990** 351.

[166] Ausführlich *Bergerfurth* DtZ **1990** 350; vgl. auch *Gottwald* FamRZ **1990** 1179 mit Kritik am Wortlaut der Maßgabe; vgl. auch BGH DtZ **1991** 143; **1991** 144.

[167] Zu den Gründen der Regelung s. BTDrucks. **11** 7817, S. 16; kritisch und polemisch der Deutsche Anwaltverein in AnwBl. **1990** 503.

[167a] Für die Verfahren vor den Landesarbeitsgerichten s. Rdn. 69.

[168] Einzelheiten bei *Bergerfurth* DtZ **1990** 351.

[169] S. auch BTDrucks. **11** 7817, S. 16.

c) Das **Mahnverfahren** nach der ZPO[170] gilt für Anträge, die nach dem 2. Oktober 1990 angebracht werden, uneingeschränkt[170a]. Für die Behandlung gerichtlicher Zahlungsaufforderungen nach den §§ 14, 15 ZPO/DDR enthält die Maßgabe Nr. 5 Buchst. f eine schwerverständliche und nur unter Rückgriff auf die zwischenzeitlichen Änderungen der ZPO/DDR erklärbare Übergangsvorschrift. Nach der ursprünglichen, bis zum 30. 6. 1990 geltenden Fassung der §§ 14, 15 ZPO/DDR erlangte die Zahlungsaufforderung, gegen die kein Einspruch eingelegt wurde, auf Antrag und ohne eine besondere richterliche Entscheidung und ohne Anhörung des Schuldners die Wirkung eines Vollstreckungstitels. Hinsichtlich dieser alten Zahlungsaufforderungen bestimmt die Maßgabe, daß sie als Mahnbescheid gelten, gegen den kein Widerspruch mehr zulässig ist; der Gläubiger kann sie also zur Grundlage eines Vollstreckungsbescheids nach den §§ 699, 700 ZPO machen; die in § 701 ZPO geregelte Ablauffrist endet mit dem 2. April 1991[171]. Bei gerichtlichen Zahlungsaufforderungen, die nach dem 1. 7. 1990 erlassen sind, erforderte die Vollstreckbarkeitserklärung nach der Neufassung des § 15 Abs. 4, 5 ZPO/DDR[172] eine gesonderte Entscheidung nach Mitteilung des Antrags an den Schuldner. Für den Fall, daß zwar eine Zahlungsaufforderung ergangen, über die Vollstreckbarkeit aber noch nicht entschieden ist[173], enthält die Maßgabe keine Regelung. Man wird indessen annehmen können, daß solche Zahlungsaufforderungen einem Mahnbescheid gleichstehen und deshalb auf sie die §§ 699, 701 ZPO anzuwenden sind[174]. Das ergibt sich aus der allgemeinen Maßgabe Nr. 28 Buchst. e, weil es sich hinsichtlich des ab 1. 7. 1990 geltenden Verfahrens der gerichtlichen Zahlungsaufforderung um ein Verfahren handelt, das im Sinne dieser Maßgabe mit dem Mahnverfahren in dem hier interessierenden Zusammenhang vergleichbar ist. **80**

d) **Für Ehe-, Familien-, Kindschafts- und Unterhaltssachen** regelt die Maßgabe Nr. 5 Buchst. e und h im wesentlichen Überleitungsfragen[175]. Wegen der in den Vorschriften über die vereinfachte Abänderung von Unterhaltstiteln vorgesehenen Rechtsverordnungen siehe Art. 234 § 8, 9 EGBGB i. d. F. von Anlage I Kap. III Sachgebiet B Abschnitt II Nr. 1[176]. Leerlaufend derzeit sind in Ehe- und Familiensachen die den **Versorgungsausgleich** betreffenden Bestimmungen, weil ein solcher nach Art. 234 § 6 EGBGB vor Einführung der gesetzlichen Rentenversicherung[177] nicht stattfindet. **81**

[170] Jetzt einschließlich der Änderungen durch Art. 6 des Gesetzes über Verbraucherkredite, zur Änderung der Zivilprozeßordnung und anderer Gesetze vom 17. 12. 1990 (BGBl. I S. 2840) und des Rechtspflege-Vereinfachungsgesetzes (Fußn. 160). Wegen der in den amtlichen Vordrucken zum Mahnverfahren vorgeschriebenen Bezeichnungen s. Teil B Rdn. 34.

[170a] Wegen der Möglichkeit, die dem Rechtspfleger übertragenen Aufgaben im Mahnverfahren durch die Gerichtssekretäre wahrnehmen zu lassen s. Rdn. 63.

[171] Maßgabe Nr. 5 Buchst. f Abs. 2 (Beginn der Frist am Tage des Wirksamwerdens des Beitritts).

[172] Gesetz vom 29. 6. 1990 (GBl. I S. 547); s. *Lübchen* NJ **1990** 294.

[173] Ist dies der Fall, so ist die für vollstreckbar erklärte Zahlungsaufforderung als Vollstrekkungsbescheid zu behandeln (s. Rdn. 82); ebenso *Vollkommer* Einigungsvertrag, Rdn. 23.

[174] A. A *Vollkommer* Einigungsvertrag, Rdn. 23; wohl auch *Gottwald* FamRZ **1990** 1180, nach denen diese Zahlungsaufforderungen ihre Wirksamkeit verlieren.

[175] Dazu ausführlich *Gottwald* FamRZ **1990** 1181 ff.

[176] Näher BTDrucks. **11** 7817, S. 45.

[177] Dazu näher BTDrucks. **11** 7817, S. 44; ferner Art. 30 Abs. 5 des Einigungsvertrages und dazu BTDrucks. **11** 7760, S. 371. Es ist beabsichtigt, die wesentlichen Vorschriften über die Rentenversicherung zum 1. 1. 1992 in Kraft treten zu lassen.

82 e) **Zwangsvollstreckung.** Es gelten grundsätzlich die zwangsvollstreckungsrechtlichen Vorschriften der ZPO und des ZVG[178] und damit auch die Pfändungsschutzvorschriften nach den §§ 850 ff ZPO, bei denen kein Abschlag wegen des geringeren Durchschnittniveaus des Arbeitseinkommens im Beitrittsgebiet vorgesehen ist. Arbeitseinkommen wird deshalb dort vorerst in erheblichem Umfang der Pfändung nicht unterliegen. Vollstreckungstitel (§§ 704, 794 ZPO) sind grundsätzlich auch Vollstreckungstitel nach dem früheren Recht der DDR[179]; das ergibt sich aus Art. 18 Abs. 1 Satz 1 des Einigungsvertrags (s. Teil C Rdn. 5) und wird in den diesen Grundsatz teilweise einschränkenden Maßgaben vorausgesetzt. Dies gilt auch für **Entscheidungen der gesellschaftlichen Gerichte**, die bereits gemäß § 88 Abs. 1 Nr. 2 § 89 ZPO/DDR bis zum 2. 10. 1990 für vollstreckbar erklärt worden sind[180]; dagegen ist nach Buchst. j eine Vollstreckbarkeitserklärung nach diesem Zeitpunkt nicht mehr möglich. Im Zeitpunkt des Beitritts laufende Zwangsvollstreckungsmaßnahmen sind nach Buchst. k[181] nach bisherigem Recht zu erledigen; neue selbständige Maßnahmen für eine Zwangsvollstreckung aus dem gleichen Titel, auch die Verwendung gepfändeter Gegenstände[182], richten sich nach den neuen Vorschriften. Bei **Zwangsvollstreckungen in Grundstücke** bleibt nach Maßgabe Nr. 15 Buchst. b die Grundstücksvollstreckungsordnung der DDR[182a] anwendbar, wenn die Vollstreckung vor dem 3. Oktober 1990 anhängig geworden ist. Später anhängig gewordene Zwangsvollstreckungen richten sich insgesamt nach dem ZVG.

83 Für die **Zwangsvollstreckung in** Gegenstände des gemeinschaftlichen Eigentums und **Vermögens von Ehegatten** enthält der neu in die ZPO eingefügte und damit für die gesamte Bundesrepublik geltende § 744 a ZPO[183] als Dauerrecht eine Regelung für den Fall, daß sich die Ehegatten für die Aufrechterhaltung des bisherigen Güterstandes der DDR der Eigentums- und Vermögensgemeinschaft[183a] entscheiden[184]. Es gelten im wesentlichen die für die Gütergemeinschaft vorgesehenen Sondervorschriften[185].

84 f) Für das **schiedsrichterliche Verfahren** gelten grundsätzlich die §§ 1025 ff ZPO; die Verordnung über das schiedsrichterliche Verfahren der Deutschen Demokratischen Republik vom 18. 12. 1975 (GBl. I 1976 8) ist nicht mehr anzuwenden. Von dieser sind jedoch nach Buchst. l die §§ 1 bis 23 für die am 3. Oktober 1990 „noch nicht beendeten" Schiedsverfahren anzuwenden; damit soll darauf Rücksicht genommen werden, daß die evtl. das Schiedsverfahrensrecht abdingende Parteivereinbarungen unter Zugrundelegung des im Zeitpunkt der Vereinbarung geltenden Rechtes getroffen worden sind[186]. Obwohl von dieser Zweckbestimmung her manches dafür sprechen könnte, daß es auf den Zeitpunkt des Abschlusses der Schiedsvereinbarung ankommt, auch wenn das Schiedsverfahren selbst erst später durchgeführt wird, ist nach dem klaren Wortlaut die Ausnahme nur anwendbar, wenn das Verfahren vor dem Schiedsgericht bereits vor dem

---

178 Wegen der begrenzten Zulässigkeit der weiteren Beschwerde nach dem ZVG s. Maßgabe Nr. 15 Buchst. a und Teil B Rdn. 96; 128.

179 BTDrucks. **11** 7817, S. 18.

180 So ausdrücklich BTDrucks. **11** 7817, S. 18.

181 Gleiches gilt nach der Maßgabe Nr. 16 für Einziehungsverfahren, die sich nach der Justizbeitreibungsordnung richten; s. auch Teil C Rdn. 31.

182 So ausdrücklich Maßgabe Nr. 5 Buchst. k Satz 3; gleiches wird für eine neu auszubringende Forderungspfändung anzunehmen sein.

182a Vom 6. Juni 1990 (GBl. I S. 288); zum Inhalt s. *Krefeldt/Wagner* NJ **1990** 298 f.

183 Anlage I Kap. III Sachgebiet A Abschnitt II Nr. 1.

183a Zu dieser ausführlich *Arnold* DtZ **1991** 80 ff.

184 Vgl. dazu Art. 324 § 4 Abs. 3 EGBGB i. d. F. von Anlage I Kap. III Sachgebiet B Abschnitt II Nr. 1 und dazu BTDrucks. **11** 7817, S. 43; ausführlich *Arnold* DtZ **1991** 82 ff, auch zu den teilweise komplizierten Einzelheiten.

185 Zu den Gründen BTDrucks. **11** 7817, S. 8.

186 So BTDrucks. **11** 7817, S. 18.

Beitritt begonnen hatte[187]. Auch in diesem Fall sind jedoch nur die Vorschriften über das eigentliche schiedsrichterliche Verfahren anzuwenden; die Aufhebung und Vollstreckbarkeitserkläurung richtet sich auch bei diesen Schiedsverfahren nicht nach den §§ 24 bis 28 der VO, sondern nach den §§ 1041 ff ZPO. Nach der bevorstehenden Änderung des Gesetzes zur Regelung offener Vermögensfragen[187a] ist das schiedsrichterliche Verfahren nach den Vorschriften der §§ 1025 ff ZPO anstelle der an sich vorgesehenen behördlichen Entscheidung auch für die Entscheidung über die **Rückgabe von Unternehmen,** die vorläufige Einweisung oder die Entflechtung möglich; § 38 a Abs. 2 dieses Gesetzes regelt die Besetzung dieses Schiedsgerichts. Für die gerichtlichen Aufgaben ist in diesem Fall die Kammer für Verwaltungssachen beim Kreisgericht zuständig[187b].

9. Freiwillige Gerichtsbarkeit

a) Allgemeines. Nach dem Recht der DDR war der ganz überwiegende Teil der **85**
zahlreichen, zur freiwilligen Gerichtsbarkeit gehörenden Angelegenheiten[188] aus dem Bereich der Rechtspflege ausgegliedert[189] und an andere Behörden übertragen[190], obwohl das FGG — wenn auch ohne nennenswerte praktische Bedeutung — weiterhin Gültigkeit hatte[191]. Mit dem Einigungsvertrag wird einmal das FGG in seiner gegenwärtig geltenden Fassung mit lediglich Überleitungsfragen betreffenden Maßgaben auf das Beitrittsgebiet übertragen; zum anderen werden die meisten Angelegenheiten der freiwilligen Gerichtsbarkeit (zu den Ausnahmen s. Rdn. 89 ff) auf die Gerichte zurückübertragen, soweit dies nicht bereits durch die Gesetzgebung der DDR im Laufe des Jahres 1990 geschehen war[192]. Das betrifft namentlich die Vormundschafts- und Pflegschaftssachen, Nachlaßangelegenheiten, Registersachen (s. aber Rdn. 91), sonstige Handelssachen im Sinne des FGG sowie Hinterlegungsangelegenheiten. Auf die zahlreichen besonderen Gesetze, die Angelegenheiten der freiwilligen Gerichtsbarkeit betreffen[193], kann hier nicht eingegangen werden.

Die **die Zuständigkeiten, den Gerichtsaufbau und die Rechtsmittel** betreffenden **86**
Vorschriften des allgemeinen Teils des FGG werden durch die gerichtsverfassungsrechtlichen Maßgaben nach Nr. 1 teilweise nicht unerheblich modifiziert[194], die in Teil B erläutert werden. Siehe wegen der Einzelheiten u. a. zur Zuständigkeit und zur Besetzung im ersten Rechtszug Rdn. 70, zur Rechtsmittelzuständigkeit, zum Umfang der Rechtsmittel und zur Besetzung der Rechtsmittelgerichte Rdn. 94 ff, 129 sowie zu

[187] Für diese Interpretation spricht auch die Begründung im letzten Absatz der Erläuterungen (BTDrucks. **11** 7817, S. 18), daß für die Aufhebung und Vollstreckbarkeit von Schiedssprüchen das neue Recht deshalb anzuwenden sei, weil dies noch lange Zeit nach Beendigung des Schiedsverfahrens möglich sei.

[187a] Nach Art. 1 des Gesetzes zur Beseitigung von Hemmnissen bei der Privatisierung von Unternehmen und zur Förderung von Investitionen vom 22. 3. 1991 (BGBl. I S. 766); vgl. insbesondere die bevorstehende Neufassung des § 30 Abs. 2 und den neuen § 38 a VermG; *Niederleithinger* ZIP **1991** 211.

[187b] Zuständig ist (§ 38 a Abs. 2 Satz 3) das nach § 37 des VermG zuständige Gericht; s. dazu näher Teil B Rdn. 181 Fußn. 250, 252.

[188] S. dazu die Übersicht bei *Keidel/Kuntze/Winkler* FGG[12], § 1, 37 bis 113.

[189] Beginnend mit der VO über die Übertragung der Angelegenheiten der freiwilligen Gerichtsbarkeit vom 15. 10. 1952 (GBl. I S. 1057).

[190] Vgl. die Übersicht bei *Keidel/Kuntze/Winkler* FGG[12], Einl. Rdn. 13 ff.

[191] BTDrucks. **11** 7817, S. 25.

[192] S. dazu und zu den Plänen der DDR zur Rückführung *Krone/Schüler* NJ **1990** 353; zu den dadurch entstandenen Problemen s. auch Rdn. 102 a.

[193] S. *Keidel/Kuntze/Winkler* aaO (Fußn. 188).

[194] Übersicht BTDrucks. **11** 7817, S. 25.

den auch den Bereich des FGG betreffenden Zuständigkeitskonzentrationen Rdn. 132 ff.

87 b) **Unterbringungssachen. Freiheitsentziehungen.** Nach Maßgabe Nr. 13 Buchst. a sind seit dem 3. Oktober 1990 für das gerichtliche Verfahren über Unterbringungsmaßnahmen in den fünf neuen Ländern[195] die Vorschriften des **Betreuungsgesetzes** vom 12. 9. 1990 (BGBl. I S. 1163) anzuwenden, die im übrigen Bundesgebiet erst ab 1. 1. 1992 in Kraft treten. Es gelten also insoweit die §§ 70 bis 70 n FGG in der Fassung des Betreuungsgesetzes, während die materiell-rechtlichen Änderungen und die sonstigen verfahrensrechtlichen Vorschriften dieses Gesetzes erst vom 1. 1. 1992 an anzuwenden sind[196]. Damit soll für Unterbringungsmaßnahmen ein rechtsstaatlichen Anforderungen entsprechendes und zugleich auf Dauer bestehen bleibendes Verfahrensrecht zur Verfügung gestellt werden[197]. Diese Vorschriften gelten nicht nur für die zivilrechtliche Unterbringung nach den Vorschriften des Bürgerlichen Gesetzbuches[198], sondern auch für die **öffentlich-rechtliche Unterbringung**, deren materiell-rechtliche Voraussetzungen sich **nach Landesrecht** regeln und für die insoweit gemäß Art. 9 Abs. 1 des Einigungsvertrages das Gesetz über die Einweisung in stationäre Einrichtungen für psychisch Kranke vom 11. 6. 1968 (GBl. I S. 273) als Landesrecht fortgilt[199].

88 Für Unterbringungen, die mit **Freiheitsentziehung** verbunden und nicht nach den Vorschriften des Betreuungsgesetzes zu behandeln sind, gilt gemäß Maßgabe Nr. 12 Buchst. a auch dann das Gesetz über das gerichtliche Verfahren bei Freiheitsentziehungen, wenn sie vor dem 3. Oktober 1990 vorgenommen worden sind; es handelt sich um **öffentlich-rechtliche Unterbringung aufgrund Bundesrechts** bzw. als Bundesrecht fortgeltenden Rechts der DDR[200]. Sofern nach bisherigem Rechts der DDR eine gerichtliche Anordnung nicht vorgesehen war, ist diese nach Maßgabe Nr. 12 Buchst. b innerhalb von sechs Monaten, also bis zum 2. 6. 1991 nachzuholen, bis dahin ist § 13 Abs. 1 Satz 2 des Gesetzes suspendiert, nach der die Freiheitsentziehung zu beenden ist, wenn nicht bis Ablauf des auf ihren Beginn folgenden Tages eine richterliche Entscheidung herbeigeführt wird[201].

89 c) **Grundbuchwesen.** Insbesondere aus technischen und personalwirtschaftlichen Gründen[202] konnte die Führung der Grundbücher nicht mit dem Wirksamwerden des Beitritts entsprechend § 1 GBO als Aufgabe der freiwilligen Gerichtsbarkeit auf die den Amtsgerichten gleichgestellten Kreisgerichte übertragen werden; sie verbleibt vielmehr weiterhin bei den bisher dafür zuständigen Liegenschaftsdiensten der Verwaltung[203]. Aus den gleichen Gründen muß für eine Übergangszeit auf die teilweise unterschiedliche Gestaltung der Grundbücher Rücksicht genommen werden. Der Übergang

---

[195] Nicht im Land Berlin; s. Abschnitt IV Nr. 3 Buchst. d aa.

[196] Wegen der Verweisung auf noch nicht geltende Teile und der sinngemäßen Umstellung s. BTDrucks. **11** 7817, S. 26.

[197] BTDrucks. **11** 7817, S. 26.

[198] Zu den nach dem Beitritt geltenden materiell-rechtlichen Regelungen s. BTDrucks. **11** 7817, S. 25.

[199] S. näher BTDrucks. **11** 7817, S. 26 und S. 64.

[200] Näher BTDrucks. **11** 7817, S. 25; im Beitrittsgebiet kommt hauptsächlich das Gesetz zur Verhütung und Bekämpfung übertragbarer Krankheiten beim Menschen vom 3. 12. 1982 (GBl. I S. 631) in Betracht.

[201] S. auch Art. 104 Abs. 2 GG; die Durchbrechung ist durch Art. 143 GG i. d. F. des Einigungsvertrages gerechtfertigt.

[202] S. BTDrucks. **11** 7817, S. 49.

[203] § 5 der Grundstücksdokumentationsverordnung/DDR vom 6. 11. 1975 (GBl. I S. 697); zur gegenwärtigen tatsächlichen Situation (Vielzahl unerledigter Anträge) und zur Vorzugsbehandlung investiver Grundbuchangelegenheiten s. *Schmidt-Räntsch* DtZ **1991** 65 ff.

der Grundbuchordnung und der sonstigen sie ergänzenden Vorschriften des formellen Grundbuchrechts[204] ist deshalb in Sachgebiet B Abschnitt III Nr. 1 bis 5 mit den dafür erforderlichen Maßgaben versehen[205]. Die **Dauer dieser** abweichenden **Regelung** ist in Maßgabe Nr. 1 Buchst. a Satz 1 nicht exakt bestimmt; vorbehalten ist lediglich eine „spätere bundesgesetzliche Regelung". Jedoch kann nach der gleichen Maßgabe bis dahin das **Landesrecht** die für die Führung der Grundbücher zuständigen „Stellen" bestimmen. Dies deckt auch den Fall, daß durch Landesrecht der Kreisgerichte (Amtsgerichte) entsprechend der GBO als Grundbuchämter eingerichtet werden. Durch bloße Organisationserlasse ohne Rechtsnormenqualität kann das Grundbuchwesen zwar nicht auf die Gerichte, aber als Verwaltungsangelegenheit in den Zuständigkeitsbereich der Landesjustizverwaltungen übertragen werden.

Da die **Grundbuchämter** im Beitrittsgebiet **Verwaltungsbehörden** und keine Gerichte sind, stellt in Sachgebiet B Abschnitt III die Maßgabe Nr. 1 Buchst. e, nach der die §§ 3 bis 34 FGG grundsätzlich entsprechend anzuwenden sind, sicher, daß in Verfahrensfragen vor den Grundbuchämtern nicht das VwVfG, sondern das FGG heranzuziehen ist und daß der **Rechtsschutz in Grundbuchsachen** von den Gerichten der freiwilligen Gerichtsbarkeit gewährt wird. Diese sehr allgemein gehaltene Verweisung, deren sonstige Einzelheiten hier nicht zu erörtern sind, wirft bei der Bestimmung des für den gerichtlichen Rechtsschutz sachlich zuständigen Gerichts Auslegungsprobleme auf. Formal gesehen handelt es sich im Beitrittsgebiet bei der Anrufung der Gerichte gegen Entscheidungen der Grundbuchämter nach § 71 GBO, dem § 19 FGG entsprechen dürfte, nicht um eine Beschwerde, sondern um einen Antrag auf gerichtliche Entscheidung, über den das angerufene Gericht im ersten Rechtszug zu entscheiden hätte und für den nach Maßgabe Nr. 1 Buchst. e Abs. 1 zum GVG das Kreisgericht zuständig wäre. Andererseits ergibt sich aus Maßgabe Nr. 1 Buchst. l Abs. 3 Nr. 2 zum GVG, daß für die weiteren Beschwerden nach § 79 GBO der besondere Senat zuständig ist. Diese Auslegung hätte daher zur Folge, daß eine gerichtliche Entscheidung des Kreisgerichts über einen beschwerdeähnlichen Antrag gegen eine Entscheidung des Grundbuchamtes zunächst mit der Beschwerde zum Bezirksgericht und danach mit der weiteren Beschwerde zum besonderen Senat anfechtbar wäre. Es entspricht nicht der Intention des Einigungsvertrags, im Beitrittsgebiet eine zusätzliche Instanz[206] gegenüber dem allgemein geltenden Recht[206a] einzurichten. Die besseren Gründe sprechen deshalb dafür, wegen des beschwerdeähnlichen Charakters des gerichtlichen Rechtsbehelfs gegen die Entscheidung der Grundbuchämter die **Zuständigkeit des Bezirksgerichts** nach Maßgabe Nr. 1 Buchst. h Abs. 1 Satz 1 zum GVG anzunehmen. 90

d) Vereinsregister. Die nach § 55 Abs. 1 bei dem Amtsgerichten zu führenden Vereinsregister werden nach Art. 231 § 2 Abs. 2 Satz 2 EGBGB[207] im Beitrittsgebiet von den am 2. 10. 1990 zuständigen Stellen weitergeführt[208]; wer dies ist, bestimmt sich nach der ersten Durchführungsverordnung zum Vereinsgesetz vom 8. 3. 1990 (GBl. I S. 159). Die Konsequenzen aus dem Umstand, daß damit die Führung der Vereinsregister keine richterliche, sondern eine Verwaltungstätigkeit darstellt, sind ungeregelt geblieben. Es 91

[204] Verordnung zur Ausführung der Grundbuchordnung; Gesetz über Maßnahmen auf dem Gebiet des Grundbuchwesens; Grundbuchverfügung; Verfügung über die grundbuchmäßige Behandlung von Wohnungseigentumssachen.

[205] Einzelheiten s. BTDrucks. 11 7817, S. 49.

[206] Nämlich Grundbuchamt – Kreisgericht – Bezirksgericht – besonderer Senat.

[206a] Nämlich Amtsgericht (Grundbuchamt) – Landgericht – Oberlandesgericht.

[207] I. d. F. von Anlage I Kap. III Sachgebiet B Abschnitt II Nr. 1, geändert durch Art. 5 Nr. 1 Zusatzvereinb.

[208] Begründung s. BTDrucks. 11 7817, S. 37.

ist zu erwägen, insoweit die Maßgabe Nr. 1 Buchst. g zur GBO mindestens insoweit analog anzuwenden, als für den Rechtszug die Vorschriften des FGG maßgebend sind und entsprechend dem dort gemachten Auslegungsvorschlag (Rdn. 90) die in § 160 a FGG vorgesehene sofortige Beschwerde als einen Antrag auf gerichtliche Entscheidung umzudeuten, für den wegen des beschwerdeähnlichen Charakters das Bezirksgericht zuständig ist. Die weiteren Probleme, die sich aus dem Übergang der Registerführung auf eine Verwaltungsbehörde ergeben, können hier nicht erörtert werden.

92 e) **Besonderheiten bei weiteren Angelegenheiten der freiwilligen Gerichtsbarkeit** sind insbesondere geregelt für das **Dispachewesen** (§§ 148 bis 158 FGG) in Maßgabe Nr. 13 (FGG) Buchst. e und f[209]; für das **Handels- und Genossenschaftsregister** in Buchst. c und d (s. auch Teil B Rdn. 78; 135)[210] und für das **Schiffsregister** in den Maßgaben zur Schiffsregisterverordnung[211].

10. Andere Verfahrensgesetze

93 a) **Allgemeines.** Abgesehen davon, daß die Aufgaben der **besonderen Gerichtsbarkeiten** für eine Übergangszeit von Fachspruchkörpern der Kreis- und Bezirksgerichte wahrgenommen werden, die Fachkammern für Verwaltungsrecht bei den Kreisgerichten abweichend von den Vorschriften der VwGO besetzt sind (s. die Erläuterungen zu Maßgaben t bis x in Teil B) und die erste Berufung der ehrenamtlichen Richter nach besonderen Vorschriften vorzunehmen ist (s. die Erläuterung zu der Maßgabe p in Teil B) richtet sich das Verfahren in Angelegenheiten der Verwaltungs-, Finanz-, Arbeits- und Sozialgerichtsbarkeit im wesentlichen nach den allgemeinen Vorschriften; die in den Maßgaben enthaltenen Modifikationen sind geringfügig.

94 b) **Verwaltungsgerichtsordnung. Finanzgerichtsordnung.** Dies gilt für die **VwGO** uneingeschränkt. Die Maßgabe Nr. 6, nach der im Einverständnis der Beteiligten der Vorsitzende oder ein von ihm bestimmter Richter den Rechtsstreit ganz oder teilweise anstelle der Kammer oder des Senats entscheiden kann, ist infolge der zwischenzeitlichen inhaltlich übereinstimmenden Ergänzung der VwGO[212] durch den neuen § 87 a Abs. 2, 3 gegenstandslos geworden. Die Formulierung der Maßgabe „Vorsitzender oder ein von ihm bestimmter Richter" dürfte bedeutungsgleich mit der Regelung nach § 87 a Abs. 2, 3 sein, wonach der Vorsitzende dann zu entscheiden hat, wenn kein Berichterstatter bestellt ist[213]. Für das **FGO** bleibt die inhaltsgleiche Maßgabe Nr. 7 dagegen bedeutungsvoll, da diese den Vorbescheid durch den Einzelrichter auch im Einverständnis mit den Beteiligten (noch) nicht vorsieht[214].

95 c) **Arbeitsgerichtsbarkeit.** Die Verfahrensvorschriften des ArbGG gelten mit einer Ausnahme unverändert. § 48 ArbGG ist dem Umstand angepaßt worden[214a], daß das Gesetz über die Errichtung und das Verfahren der **Schiedsstellen für Arbeitsrecht**[215] mit

---

209 Sonderregelung für das Land Berlin in Abschnitt IV Nr. 3 Buchst. d cc.

210 Sonderregelung für das Land Berlin in Abschnitt IV Nr. 3 Buchst. d bb.

211 Anlage I Kap. III Sachgebiet B Abschnitt III Nr. 6 und 7.

212 4. VwGOÄndG vom 17. 12. 1990 (BGBl. I S. 2809); dazu *Stelkens* NVwZ **1991** 209 ff.

213 Ebenso im Ergebnis *Stelkens* DtZ **1991** 9.

214 S. aber die Vorschläge in dem in der 11. Legislaturperiode nicht verabschiedeten Entwurf eines FGO-Änderungsgesetzes (BT-Drucks. **11** 2386, Art. 1 Nr. 15 – § 79 a FGO).

214a Anlage I Kap. VIII Sachgebiet A Abschnitt III Nr. 15; die Maßgabe gilt nicht im Land Berlin.

215 Vom 29. 6. 1990 (GBl. I S. 505); zum Inhalt näher *Kissel* NZA **1990** 835 f; *Matthias/Schroeder* NJ **1990** 341 ff; s. auch *Oetker* NJ **1990** 534.

einigen Ergänzungen aufrechterhalten bleibt[216]. Die Einrichtung dieser Schiedsstellen als Vorschaltinstanz war bereits in Art. 6 Abs. 3 des WWSUVertrages vorgesehen[217]; entgegen der damaligen Konzeption ist ihre Dauer nicht ausdrücklich auf die Zeit bis zur Ausgliederung der Arbeitsgerichtsbarkeit begrenzt, sondern dem Wortlaut nach unbefristet[218]. Eine zeitliche Befristung ließe sich allerdings daraus ableiten, daß sowohl das aufrechterhaltene Gesetz als auch die den § 48 ArbGG modifizierende Maßgabe von der Zuständigkeit des Kreisgerichts sprechen, doch ist dieser Schluß nicht zwingend. Nach der Grundkonzeption der hier nicht näher darzustellenden Regelung ist in arbeitsrechtlichen Streitigkeiten die Anrufung des hierfür zuständigen Gerichts erst nach Ausschöpfung des Verfahrens vor den Schiedsstellen für Arbeitsrecht zulässig, soweit nicht ausdrücklich etwas anderes bestimmt ist. Die **örtliche Zuständigkeit der Arbeitsgerichte** richtet sich in diesen Fällen nach dem Sitz der Schiedsstelle, und das Arbeitsgericht gibt eine unmittelbar bei ihm eingegangene Sache an die Schiedsstelle ab.

d) Sozialgerichtsbarkeit. Bei dem grundsätzlich und in weitem Umfang unverändert **96**
übertragenen SGG ist als allgemein geltende Änderung im gesamten Bundesgebiet das zwingende **Vorverfahren** eingeführt worden[219], und für das Gebiet der fünf neuen Länder wird im Ergebnis für Streitigkeiten bis zu 500,— DM Streitwert[219a] die **Zulassungsberufung** vorgesehen[220]. Dies ist in der Maßgabe in der Form einer Verweisung auf Art. 2 § 4 Abs. 1 des Gesetzes zur Entlastung der Gerichte der Verwaltungs- und Finanzgerichtsbarkeit geschehen, der durch Art. 20 des 4. VwGOÄndG[220a] aufgehoben worden ist. Der sachliche Inhalt der aufgehobenen Vorschrift ist unter Erhöhung der Wertgrenzen[220b] in § 131 Abs. 2 VwGO übernommen worden. Jedoch dürfte es sich bei der Verweisung in der Maßgabe um eine statische Verweisung handeln, mit der Folge, daß insoweit Art. 2 § 4 Abs. 1 des Entlastungsgesetzes mit den dortigen niedrigeren Wertgrenzen weiterhin anzuwenden ist.

11. Insolvenzrecht. Von der Erstreckung von Bundesrecht in das Beitrittsgebiet **97**
sind die Konkursordnung, die Vergleichsordnung, die dazugehörigen Einführungsgesetze, das Gesetz über den Sozialplan im Konkurs sowie das Gesetz über die Schaffung eines Vorrechts für Umlagen auf die Erzeugung von Kohle und Stahl ausgenommen[221]. Statt dessen bleibt im Beitrittsgebiet die Verordnung über die Gesamtvollstreckung[222] unter der Bezeichnung **Gesamtvollstreckungsordnung** und mit der ausdrücklichen Bestimmung, daß sie als Gesetz des Bundes fortgilt, erhalten; sie ist durch den Einigungs-

---

216 Anlage II Kap. VIII Sachgebiet A Abschnitt III Nr. 3.

217 Abdruck Rdn. 8; s. auch WWSUVertrag Anlage IV Abschnitt II Nr. 6.

218 Dazu *Kissel* NZA **1990** 836.

219 Anlage I Kap. VIII Sachgebiet D Abschnitt II Nr. 2; näher BTDrucks. **11** 7817, S. 143; Zu den Änderungen des SGG im einzelnen s. *Becher*, Die Sozialgerichtsbarkeit B **1991** 1 ff; *Meyer-Ladewig* DtZ **1991** 123 f.

219a Bei Klagen, die auf eine Geldleistung oder einen hierauf gerichteten Verwaltungsakt gerichtet sind, nicht aber bei wiederkehrenden Leistungen für mehr als ein Jahr. Bei Erstattungsstreitigkeiten zwischen juristischen Personen des öffentlichen Rechts und Behörden beträgt die Grenze 5000,– DM.

220 AaO, Abschnitt III Nr. 4.

220a Vom 17. 12. 1990 (BGBl. I S. 2809).

220b 1000,– DM für allgemeine Streitigkeiten; 10 000,– DM für Erstattungsstreitigkeiten.

221 Anlage I Kap. III Sachgebiet A Abschnitt I Nr. 1 bis 6.

222 Ursprüngliche Fassung vom 18. 12. 1975 (GBl. I 1976 S. 5); vollständige Neufassung unter deren Aufhebung vom 6. 6. 1990 (GBl. I S. 285); Änderung durch § 10 der 2. Verordnung über die Gesamtvollstreckung vom 25. 7. 1990 (GBl. I S. 732).

vertrag nochmals erheblich geändert worden[223]. Ferner ist die zweite Verordnung über die Gesamtvollstreckung[224] unter der Bezeichnung **Gesetz über die Unterbrechung von Gesamtvollstreckungsverfahren** aufrechterhalten worden[225]. In das Beitrittsgebiet erstreckt ist lediglich Art. IV des Einführungsgesetzes zum Gesetz zur Änderung der Konkursordnung und das Ausführungsgesetz zum deutsch-österreichischen Konkursvertrag vom 6. 3. 1985 (BGBl. I S. 1985) jeweils mit der alleinigen Maßgabe, daß Verfahren nach der Gesamtvollstreckungsordnung Verfahren nach der Konkursordnung gleichstehen. Die Aufrechterhaltung der Gesamtvollstreckungsordnung und die Nichtgeltung von KO und VerglO gilt auch im **Land Berlin** für dessen beitretenden Teil[226], maßgebend ist insoweit der Sitz des Gemeinschuldners.

98 Im Insolvenzrecht gilt damit bis zu dessen bevorstehender Gesamtreform in den beiden Teilen Deutschlands **unterschiedliches Recht**; maßgebend hierfür war die Erwartung, daß das in den letzten Monaten der Eigenstaatlichkeit der DDR in der Form der Gesamtvollstreckungsordnung neu gestaltete Insolvenzrecht mit seinen knappen Regelungen einfacher zu handhaben sei als das in hohem Maße reformbedürftige bundesrepublikanische Insolvenzrecht und daß durch dessen Nichtübernahme eine Überforderung der Gerichte vermieden werden könne[227]. Die Aufrechterhaltung des getrennten Rechtszustands beruht auf der Erwartung, daß die Rechtseinheit in der 12. Legislaturperiode durch die Gesamtreform des Insolvenzrechts hergestellt werde, indem das neue Insolvenzrecht[228] auch die GVollstO ablösen wird. Wegen des Inhalts der aufrechterhaltenen insolvenzrechtlichen Gesetze der DDR ist auf das Spezialschrifttum zu verweisen[229]. Die Nichtgeltung des Gesetzes über den Sozialplan im Konkurs und des Gesetzes über die Schaffung eines Vorrechts für Umlagen auf die Erzeugung von Kohle und Stahl im Beitrittsgebiet bedeutet im Ergebnis keine abweichende Regelung, weil die GVollstrO entsprechende Regelungen enthält[230].

---

[223] Anlage II Kap. III Sachgebiet A Abschnitt II Nr. 1; Textabdruck nach dieser Fassung ZIP **1990** 1231 ff. Eine amtliche Neubekanntmachung im BGBl. ist in Vorbereitung. Ein offensichtliches Redaktionsversehen in § 9 Abs. 1 Satz 1 GVollstrO stellte die Formulierung „vom Schuldner *oder* vom anderen Teil" dar. Die Vorschrift ist § 17 KO nachgebildet, wo es „vom Schuldner *und* vom anderen Teil" heißt, und sollte ebenso ausgelegt werden; vgl. auch *Lübchen/Landfermann* ZiP **1990** 834, wo der Inhalt der Regelung in diesem Sinne dargestellt wird. Klarstellende Änderung und weitere Änderungen nunmehr durch Art. 5 des Gesetzes zur Beseitigung von Hemmnissen bei der Privatisierung von Unternehmen und zur Förderung von Investitionen vom 22. 3. 1991 (BGBl. I S. 766).

[224] Vom 25. 7. 1990 (GBl. I S. 732); zum Inhalt *Schmidt-Räntsch* ZiP **1990** 1045 ff.

[225] AaO (Fußn. 223) Nr. 2; die sie betreffenden Maßgaben sind redaktioneller Natur; Textabdruck ZIP **1990** 1234 f, versehentlich ohne § 9 Abs. 2. Änderungen dieses Gesetzes enthält Art. 6 des Gesetzes zur Beseitigung von Hemmnissen bei der Privatisierung von Unternehmen und zur Förderung von Investitionen vom 22. 3. 1991 (BGBl. I S. 766); zu diesem insgesamt *Niederleithinger* ZIP **1991** 205 ff.

[226] Besondere Maßgaben in Anlage II Kap. III Sachgebiet A Abschnitt IV Nr. 2.

[227] BTDrucks. **11** 7817, S. 8.

[228] Vgl. zur Insolvenzreform statt vieler *Balz* ZiP **1988** 273 ff; *Kübler* (Hrsg.) Neuordnung des Insolvenzrechts (1989); *Landfermann* KTS **1989** 763 ff; veröffentlicht sind der Referentenentwurf des BMJ eines Gesetzes zur Reform des Insolvenzrechts (1989) und der Referentenentwurf eines Einführungsgesetzes (1990).

[229] *Krefeldt/Wagner* NJ **1990** 257 f; *Lübchen/Landfermann* ZIP **1990** 829 ff; *Schmidt-Räntsch* ZIP **1990** 1045 ff; *Schmidt-Räntsch* DtZ **1990** 344 ff; *Obermüller* WM **1991** 305 ff.

[230] BTDrucks. **11** 7817, S. 6; s. dazu jeweils i. d. F. der Anlage II Kap. III Sachgebiet A Abschnitt II Nr. 1 Buchst. b kk) § 17 Abs. 3 Nr. 3 GVollstrO (Umlage für Kohle und Stahl); § 17 Abs. 3 Nr. 1 Buchst. c GVollstrO (Sozialplan).

12. Kostenrecht

a) Allgemeines. Grundsätzlich werden die gesamten, den Rechtspflegebereich betreffenden Kostenvorschriften, also insbesondere das Gerichtskostengesetz, die Kostenordnung, die Verordnung über Kosten im Bereich der Justizverwaltung, das Gesetz über die Kosten der Gerichtsvollzieher, das Gesetz über die Entschädigung der ehrenamtlichen Richter, das Gesetz über die Entschädigung von Zeugen und Sachverständigen und die Bundesgebührenordnung für Rechtsanwälte in das Beitrittsgebiet erstreckt[231]. Die hierzu vorgesehenen Maßgaben[232] regeln neben der Suspendierung der weiteren Beschwerde (s. Teil B Rdn. 96) teilweise Überleitungsfragen[233], teilweise enthalten sie besondere Kostentatbestände für Sachverhalte, die lediglich im Verfahren vor Gerichten des Beitrittsgebiets eine Rolle spielen, namentlich für Kassation und Rehabilitation[234], teilweise berücksichtigen sie Besonderheiten im Beitrittsgebiet bei der Wertermittlung[235] oder sie bestimmen für Justizverwaltungskosten der Länder bis zur Schaffung von Landesrecht die Geltung der bundesrechtlichen Bestimmungen[236]. **99**

b) Pauschale Senkung der Gebührensätze. Darüber hinaus werden die Gebühren- und Entschädigungssätze generell[237] um 20% gegenüber den allgemein geltenden Sätzen gesenkt[238]; höhere Ermäßigungssätze nach der KostO gehen vor, sie werden aber nicht nochmals ermäßigt[239]. Die jeweilige Mindestgebühr bleibt unberührt[240]. Der Bundesminister der Justiz ist ermächtigt, durch Rechtsverordnung die Ermäßigungssätze zur Anpassung an die wirtschaftlichen Verhältnisse neu festzusetzen (notfalls auch zu erhöhen) oder aufzuheben[241]. Für das Land **Berlin**[242] kommt es bei den Notaren darauf an, ob die Geschäftsstelle im beigetretenen Teil liegt; bei den Gerichtsvollzieherkosten ist der allgemeine Gerichtsstand (§§ 12 bis 18 ZPO) des Kostenschuldners, also regelmäßig der Wohn- oder Geschäftssitz maßgebend. Die Ermäßigung kommt auch dem Auftraggeber als Zweitschuldner zugute. **100**

Die **Anknüpfungspunkte für die Gebührenermäßigung** sind unterschiedlich bestimmt. Für Gebühren nach dem GKG kommt es darauf an, daß der allgemeine Gerichtsstand des Gebührenschuldners im Beitrittsgebiet (einschl. des beigetretenen Teils **101**

---

231 S. zur generellen Konzeption und den Grundsätzen BTDrucks. **11** 7817, S. 29; zum Gebührenrecht der BRAGO ausführlich mit Berechnungsbeispielen *Hansens* AnwBl. **1991** 24 ff und DtZ **1991** 97 ff.

232 Maßgaben Nr. 19 bis 27.

233 Vgl. Maßgabe Nr. 19 Buchst. d (Verweisung auf § 73 GKG mit Sonderregelung für Strafverfahren); Maßgaben Nr. 23, 24 und 25, jeweils Buchst. b; Maßgabe Nr. 26 Buchst. e (Verweisung auf § 134 BRAGO); dazu für die BRAGO ausführlich *Hansens* AnwBl. **1991** 25 f. Es gilt danach grundsätzlich das alte Gebühren- und Kostenrecht für bereits beim Wirksamwerden des Beitritts anhängige Verfahrens- bzw. unbedingter Auftragserteilung, Bestellung oder Beiordnung.

234 S. Teil C Rdn. 76; 82; Einzelheiten bei *Hansens* AnwBl. **1991** 29 f.

235 Maßgabe Nr. 20 (KostO) Buchst. d, e.

236 Maßgabe Nr. 22 (Justizverwaltungskostenordnung); s. BTDrucks. **11** 7817, S. 30.

237 Zu den Ausnahmen (z. B. Justizverwaltungskostenordnung) s. BTDrucks. **11** 7817, S. 29.

238 Maßgabe Nr. 19 Buchst. a (GKG); Maßgabe Nr. 20 Buchst. a (KoStO); Maßgabe Nr. 23 Buchst. a (GVollzKG); Maßgabe Nr. 24 Buchst. a (EhRiEG); Maßgabe Nr. 25 Buchst. a (ZSEG); Maßgabe Nr. 26 Buchst. a (BRAGO).

239 Maßgabe Nr. 20 Buchst. a Satz 2; BTDrucks. **11** 7817, S. 31.

240 Maßgabe Nr. 19 (GKG) Buchst. a Satz 3; Maßgabe Nr. 20 (KostO) Buchst. a Satz 3; Maßgabe Nr. 26 (BRAGO) Buchst. a Satz 3.

241 S. näher Maßgabe Nr. 27 und dazu BTDrucks. **11** 7817, S. 29.

242 Abschnitt IV Nr. 3 Buchst. f bis i; zusammenfassend BTDrucks. **11** 7817, S. 35; Hinweise auf die Besonderheiten für Berlin auch bei *Hansens* AnwBl. **1991** 24 ff.

von Berlin) liegt[243]. Vergleichbares gilt für Gebühren nach der KostO, bei der auf den Wohnsitz, den Sitz der Hauptniederlassung oder bei Handelsgesellschaften den Sitz der Gesellschaft abgestellt wird[244]. Die Gebührenermäßigung kommt daher auch einer im Beitrittsgebiet wohnenden Partei bei Inanspruchnahme eines Gerichts (oder Notars) der alten Länder zugute, dagegen nicht einer Partei aus den alten Ländern bei einem Gericht der fünf neuen Länder. Bei den Gerichtsvollzieherkosten kommt es auf den Dienstsitz des Gerichtsvollziehers an[245], bei der Entschädigung der ehrenamtlichen Richter auf deren Wohnsitz. Für Entschädigungen für Zeugen und Sachverständige (für die Erstattung von Auslagen kommt eine Ermäßigung nicht in Betracht) kommt es auf den Wohnsitz oder Sitz im Beitrittsgebiet an[246]. Für **Rechtsanwaltsgebühren**[247] tritt die Ermäßigung stets ein, wenn der Anwalt seine Kanzlei im Beitrittsgebiet (auch in Berlin/Ost) unterhält; sie tritt unabhängig vom Kanzleisitz dann ein, wenn ein Rechtsanwalt gegenüber einer Behörde oder einem Gericht in den fünf neuen Ländern (also nicht in Berlin/Ost) tätig wird *und* sein Auftraggeber seinen Wohnsitz oder Sitz im Beitrittsgebiet (einschl. Berlin/Ost) hat.

102 **Möglichkeiten des Härteausgleichs** bestehen bei der Gebührenabsenkung nach dem EhRiEG und dem ZSEG[248]; danach kann im Einzelfall unter Berücksichtigung aller Umstände die Entschädigung bis zum allgemeinen Höchstsatz festgesetzt werden, wenn die abgesenkte Entschädigung unbillig wäre. Beim GKG erstreckt sich die Gebührenabsenkung auch auf den Kostenschuldner, der lediglich als **Zweitschuldner** nach § 58 Abs. 2 GKG in Anspruch genommen wird, auch wenn er seinen Wohnsitz nicht im Beitrittsgebiet hat[249], weil es unbillig wäre, ihn mit einem höheren Betrag in Anspruch zu nehmen, als denjenigen, der die Gebühren in erster Linie schuldet[250]. Eine **zusätzliche Gebührenabsenkung** für Gerichtsgebühren kann dadurch erreicht werden, daß bei der Festsetzung eines Gebührenstreitwerts als **Mindeststreitwert oder fiktiver Streitwert** (z. B. § 12 Abs. 2 Satz 4, § 13 Abs. 1 Satz 1 GKG) bei einem Anknüpfungspunkt (s. Rdn. 101) in den fünf neuen Ländern[251] die Werte unter Berücksichtigung aller Umstände des Einzelfalls um bis zu einem Drittel unterschritten werden können[252]. Soweit hiervon Gebrauch gemacht wird, bestimmt sich danach gemäß § 9 Abs. 1 BRAGO auch der für die Rechtsanwaltsgebühren maßgebende Streitwert[253].

IV. Augenblicklicher Zustand und weitere Perspektiven

102a **1. Zum augenblicklichen Zustand der Rechtspflege.** Bei Abschluß der Erläuterungen zu diesem Werk (Anfang März 1991) zeigt die Rechtspflege in den fünf neuen Ländern Symptome einer **tiefgreifenden Strukturkrise**; allerdings kann nicht, wie gelegentlich befürchtet, von einem generellen tatsächlichen Stillstand der Rechtspflege gesprochen

[243] Maßgabe Nr. 19 Buchst. a.

[244] Maßgabe Nr. 20 Buchst. a; zur Begründung (Vermeidung von unberechtigten Ausnutzungen von Gebührenvorteilen) BTDrucks. **11** 7817, S. 30.

[245] Anders im Land Berlin, wo nach Abschnitt IV Nr. 3 Buchst. h der Sitz des Kostenschuldners maßgebend ist.

[246] S. im einzelnen Maßgabe Nr. 25 Buchst. a.

[247] Maßgabe Nr. 26 Buchst. a; dazu BTDrucks. **11** 7817, S. 31; ausführlich (mit Berechnungsbeispielen) *Hansens* AnwBl. **1991** 27 ff.

[248] Maßgabe Nr. 24 Buchst. a Satz 2 und Maßgabe Nr. 25 Buchst. a Satz 2; dazu BTDrucks. **11** 7817, S. 31.

[249] Maßgabe Nr. 19 Buchst. a Satz 2.

[250] BTDrucks. **11** 7817, S. 30.

[251] Die Regelung gilt nicht für Berlin (Abschnitt IV Nr. 3 Buchst. f); BTDrucks. **11** 7817, S. 35.

[252] Maßgabe Nr. 19 Buchst. b; BTDrucks. **11** 7817, S. 30.

[253] *Hansens* AnwBl. **1991** 30.

werden. Als nachteilig für Neuaufbau und Umstellung erwies sich zunächst namentlich das Fehlen von funktionsfähigen Landesjustizverwaltungen im Zeitpunkt des Beitritts, weil trotz der Einrichtung von Aufbaustäben die bisher zentralstaatlich verwalteten Gerichte und Staatsanwaltschaften den Übergang zum neuen Recht auf sich allein gestellt zu bewältigen hatten. Dabei fehlte es an der hierfür unerläßlichen Verwaltungs- und Organisationsunterstützung (z. B. Vordrucke), an der alsbaldigen Inkraftsetzung neuer Verwaltungsvorschriften, ja selbst an ausreichender Information über das neue Recht. Besondere, bisher noch nicht gänzlich behobene Schwierigkeiten traten dort auf, wo bisher außerhalb der Rechtspflege angesiedelte Aufgaben, wie etwa in weiten Bereichen der freiwilligen Gerichtsbarkeit, auf die Gerichte übergingen oder nach der früheren Rechtslage oder Rechtswirklichkeit nicht vorkommende Tätigkeiten hinzukamen, ohne daß dafür geeignetes Personal zur Verfügung stand[254]. Engpässe und Schwierigkeiten sind auch dort aufgetreten, wo das übergeleitete Recht Aufgaben an solches Justizpersonal zuweist, das dem früheren Recht der DDR unbekannt und infolgedessen in den neuen Ländern nicht vorhanden war, namentlich bei den Rechtspflegern[255] und im Gerichtsvollzieherwesen[256]. Im Gegensatz zu vielen anderen Bereichen des öffentlichen Dienstes der früheren DDR[257] war der Rechtspflegebereich personell nicht überbesetzt, sondern massiv unterbesetzt; es besteht ein dringender Bedarf an Transfer von qualifiziertem Rechtspflegepersonal in die neuen Länder (s. auch Rdn. 102 d).

Der **Geschäftsanfall** hat sich nach dem Beitritt, teilweise auch schon nach der Einfüh- **102b**
rung der Währungs-, Wirtschafts- und Sozialunion, in den verschiedenen Rechtspflegebereichen unterschiedlich entwickelt. Während die Eingänge in der allgemeinen Zivilgerichtsbarkeit stagnieren[258] und in der Familiengerichtsbarkeit[259] und der Strafgerichtsbarkeit[260] deutlich rückläufig sind, ist in den arbeitsgerichtlichen Streitigkeiten eine außerordentlich starke Zunahme zu verzeichnen[261]. Wohl überwiegend bedingt durch Anlaufschwierigkeiten in der Verwaltung ist bisher der Geschäftsanfall in der Verwaltungs-, Finanz- und Sozialgerichtsbarkeit sehr gering[262]; der Anfall von Rehabilitierungsverfahren ist dagegen erheblich[263]. Die **Erledigungszahlen** entsprechen in einigen Bereichen jedenfalls annähernd dem Geschäftsanfall, so daß hier die Rückstände bisher

[254] Dazu gehört insbesondere die Mobiliarzwangsvollstreckung; s. auch Rdn. 82 und Teil B Rdn. 171.

[255] S. auch Rdn. 61 ff.

[256] S. auch Teil B Rdn. 171.

[257] Vgl. dazu u. a. *Weiß* ZBR **1991** 5 f.

[258] Zahl der Eingänge 1989 51 526, 1990 46 341.

[259] Zahl der Eingänge 1989 79 215, 1990 61 240.

[260] Zahl der Eingänge 1989 38 505, 1990 23 748. Im Durchschnitt der Jahre 1986 bis 1988 wurden jährlich rund 45 000 Verfahren anhängig.

[261] Zahl der Eingänge 1989 13 521, 1990 100 296, also eine Zunahme auf das Siebeneinhalbfache. Für 1991 muß mit einer weiteren erheblichen Steigerung gerechnet werden.

[262] In verwaltungsgerichtlichen Sachen wurden 1990 (nach vorläufiger Auswertung der Statistik) 1251 Verfahren im ersten Rechtszug anhängig, in finanzgerichtlichen Sachen 16 und in sozialrechtlichen Angelegenheiten 554. Da diese besonderen Gerichtsbarkeiten (Fachkammern bzw. Fachsenate bei den Kreis- und Bezirksgerichten) weitgehend erst nach dem Beitritt eingerichtet worden sind, sind die bisherigen (geringen) Erledigungszahlen ohne jede Aussagekraft.

[263] Exakte Zahlen liegen derzeit nicht vor; jedoch dürften bereits zwischen 20 000 und 40 000 Rehabilitierungsanträge gestellt worden sein, wobei zweifelhaft ist, ob es sich der Sache nach nicht vielfach um Kassationsbegehren handelt.

nicht dramatisch angestiegen sind[264]. Aber auch bei den arbeitsrechtlichen Streitigkeiten steht dem gestiegenen Geschäftsanfall eine ebenfalls deutlich gestiegene Zahl von Erledigungen gegenüber[264a]. Zeitweilig schwerwiegende und regional unterschiedliche Störungen im Ablauf der Verfahren sind in einigen Bereichen der freiwilligen Gerichtsbarkeit eingetreten, besonders im Nachlaß- und Grundbuchwesen[265]. Im Beurkundungswesen durch die Notare mit eigener Praxis dürfte inzwischen eine flächendeckende Versorgung erreicht sein, die den Ansprüchen notdürftig genügt[266].

102c Die **Zahl der Richter** betrug in den fünf neuen Ländern Mitte Februar rund 1370, davon waren etwa 130 zugewiesene oder abgeordnete Richter (s. Rdn. 53 f)[267]. Entscheidungen der Richterwahlausschüsse über die Zustimmung zur Ernennung der lediglich zur Ausübung der Rechtsprechung ermächtigten Richter (s. Rdn. 47) sind noch nicht in nennenswertem Umfang ergangen; die (als Sollvorschrift) für diese Entscheidung vorgesehene Endfrist (15. April 1991) wird überwiegend nicht eingehalten werden können. Da auch in der Zivil- und Strafgerichtsbarkeit und in den besonderen Gerichtsbarkeiten mit einer erheblichen Erhöhung des Geschäftsanfalls gerechnet werden muß[268], ist absehbar, daß die Zahl der Richter (und vor allem der Rechtspfleger) für die Aufrechterhaltung einer funktionsfähigen Rechtspflege derzeit nicht ausreichen wird. Die zur Entlastung der regulären Justiz eingerichteten Institutionen der **vorgerichtlichen Streitbeilegung**, insbesondere die Schiedsstellen in den Gemeinden (s. Teil C Rdn. 26 ff) und die Schiedsstellen für Arbeitsrecht (s. Rdn. 95) konnten teilweise bisher noch nicht gebildet werden; jedenfalls haben sie noch keine nennenswerte Tätigkeit entfaltet.

102d Zur **Erhaltung und Verbesserung der Funktionsfähigkeit** der Rechtspflege sind koordinierte Unterstützungsmaßnahmen der Altländer und des Bundes erforderlich; sie sind teilweise bereits eingeleitet, teilweise in der Planung[269]. Neben vielfältigen Hilfsmaßnahmen im organisatorischen und administrativen Bereich stehen derzeit Bemühungen um eine massive personelle Unterstützung, insbesondere bei Richtern, Staatsanwälten und Rechtspflegern im Mittelpunkt. Dabei kommt es vor allem darauf an, den vorübergehenden Einsatz von erfahrenen Richtern, Staatsanwälten und Rechtspflegern aus den alten Ländern in den neuen Ländern zu ermöglichen und – auch in besoldungsmäßiger Hinsicht – genügend Anreize für die Gewinnung qualifizierten juristischen Nachwuchses zu schaffen; in der bedarfsorientierten Rechtspflegerausbildung müssen auch die Ausbildungskapazitäten erhöht werden. Zu den verschiedenen Maßnahmen, die inso-

---

[264] In den ersten fünf Monaten seit dem Beitritt (Anfang Oktober 1990 bis Ende Februar 1991) entwickelten sich Eingänge und Erledigungen in der ersten Instanz wie folgt: Zivilsachen Eingänge 15 939, Erledigungen 11 597; Familiensachen Eingänge 10 521, Erledigungen 10 473, Strafsachen Eingänge 8814, Erledigungen 6174.

[264a] In der Zeit von Oktober 1990 bis Ende Februar 1991 wurden 81 039 Sachen im ersten Rechtszug anhängig, 41 291 erledigt.

[265] Zu den Grundbuchsachen s. *Schmidt-Räntsch* DtZ **1991** 65 (Ende 1990 etwa 500 000 unerledigte Anträge).

[266] Die Zahl der bestellten Notare betrug Anfang März 1991 etwa 390. Zur Situation im Notariat s. auch BTDrucks. **12** 178, S. 11 (Antwort des BReg. auf schriftl. Frage des Abs. Büttner).

[267] Zahl der Staatsanwälte etwa 850, darunter etwa 50 aus den alten Ländern abgeordnete.

[268] Zu den Prognosen für die künftige Geschäftsentwicklung und den sie beeinflussenden Faktoren s, näher *Rieß* DWiR **1991** 12 f (IV 3).

[269] Vgl. u. a. den Bericht über die Sonderkonferenz der Justizminister und -senatoren der Länder am 18./19. 11. 1990 in DRiZ **1991** 53 ff; ferner *Kinkel* FS Sendler (unter II); *Rieß* DWiR **1991** 15 f. (VII); BMJustiz *Kinkel* in der 14. Sitzung des BT am 13. 3. 1991, Plenarprot. **12 14** S. 852 f.

weit derzeit verfolgt werden, gehören der befristete Einsatz von im Ruhestand befindlichen Richtern und Rechtspflegern aus den alten Ländern (sog. Seniorenmodell, s. auch Rdn. 51), die Gewährung von Zulagen zum Ausgleich der Besoldungsunterschiede für qualifizierte Berufsanfänger aus den alten Ländern[270] und eine deutliche Erhöhung der Zahl der aus den alten Ländern zugewiesenen oder abgeordneten Richter, Staatsanwälte und Rechtspfleger[271].

2. Dauer der besonderen Regelungen. Der Einigungsvertrag enthält keine allge- **103**
meinen Vorschriften darüber, ob und bis wann Bundesrecht, das nicht sofort in vollem Umfang auf das Beitrittsgebiet erstreckt worden ist, dort in Kraft tritt oder in Kraft gesetzt werden muß. Auch für das Rechtspflegerecht ist eine solche allgemeine Regelung nicht getroffen worden; es finden sich vielmehr unterschiedliche Einzelvorschriften, teilweise fehlt es an jeder näheren Bestimmung. Soweit aufrechterhaltenes oder modifiziertes DDR-Recht mit dem Grundgesetz nicht voll vereinbar ist, aber unter den Voraussetzungen des Art. 143 GG bestehen bleiben kann, sind die in dieser Vorschrift genannten Fristen zu beachten[272]. Das ist für den Rechtspflegebereich in verhältnismäßig geringem Umfang von Bedeutung[273]; für verfassungskonformes Recht ist diese zeitliche Grenze ohne Bedeutung[274].

Abgesehen von den wenigen Fällen, in denen im Rechtspflegebereich die Fortgel- **104**
tung von DDR-Recht **zeitlich befristet ist**[275], oder eine Rechtsverordnungsermächtigung die Bundesregierung zur Aufhebung einschränkender Maßgaben ermächtigt[276], ist für die weitergehende Rechtsangleichung, also für die Beseitigung der Maßgaben und Besonderheiten, eine Entscheidung des Gesetzgebers erforderlich. Soweit hierzu der Landesgesetzgeber berufen ist, sind ihm im Einigungsvertrag hierfür teilweise feste Fristen gesetzt[277], teilweise sind die von ihm zu beachtenden und ihn verpflichtenden Voraussetzungen bezeichnet. Dies gilt vor allem für die Anpassung der Gerichtsorganisation an die Vorschriften des Gerichtsverfassungsgesetzes (dazu ausführlich Teil B Rdn. 22 ff), mit deren Verwirklichung zugleich diejenigen Maßnahmen in anderen Bereichen ihre Grundlage verlieren, die nur dadurch gerechtfertigt werden (s. näher Teil B Rdn. 31). Ist der Bundesgesetzgeber für die weitere Rechtsangleichung zuständig, so steht es, sofern nicht verfassungsrechtliche Vorgaben zu beachten sind, in seinem gesetzgeberischen Ermessen, zu welchem Zeitpunkt und mit welchem Inhalt er sie vornimmt.

3. Reformimpulse. Das übergangsweise im Beitrittsgebiet geltende Rechtspflege- **105**
recht enthält teilweise Regelungen, die auch in der Reformdiskussion der Bundesrepublik, zum Teil seit längerer Zeit, eine Rolle gespielt haben. Das gilt beispielsweise für

[270] Wegen der Einzelheiten s. die aufgrund des § 73 BBesG ergangene Erste Besoldungs-Überleitungsverordnung vom 4. 3. 1991 (BGBl. I S. 622) und die aufgrund des § 107 a Beamten-Versorgungsgesetz erlassene Beamtenversorgungs-Überleitungsverordnung vom 11. 3. 1991 (BGBl. I S. 630); s. zum ganzen auch *Weiß* ZBR **1991** 29.

[271] Zu den Konsequenzen für Entlastungsmaßnahmen für die Rechtspflege im gesamten Rechtsgebiet vgl. *Rieß* DWiR **1991** 16 f (VIII 2); ferner BMJustiz *Kinkel* in der 14. Sitzung des BT am 13. 3. 1991, Plenarprot. **12** 14 S. 853 C.

[272] Grundrechtsbezogene Abweichungen längstens bis 31. 12. 1992, sonstige bis 31. 12. 1995; vgl. *Viehmann* Einigungsvertrag, S. 11.

[273] Vgl. aber Rdn. 43 (Richterrecht); Teil B Rdn. 113 (Senate für Rehabilitierungsverfahren).

[274] A. A *Viehmann* Einigungsvertrag S. 26, der darin eine Orientierung sehen will.

[275] S. Teil B Rdn. 158; 161 (ehrenamtliche Richter); Teil C Rdn. 28 (Hilfsbeamte der Staatsanwaltschaft); Teil C Rdn. 48 (Kassation).

[276] So für den prozentualen Abschlag im Kostenrecht (s. oben Rdn. 100).

[277] So etwa für die Schaffung von Landesrichtergesetzen bis zum 31. 12. 1992 (s. Rdn. 52).

den zweistufigen Aufbau der ordentlichen Gerichtsbarkeit der Länder (Kreisgericht und Bezirksgericht) im Verhältnis zum dreistufigen nach dem Gerichtsverfassungsgesetz (Amtsgericht, Landgericht und Oberlandesgericht), der im Ansatz den Vorstellungen zur Neugliederung der ordentlichen Gerichtsbarkeit in den Jahren 1971 bis 1974 vergleichbar ist[278], ferner für den Verzicht auf das (zivilprozessuale) Lokalisationsprinzip (§ 78 ZPO), auch dort, wo Anwaltszwang vorgesehen ist (Rdn. 79), der in der gegenwärtigen Berufsrechtsdebatte eine große Rolle spielt, oder für das strafgerichtliche Ausgleichs- und Sühneverfahren (näher Teil C Rdn. 27). Nach der Absicht der vertragschließenden Parteien sollen damit keine Vorwegentscheidungen getroffen werden. In den Erläuterungen[279] ist hierzu ausgeführt:

> „Damit ist jedoch in keinem Fall beabsichtigt, einen künftigen gesamtdeutschen Gesetzgeber in Reformfragen in der einen oder anderen Richtung zu präjudizieren; dies gilt auch dort, wo die für das Gebiet der fünf neuen Länder vereinbarten Maßgaben für eine Übergangszeit Regelungen enthalten, die in der Reformdiskussion eine Rolle gespielt haben."

106 Dieser **Vorbehalt hindert** den **Gesetzgeber** selbstverständlich **nicht**, bei umfangreichen Reformen oder Novellierungen im Rechtspflegebereich oder bei der weiteren Rechtsangleichung auf die im Einigungsvertrag für das Beitrittsgebiet vereinbarten Regelungen zurückzugreifen, wenn sie sich bewähren[280]. Es ist nicht zwingend, daß die weitere Rechtsangleichung ausnahmslos durch die Erstreckung des im Bereich der (alten) Bundesrepublik geltenden Rechts auf das Beitrittsgebiet vorgenommen wird.

---

[278] Vgl. dazu mit weit. Nachw. *Kissel* GVG, Einl. Rdn. 125 ff; *Jahn* FS Wassermann (1985), S. 91 ff.

[279] BTDrucks. **11** 7817, S. 6.

[280] Näher *Rieß* DWiR **1991** 16 f.

B. ERLÄUTERUNGEN ZUM GERICHTSVERFASSUNGSRECHT

(Anlage I Kap. III Sachgebiet A Abschnitt III Nr. 1)

Vorbemerkungen

Übersicht

1. Allgemeines. Die unter Nr. 1 der Anlage I als Maßgaben zum Gerichtsverfas- 1
sungsgesetz bezeichneten Regelungen bestimmen für eine Übergangszeit (Rdn. 22 ff) insgesamt den Gerichtsaufbau, die Zuständigkeit und die Besetzung der Gerichte im Beitrittsgebiet mit Ausnahme von Berlin (Rdn. 2) und ergänzen damit das grundsätzlich gemäß Art. 8 des Einigungsvertrages übergeleitete Bundesrecht der Gerichtsverfassung und der Gerichtsorganisation im weiteren Sinne. Entgegen dem zu engen Einleitungssatz enthält die hier geregelte Materie nicht nur Modifikationen des GVG, sondern auch solche der gerichtsverfassungsrechtlichen und der gerichtsorganisatorischen Bestimmungen in anderen Verfahrensgesetzen[1], ohne daß dies bei den dortigen Maßgaben in allen Fällen[2] jeweils ausdrücklich ausgesprochen ist. Es handelt sich damit um eine grundsätzlich vollständige und abschließende Regelung (s. aber Rdn. 9 f) der für die fünf Länder Brandenburg, Mecklenburg, Sachsen, Sachsen-Anhalt und Thüringen geltenden gerichtsverfassungsrechtlichen und gerichtsorganisatorischen Besonderheiten gegenüber dem sonst geltenden Bundesrecht.

2. Unanwendbarkeit für das Land Berlin. Die Maßgaben gelten insgesamt nicht 2
für das Land Berlin[3]. Das ergibt sich daraus, daß Buchst. a die Anwendbarkeit auf die in Art. 1 Abs. 1 des Vertrages genannten Länder beschränkt und daß in Anlage I Kap. III Sachgebiet A Abschnitt IV Nr. 3 Buchst. a bestimmt ist, daß die dort genannten Maßgaben *anstelle* der unter Nr. 1 genannten Maßgaben zum GVG gelten. Der Aufbau der Gerichtsbarkeit, die Zuständigkeit der Gerichte und deren Besetzung richten sich daher im Land Berlin grundsätzlich nach den allgemeinen Vorschriften des Bundesrechts[3a]. Die

---

[1] BTDrucks. **11** 7817, S. 9.

[1] So aber für das ArbGG in Anlage I Kap. VIII Sachgebiet A Abschnitt III Nr. 15 Buchst. a und für das SGG in Anlage I Kap. VIII Sachgebiet D Abschnitt III Nr. 4.

[3] Zu den Gründen s. BTDrucks. **11** 7817, S. 9.

[3a] Vgl. auch (wegen der Einzelheiten des Übergangs) das Berliner Gesetz über die Zuständigkeit der Berliner Gerichte vom 25. 9. 1990 (GVBl. S. 2076).

in den besonderen Maßgaben für Berlin enthaltenen abweichenden Regelungen sind bei den einzelnen Vorschriften erläutert.

3 3. **Unverändert übertragene Vorschriften.** Eine Reihe von gerichtsverfassungsrechtlichen und gerichtsorganisatorischen Gesetzen sind ihrem Wortlaut nach uneingeschränkt im Beitrittsgebiet anwendbar. Dazu gehören das EGGVG, das Gesetz über die Zuständigkeit der Gerichte bei Änderung der Gerichtseinteilung und das Gesetz zur Wahrung der Einheitlichkeit der Rechtsprechung der obersten Gerichtshöfe des Bundes. Mittelbar haben allerdings die Maßgaben zum GVG insoweit auch auf diese Vorschriften, insbesondere das EGGVG, Auswirkungen, als sich die in ihnen enthaltenen Gleichstellungsklauseln und Zuständigkeitsbestimmungen auch auf die dort geregelten Verfahren beziehen können. Wegen der unveränderten Geltung von Vorschriften des GVG selbst s. Rdn. 10.

4. **Übersicht über die Regelung**

4 a) **Vorgeschichte und Entwicklung.** Die gesetzliche Regelung der Gerichtsverfassung in der DDR durch das GVG/DDR und des Rechts der Staatsanwaltschaft durch das StAG/DDR war in hohem Maße durch die sozialistische Staats- und Rechtstheorie bestimmt[4]. Bereits der WWSUVertrag enthielt daher weitgehende Verpflichtungen zur rechtsstaatlichen Umgestaltung namentlich dieser Rechtsgebiete (s. Teil A Rdn. 8 ff). Die noch von der DDR erlassenen Änderungsgesetze[5], die überwiegend die Aufhebung einzelner Bestimmungen dieser Gesetze zum Inhalt hatten, hinterließen Gesetzesfragmente, die als grundlegende Rechtsvorschriften für den Aufbau einer möglichst einheitlichen Gerichtsbarkeit in einem einheitlichen Deutschland von vorneherein ausscheiden mußten, zumal sich auch die Regelungsinhalte mit denen des Gerichtsverfassungsrechts der Bundesrepublik nicht deckten. Eine tiefgreifende konzeptionelle Umstellung des Gerichtsverfassungsrechts mit dem Beitritt war deshalb unerläßlich; es bestand bereits während der Vertragsverhandlungen darüber Übereinstimmung, daß dies auf der Grundlage des Gerichtsverfassungsrechts der Bundesrepublik geschehen müsse. Es bestand ferner Übereinstimmung darüber, daß mit dem Ende der Eigenstaatlichkeit der DDR auch die zentralstaatlichen Rechtspflegeeinrichtungen (Oberstes Gericht und Generalstaatsanwaltschaft der DDR) ihre Existenzberechtigung verlieren würden und an deren Stelle die vergleichbaren bundesrepublikanischen Rechtspflegeorgane (oberste Gerichtshöfe des Bundes und Generalbundesanwalt) zu treten hatten, soweit sie nach dem Gerichtsverfassungs- und Verfahrensrecht der Bundesrepublik zuständig waren.

5 Der **Gerichtsaufbau der DDR** wich jedoch so grundlegend vom Gerichtsaufbau der Bundesrepublik ab, daß eine kurzfristige Übernahme der Justizstrukturen im Interesse der Aufrechterhaltung einer funktionsfähigen Rechtspflege nicht vorgesehen werden konnte. Im Gegensatz zum gegliederten Gerichtssystem der Bundesrepublik, das in der ordentlichen Gerichtsbarkeit Amts-, Land- und Oberlandesgerichte vorschreibt und selbständige besondere Gerichtsbarkeiten in Form der Verwaltungs-, Finanz-, Arbeits- und Sozialgerichtsbarkeit kennt, war die Gerichtsbarkeit der DDR **einheitlich**

[4] S. z. B. *Brachmann* DtZ **1990** 298; *Peller/Hünefeld* NJ **1990** 10; *Peller* NJ **1990** 338; *Renger* ROW **1990** 13; *Reuter* NJ **1990** 322 (insbes. zur Staatsanwaltschaft); als Beispiel für die (offizielle) Doktrin vor der „Wende" s. auch *Wünsche* e. a., Grundlagen der Rechtspflege, Lehrbuch (DDR) (1983), insbes. S. 15 ff, 42 ff.

[5] Verfassungsgesetz zur Änderung und Ergänzung des Gerichtsverfassungsgesetzes vom 5. 7. 1990 (GBl. I S. 634) und Verfassungsgesetz zur Änderung und Ergänzung des Gesetzes über die Staatsanwaltschaft der DDR vom 5. 7. 1990 (GBl. I S. 635); s. dazu *Peller* NJ **1990** 338 ff; *Reuter* NJ **1990** 322 ff.

und (ohne das Oberste Gericht) **zweistufig** aufgebaut. Für alle der Justiz zugewiesenen Angelegenheiten waren als untere Instanzen die **Kreisgerichte** und als Obergerichte die **Bezirksgerichte** zuständig[5a]. Diese Einheitlichkeit wurde in den letzten Monaten der Eigenstaatlichkeit der DDR noch dadurch verstärkt, daß die Zuständigkeit der **Militärgerichtsbarkeit**[6] und des **Staatlichen Vertragsgerichts**[7] auf die ordentliche Gerichtsbarkeit übertragen wurde. Soweit überhaupt Angelegenheiten justitiabel waren, die nach dem Recht der Bundesrepublik den besonderen Gerichtsbarkeiten zugewiesen sind, waren auch insoweit die Kreis- und Bezirksgerichte zuständig, so seit jeher für arbeitsrechtliche Streitigkeiten[8], soweit diese nicht den gesellschaftlichen Gerichten (Rdn. 13) zugewiesen waren, ferner nach dem GNV für verwaltungsgerichtliche Streitigkeiten[9] und nach der Verpflichtung des WWSUVertrages (Teil A Rdn. 8 ff) und der ihr entsprechenden Umsetzung durch die DDR für finanz- und sozialrechtliche Streitigkeiten[10]. Der Versuch, mit dem Wirksamwerden des Beitritts oder innerhalb einer kurzen Übergangsfrist in den fünf beigetretenen Ländern[11] das gegliederte Gerichtssystem der Bundesrepublik einzuführen, hätte mit Sicherheit zur Funktionsunfähigkeit der vorhandenen Justiz geführt.

b) Grundgedanken der Regelung. Die in den Maßgaben unter Nr. 1 getroffene Regelung beruht in erster Linie auf dem Grundgedanken, daß die gesamten Rechtspflegeaufgaben, die nach dem Recht der Bundesrepublik von einer gegliederten Gerichtsbarkeit wahrgenommen werden, soweit sie die Landesjustiz betreffen, für eine zeitlich nicht genau bestimmte Übergangszeit (Rdn. 22 ff) in das vorhandene gerichtsorganisatorische System der früheren DDR dergestalt integriert werden, daß alle gerichtlichen Rechtspflegeaufgaben den Kreis- und Bezirksgerichten zugeordnet werden. Diese treten damit an die Stelle der Gerichte der Länder für die ordentliche Gerichtsbarkeit, die Verwaltungsgerichtsbarkeit, die Finanzgerichtsbarkeit, die Sozialgerichtsbarkeit und die Arbeitsgerichtsbarkeit. Für diese besonderen Gerichtsbarkeiten wird die Bildung von Fachspruchkörpern und überwiegend eine örtliche Konzentration vorgeschrieben[12]. Dieser Ansatz macht es erforderlich, die Zuständigkeit und die jeweilige Besetzung der Kreis- und Bezirksgerichte eigenständig zu bestimmen; bei der Besetzung der Spruchkörper wird dabei auf den Personalmangel[12a] Rücksicht genommen. **6**

Durch eine allgemeine **Gleichstellungsklausel** (Maßgabe b) werden die Bezeichnungen Amtsgericht, Landgericht und Oberlandesgericht, die in zahlreichen Vorschriften des nunmehr auch im Beitrittsgebiet geltenden Bundesrechts vorkommen, den Bezeichnungen Kreis- und Bezirksgericht angepaßt (näher Rdn. 33 ff). Für einen Teilbereich der den Oberlandesgerichten zugewiesenen Aufgaben, insbesondere dann, wenn ein Rechtsmittelzug vom Landgericht zum Oberlandesgericht vorgesehen ist, werden bei den Bezirksgerichten der Landeshauptstädte **besondere Senate** vorgesehen (Maßga- **7**

[5a] Wegen Abweichungen in der Bezeichnung s. Rdn. 38 a.

[6] Durchführungsverordnung zum Gerichtsverfassungsgesetz – Neufestlegung der Zuständigkeit für Entscheidungen in Militärstrafsachen vom 18. 7. 1990 (GBl. I S. 811).

[7] Durchführungsverordnung zum Gerichtsverfassungsgesetz – Umgestaltung des Staatlichen Vertragsgerichts vom 6. 6. 1990 (GBl. I S. 284)

[8] §§ 4, 23, 30 Abs. 2 GVG/DDR.

[9] § 13 GNV; s. dazu *Christoph* DtZ **1990** 175.

[10] § 2 Buchst. h bis j in Verb. mit § 13 GNV.

[11] Die Besonderheiten für Berlin erklären sich daraus, daß dort ein solches gegliedertes Gerichtssystem schon vorhanden war und nur auf den beitretenden Teil erstreckt werden mußte; s. BTDrucks. **11** 7817, S. 32.

[12] S. näher Maßgaben t bis x und die dortigen Erläuterungen.

[12a] Ein Personalmangel wird allerdings von *Stelkens* DtZ **1991** 7 Fußn. 2 bezweifelt, indessen mit einer Begründung, die an der Realität vorbeigeht.

ben k, l näher Rdn. 117 ff). Um einen rationellen Einsatz der knappen Ressourcen zu ermöglichen, sind ferner weitgespannte Ermächtigungen zu Zuständigkeitskonzentrationen geschaffen worden (Maßgabe n, u Abs. 4, näher Rdn. 132 ff; 184).

8 **Weitere Abweichungen** vom allgemein geltenden Gerichtsverfassungsrecht sind durch die **Besonderheiten des** im Beitrittsgebiet geltenden **Richterrechts** (Teil A Rdn. 41 ff) bedingt; sie betreffen namentlich Besetzungsvorschriften, die den Einsatz von Proberichtern einschränken (Maßgabe d, näher Rdn. 63 ff) sowie die Präsidialverfassung (Maßgabe c, näher Rdn. 39 ff). Abgesehen von **Überleitungsvorschriften** für die beim Obersten Gericht und beim Generalstaatsanwalt der DDR anhängig gewesenen Verfahren (Maßgaben y und z, näher Rdn. 190 ff) sind die sonstigen Modifikationen von untergeordneter Bedeutung.

9 **c) Aufbau der Maßgaben. Ergänzende Geltung des GVG.** Die Maßgaben sind im Interesse größerer Verständlichkeit überwiegend nicht als Änderungen oder Ergänzungen zu Einzelvorschriften des GVG formuliert, sondern sie fassen die sachlichen Abweichungen zu einem in sich geschlossenen und für sich allein lesbaren Text zusammen, der einen Rückgriff auf den insoweit einschlägigen Text des GVG entbehrlich macht. Dieses gilt jedoch unmittelbar, soweit sich aus den Sonderregelungen nichts anderes ergibt[13].

10 Im einzelnen sind namentlich folgende **Vorschriften des GVG unmittelbar** und vollen Umfangs **anwendbar**:
— Aus dem 1. Titel (Gerichtsbarkeit) die §§ 1, 10, 14, 16 und 18 bis 20;
— der 9. Titel (Bundesgerichtshof);
— der 13. Titel (Rechtshilfe);
— der 14. Titel (Öffentlichkeit und Sitzungspolizei);
— der 15. Titel (Gerichtssprache) vorbehaltlich der in Maßgabe r getroffenen Regelung;
— der 16. Titel (Beratung und Abstimmung).
Welche Regelungen in der durch die Maßgaben modifizierten Materie anzuwenden sind, ist erforderlichenfalls bei den einzelnen Maßgaben dargestellt. Wegen der abweichenden Bezeichnung der Spruchkörper s. Rdn. 37.

5. Justizhoheit der Länder

11 **a) Allgemeines.** Entsprechend der Kompetenzordnung des Grundgesetzes ist mit dem Wirksamwerden des Beitritts und der damit eingetretenen Länderbildung (s. Teil A Rdn. 5) die Justizhoheit im Beitrittsgebiet vom Zentralstaat DDR in gleichem Umfang auf die Länder übergegangen, wie sie nach dem Recht der Bundesrepublik den Ländern zukommt[14]. Nach der in Art. 13 des Einigungsvertrages getroffenen Regelung sind damit die Gerichte und Staatsanwaltschaften im Beitrittsgebiet zu Gerichten und Staatsanwaltschaften der Länder geworden[15]; sie unterstehen daher verwaltungsmäßig, organisatorisch und dienstaufsichtsrechtlich dem jeweiligen Land, dem auch die Personalhoheit und die Organisationsgewalt zusteht (s. näher Rdn. 19 ff). Eine Kompetenz des Bundes besteht insoweit nicht[16].

12 **b) Gesetzgebungskompetenz.** Soweit nach der Kompetenzordnung des Grundgesetzes im Gerichtsverfassungsrecht eine Gesetzgebungskompetenz der Länder be-

[13] BTDrucks. 11 7817, S. 9.
[14] Vgl. zur Justizhoheit der Länder näher *Kissel* GVG, Einl. Rdn. 17 ff; *Maunz/Dürig/Herzog*, GG, Art. 92 Rdn. 105 ff.
[15] BTDrucks. 11 7817, S. 9; s. auch Fußn. 30a.
[16] Die in Art. 15 Abs. 1 des Einigungsvertrages enthaltene Übergangsvorschrift bis zur Bildung von Landesregierungen ist heute nicht mehr von Bedeutung.

steht[17], steht sie auch den neuen Ländern zu[18]. Jedoch hat der Einigungsvertrag in einigen Bereichen wegen der erst bevorstehenden Bildung der Länder vorläufige, vor allem organisationsrechtliche Regelungen getroffen oder aufrechterhalten, die nunmehr in die Kompetenz des Landesrechts fallen. Insofern können die Länder unter Inanspruchnahme ihrer Kompetenz durch Landesrecht abweichende Regelungen treffen. Die Einzelheiten sind bei den einzelnen Maßgaben dargestellt[19]. Ferner überläßt es der Einigungsvertrag grundsätzlich dem Landesrecht, den Übergangszustand zu beenden und zu dem im Gerichtsverfassungsrecht der Bundesrepublik vorgesehenen Gerichtsaufbau überzugehen (näher Rdn. 29).

6. Gesellschaftliche Gerichte. Nach dem Gerichtsverfassungsrecht der DDR **13**
waren die gesellschaftlichen Gerichte die in der Form von Konflikt- und Schiedskommissionen in Erscheinung traten, echte Gerichte[20]. Nach dem WWSUVertrag waren sie, abgesehen von arbeitsrechtlichen Streitigkeiten unter den dort näher beschriebenen Voraussetzungen weiterhin möglich[21]. § 55 des SchiedsStG (s. Teil C Rdn. 26) hat die gesellschaftlichen Gerichte noch vor dem Beitritt aufgehoben[21a]. Als neue außergerichtliche Schlichtungsstellen sieht das im Beitrittsgebiet geltende Recht für arbeitsrechtliche Auseinandersetzungen die **Schiedsstellen für Arbeitsrecht** nach dem aufrechterhaltenen[22] Gesetz vom 29. Juni 1990 (GBl. I S. 505) sowie für zivilrechtliche Auseinandersetzungen, für den Sühneversuch im Privatklageverfahren und für das besondere strafrechtliche Ausgleichs- und Wiedergutmachungsverfahren die **Schiedsstellen in den Gemeinden** vor[23]. Dabei handelt es sich jedoch nicht um Gerichte[23a].

Allgemeine Vorschriften

Maßgabe a
Aufbau der Gerichtsbarkeit

(1) [1]Die ordentliche streitige Gerichtsbarkeit der Länder wird in den in Artikel 1 Abs. 1 des Vertrages genannten Ländern durch die Kreisgerichte und die Bezirksgerichte ausgeübt. [2]Diese Gerichte sind auch zuständig für Angelegenheiten der freiwilligen Gerichtsbarkeit, die den Gerichten übertragen sind.

(2) [1]Die Länder richten durch Gesetz die im Gerichtsverfassungsgesetz vorgesehenen Gerichte und Staatsanwaltschaften ein, sobald hierfür unter Berücksichtigung der Be-

---

[17] S. dazu *Kissel* aaO; *Maunz/Dürig*, GG, Art. 74 Rdn. 72 ff mit weit. Nachw.

[18] Übersicht über die den Landesjustizverwaltungen obliegenden Aufgaben bei *Brachmann* DtZ **1990** 304.

[19] S. Rdn. 123 f; 135 f; 140 f; Teil A Rdn. 48.

[20] § 1 GVG/DDR; s. auch *Wünsche* (Fußn. 4), S. 77 f.

[21] S. WWSUVertrag, Anlage III Abschnitt II Nr. 21 Buchst. c (Abdruck Teil A Rdn. 9); dazu *Peller* NJ **1990** 339; ferner BTDrucks. **11** 7171 (Denkschrift zum Vertrag), S. 133.

[21a] Nach § 58 SchiedsStG ist dieses mit dem Inkrafttreten des Einigungsvertrages, also am 29. 9. 1990 in Kraft getreten und damit zugleich die Aufhebung des Gesetzes über die gesellschaftlichen Gerichte wirksam geworden.

[22] Anlage II Kap. VIII Sachgebiet A Abschnitt III Nr. 3; dazu *Kissel* NZA **1990** 835; *Matthias/Schroeder* NJ **1990** 341; die Aufrechterhaltung gilt nicht für das Land Berlin; s. auch Teil A Rdn. 95.

[23] S. näher Teil C Rdn. 26; dies gilt auch im beigetretenen Teil des Landes Berlin.

[23a] Zur gegenwärtigen praktischen Bedeutung s. Teil A Rdn. 102c.

dürfnisse einer geordneten Rechtspflege jeweils die personellen und sachlichen Voraussetzungen gegeben sind. 2Sie können dabei Regelungen über den Übergang der anhängigen Verfahren treffen.

(3) Bis zur Errichtung selbständiger Gerichtsbarkeiten sind die Kreis- und Bezirksgerichte nach den Maßgaben t) bis x) auch in Angelegenheiten der Verwaltungs-, Finanz-, Arbeits- und Sozialgerichtsbarkeit zuständig.

Übersicht

14 **1. Allgemeine Bedeutung.** Die Vorschrift regelt in Absatz 1 und mit dem Hinweis in Absatz 3 als Grundsatznorm den Aufbau der Gerichtsbarkeit in den Ländern Brandenburg, Mecklenburg-Vorpommern, Sachsen, Sachsen-Anhalt und Thüringen dahingehend, daß diese (insgesamt) durch Kreis- und Bezirksgerichte ausgeübt wird. Sie enthält in Absatz 2 die Verpflichtung dieser Länder, unter den dort genannten Voraussetzungen den Gerichtsaufbau den Vorschriften des Gerichtsverfassungsgesetzes anzupassen[24]. Sie gilt nicht im Land Berlin (Rdn. 2) und nicht, soweit auf den Territorien der fünf Länder Gerichte des Bundes tätig werden, beispielsweise in Angelegenheiten der Gerichtsbarkeit des Bundes (s. aber Rdn. 122).

2. Umfang der Gerichtsbarkeit der Kreis- und Bezirksgerichte

15 **a) Ordentliche streitige Gerichtsbarkeit** im Sinne des Absatz 1 Satz 1 ist die in § 12 GVG so genannte und in § 13 GVG näher umschriebene Gerichtsbarkeit; sie umfaßt damit alle bürgerlichen Rechtsstreitigkeiten einschließlich der Ehe- und Familiensachen (s. Maßgabe e Abs. 1) und die Strafsachen. Wegen der Einzelheiten der Abgrenzung kann auf die Rechtsprechung und das Schrifttum zu diesen Vorschriften zurückgegriffen werden. Wie sich aus den Zuständigkeitsregelungen in den einzelnen Maßgaben ergibt[25], gehört auch die Anfechtung von **Justizverwaltungsakten** nach den §§ 23 ff EGGVG vor die (besonderen Senate der) Bezirksgerichte, so daß es nicht darauf ankommt, ob sie dogmatisch der ordentlichen Gerichtsbarkeit zuzuordnen sind.

16 **b) Freiwillige Gerichtsbarkeit.** Absatz 1 Satz 2 weist den Kreis- und Bezirksgerichten auch die Angelegenheiten der freiwilligen Gerichtsbarkeit zu, die (im Beitrittsgebiet)

[24] BTDrucks. **11** 7817, S. 9.

[25] Insbes. Maßgabe l Abs. 2 Nr. 3 und Abs. 3 Nr. 1.

den Gerichten übertragen sind. Damit geht, da diese nicht generell den bürgerlichen Rechtsstreitigkeiten im Sinne des § 13 GVG zuzurechnen sind[26], der Regelungsinhalt der Maßgaben über das GVG hinaus. Der Umfang der Zuständigkeit in Angelegenheiten der freiwilligen Gerichtsbarkeit richtet sich in erster Linie nach dem auch im Beitrittsgebiet geltenden FGG[27], sowie gemäß dessen § 1 nach den sonstigen gesetzlichen Zuweisungen[28]. Voraussetzung ist allerdings jeweils, daß das in Betracht kommende Gesetz insoweit im Beitrittsgebiet gilt. Dies ist namentlich für Grundbuchangelegenheiten bis zu einer abweichenden Regelung durch die Länder oder den Bundesgesetzgeber nicht der Fall (Teil A Rdn. 89). Anwendbar sind die Vorbehalte für das Landesrecht nach den §§ 189, 194 FGG; die fünf neuen Länder können also im dort eröffneten Umfang Angelegenheiten der freiwilligen Gerichtsbarkeit anderen Behörden als Gerichten übertragen.

c) **Weitere Zuständigkeiten.** Der in Kreis- und Bezirksgerichte gegliederten Gerichtsbarkeit der fünf neuen Länder sind ferner durch besondere gesetzliche Vorschriften weitere Zuständigkeiten übertragen worden. Bis zur Bildung von **Richterdienstgerichten** (§ 77 ff DRiG) werden deren Aufgaben von Senaten der Bezirksgerichte wahrgenommen (Maßgabe Nr. 8 Buchst. u — s. näher Rdn. 116). Ferner sind die Bezirksgerichte für Rehabilitierungsverfahren zuständig (§ 11 RehabG, näher Rdn. 108 ff). Schließlich obliegt den Kreis- und Bezirksgerichten bis zur Bildung selbständiger Fachgerichtsbarkeiten die Rechtsprechung in den den **Verwaltungs-, Finanz-, Arbeits- und Sozialgerichten** zugewiesenen Aufgaben; Absatz 3 enthält insoweit lediglich eine klarstellende Verweisung auf die in den Maßgaben t bis x getroffene Regelung[29]; wegen der Einzelheiten wird auf die dortigen Erläuterungen Bezug genommen. Wegen der **Baulandsachen** s. Rdn. 182 f. Für **Disziplinarsachen** bei Landesbeamten sind gemäß Anlage I Kap. XIX Sachgebiet A Abschnitt III Nr. 10 bis zur Errichtung einer besonderen Disziplinargerichtsbarkeit die „Verwaltungsgerichte" zuständig und damit bis zur Ausgliederung der Verwaltungsgerichtsbarkeit die Fachspruchkörper für Verwaltungssachen bei den Kreis- und Bezirksgerichten. 17

d) **Umfassende Zuständigkeit der Kreis- und Bezirksgerichte.** Aus dem Gesamtzusammenhang der Regelung läßt sich ableiten, daß die Kreis- und Bezirksgerichte bis zu einer Ausgliederung der Fachgerichtsbarkeiten (Rdn. 178 ff) oder sonst der Errichtung von besonderen Gerichten eine umfassende Zuständigkeit für die den Ländern zugewiesene Gerichtsbarkeit in den fünf neuen Ländern besitzen. Diese Gerichte sind damit zunächst für alle den Gerichten obliegenden Angelegenheiten zuständig, soweit nicht Gerichte des Bundes oder besondere Berufsgerichte zuständig sind, namentlich die Berufsgerichte und die Berufsgerichtshöfe für Rechtsanwälte[30]. Dies würde auch für — derzeit nicht ersichtliche — gerichtliche Aufgaben anzunehmen sein, bei denen die Zuständigkeit der Kreis- und Bezirksgerichte nicht ausdrücklich geregelt ist und sich auch nicht aus der Gleichstellungsklausel der Maßgabe b ergibt. 18

3. **Organisationshoheit der Länder.** Aus dem Wortlaut des Absatz 1 Satz 1 (*die* Kreisgerichte und *die* Bezirksgerichte) ergibt sich, daß zunächst die am Tage des Wirksamwerdens des Beitritts vorhandenen Kreis- und Bezirksgerichte als Gerichte der Län- 19

[26] *Kissel* GVG, § 13, 211.
[27] Maßgabe Nr. 13; s. auch Teil A Rdn. 85 ff.
[28] S. im einzelnen *Keidel/Kuntze/Winkler* FGG[12], § 1, 37 ff.
[29] BTDrucks. 11 7817, S. 9.
[30] S. §§ 90 ff RAG.

der, zu deren Gebiet sie gehören[30a], erhalten bleiben[31]. Nach dem organisatorischen Aufbau der früheren DDR bestand grundsätzlich in jedem Stadt- oder Landkreis ein Kreisgericht[32] und in jedem Bezirk ein Bezirksgericht. In den neuen Ländern bestehen danach folgende Bezirksgerichte: In Brandenburg die Bezirksgerichte Cottbus, Frankfurt/Oder und Potsdam, in Mecklenburg-Vorpommern die Bezirksgerichte Neubrandenburg, Rostock und Schwerin, in Sachsen die Bezirksgerichte Chemnitz, Dresden und Leipzig, in Sachsen-Anhalt die Bezirksgerichte Halle und Magdeburg sowie in Thüringen die Bezirksgerichte Erfurt, Gera und Suhl.

20 Nach der Bildung der Länder können diese kraft ihrer Justizhoheit durch Landesrecht über den **Bestand der einzelnen Kreis- und Bezirksgerichte** disponieren; eine bundesrechtliche Kompetenz zur Veränderung der Gerichtsbezirke besteht nicht[33]. Die Länder können daher Kreis- und Bezirksgerichte neu bilden, zusammenlegen oder die Grenzen der Gerichtsbezirke verändern; dabei können sie auch bisher selbständige Kreisgerichte als Zweigstellen aufrechterhalten. Anwendbar ist, solange die neuen Länder noch keine Ausführungsgesetze zum GVG erlassen haben, die teilweise als Bundes-, teilweise als Landesrecht fortgeltende Verordnung zur einheitlichen Regelung der Gerichtsverfassung[34]. Die Befugnis zur örtlichen Konzentration richtet sich nach Maßgabe n (s. Rdn. 141).

21 Die **Organisationsgewalt** der Länder ist insoweit **eingeschränkt**, als die Länder zwingend durch die Maßgaben zum GVG und damit durch (partielles) Bundesrecht vorgeschriebene **Zuständigkeitskonzentrationen** solange nicht einschränken dürfen, wie sie am Aufbau der Gerichtsbarkeit in Kreis- und Bezirksgerichte festhalten. Sie dürfen daher (Maßgabe e Abs. 2) Kammern für Handelssachen nicht bei mehreren Kreisgerichten innerhalb des Bezirks eines Bezirksgerichts (s. aber Rdn. 136) und besondere Senate nicht bei mehreren Bezirksgerichten eines Landes (Maßgabe k Abs. 1) einrichten. Gleiches gilt für die Zuständigkeitskonzentrationen für die Verwaltungs-, Finanz- und Sozialgerichtsbarkeit[35]. Diese Einschränkung gilt dagegen nicht für die örtliche Zuständigkeitskonzentration in Angelegenheiten der Gesamtvollstreckungsordnung nach der Durchführungsverordnung vom 31.7. 1990 (GBl. I S. 1152) auf die Kreisgerichte für den Bezirk des jeweiligen Bezirksgerichts, weil diese Rechtsvorschrift nicht aufrechterhalten worden ist. Insoweit handelt es sich lediglich um eine nach Maßgabe n Abs. 3 fortbestehende Konzentration, die der Disposition durch das Landesrecht unterliegt (s. auch Rdn. 140 sowie § 21 Abs. 2 GVollstrO i. d. F. des Einigungsvertrags).

[30a] Bei Gebietsveränderungen im Zusammenhang mit der Länderbildung, die ganze Kreise betreffen, gehören die Kreisgerichte nunmehr zu dem Land, zu dem die Kreise geschlagen worden sind. Man wird – bis zu einer notwendigen landesgesetzlichen Regelung – annehmen müssen, daß sie zu demjenigen übergeordneten Bezirksgericht ihres (neuen) Landes gehören, dem auch die benachbarten Kreisgerichte angehören, wenn nicht ohnehin der Kreis seine Bezirkszugehörigkeit wechselt. Keinesfalls wird man das bisherige übergeordnete Bezirksgericht, das nunmehr das Gericht eines anderen Landes geworden ist, als übergeordnetes Gericht ansehen können, da dies der Justizhoheit der Länder widersprechen würde.

[31] BTDrucks. **11** 7817, S. 9.

[32] Die früher in Großstädten vorhandenen mehreren Kreisgerichte wurden durch die DVO zum GVG vom 6. 6. 1990 (GBl. I S. 283) zu einheitlichen Kreisgerichten zusammengelegt (s. dazu *Peller* NJ **1990** 340). Gemeinsame Kreisgerichte für Stadt- und Landkreise sind bereits mehrfach durch früheres Recht der DDR gebildet worden; s. näher die Nachweise bei *Errens* AnwBl. **1990** 602 bei Fußn. 2 bis 6.

[33] BTDrucks. **11** 7817, S. 9.

[34] Zu den Einzelheiten, auch zum Umfang der Fortgeltung als Bundes- oder Landesrecht s. LR 23. Aufl., GVGVO in Anhang B.

[35] Maßgabe u Abs. 1 Satz 1, Abs. 2 Satz 1; Maßgabe v Satz 1; Maßgabe x Abs. 1 Satz 1, Abs. 2 Satz 1.

4. Übergang zum normalen Gerichtsaufbau

a) **Allgemeines.** Maßgabe a Abs. 2 und die damit in Aufbau und Zielrichtung übereinstimmende Maßgabe t Abs. 4 für die besonderen Gerichtsbarkeiten verdeutlichen zunächst als **programatische Aussage** den Übergangscharakter des abweichenden Gerichtsaufbaus in den fünf neuen Ländern[36]. Sie regeln ferner die Voraussetzungen, die vorliegen müssen, wenn die Übergangsregelung beendet werden soll und übertragen die Zuständigkeit zur Errichtung der „normalen" Gerichte auf den Landesgesetzgeber. **22**

b) Das **Verhältnis zur Einrichtung besonderer Gerichtsbarkeiten** nach Maßgabe t Abs. 4 ist dergestalt bestimmt, daß diese den Vorrang vor der Anpassung der ordentlichen Gerichtsbarkeit hat[37]. Das ergibt sich daraus, daß nach dem Wortlaut von Maßgabe t Abs. 4 die besonderen Gerichtsbarkeiten „baldmöglichst" auszugliedern sind, sobald die Voraussetzungen „geschaffen werden können", während nach Maßgabe a Abs. 2 die Gerichte einzurichten sind sobald die Voraussetzungen vorliegen. Falls die gegenwärtige Ressourcenknappheit sich zunächst nur insoweit bessert, daß das Übergangsrecht nur teilweise aufgehoben werden kann, müssen daher die Länder zunächst die (oder einzelne, s. Rdn. 178) besondere Gerichtsbarkeiten einrichten. Sie können den Übergang zum „normalen" Gerichtsaufbau freilich in einem einheitlichen Gesetzgebungsakt (ggfs. mit unterschiedlichen Inkraftsetzensterminen) vornehmen, wenn bereits absehbar ist, daß und zu welchem Zeitpunkt die Voraussetzungen hierfür gegeben sind. **23**

c) **Voraussetzungen und Grenzen.** Die im GVG vorgesehenen Gerichte und Staatsanwaltschaften sind einzurichten, sobald hierfür unter Berücksichtigung der Bedürfnisse einer geordneten Rechtspflege jeweils die personellen und sachlichen Voraussetzungen vorliegen. Die Vorschrift ist zwingendes Bundesrecht, sie verpflichtet die Landesgesetzgeber zum Tätigwerden, wenn die — als unbestimmte Rechtsbegriffe anzusehenden — Voraussetzungen gegeben sind. Ein gesetzgeberisches Ermessen steht den Ländern nicht zu, auch wenn ihnen ein erheblicher Beurteilungsspielraum eingeräumt sein dürfte. Eine datumsmäßig festgelegte zeitliche Grenze enthält die Vorschrift nicht[38]; sie kann auch nicht aus der Zeitgrenze in Art. 143 Abs. 2 GG hergeleitet werden (s. Teil A Rdn. 103). Die Vorschrift enthält zugleich ein **Verbot**, *vor* dem Vorliegen der Voraussetzungen die ordentliche Gerichtsbarkeit nach den Regelungen des GVG umzugestalten und damit die Funktionsfähigkeit der Rechtspflege zu gefährden. Die Länder sind allerdings nicht gehindert, in einem **zweistufigen Vorgehen** den Aufbau der künftigen Landesjustiz (z. B. den Sitz der Gerichte und die Größe der Gerichtsbezirke) bereits vor dem Vorliegen der Voraussetzungen gesetzlich zu bestimmen, um die erforderlichen Planungsgrundlagen zu schaffen, und diese Struktur durch ein besonderes späteres Gesetz in Kraft zu setzen[38a]. **24**

Die **Voraussetzungen** für die Errichtung „normaler" ordentlicher Gerichte **liegen vor**, wenn so ausreichendes Justizpersonal und so eine ausreichender bauliche und sonstige sachlicher Einrichtung vorhanden ist, daß ohne eine wesentliche Verschlechterung der dann erreichten Funktionsfähigkeit der Rechtspflege Amts-, Land- und Oberlandesgerichte mit ihren nach dem GVG und den Verfahrensgesetzen zugewiesenen Aufgaben und der dort vorgeschriebenen Besetzung (s. Rdn. 30) tätig werden können. Dabei **25**

[36] BTDrucks. **11** 7817, S. 10.

[37] BTDrucks. **11** 7817, S. 14.

[38] Zu den Gründen (Ungewißheit der Prognose) s. BTDrucks. **11** 7817, S. 10.

[38a] In dieser Weise verfährt etwa der Gesetzentwurf der Landesregierung Mecklenburg-Vorpommern für ein Gerichtsstrukturgesetz (Landtagsdrucks. **1** 107); s. insbes. dessen § 1 Abs. 2.

ist auf eine **Gesamtbetrachtung** der Bedürfnisse einer geordneten Rechtspflege für das jeweilige Land abzustellen. Der Übergang zur normalen ordentlichen Gerichtsbarkeit ist also erst dann zulässig, wenn hinreichend sicher zu erwarten ist, daß in allen Landesteilen und auf allen Gebieten der Rechtspflege dadurch keine Unzuträglichkeiten eintreten.

26 Bei den **personellen Voraussetzungen** ist entscheidend, ob der Bestand an Richtern, Staatsanwälten und sonstigem Justizpersonal die Einrichtung der verschiedenen Instanzgerichte ohne Verlust an Arbeitskapazität ermöglicht. Dabei ist in erster Linie in Rechnung zu stellen, daß durch den Übergang zur normalen ordentlichen Gerichtsbarkeit diejenigen Reduktionen in der Besetzung der Spruchkörper entfallen, die sich aus dem Zusammenhang der Rechtspflegemaßgaben ergeben, daß also beispielsweise in Zivilsachen die Aufteilung der erstinstanzlichen Sachen auf das Amts- und Landgericht die Arbeitskraft von Berufsrichterkollegien bindet und in Strafsachen die großen Strafkammern mit drei statt mit zwei Berufsrichtern (s. Maßgabe j Abs. 1 Nr. 1) besetzt sind. Ferner ist zu beachten, daß weitere Verfahrenserleichterungen sowie Rechtsmitteleinschränkungen, namentlich im Bereich der weiteren Beschwerde, entfallen[39]. Schließlich muß bedacht werden, daß es innerhalb einheitlicher Gerichte, namentlich unter Berücksichtigung der gegenwärtig durchschnittlich verhältnismäßig geringen Größe der Kreisgerichte, leichter möglich ist, die Arbeitskapazität von Richtern und sonstigem Justizpersonal durch Einsatz in verschiedenen Dezernaten oder Kammern und Senaten vollständig zu nutzen, als dies bei der Einrichtung selbständiger Gerichte möglich wäre, und daß bei der zusätzlichen Bildung von Land- und/oder Oberlandesgerichten ein Mehrbedarf an durch Verwaltungsaufgaben gebundenem Personal eintritt[40].

27 Bei den **sachlichen Voraussetzungen** ist insbesondere auf die Möglichkeit einer ausreichenden räumlichen Unterbringung abzustellen. Wenn auch die Bildung von Amts-, Land- und Oberlandesgerichten anstelle der Kreis- und Bezirksgerichte die gemeinschaftliche Nutzung vorhandener Baulichkeiten durch mehrere Gerichte nicht ausschließt, muß doch bedacht werden, daß die vorhandenen Kreisgerichte einen nicht unerheblichen Teil ihrer Zuständigkeit an die neu zu bildenden Landgerichte verlieren würden. Zu den sachlichen Voraussetzungen gehört ferner, daß die vorhandenen oder erst aufzubauenden Gerichtsbüchereien und sonstige den sächlichen Bedürfnissen dienenden Einrichtungen möglichst optimal genutzt werden können. Auch die Verfügbarkeit finanzieller Mittel im Rahmen des Gesamthaushaltes sowie die Erreichbarkeit der Gerichte unter den jeweiligen Verkehrsbedingungen wird in diesem Zusammenhang zu berücksichtigen sein.

28 **d) Verpflichtung zur Schaffung der Voraussetzungen?** Anders als bei der Ausgliederung der Fachgerichtsbarkeiten nach Maßgabe t Abs. 4 (s. Rdn. 180) verpflichtet der Wortlaut des Absatz 2 die Länder nicht zu *besonderen* Anstrengungen, um die Voraussetzungen für die Einführung des normalen Gerichtsaufbaus zu schaffen. Das hat zu geschehen, sobald die Voraussetzungen vorliegen. Die Länder müssen deshalb nicht unter Zurückstellung anderer Aufgaben dem Aufbau der normalen ordentlichen Gerichtsbarkeit eine besondere Priorität einräumen. Allerdings erfordert es der Übergangscharakter der Maßgaben zur Gerichtsverfassung, daß die Landesjustizverwaltungen die allgemeine Aufbauarbeit und Gerichtsorganisation so gestalten, daß der Übergang zum normalen Gerichtsaufbau dadurch gefördert wird, und daß sie diejenigen nicht zwingend

---

[39] S. näher Rdn. 95, 128.

[40] Vgl. auch – für die Ausgliederung der Fachgerichtsbarkeiten – Rdn. 179.

erforderlichen Maßnahmen unterlassen, die dieses Ziel zu erschweren geeignet sind. Bei der Frage, ob alsbald neue zusätzliche Bezirksgerichte zu errichten oder Kreisgerichte zusammenzulegen sind (s. Rdn. 20) sollte daher möglichst bereits auf den geplanten Zuschnitt des künftigen Gerichtsaufbaus der Amtsgerichte, Landgerichte und Oberlandesgerichte Bedacht genommen werden.

e) Umfang der Ermächtigung an die Länder. Die Einrichtung der nach dem GVG vorgesehenen Gerichte und Staatsanwaltschaften müssen die Länder durch Gesetz vornehmen; eine Rechtsverordnungsermächtigung ist nicht vorhanden. Die Ermächtigung richtet sich an jedes Land einzeln, die **Länder** brauchen daher **nicht gemeinschaftlich** vorzugehen, vielmehr muß jedes Land, bei dem die Voraussetzungen vorliegen, seinen Gerichtsaufbau anpassen[41]. Daß kann dazu führen, daß in einzelnen der fünf neuen Länder bereits Amts-, Land- und Oberlandesgerichte eingerichtet werden, während in anderen noch Kreisgerichte und Bezirksgerichte nach den Maßgaben zum GVG bestehen. **29**

Die Länder können jedoch (jeweils für sich) **nur einheitlich und insgesamt** zu dem im GVG vorgesehenen Aufbau der ordentlichen Gerichtsbarkeit übergehen[42], mit der Konsequenz, daß damit auch zugleich die an den abweichenden Gerichtsaufbau anknüpfenden verfahrensrechtlichen Vorschriften entfallen, die in der Regel der Verfahrenserleichterung und -vereinfachung dienen. Die **Ermächtigung** an den Landesgesetzgeber **deckt nicht** einen räumlich oder gegenständlich begrenzten Übergang auf den Gerichtsaufbau des GVG innerhalb eines Landes und nach diesem Übergang nicht die Beibehaltung von Besonderheiten derjenigen Maßgaben zum GVG, die allein durch die Besonderheiten des Gerichtsaufbaus bedingt sind[43]. Eine Ausnahme besteht für die Richterdienstgerichte, weil deren Zuordnung zu den Bezirksgerichten nur solange gilt, bis die Länder selbständige Richterdienstgerichte eingerichtet haben[44]. Lediglich Überleitungsvorschriften für anhängige Verfahren sind dem Landesrecht möglich (Absatz 2 Satz 1). Ebensowenig umfaßt die Ermächtigung die Befugnis, bei Beibehaltung des Übergangsaufbaus der Gerichtsbarkeit (Kreis- und Bezirksgerichte) einzelne Maßgaben zu ändern, beispielsweise den Bezirksgerichten erstinstanzliche Aufgaben zuzuweisen oder den Zuständigkeitskatalog der besonderen Senate zu erweitern. Falls für solche Einzeländerungen ein Bedürfnis besteht, müßte der Bundesgesetzgeber tätig werden. **30**

f) Folgen des Übergangs zum normalen Aufbau der ordentlichen Gerichtsbarkeit. **31**
Mit dem Wirksamwerden der Einrichtung der nach dem GVG vorgesehenen Gerichte und Staatsanwaltschaften entfallen gleichzeitig, und ohne daß es einer besonderen gesetzlichen Regelung bedarf, diejenigen weiteren Sonderregelungen in den Verfahrensgesetzen, die durch den abweichenden Aufbau bedingt sind. Insoweit geben die Sonderregelungen für Berlin in Abschnitt IV einen Anhaltspunkt, weil in diesen bereits berücksichtigt ist, daß in Berlin der allgemeine Gerichtsaufbau verwirklicht ist. Unanwendbar werden danach namentlich die Maßgaben a bis c zur ZPO (Nr. 5), die Maßgaben a und c zum FGG (Nr. 13). Ferner entfallen diejenigen Maßgaben, die ausdrücklich an die Zuständigkeit der Kreis- und Bezirksgerichte anknüpfen. Dazu gehören z. B. Maßgabe

---

[41] BTDrucks. 11 7817, S. 10.

[42] BTDrucks. 11 7817, S. 10; zur Ausgliederung der Fachgerichtsbarkeiten s. Rdn. 178.

[43] Wegen der Frage, wann dies nicht der Fall ist, s. die nachfolgenden Erläuterungen zu den einzelnen Maßgaben, insbes. Rdn. 61 (Präsidialverfassung); 66 (Befugnisse von Proberichtern); 143 (Konzentrationsermächtigungen); 162 (ehrenamtliche Richter); 174 (sorbische Sprache).

[44] Maßgabe Nr. 8 Buchst. u.

Nr. 5 Buchst. d (ZPO), Maßgabe Nr. 15 Buchst. a (ZVG), Maßgabe Nr. 20 Buchst. b (KostO) und Maßgabe Nr. 26 Buchst. b (BRAGO), die die Zulässigkeit weiterer Beschwerden gegen Entscheidungen der Bezirksgerichte einschränken oder ausschließen. Zu den Zuständigkeitskonzentrationen s. Rdn. 143.

32 Für **Kassations- und Rehabilitierungsverfahren** enthält das GVG und das übergeleitete Bundesrecht keine Regelung darüber, welche ordentlichen Gerichte zuständig sind, da diese Aufgaben bisher im Geltungsbereich des GVG nicht vorkamen. Hier treten mit dem Übergang zum Gerichtsaufbau des GVG die Landgerichte an die Stelle der Bezirksgerichte und die Oberlandesgerichte (für Beschwerden nach § 14 RehabG) oder deren Präsidien (für die Bestimmung des zuständigen Kassationsgerichts[45]) an die Stelle der besonderen Senate der Bezirksgerichte, ohne daß es einer besonderen gesetzlichen Regelung bedarf. Das ergibt sich aus einer analogen Anwendung der im Einigungsvertrag insoweit für das Land Berlin getroffenen Regelung[46]. Für Verfahren nach der **Gesamtvollstreckungsordnung** tritt aus den gleichen Gründen das Amtsgericht an die Stelle des Kreisgerichts[47].

Maßgabe b
Gleichstellungsklausel

(1) Wo das Gerichtsverfassungsgesetz oder andere Rechtsvorschriften die Zuständigkeit der Gerichte regeln, den Gerichten Aufgaben zuweisen oder Gerichte bezeichnen, treten die Kreisgerichte an die Stelle der Amtsgerichte und die Bezirksgerichte an die Stelle der Landgerichte und der Oberlandesgerichte, soweit nichts anderes bestimmt ist.

(2) [1]Absatz 1 gilt entsprechend für Aufgabenzuweisungen an die Präsidenten oder Präsidien der Gerichte. [2]Dabei steht der Direktor eines Kreisgerichts mit mehr als 20 Richterplanstellen einem Präsidenten des Amtsgerichts gleich.

(3) Die Bezeichnung Senate bei den Bezirksgerichten steht der Bezeichnung Kammern bei den Landgerichten gleich, soweit die Bezirksgerichte an die Stelle der Landgerichte treten.

Übersicht

33 **1. Bedeutung.** Die Maßgabe leitet als subsidiäre **Gleichstellungsklausel** die Bezeichnungen, die für die ordentliche Gerichtsbarkeit in zahlreichen Rechtsvorschriften des übergeleiteten Bundesrechts vorkommen, auf die aufrechterhaltene Gerichtsstruktur der (früheren) DDR und die dort geltenden Bezeichnungen über, ohne daß es jeweils einer Einzeländerung oder Einzelmaßgabe in den betroffenen Rechtsvorschriften be-

[45] S. Teil C Rdn. 56.

[46] Anlage I Kap. III Sachgebiet A Abschnitt IV Nr. 3 Buchst. e; Zusatzvereinb. Art. 3 Nr. 6 nach Buchst. i.

[47] Anlage II Kap. III Sachgebiet A Abschnitt IV Nr. 2 Buchst. a.

darf. Dabei werden die Amtsgerichte den Kreisgerichten und die Land- und Oberlandesgerichte den Bezirksgerichten gleichgestellt. Eine ähnliche Gleichstellungsklausel enthielt bereits § 3 Abs. 3 des Gesetzes (der DDR) über das Inkrafttreten von Rechtsvorschriften der Bundesrepublik Deutschland in der Deutschen Demokratischen Republik vom 21. 6. 1990 (GBl. I S. 357), das die Einführung von Bundesrecht aufgrund der Verpflichtungen des WWSUVertrages regelte, allerdings mit dem Unterschied, daß nach diesem Gesetz die Kreisgerichte an die Stelle der Amts- und Landgerichte und die Bezirksgerichte an die Stelle der Oberlandesgerichte traten[48]. Mit dem Wirksamwerden des Beitritts ist diese frühere Gleichstellungsklausel entfallen.

2. **Umfang.** Die Gleichstellungsklausel gilt für Aufgabenzuweisungen, Zuständig- **34**
keitsbestimmungen und Bezeichnungen der ordentlichen Gerichte in Rechtsvorschriften jeder Art. Sie gestattet daher auch die Verwendung amtlich vorgeschriebener **Vordrukke**, in denen die Bezeichnung Amts- oder Landgericht vorkommt, gegenüber den Kreis- und Bezirksgerichten[49]. Soweit das Bezirksgericht an die Stelle des Oberlandesgerichts tritt, kann damit sowohl das allgemeine Bezirksgericht als auch der besondere Senat gemäß Maßgabe k gemeint sein, dies jedoch nur, wenn seine Zuständigkeit ausdrücklich bestimmt ist (s. Maßgabe l). Die Gleichstellungsklausel gilt auch, wo das übergeleitete Bundesrecht **mehrere Bezeichnungen** verwendet, die insgesamt der Gerichtsbezeichnung Amts-, Land- oder Oberlandesgericht entsprechen, oder bei denen eine andere, aber gleichbedeutende Bezeichnung verwendet wird. So steht etwa das Kreisgericht auch dem Schöffengericht oder dem Strafrichter (§§ 212, 407 StPO) sowie dem Familiengericht (vgl. § 23 b GVG) gleich.

3. **Subsidiarität.** Die Gleichstellungsklausel gilt nur, soweit nichts anderes be- **35**
stimmt ist, und es bedarf nicht des Rückgriffs auf sie, soweit in spezielleren Vorschrifrten das gleiche bestimmt ist. Für die wichtigsten Zuständigkeiten und Aufgabenzuweisungen ist dies insbesondere in den Maßgaben e bis m geschehen. Aus ihnen ergibt sich insbesondere, daß für erstinstanzliche bürgerliche Rechtsstreitigkeiten, die nach dem GVG in die Zuständigkeit des Landgerichts fallen, nicht das Bezirksgericht, sondern das Kreisgericht zuständig ist[50].

4. **Präsidien und Präsidenten. Absatz 2** gilt sowohl für die Selbstverwaltungsaufga- **36**
ben der Präsidien wie für die Rechtsprechungsaufgaben und Justizverwaltungsaufgaben der Präsidenten. Auch hier gehen abweichende besondere Regelungen vor. Die Regelung in **Satz 2** ist deshalb erforderlich, weil nach dem aufrechterhaltenen Sprachgebrauch der früheren DDR allen Kreisgerichten Direktoren vorstehen und die bei den Amtsgerichten vorgenommene Unterscheidung in aufsichtsführende Richter und Präsidenten nicht vorgenommen wird. Diese ist jedoch gemäß §§ 14, 15 GVGVO[51] dafür maßgebend, wem die Dienstaufsicht über die Richter des Amtsgerichts zusteht. Die Beschränkung der Gleichstellung der Kreisgerichtsdirektoren mit Präsidenten des Amtsgerichts auf solche mit mehr als 20 Richterplanstellen hat zur Folge, daß nur bei diesen Gerichten der Direktor des Kreisgerichts die Dienstaufsicht über Richter ausübt; bei den

[48] Ferner war bestimmt, daß an die Stelle des Bundesgerichtshofes das Oberste Gericht trat.

[49] BTDrucks. **11** 7817, S. 10; s. auch die Regelung in den allgemeinen Maßgaben Nr. 28 Buchst. f, nach der durch Verordnung eingeführte Vordrucke in angepaßter Form verwendet werden können.

[50] Vgl. BTDrucks. **11** 7817, S. 10.

[51] Vgl. zur Auslegung und Bedeutung LR 23. Aufl., §§ 14, 15 GVGVO, 2.

kleineren Kreisgerichten steht sie dem Präsidenten des übergeordneten Bezirksgerichts zu. Durch Landesrecht kann auch bestimmt werden, daß bei diesen (kleinen) Kreisgerichten die Dienstaufsicht über Richter dem Direktor eines benachbarten größeren Kreisgerichts übertragen wird.

37 **5. Kammern und Senate.** Nach dem aufrechterhaltenen Sprachgebrauch werden die Spruchkörper bei den Kreisgerichten teilweise als Kammern[52], die bei den Bezirksgerichten als Senate bezeichnet. Da dieser Begriff nicht paßt, soweit die Bezirksgerichte an die Stelle der Landgerichte treten (vgl. § 60 GVG), werden die Senate der Bezirksgerichte insoweit den Kammern gleichgestellt.

38 **6. Gleichstellungsklausel für Berlin.** Da in Berlin, auch im beigetretenen Teil, keine Kreis- und Bezirksgerichte eingerichtet sind, bedarf es besonderer Gleichstellungsklauseln für den Fall, daß in Rechtvorschriften, die auch in Berlin anzuwenden sind, Kreis- und Bezirksgerichte für zuständig erklärt sind. Es tritt nach diesen Bestimmungen in der Gesamtvollstreckungsordnung das Amtsgericht an die Stelle des Kreisgerichts[53], für Kassations[54]- und Rehabilitierungsverfahren[55] das Landgericht an die Stelle des Bezirksgerichts und das Oberlandesgericht an die Stelle des besonderen Senats des Bezirksgerichts.

38a **7. Abweichende Bezeichnungen.** Nach dem Recht der DDR führte in Berlin/Ost das Bezirksgericht die Bezeichnung **Stadtgericht** Berlin, die (mehreren) Kreisgerichte führten die Bezeichnung **Stadtbezirksgerichte**[55a], ohne daß sich dadurch an ihrer gerichtsverfassungsrechtlichen Eigenschaft als Bezirks- bzw. Kreisgericht etwas änderte. Für die Gleichstellungsklausel der Maßgabe b ist dies ohne Bedeutung, weil sowohl das Stadtgericht als auch die Stadtbezirksgerichte in Berlin mit dem Wirksamwerden des Beitritts aufgelöst worden sind.

Maßgabe c
Präsidum und Geschäftsverteilung

(1) [1]Bei den Kreis- und Bezirksgerichten sind erstmals für das am 1. Januar 1992 beginnende Geschäftsjahr Präsidien nach den Vorschriften des Zweiten Titels (§§ 21 a bis 21 i) nach Maßgabe der Absätze 3 und 4 zu bilden. [2]Bis zu diesem Zeitpunkt gehören dem Präsidium des Bezirksgerichts der Präsident, seine Stellvertreter und die Vorsitzenden der Spruchkörper an. [3]Bei den Kreisgerichten, bei denen das Präsidium nicht nach § 21 a Abs. 2 Nr. 3 aus allen wählbaren Richtern besteht, besteht das Präsidium bis zu diesem Zeitpunkt aus dem Direktor, den beiden Richtern mit der längsten und den beiden Richtern mit der kürzesten richterlichen Tätigkeit.

(2) An die Stelle des aufsichtführenden Richters (§ 21 a Abs. 2 Satz 1, § 21 c Abs. 1, § 21 e Abs. 8, §§ 21 h, 21 i Abs. 2 Satz 1) tritt der Direktor des Kreisgerichts; § 22 a ist nicht anzuwenden.

---

[52] S. auch *Brachmann* DtZ **1990** 300.

[53] Anlage II Kap. III Sachgebiet A Abschnitt IV Nr. 2 Buchst. a.

[54] Anlage I Kap. III Sachgebiet A Abschnitt IV Nr. 3 Buchst. c.

[55] Zusatzvereinb. Art. 3 Nr. 6 nach Buchst. i.

[55a] S. auch die hieran anknüpfende Terminologie in Anlage I Kap. III Sachgebiet A Abschnitt IV Nr. 3 Buchst. b aa.

(3) Die Vorschriften über die paritätische Wahl und Besetzung des Präsidiums mit Vorsitzenden Richtern (§ 21 a Abs. 2 Satz 2, § 21 b Abs. 2, § 21 c letzter Satzteil) finden keine Anwendung.

(4) Abweichend von § 21 b Abs. 1 Satz 2 sind zum Präsidium wählbar alle Richter, die bei dem Gericht eine Planstelle innehaben.

(5) [1]In Spruchkörpern, die mit mehreren Berufsrichtern besetzt sind, bestimmt, abweichend von § 21 f Abs. 1, das Präsidium die Vorsitzenden. [2]Auf diese ist § 21 e Abs. 2, Abs. 3 Satz 2 entsprechend anzuwenden.

Übersicht

1. Bedeutung der Vorschrift. Das GVG/DDR kannte zwar das Institut der Gerichtspräsidien, jedoch waren diese weder in ihrer Zusammensetzung noch im Aufgabenbereich mit den nach dem GVG vorgesehenen Präsidien vergleichbar[56], insbesondere war der mit der Präsidialverfassung verbundene Grundgedanke, als zentrales Organ der richterlichen Selbstverwaltung den Grundsatz der richterlichen Unabhängigkeit zu gewährleisten[57], dem Rechtspflegeverständnis der DDR fremd. Die wesentliche Bedeutung der Maßgabe c besteht darin, daß sie die Präsidialverfassung des GVG nach den §§ 21 a bis 21 i GVG in größtmöglichem Umfang auf die fünf neuen Länder überträgt (Absatz 1). Die Besonderheiten des übergangsweise geltenden Gerichtsverfassungs- und Richterrechts machen die in den Absätzen 2 bis 4 bestimmten Abweichungen erforderlich; sie sind vorwiegend technischer Art und berühren die grundsätzlichen und zentralen Funktionen des Präsidiums nicht. Außerhalb der Maßgabe c enthält allerdings § 11 Satz 3 Satz 1 RehabG eine Sonderregelung, die die Selbstverwaltungsbefugnis der Präsidien empfindlich beeinträchtigt (Rdn. 112 ff). Aus organisatorischen Gründen kann der die Wahl der Präsidiumsmitglieder regelnde Teil der Präsidialverfassung erst für das Geschäftsjahr 1992 wirksam werden; für das Geschäftsjahr 1991 enthält Absatz 1 Satz 2 eine Übergangsvorschrift. **39**

[56] § 32 (Präsidium des Bezirksgerichts) und § 40 (Präsidium des Obersten Gerichts) GVG/DDR. Die Aufgaben des Präsidiums bestanden in der „Leitung der Rechtsprechung", der Beratung des Präsidenten, der Entscheidung bei Rechtsprechungsdivergenzen (OG) sowie z. T. in der Entscheidung von Kassationen.

[57] LR Vor § 21 a GVG, 5; *Kissel* GVG, § 21 a, 1; *Schorn/Stanicki* Präsidialverfassung², S. 1.

40 **2. Bildung von Präsidien für das Jahr 1991.** Da die Wahl des Präsidiums bei den Gerichten, deren Präsidium nicht aus allen wählbaren Richtern besteht (§ 21 a Abs. 1 Nr. 3 GVG), in der Zeit nach dem Wirksamwerden des Beitritts für das Geschäftsjahr 1991 nicht mehr zeitgerecht hätte durchgeführt werden können, enthält Absatz 1 Satz 2 für dieses Geschäftsjahr besondere Vorschriften über die Zusammensetzung der Präsidien. Hiervon abgesehen haben die für 1991 gebildeten Präsidien die gleichen Befugnisse, die nach dem GVG unter Berücksichtigung der in den Absätzen 2 bis 4 geregelten Besonderheiten den künftigen Präsidien zukommen. Für **Kreisgerichte** mit weniger als acht nach § 21 b Abs. 1 GVG in Verbindung mit Abs. 4 der Maßgabe wählbaren Richtern gilt diese Übergangsregelung nicht; hier setzt sich das Präsidium aus allen Richtern zusammen.

41 Bei **größeren Kreisgerichten** besteht das Präsidium aus fünf Mitgliedern, nämlich dem Direktor und den jeweils beiden Mitgliedern mit der längsten und kürzesten richterlichen Tätigkeit. Die Bestimmung[58] will ersichtlich erreichen, daß in diesen Präsidien sowohl Mitglieder mit längerer richterlicher Erfahrung als auch jüngere Richter tätig sind. Die Dauer der richterlichen Vortätigkeit ist deshalb nicht nach der Zugehörigkeit zu dem jeweiligen Gericht, sondern nach der richterlichen Tätigkeit insgesamt (ohne Beurlaubungen und ohne Abordnungen für eine nichtrichterliche Tätigkeit) zu bemessen. Auch Richter aus den alten Ländern, die im Wege der Zuweisung (oder Abordnung) Rechtsprechungsaufgaben wahrnehmen (s. näher Teil A Rdn. 53 ff) und die nach Maßgabe Nr. 8 Buchst. y cc Satz 2 für das Präsidium wählbar und wahlberechtigt sind, sind zu berücksichtigen. Nach dem Sinn der Vorschrift dürfte für die Berechnung der Dauer der richterlichen Vortätigkeit ihre richterliche Tätigkeit insgesamt maßgebend sein. Die einmal nach der Vorschrift berufenen Mitglieder bleiben auch dann Mitglied, wenn im Laufe des Geschäftsjahres ein Richter in das Gericht eintritt, der eine längere bzw. kürzere richterliche Vortätigkeit aufzuweisen hat, andernfalls wäre die erforderliche Stetigkeit des Präsidiums nicht gewährleistet. Scheidet im Laufe des Geschäftsjahres 1991 ein Mitglied des Präsidiums aus, so wird in analoger Anwendung des Grundgedankens des § 21 c Abs. 2 GVG[59], je nachdem, wer ausscheidet, der zu diesem Zeitpunkt am Gericht tätige Richter mit der zunächst längsten bzw. kürzesten richterlichen Vortätigkeit einzutreten haben.

42 Bei den **Bezirksgerichten** bilden der Präsident, seine als solche bestellten Stellvertreter sowie die Vorsitzenden aller Spruchkörper das Präsidium. Dieses Kollegium ähnelt in seiner Zusammensetzung dem sog. Direktorium nach § 62 Abs. 2 GVG alte Fassung[60], so daß bei Zweifelsfragen auf die dazu vertretenen Auffassungen zurückgegriffen werden kann. Mitglieder dieses „Präsidiums" sind kraft Gesetzes alle mit Vorsitzendenaufgaben im Bezirksgericht betrauten Richter, dazu gehören auch die Vorsitzenden der besonderen Senate (Maßgabe k) der Rehabilitierungssenate (Rdn. 108 ff) und der nach den Maßgaben u, v, w und x gebildeten Senate für die Aufgaben der besonderen Gerichtsbarkeiten. Eine zahlenmäßige Höchstgrenze für die Mitglieder des Präsidiums gibt es n cht. Wenn im Laufe des Geschäftsjahres neue Senate gebildet werden, treten die mit deren Vorsitz betrauten Richter in das Präsidium ein. Wer einen Vorsitzenden in seiner richterlichen Tätigkeit nur vorübergehend vertritt, wird damit nicht Mitglied des Präsidiums.

---

[58] Sie wird auch in der Denkschrift zum Einigungsvertrag (BTDrucks. 11 7817, S. 10) nicht näher erläutert.

[59] S. LR § 21 c GVG, 8.

[60] Vgl. dazu mit weit. Nachw. LR-*Schäfer*[21] § 62 GVG, Anm. 8, 9.

3. Wahl und Besetzung der Präsidien ab 1992

a) **Grundsatz.** Beginnend mit dem Geschäftsjahr 1992 richtet sich die Wahl der Präsidien grundsätzlich nach den Vorschriften des GVG; es gilt also namentlich § 21 a Abs. 1, wonach bei jedem Gericht ein Präsidium zu bilden ist, der die Größe des Präsidiums regelnde § 21 a Abs. 2, § 21 b, soweit er Grundsätze der Wahl, die Wahlperiode und die Anfechtbarkeit bestimmt, und § 21 c Abs. 2, soweit er das Nachrücken regelt[61]. Die Ersetzung des Begriffs „aufsichtsführender Richter" durch „Direktor des Kreisgerichts" in § 21 a Abs. 2 Satz 1, § 21 c Abs. 1, § 21 e Abs. 8, §§ 21 h, 21 i Abs. 2 Satz 1 GVG durch Absatz 2 erster Halbsatz hat lediglich terminologische Bedeutung; da allen Kreisgerichten ein Direktor vorsteht, kann diese eindeutigere Bezeichnung verwendet werden. **43**

b) **Abweichungen vom GVG.** Da es nach den in den fünf neuen Ländern geltenden besonderen Vorschriften des Gerichtsverfassungsrechts und des Richterrechts für die Übergangszeit keine statusmäßig herausgehobenen Vorsitzenden Richter gibt, sind die Vorschriften über die **paritätische Wahl und Besetzung** der Präsidien mit Vorsitzenden Richtern auch bei den Bezirksgerichten (vgl. § 21 a Abs. 2 GVG) **nicht anzuwenden.** Es findet also keine getrennte Wahl von Vorsitzenden Richtern und weiteren Richtern (§ 21 b Abs. 2 GVG) statt und es ist (entgegen § 21 c Abs. 2 GVG) keine Nachwahl erforderlich, wenn ein Mitglied des Präsidiums zum Vorsitzenden eines Spruchkörpers berufen wird. **44**

Unanwendbar sind auch diejenigen in der Maßgabe Nr. 2 im einzelnen aufgeführten Vorschriften der **Wahlordnung** für die Präsidien der Gerichte[62], die sich auf die paritätische Besetzung der Präsidien beziehen. **44a**

Wählbar sind entgegen § 21 b Abs. 1 Satz 2, da Richter auf Lebenszeit in den Gerichten der fünf neuen Länder zunächst die Ausnahme bilden werden (s. Rdn. 63 und Teil A Rdn. 43; 49; 51), auch Richter auf Probe und Richter auf Zeit, die bei dem Gericht eine Planstelle innehaben. Darunter fallen solche Richter auf Probe nicht, die dem Gericht nur vorübergehend im Wege der Abordnung zugewiesen worden sind. Bei Richtern, die weiterhin in einem Dienstverhältnis zu einem der alten Länder stehen und im Wege der **Zuweisung** (s. Teil A Rdn. 53 ff) oder **Abordnung** tätig sind, dürften für die Wahlberechtigung und die Wählbarkeit nach dem klaren Wortlaut der Maßgabe Nr. 8 Buchst. y cc, die bestimmt, daß zugewiesene Richter für die Präsidien wahlberechtigt und wählbar sind, grundsätzlich keine Beschränkungen bestehen[63]. Eine Ausnahme ist allerdings für den Fall anzunehmen, daß diese Richter von vorneherein weniger als drei Monate „zugewiesen" oder „abgeordnet" sind, etwa um einen vorübergehenden Bedarf zu befriedigen. Denn nach dem unverändert geltenden § 21 b Abs. 1 Satz 1 GVG entfällt generell die Wahlberechtigung für solche Richter; das muß erst recht für die Wählbarkeit gelten. Dafür, daß für die zugewiesenen Richter von dieser Grundregel eine Ausnahme gemacht werden sollte, ist ein sachlicher Grund nicht ersichtlich. **45**

c) **Einheitliches Präsidium.** Bei jedem Kreis- und Bezirksgericht ist ein einheitliches Präsidium zu bilden, auch soweit diese Gerichte Aufgaben der Verwaltungs-, Finanz-, Arbeits- und Sozialgerichtsbarkeit wahrnehmen. Auch für die besonderen Senate **46**

---

[61] Durch Art. 2 Nr. 1 des Rechtspflege-Vereinfachungsgesetzes vom 17. 12. 1990 (BGBl. I S. 2847) sind in § 21 c Abs. 2 GVG die Worte „durch die Wahl" durch die Worte „durch die letzte Wahl" ersetzt worden; zu der damit geregelten Streitfrage s. LR § 21 c GVG, 9.

[62] Abgedruckt in LR § 21 b GVG, 1.

[63] BTDrucks. 11 7817, S. 22 weist zwar darauf hin, daß damit die Wahlberechtigung und Wählbarkeit nur *klargestellt* werden solle, doch läßt sich aus dieser Passage wohl keine Beschränkung herleiten.

der Bezirksgerichte sind keine besonderen Präsidien zu bilden. Es erscheint zwar sinnvoll, wenn bei den Gerichten, bei denen auch Aufgaben der besonderen Gerichtsbarkeiten anfallen, hiermit befaßte Richter auch im Präsidium vertreten sind; gesetzlich vorgeschrieben ist dies aber nicht. Bei der **Ausgliederung** von besonderen Gerichtsbarkeiten im Laufe der Wahlperiode des Präsidiums müßten bei den neu eingerichteten Gerichten neue Präsidien gebildet werden; bei den Ursprungsgerichten ist die Anpassung nach § 21 c Abs. 2. § 21 d Abs. 1 GVG vorzunehmen.

4. **Vorsitz**

47 **a) Vorsitz im Präsidium.** Den Vorsitz im Präsidium führt auch bei Kreisgerichten mit weniger als acht Richterplanstellen, in denen das Präsidium aus allen wählbaren Richtern besteht, der Direktor des Kreisgerichts und nicht, wie in § 22 a GVG geregelt, der Präsident des Bezirksgerichts. Damit soll dieser entlastet werden[64].

48 **b) Vorsitz in den Spruchkörpern.** Das gerichtsverfassungsrechtliche und richterrechtliche (Maßgabe Nr. 8 Buchst. i) Übergangsrecht sieht vorerst von der Institution der ständigen „Vorsitzenden Richter" ab, die auch statusrechtlich herausgehoben sind[64a], weil zunächst die überwiegende Zahl der Richter nur als Richter auf Probe oder Richter auf Zeit beschäftigt werden (s. Teil A Rdn. 49; 51)[65]. Deshalb kann § 21 f Abs. 1 GVG, aus dem sich ergeben würde, daß bei den Bezirksgerichten Vorsitzende Richter den Vorsitz führen müssen, denen dieser Status auf Dauer durch Ernennung verliehen worden ist, nicht angewandt werden. Absatz 5 bestimmt davon abweichend, daß die Bestimmung der Vorsitzenden in Berufsrichterkollegien dem Präsidium obliegt. Man wird den Sinn dieser Bestimmung darin sehen müssen, die richterliche Selbstverwaltung zu stärken und den Einfluß der Exekutive zurückzudrängen, weil dieser erheblich wäre, wenn die Justizverwaltung mangels ständiger Vorsitzender die Bestellung zum Vorsitzenden in jedem Geschäftsjahr neu aussprechen müßte.

49 Das Präsidium bestellt die Vorsitzenden **für die Dauer des Geschäftsjahres.** Das ergibt sich aus § 21 i Abs. 1 GVG, weil es sich insoweit auch um die Besetzung der Spruchkörper handelt. Eine Auswechslung des Vorsitzenden kommt nur unter den Voraussetzungen des § 21 e Abs. 3 Satz 1 GVG in Betracht. Mit dem Zweck der Maßgabe dürfte es nicht zu vereinbaren sein, durch regelmäßigen Wechsel der Bestellung zum Vorsitzenden das im Zusammenhang mit der Justizreformdebatte geforderte Modell des „rotierenden Vorsitzenden" einzuführen[66]; mit der Abweichung vom Leitbild des § 21 f Abs. 1 GVG ist angesichts des Übergangscharakters der Regelung keine rechtspolitische Reformabsicht verbunden (s. auch Teil A Rdn. 105). Der **Präsident** des Bezirksgerichts kann stets den Vorsitz in einem Spruchkörper übernehmen, ohne daß es einer besonderen Entscheidung des Präsidiums bedarf. Das folgt aus § 21 e Abs. 1 Satz 3 GVG, der uneingeschränkt gilt.

---

[64] BTDrucks. **11** 7817, S. 10.

[64a] Nach der derzeit in Vorbereitung befindlichen Zweiten Besoldungsüberleitungsverordnung (s. auch Teil A Rdn. 102d) sollen besoldungsrechtlich in den fünf neuen Ländern in einer eigenständigen Richterbesoldung die Richter bei den Kreisgerichten und den Bezirksgerichten nach anderen Kriterien den Besoldungsgruppen R1 und R2 zugeordnet werden.

[65] Die Erläuterungen zum Einigungsvertrag (BTDrucks. **11** 7817, S. 10, 20) sind in diesem Punkt allerdings zirkulär. Die Maßgabe Nr. 1 Buchst. c Abs. 4 wird damit begründet, daß es keine Vorsitzenden Richter gebe, sie stellt also auf die richterrechtliche Regelung ab. Diese wiederum (Maßgabe Nr. 8 Buchst. i) wird allein mit den gerichtsverfassungsrechtlichen Regelungen begründet, die keine ständigen vorsitzenden Richter vorsähen, deshalb könne auch das statusrechtliche Amt nicht verliehen werden.

[66] Vgl. zu diesem mit weit. Nachw. LR § 21 f GVG, 2 a.

c) **Besondere Regelung für Berlin.** Nach Abschnitt IV Nr. 3 Buchst. a bb ist für das Landgericht Berlin bis zum 31. Dezember 1993 § 21 f Abs. 1 GVG nicht anzuwenden. Das bedeutet, daß bis zu diesem Zeitpunkt der Vorsitz in den Kammern des Landgerichts auch von Richtern auf Lebenszeit geführt werden darf, die nicht Vorsitzende Richter sind, also von Richtern am Landgericht und Richtern am Amtsgericht. Im übrigen gelten in Berlin die Vorschriften über die Präsidialverfassung uneingeschränkt. **50**

5. **Aufgabe und Arbeitsweise des Präsidiums im allgemeinen.** Die nach Maßgabe c gebildeten und tätigen Präsidien haben grundsätzlich die gleichen Aufgaben, wie die unmittelbar nach den §§ 21 a bis 21 i GVG tätigen Präsidien; wegen der Einzelheiten ist daher auf die Erläuterungen zu diesen Vorschriften zu verweisen[66a]. Kernbereich der Aufgaben des Präsidiums ist die Regelung der **Geschäftsverteilung** entsprechend § 21 e GVG also die personelle Entscheidung über die Besetzung der Spruchkörper und die Regelung der Vertretung sowie die Verteilung der Geschäftsaufgaben auf die Spruchkörper und Richter[67] (näher Rdn. 53 ff). Zu den Aufgaben des Präsidiums gehört ferner die Anpassung der Geschäftsverteilung im Laufe des Geschäftsjahres an die tatsächliche Entwicklung nach Maßgabe des § 21 d Abs. 3 GVG sowie die Auslegung des Geschäftsverteilungsplans und die Entscheidung von Streitigkeiten über geschäftsverteilungsmäßige Zuständigkeiten im Einzelfall[68]. Für die Beschlußfähigkeit und die **Beschlußfassung** des Präsidiums sowie die Zuständigkeit für Eilmaßnahmen gelten die zu § 21 e Abs. 7 und § 21 i GVG entwickelten Grundsätze[69]. **51**

6. Die **Bestimmung der Zahl der Spruchkörper**, die mit mehreren Berufsrichtern besetzt sind (Kammern und Senate), gehört nicht zu den Aufgaben des Präsidiums; sie erfolgt durch die Landesjustizverwaltungen[70], die ihrerseits verpflichtet sind, die nach dem Gesetz vorgesehenen Spruchkörper auch ihrer Art nach einzurichten. Daran ändert sich auch dadurch nichts, daß die Senate der Bezirksgerichte nicht mit Vorsitzenden Richtern besetzt werden müssen (Rdn. 48). Die Landesjustizverwaltungen müssen daher für die einzelnen Bezirksgerichte die Zahl der Zivil-, Straf- und Rehabilitierungssenate (näher Rdn. 109) und ggf. der Fachsenate für Verwaltungssachen, Finanzrecht, Arbeitsrecht und Sozialrecht sowie der besonderen Senate (Maßgabe k) und Senate für Richterdienstsachen vorgeben und das Präsidium muß diese Kammern und Senate mit den vorhandenen Richtern besetzen[71]. Es ist dabei grundsätzlich nicht gehindert, die gleichen Richter mehreren Spruchkörpern zuzuweisen, wenn dies für eine gleichmäßige Auslastung zweckmäßig ist; bei Spezialsenaten, die voraussichtlich nicht voll ausgelastet sein werden, ist dies unerläßlich, s. auch Rdn. 54 a. E. Die Bildung von **Hilfsspruchkörpern** (Hilfsstrafkammern) obliegt dagegen dem Präsidium[72]. **52**

[66a] Ausführlich zu den Aufgaben des Präsidiums *Schorn/Stanicki* Präsidialverfassung[2] 69 ff; allerdings hat sich der dort vertretene „Grundsatz der Allzuständigkeit“ (S. 72 ff) im Schrifttum und in der Praxis nicht durchgesetzt; vgl. LR § 21 e GVG, 3 mit weit. Nachw.

[67] Vgl. *Kissel* GVG, § 21 e, 1.

[68] Zu den Einzelheiten und Grenzen s. mit weit. Nachw. (auch zum Streitstand) LR § 21 e GVG, 19 ff; *Kissel* GVG, § 21 e, 104 ff.

[69] S. näher zur Beschlußfassung LR § 21 e GVG, 59 ff; *Schorn/Stanicki* Präsidialverfassung[2], S. 160 ff.

[70] Näher LR § 60 GVG, 6 f; die abweichende Auffassung von *Schorn/Stanicki* Präsidialverfassung[2], S. 128 ff hat sich nicht durchgesetzt.

[71] Wegen einiger Besonderheiten s. Rdn. 56 (Rehabilitierungssenate); Rdn. 58 (Fachgerichtsbarkeiten) und Rdn. 60 (zugewiesene Richter).

[72] Eingehend LR § 60 GVG, 8 ff.

7. Geschäftsverteilung

53 a) **Allgemeines.** Für die Geschäftsverteilung durch das Präsidium und die **kammerinterne** (senatsinterne) Geschäftsverteilung nach § 21 g GVG gelten die allgemein hierzu entwickelten Grundsätze; namentlich die mit dem Prinzip des gesetzlichen Richters verbundenen, daß die Verteilung der Geschäfte auf die einzelnen Spruchkörper und Richter im voraus grundsätzlich für die Dauer des ganzen Jahres nach allgemeinen abstrakten Merkmalen erfolgen muß[73] und daß die Überbesetzung von Kollegialspruchkörpern engen Grenzen unterliegt[74]. Bei den Besonderheiten der Gerichtsstruktur in den neuen Ländern ergeben sich jedoch einige besondere Probleme.

54 b) **Richterdienstgerichte.** Solange gemäß Maßgabe Nr. 8 Buchst. u die Aufgaben der Richterdienstgerichte von einem Senat des Bezirksgerichts wahrgenommen werden (s. näher Rdn. 116), ist dessen Besetzung vom Präsidium nach den dafür geltenden besonderen Vorschriften zu bestimmen. Ihm dürfen nur Richter zugewiesen werden, die mindestens drei Jahre im richterlichen Dienst gewesen sind. Selbstverständlich ist es nicht ausgeschlossen, diese Richter zugleich in anderen Spruchkörpern einzusetzen; dies wird, wegen der voraussichtlich geringen Belastung der Richterdienstgerichte, regelmäßig geboten sein.

55 c) **Besondere Senate.** Für die Geschäftsverteilung und Besetzung der nach Maßgabe k mit dem Zuständigkeitsbereich nach Maßgabe l bei den Bezirksgerichten, in deren Bezirk die Landeshauptstadt ihren Sitz hat, einzurichtenden besonderen Senate ist das Präsidium des Bezirksgerichts zuständig; es kann die Richter dieser Senate aus dem gesamten Bestand der Richter des Bezirksgerichts auswählen. Dabei wird es allerdings zu berücksichtigen haben, daß diese Senate überwiegend für Rechtsmittel gegen die Entscheidung der Senate der Bezirksgerichte zuständig sind und daß die Mitwirkung an einer angefochtenen Entscheidung im Rechtsmittelzug nach den Verfahrensgesetzen (§ 41 Nr. 6 ZPO; § 23 Abs. 1 StPO) einen Ausschließungsgrund darstellt. Bei der Besetzung der besonderen Senate muß daher darauf geachtet werden, daß eine solche richterliche Vortätigkeit nicht die Tätigkeit im Senat übermäßig hemmt. Im übrigen entspricht es der mit der Schaffung der besonderen Senate verfolgten Tendenz, wenn die Präsidien bei der Besetzung dem Gesichtspunkt der Stetigkeit und der besonderen fachlichen Qualifikation besondere Bedeutung beimessen.

56 d) **Senate für Rehabilitierungsverfahren.** Wegen des besonderen Charakters der Senate für Rehabilitierungsverfahren (näher Rdn. 108 ff) ist das Präsidium bei der Geschäftsverteilung und ihrer Besetzung gebunden. Nach § 11 Abs. 3 Satz 1 des RehabG[75] ernennt der Minister der Justiz die Berufsrichter der Rehabilitierungssenate. Nach der in diesem Kommentar als verfassungskonform vertretenen Auslegung dieser Vorschrift (Rdn. 112 ff) bedeutet das, daß der Landesjustizminister die Zahl der Rehabilitierungssenate beim Bezirksgericht festlegt und diejenigen beim Bezirksgericht tätigen Richter bestimmt, die in diesen Senaten tätig werden sollen. An diese Vorauswahl ist das Präsidium gebunden. Es ist dagegen seine Aufgabe, bei mehreren Rehabilitierungssenaten die Geschäftsverteilung unter ihnen, die Besetzung der einzelnen Senate und die Vertretung zu regeln. Auch die Bestellung des Vorsitzenden ist gemäß Absatz 5, der durch § 11 RehabG nicht eingeschränkt wird, Sache des Präsidiums. Für die für die **Beschwerden** in Rehabilitierungsangelegenheiten zuständigen besonderen Senate der Bezirksgerichte

---

[73] Näher LR § 21 e GVG, 24; *Kissel* GVG, § 21 e, 74 ff, 134 ff; *Schorn/Stanicki* Präsidialverfassung², S. 75 ff.

[74] Näher LR § 21 f GVG, 6 ff; s. aber auch Rdn. 64.

[75] Abgedruckt in Teil C Rdn. 79.

(s. Rdn. 130) gilt das Benennungsrecht des Justizministers nicht[75a]; § 11 Abs. 3 Satz 1 RehabG bezieht sich nur auf die erstinstanzlichen Senate. Das Präsidium ist also auch insoweit in der Besetzung der besonderen Senate frei. Es ist, falls der Geschäftsanfall die Einrichtung mehrerer besonderer Senate erfordert, auch darin frei, ob es die Rehabilitierungssachen auf alle Senate verteilt oder auf einen konzentriert, auch wenn der zweite Weg der zweckmäßigere sein dürfte.

Falls die Mitglieder der Rehabilitierungssenate nicht ausgelastet sind, können sie vom Präsidium zugleich **anderen Spruchkörpern** zugewiesen werden. Es ist auch zulässig und kann sich wegen der engen Verflechtung von Rehabilitierung und Kassation (vgl. Teil C Rdn. 52) empfehlen, dies in der Form vorzusehen, daß die Mitglieder der Rehabilitierungssenate zugleich Strafsenate bilden, denen die Zuständigkeit für die Kassation (Maßgabe i Abs. 2 Nr. 3) übertragen wird[75b]. Ob so verfahren werden soll, entscheidet das Präsidium in eigener Verantwortung. **57**

e) Fachgerichtsbarkeiten. Soweit das Kreis- oder Bezirksgericht für Aufgaben der Fachgerichtsbarkeiten zuständig ist, müssen die jeweiligen Spruchkörper im Geschäftsverteilungsplan ausgewiesen und mit Richtern besetzt und es müssen, wenn mehrere Spruchkörper gleicher Art erforderlich werden, die Geschäfte auf sie nach den allgemein geltenden Grundsätzen verteilt werden. Keine *rechtlichen* Vorgaben bestehen jedoch grundsätzlich für das Präsidium dahingehend, mit welchen Richtern es diese Spruchkörper besetzt. Allerdings entspricht es mindestens dem Geist und dem Zweck der nur vorübergehenden Zuordnung dieser Zuständigkeiten bei den Kreis- und Bezirksgerichten, wenn hierbei in erster Linie auf solche Richter zurückgegriffen wird, die nach den Fort- und Weiterbildungsmaßnahmen, die sie durchgeführt haben, oder aus anderen Gründen für das jeweilige Fachgebiet besonders qualifiziert sind und die für einen Wechsel in diese Gerichtsbarkeiten nach deren Ausgliederung in erster Linie in Betracht kommen[75c]. Das ergibt sich auch aus der Verpflichtung zur baldmöglichsten Schaffung der Voraussetzungen der Ausgliederung (Rdn. 180), der auch die Präsidien nicht entgegenwirken dürfen. Freilich kann es auch angebracht sein, daß andere Richter zur Gewinnung ausreichender Erfahrung in diesen Spruchkörpern mitwirken, oder daß, zur besseren Ausnutzung der personellen Kapazitäten, in den Angelegenheiten einer Fachgerichtsbarkeit besonders qualifizierte Richter ganz oder teilweise in anderen Bereichen eingesetzt werden. **58**

f) Zugewiesene Richter. Nach § 4 Satz 2 der gemäß Art. 9 des Einigungsvertrages aufrechterhaltenen ersten Durchführungsbestimmung zum Richtergesetz vom 14. August 1990 (GBl. I S. 1267)[76] bedarf die Geschäftsverteilung der Zustimmung der Richter aus der Bundesrepublik, die im Wege der Zuweisung bei Gerichten der „Deutschen Demokratischen Republik" Rechtsprechung auf dem Gebiet der Verwaltungs-, Finanz-, Sozial- und Arbeitsrechtes ausüben. Die heutige Reichweite und Bedeutung dieser Bestimmung, die noch auf der Existenz zweier selbständiger Staaten und der gerichtsverfassungsrechtlichen Rechtslage nach dem GVG/DDR beruht, ist unklar; daraus, daß die Aufrechterhaltung der Durchführungsbestimmung in der Anlage II zum Einigungsvertrag ohne Einschränkungen und Maßgaben erfolgt ist, wird man nichts entscheidendes ableiten dürfen[77]. Der Sinn dieser (ungewöhnlichen) Regelung läßt sich nur im Zusammenhang mit der konkreten Situation ihrer Entstehung erschließen. Nach **59**

[75a] A. A *Amelung/Brüssow/Keck/Kemper/Mehle* Teil C § 11 RehabG, Nr. 8.

[75b] Vgl. auch (ähnlich) *Amelung/Brüssow/Keck/Kemper/Mehle* Teil C § 11 RehabG Nr. 4.

[75c] Ebenso *Kissel* NZA **1990** 834, Fußn. 17.

[76] Abgedruckt Teil A Rdn. 53.

[77] Wegen der Zuweisung von Richtern insgesamt s. Teil A Rdn. 53 f.

§ 46 des RiG/DDR war der Einsatz nach § 5 des DRiG zum Richteramt befähigter Personen aus der Bundesrepublik Deutschland durch eine Durchführungsbestimmung des Ministers der Justiz zu regeln; eine unmittelbare Befähigung zur Ausübung des Richteramtes der DDR nach § 9 RiG/DDR besaßen sie nicht. Mit der DDR war zunächst nur der Einsatz von Richtern aus der Bundesrepublik in den Bereichen der Verwaltungs-, Finanz-, Sozial- und Arbeitsgerichtsbarkeit vereinbart und es wurden auch nur Richter aus diesen Gerichtsbarkeiten im Wege der Zuweisung an Gerichte der DDR entsandt, bei denen darüberhinaus nach dem damaligen Recht eine die gerichtliche Selbstverwaltung verwirklichende Präsidialverfassung nicht vorhanden war. Die zugewiesenen Richter hatten daher keine Möglichkeit, auf die Geschäftsverteilung über das Präsidium rechtlich einzuwirken. Der Zweck der Regelung besteht daher in erster Linie darin, den zugewiesenen Richtern zu gewährleisten, nicht gegen ihren Willen außerhalb der Zuständigkeit ihrer Fachgerichtsbarkeit eingesetzt zu werden.

60 Bei dieser **beschränkten Zielsetzung** liegt es nahe, die Vorschrift mindestens mit der vollständigen Einführung der Präsidialverfassung mit Beginn des Geschäftsjahres 1992 als **obsolet** zu betrachten. Will man dem nicht folgen, so muß das Zustimmungserfordernis der im Wege der Zuweisung tätigen Richter aus den alten Bundesländern **restriktiv ausgelegt** werden, weil es andernfalls diese Richter, die nach Maßgabe Nr. 8 Buchst. y cc Satz 2 für das Präsidium wahlberechtigt und wählbar sind, unangemessen privilegieren würde. Es kann keineswegs dahin verstanden werden, daß der gesamte Geschäftsverteilungsplan, auch soweit sie überhaupt nicht betroffen sind, der Zustimmung dieser Richter bedarf, sondern allenfalls dahingehend, daß deren Einsatz mit dem im Geschäftsverteilungsplan für sie vorgesehenen Aufgabenbereich nicht gegen ihren Willen möglich ist. Doch erscheint auch dies noch zu weitgehend, weil es ihnen einen Entscheidungsvorbehalt einräumt, der ihnen auch als Richter unter der alleinigen Herrschaft des DRiG und des GVG nicht zustehen würde und für den sich eine tragfähige Begründung nicht finden läßt. Man wird das Zustimmungserfordernis wohl nur dahin auslegen können, daß ein im Wege der Zuweisung tätiger Richter nicht ohne sein Einverständnis in Bereichen außerhalb derjenigen Gerichtsbarkeit eingesetzt werden darf, der er angehört.

61 **8. Dauer der Übergangsregelung.** Die Dauer der besonderen Modifikationen der §§ 21 a bis 21 i GVG in den Absätzen 2 bis 5 sind nicht kalendermäßig bestimmt. Sie entfallen aber ganz überwiegend auch nicht automatisch dann, wenn gemäß Maßgabe a Abs. 2 und Maßgabe t Abs. 4 die Länder den Gerichtsaufbau nach den Vorschriften des Gerichtsverfassungsgesetzes einführen oder die besonderen Gerichtsbarkeiten ausgliedern. Vielmehr setzen sich die Besonderheiten bei den dann zu bildenden Präsidien der neuen Gerichte fort. Der Verzicht auf sie ist erst dann möglich, wenn die Institution der Vorsitzenden Richter als ständigen Vorsitzenden in den kollegial besetzten Spruchkörpern der Land- und Oberlandesgerichte eingeführt wird. Dafür dürfte eine Entscheidung des Bundesgesetzgebers notwendig sein, in der auch die Modalitäten für den Übergang zur uneingeschränkt dem GVG entsprechenden Präsidialverfassung zu regeln sein werden.

Maßgabe d
Verwendung von Richtern auf Probe, auf Zeit oder kraft Auftrages

Vorschriften, die die Tätigkeit von Richtern auf Probe, Richtern auf Zeit oder Richtern kraft Auftrags ausschließen oder beschränken oder Richtern auf Lebenszeit bestimmte Aufgaben vorbehalten, finden keine Anwendung.

Übersicht

1. Parallelvorschrift in den Maßgaben zum DRiG. Die Maßgabe steht in enger Verbindung mit den Maßgaben Nr. 8 Buchst. d und m zum DRiG, die folgenden Wortlaut haben: 62

Buchst. d
Richter, die nach den Vorschriften des Richtergesetzes der Deutschen Demokratischen Republik vom 5. Juli 1990 (GBl. I Nr. 42 S. 637) in Verbindung mit der Ordnung über die Bildung und Arbeitsweise der Richterwahlausschüsse der Deutschen Demokratischen Republik vom 22. Juli 1990 (GBl. I Nr. 49 S. 904) in ein Richterverhältnis auf Zeit oder auf Probe berufen worden sind, dürfen dieselben Aufgaben wahrnehmen wie Richter auf Lebenszeit.

Buchst. m
In dem Artikel 1 Abs. 1 des Vertrages genannten Gebiet dürfen bei einem Gericht ausschließlich — oder neben Richtern auf Lebenszeit — Richter auf Zeit und Richter auf Probe tätig sein. Richter auf Probe und Richter auf Zeit dürfen auch in einem mit mehreren Berufsrichtern besetzten Spruchkörper den Vorsitz führen.

2. Bedeutung der Vorschriften. Diese Regelungen ziehen die Konsequenzen daraus, daß in den fünf neuen Ländern infolge der richterrechtlichen Sonderregelungen (Teil A Rdn. 41 ff) vorerst Richter auf Lebenszeit allenfalls in sehr beschränktem Umfang zur Verfügung stehen und daß das Rechtspflegerecht der Bundesrepublik mit prägende Leitbild der Dominanz des Richters auf Lebenszeit nicht alsbald verwirklicht werden kann[78]. Sie suspendieren damit für eine Übergangszeit (s. Rdn. 66) alle Beschränkungen, die das übertragene Recht der Bundesrepublik für die Verwendung solcher Richter aufstellt, die nicht als Richter auf Lebenszeit eine Planstelle bei einem bestimmten Gericht innehaben. Da diese Vorschriften zum überwiegenden Teil und jedenfalls in der Form des durch sie geprägten Gesamtbildes den verfassungsrechtlichen Grundsatz der richterlichen Unabhängigkeit (Art. 97 GG) mit konstituieren[79], läßt sich der völlige Verzicht auf die Grenzen der Verwendung von nicht auf Lebenszeit angestellten Richtern nur unter Rückgriff auf die Sondervorschriften des Artikel 143 GG rechtfertigen[80]. 63

3. Reichweite der Vorschriften. Die Maßgaben **suspendieren** nach ihrem Zweck und dem systematischen Gesamtzusammenhang **alle gesetzlichen Begrenzungen**, die der Verwendung von Richtern entgegenstehen, die nicht Richter auf Lebenszeit bei dem Gericht sind, bei dem sie tätig werden, auch wenn sich solche Begrenzungen außerhalb des GVG und des DRiG befinden. Sie gestatten **im einzelnen** entgegen § 28 Abs. 2 Satz 2 64

[78] S. die Ausführungen in den Erläuterungen zu den Maßgaben, BRDrucks. **11** 7817, S. 7 (Allgemeines zum Rechtspflegerecht), 10 (Maßgabe Nr. 1 Buchst. d) und 19 f (Maßgabe Nr. 8 Buchst. d und m).

[79] LR § 1 GVG, 4.

[80] *Rieß* Strafvert. Forum **1990** 113.

DRiG den Einsatz von solchen Richtern als Vorsitzende von Berufsrichterkollegien, entgegen § 29 DRiG den Einsatz mehrerer solcher Richter (auch ausschließlich) in kollegial besetzten Spruchkörpern, entgegen § 23 b Abs. 3 Satz 2 GVG den Einsatz von Richtern auf Probe als Familienrichter und beseitigen die zeitliche Begrenzung nach § 29 Abs. 1 Satz 2 GVG für den Einsatz von Proberichtern als Vorsitzende von Schöffengerichten. Sie erlauben entgegen den allgemeinen Regelungen auch den Einsatz von Proberichtern und Richtern auf Zeit bei Oberlandesgerichten[81] und in den diesen gleichstehenden besonderen Senaten der Bezirksgerichte. Schließlich ist auch die verfassungsrechtliche Rechtsprechung über den beschränkten Einsatz von Hilfs- und Proberichtern, die die gesetzlichen Vorschriften konkretisiert und verschärft hat[82], für die Übergangszeit nicht anwendbar. Unberührt bleiben diejenigen Regelungen, die bei den **obersten Bundesgerichten** die Verwendung von Hilfsrichtern ausschließen[83]; Personen, die das Richteramt allein in den fünf neuen Ländern ausüben dürfen[83a], können lediglich als Hilfskräfte (wissenschaftliche Mitarbeiter[84]) bei diesen Gerichten beschäftigt werden.

65 Die Erleichterungen gelten auch für die aus den alten Ländern oder von den Bundesgerichten stammende Richter, die unter Aufrechterhaltung ihres Richterverhältnisses zu ihrem früheren Dienstherrn bei den Gerichten der neuen Länder im Wege der **Zuweisung oder Abordnung** (Teil A Rdn. 53 ff) tätig werden; namentlich ist § 18 VwGO, der abgeordnete Richter vom Vorsitz ausschließt, nicht anwendbar. Dies ist zwar nicht ausdrücklich angeordnet, ergibt sich aber zumindest aus dem systematischen Zusammenhang oder im Wege der Analogie. Dabei ist zu bedenken, daß bei diesen Richtern, die regelmäßig als Richter auf Lebenszeit in einem der sie entsendenden Länder eingestellt sind, die persönliche Unabhängigkeit in weitaus größerem Maße gesichert ist als bei den probeweise beschäftigten Richtern der (früheren) DDR.

66 4. **Dauer der Übergangsregelung.** Da die in den hier erläuterten Maßgaben getroffenen Sonderregelungen nicht mit dem abweichenden Gerichtsaufbau in den fünf neuen Ländern zusammenhängen, entfallen sie nicht automatisch dadurch, daß die Länder (Maßgabe a Abs. 2 und Maßgabe t Abs. 4) die ordentliche Gerichtsbarkeit nach den Vorschriften des GVG einrichten oder die besonderen Gerichtsbarkeiten ausgliedern. Sie gelten nach diesem Zeitpunkt vielmehr auch für die danach vorhandenen Gerichte. Nach den zum DRiG bestehenden Maßgaben sind die Richter auf Zeit spätestens nach drei Jahren (Maßgabe Nr. 8 Buchst. b) und die Richter auf Probe spätestens nach fünf Jahren (Maßgabe Nr. 8 Buchst. e) zu Richtern auf Lebenszeit zu ernennen (s. auch Teil A Rdn. 49). Spätestens am 31. 12. 1995 endet gemäß Artikel 143 Abs. 2 GG auch die Befugnis zur Abweichung von Vorschriften des Grundgesetzes, auf die sich auch diese Maßgaben stützen müssen (Rdn. 63 a. E.). Der Bundesgesetzgeber wird daher spätestens bis zu diesem Zeitpunkt die hier getroffene Sonderregelung auch formell aufheben müssen.

67 5. **Besondere Regelung für das Land Berlin.** Weder die Maßgabe d zum GVG noch die Maßgaben d und m zum DRiG gelten im Land Berlin. Für dieses gelten die

[81] Zur Unzulässigkeit des Einsatzes von Richtern, die nicht Richter auf Lebenszeit sind, als Hilfsrichter bei den Oberlandesgerichten s. LR 23. Aufl., § 115 GVG, 1; *Kissel* GVG, § 115, 6.

[82] S. mit Nachw. LR § 59 GVG, 7 ff.

[83] S. LR 23. Aufl., § 124 GVG, 1; *Kissel* GVG, § 125.

[83a] S. Teil A Rdn. 51.

[84] Vgl. zu diesen LR 23. Aufl., § 193 GVG, 13; ferner *Schorn/Stanicki* Präsidialverfassung², S. 229.

Maßgaben Nr. 3 Buchst. a aa und Buchst. b aa und bb des Abschnitts IV der Anlage I. Danach dürfen abweichend von § 29 DRiG bei den Zivilkammern des Landgerichts Berlin bis zum 31. 12. 1993 zwei Richter auf Probe, kraft Auftrags oder als abgeordnete Richter mitwirken, von denen einer die Befähigung zum Richteramt nach dem DRiG besitzt und mindestens ein Jahr im richterlichen Dienst stehen muß[85]. Ferner dürfen Richter aus Berlin/Ost, abweichend von § 23 b Abs. 3 Satz 2 GVG auch als Richter auf Probe oder auf Zeit als Familienrichter tätig sein, wenn sie vor dem 3. Oktober 1990 mindestens drei Jahre als Richter tätig waren[86]. Schließlich können Richter aus Berlin/Ost als Richter auf Probe als beisitzende Richter beim Landgericht Berlin, Verwaltungsgericht Berlin und Sozialgericht Berlin sowie als Richter am Arbeitsgericht und als Richter am Amtsgericht, mit Ausnahme des Vorsitzes im Schöffengericht[87], tätig sein[88].

Zuständigkeit und Besetzung der Gerichte

Maßgabe e
Zuständigkeit der Kreisgerichte in bürgerlichen Rechtsstreitigkeiten, Familiensachen und Angelegenheiten der freiwilligen Gerichtsbarkeit

(1) In bürgerlichen Rechtsstreitigkeiten einschließlich von Ehe- und Familiensachen und in Angelegenheiten der freiwilligen Gerichtsbarkeit sind die Kreisgerichte zuständig, soweit die Zuständigkeit der Amtsgerichte oder der Landgerichte im ersten Rechtszug besteht.

(2) [1]Bei den Kreisgerichten, in deren Bezirk das Bezirksgericht seinen Sitz hat, werden Kammern für Handelssachen gebildet. [2]Diese sind für das Gebiet des Bezirksgerichts zuständig für Handelssachen im Sinne des § 95 mit Ausnahme der Nummer 4 Buchstaben c) und f). [3]Die Vorschriften, die die Zuständigkeit der Kammer für Handelssachen von Anträgen der Parteien abhängig machen, finden keine Anwendung.

Maßgabe f
Zuständigkeit der Kreisgerichte in Strafsachen

(1) In Strafsachen sind die Kreisgerichte im ersten Rechtszug zuständig, soweit nicht die Zuständigkeit des Bezirksgerichts ausdrücklich begründet ist; sie dürfen auf keine höhere Strafe als auf drei Jahre Freiheitsstrafe und nicht auf Unterbringung in einem psychiatrischen Krankenhaus, allein oder neben einer Strafe, oder in der Sicherungsverwahrung erkennen.

(2) Die Kreisgerichte nehmen ferner die Aufgaben der Strafvollstreckungskammern nach § 78 a und des Landgerichts nach § 161 a Abs. 3 Satz 2 der Strafprozeßordnung wahr.

---

[85] Anlage I Kap. III Sachgebiet A Abschnitt IV Nr. 3 Buchst. b bb.
[86] AaO, Nr. 3 Buchst. a aa.
[87] Für die Tätigkeit als Familienrichter s. oben.
[88] AaO, Nr. 3 Buchst. b aa.

Maßgabe g
Besetzung des Kreisgerichts

(1) Die Kreisgerichte entscheiden, soweit nicht nach den Vorschriften des Gerichtsverfassungsgesetzes oder der Prozeßgesetze die ehrenamtlichen Richter nicht mitwirken,

1. in Handelssachen als Kammern für Handelssachen durch einen Richter und zwei ehrenamtliche Richter (Handelsrichter), in Registersachen durch einen Richter,
2. in Patent-, Gebrauchsmuster-, Geschmacksmuster- und Warenzeichenstreitsachen durch einen Richter und zwei ehrenamtliche Richter,
3. in Landwirtschaftssachen (§ 1 des Gesetzes über das gerichtliche Verfahren in Landwirtschaftssachen) durch einen Richter und zwei ehrenamtliche Richter,
4. in der Hauptverhandlung in Strafsachen als Schöffengerichte durch einen Richter und zwei Schöffen, es sei denn, daß keine höhere Strafe als Freiheitsstrafe von einem Jahr zu erwarten ist,
5. über die Aussetzung der Vollstreckung des Restes einer lebenslangen Freiheitsstrafe oder die Aussetzung der Vollstreckung der Unterbringung durch drei Richter.

(2) Im übrigen entscheiden die Kreisgerichte durch einen Richter.

Erläuterungen zu den Maßgaben e bis g

Übersicht

68 **1. Allgemeines. Grundsätzlicher Aufbau.** Die Maßgaben e bis g regeln die Zuständigkeit und Besetzung der Kreisgerichte, und zwar Maßgabe e die Zuständigkeit in bürgerlichen Rechtsstreitigkeiten und Angelegenheiten der freiwilligen Gerichtsbarkeit, Maßgabe f die Zuständigkeit in Strafsachen einschließlich (infolge der Verweisung in Maßgabe m Abs. 1) von Bußgeldsachen und Maßgabe g die Besetzung. **Weitere Zuständigkeiten** der Kreisgerichte können sich aus der Gleichstellungsklausel der Maßgabe b Abs. 1 ergeben, nach der alle nicht bereits unter die Maßgaben e und f fallenden Zuständigkeiten des Amtsgerichts dem Kreisgericht zukommen, wenn sie nicht ausdrücklich

dem Bezirksgericht übertragen sind. Zuständigkeiten des Kreisgerichts sind ferner im aufrechterhaltenen Recht der DDR begründet und sie ergeben sich schließlich vorübergehend (Rdn. 178 ff) für die besonderen Gerichtsbarkeiten aus den Maßgaben u Abs. 1 Satz 1 (Verwaltungsgerichtsbarkeit), w Abs. 1 (Arbeitsgerichtsbarkeit) und x Abs. 1 Satz 1 (Sozialgerichtsbarkeit).

Das Kreisgericht ist damit gegenwärtig als Gericht **im ersten Rechtszug grundsätzlich umfassend zuständig**; erstinstanzliche Zuständigkeiten des Bezirksgerichts bestehen nur in geringerem Umfang aufgrund ausdrücklicher gesetzlicher Regelung[89]. Folgende Fälle sind hierbei hervorzuheben: Zuständigkeit der **Bezirksgerichte** für Kassationen (Maßgabe i Abs. 2 Nr. 3) und Rehabilitierungsverfahren (§ 11 RehabG) sowie in den sonstigen in Maßgabe i Abs. 1 bezeichneten Strafsachen, ferner als Richterdienstgerichte (Maßgabe Nr. 8 Buchst. u) und für Angelegenheiten der Finanzgerichtsbarkeit (Maßgabe v Satz 1), sowie Zuständigkeit der **besonderen Senate der Bezirksgerichte** für Staatsschutz-Strafsachen (Maßgabe l Abs. 1) und in sonstigen in Maßgabe l Abs. 2 Nr. 3, 4, 5 und 6 bezeichneten strafrechtlichen Angelegenheiten, für die Anfechtung von Justizverwaltungsakten nach den §§ 23 ff EGGVG (Maßgabe l Abs. 2 Nr. 3, Abs. 3 Nr. 1), für **Kartellverwaltungsstreitigkeiten und Kartellordnungswidrigkeiten** (Maßgabe l Abs. 3 Nr. 7, Maßgabe m Satz 2) und für die **Anfechtung von Wahlen zum Präsidium** (Maßgabe l Abs. 3 Nr. 9). Wegen der Zuständigkeit der Bezirksgerichte in **Grundbuch- und Vereinsregisterangelegenheiten** s. Rdn. 94 und Teil A Rdn. 90; 91. 69

2. Zivilsachen und Angelegenheiten der freiwilligen Gerichtsbarkeit

a) Zuständigkeit im allgemeinen. Die erstinstanzliche Zuständigkeit der Kreisgerichte in bürgerlichen Rechtsstreitigkeiten im Sinne des § 13 (wegen der Handelssachen s. Rdn. 74 ff) sowie in Ehe- und Familiensachen (§§ 23 a, 23 b) ist **umfassend**; die Zuständigkeitsabgrenzung zwischen Amts- und Landgericht nach dem GVG spielt, auch soweit das Landgericht nach anderen Vorschriften ausschließlich zuständig ist[90], keine Rolle (s. aber Rdn. 95). Gleiches gilt für alle Angelegenheiten der freiwilligen Gerichtsbarkeit im weitesten Sinne, auch wenn die Zuständigkeit außerhalb des FGG geregelt ist[91], ferner in allen Vollstreckungsangelegenheiten einschließlich der gerichtlichen Tätigkeit nach der Gesamtvollstreckungsordnung[92], in Registersachen (zum Vereinsregister s. Teil A Rdn. 91), in Landwirtschaftssachen und in Freiheitsentziehungssachen. Für **Grundbuchsachen** ist das Kreisgericht derzeit nicht zuständig (s. Teil A Rdn. 89 f); es wird zuständig, sobald sie durch die vorbehaltene bundesrechtliche Regelung oder durch landesrechtliche Bestimmung[93] auf die Gerichte übertragen werden. Für das Schiffsregister und Schiffsbauregister sind bereits jetzt die Kreisgerichte zuständig[94]. Wegen der **Baulandsachen** s. Rdn. 182 f. 70

[89] Die ursprünglich nach dem GVG/DDR (§ 30 Abs. 2) bestehende Möglichkeit, zivil- und arbeitsrechtliche Streitigkeiten wegen ihrer „Bedeutung, Folgen oder Zusammenhänge“ durch Antrag der Staatsanwaltschaft oder Entscheidung des Direktors des Bezirksgerichts an das Bezirksgericht heranzuziehen (für Strafsachen s. § 30 Abs. 1, dritter Spiegelstrich GVG/DDR) ist bereits durch das GVGÄndG/DDR vom 5. 7. 1990 (GBl. I S. 634) beseitigt worden.

[90] S. dazu die Übersicht bei *Kissel* GVG, § 71, 15 ff.

[91] Vgl. die Übersichten bei *Kissel* GVG, § 27, 10 ff; *Keidel/Kuntze/Winkler* FGG[12], § 1, 37 ff.

[92] § 1 Abs. 2 GVollstrO, zur örtlichen Konzentration s. Rdn. 139.

[93] S. Anlage I Kap. III Sachgebiet B Abschnitt III Nr. 1 Buchst. a sowie Teil A Rdn. 89.

[94] S. Anlage I Kap. III Sachgebiet B Abschnitt III Nr. 6 Buchst. a mit örtlicher Konzentration auf die Kreisgerichte Rostock und Magdeburg; s. Rdn. 135.

71 **b) Zuständigkeit für die Wiederaufnahme.** Für die Nichtigkeitsklage und Restitutionsklage gemäß § 578 ff ZPO ist stets das Kreisgericht zuständig, wenn sie gemäß § 584 Abs. 1 erster Satzteil ZPO gegen das Urteil des ersten Rechtszugs zu richten ist. Dies gilt auch dann, wenn sich die Wiederaufnahme gegen ein früheres erstinstanzliches Urteil des Bezirksgerichts richtet. Das ergibt sich aus (mindestens sinngemäßer) Anwendung der allgemeinen Maßgabe Nr. 28 Buchst. i, wonach sich die Zulässigkeit eines Rechtsmittels oder Rechtsbehefs und das weitere Verfahren, und damit auch die Zuständigkeit, nach den neuen Vorschriften richtet. Das Bezirksgericht ist nur dann für Nichtigkeits- und Restitutionsklagen zuständig, wenn diese gegen das Berufungsurteil zu richten sind.

72 **c) Besetzung und Verfahren.** Die Kreisgerichte entscheiden stets durch einen Berufsrichter (Maßgabe g Abs. 2), auch soweit nach dem GVG das Landgericht zuständig und damit ein Berufsrichterkollegium zur Entscheidung berufen wäre; damit soll dem Richtermangel Rechnung getragen werden[95]. Für das Verfahren vor dem Kreisgericht sind ohne Rücksicht auf den Streitwert oder eine sonst gegebene Zuständigkeit des Landgerichts stets die besonderen Vorschriften für das Verfahren vor dem Amtsgericht (§§ 495 bis 510 b ZPO) maßgebend[96]; jedoch ist § 506 ZPO (nachträgliche sachliche Zuständigkeit des Landgerichts) leerlaufend. Anzuwenden ist damit auch der durch das Rechtspflege-Vereinfachungsgesetz[97] neu eingefügte § 495 a ZPO, der bei Streitwerten bis DM 1000,— ein Verfahren nach billigem Ermessen gestattet[97a].

73 Die **Mitwirkung ehrenamtliche Richter** (zur Auswahl und Heranziehung s. Maßgabe p und die dort. Erl.) ist in Landwirtschaftssachen entsprechend den Vorschriften über das gerichtliche Verfahren in Landwirtschaftssachen (Maßgabe g Abs. 1 Nr. 3), sowie abweichend vom sonstigen Bundesrecht in Patent-, Gebrauchsmuster-, Geschmacksmuster- und Warenzeichenstreitigkeiten vorgesehen. Letzteres entspricht der früheren Rechtslage in der DDR und hat seinen Grund darin[98], daß diese Streitigkeiten örtlich beim Kreisgericht Leipzig konzentriert bleiben (Maßgabe n Abs. 3 — näher Rdn. 138), die dort tätigen ehrenamtlichen Richter (Patentrichter) über besondere Kenntnisse und Erfahrungen verfügen und durch ihre Mitwirkung eine Verbesserung der Entscheidungsqualität in diesen durchweg schwierigen Sachen erwartet wird. Allerdings bleibt diese Besetzung mit ehrenamtlichen Richtern auch dann bestehen, wenn die Länder nach Maßgabe n Abs. 3 (s. Rdn. 140) eine eigene Zuständigkeit bei anderen Gerichten als dem Kreisgericht Leipzig für diese Sachen begründen[98a].

3. Handelssachen

74 **a) Allgemeines. Bedeutung.** Maßgabe e Abs. 2 bestimmt die Einrichtung und Zuständigkeit der Kammern für Handelssachen in mehrfacher Hinsicht abweichend vom GVG und zwar dergestalt, daß den Kammern für Handelssachen grundsätzlich ein

---

[95] BTDrucks. **11** 7817, S. 11. Ob die einzelnen Spruchkörper des Kreisgerichts entsprechend dem Sprachgebrauch des GVG als Abteilungen oder entsprechend dem der DDR als Kammern bezeichnet werden (s. dazu *Brachmann* DtZ **1990** 300), ist von sekundärer Bedeutung; nach den Maßgaben werden jedenfalls einzelne Spruchkörper des Kreisgerichts als Kammern bezeichnet.

[96] Zu den Gründen s. BTDrucks. **11** 7817, S. 16.

[97] Vom 17. 12. 1990 (BGBl. I S. 2847), Art. 1 Nr. 35.

[97a] Zur Begründung und den Einzelheiten s. BTDrucks. **11** 4185 (Gesetzesentwurf des Bundesrates), S. 10 f und BTDrucks. **11** 8283 (schriftl. Bericht BTRAussch.), S. 48.

[98] Vgl. BTDrucks. **11** 7817, S. 11.

[98a] So bisher nur Mecklenburg-Vorpommern durch § 2 Abs. 2 der VO vom 30. 1. 1991 – Fußn. 183a – durch Übergang dieser Angelegenheiten auf das Kreisgericht Rostock; s. auch Rdn. 140.

größerer und selbständigerer Zuständigkeitsbereich eingeräumt wird[99]. Der Grund hierfür liegt im wesentlichen darin, daß der besondere Aufgabenkreis des früheren Staatlichen Vertragsgerichts[100] nach dessen Auflösung[101] auf die normale Gerichtsbarkeit übertragen wurde und daß die Spezialkenntnisse der bei dieser Institution tätigen Richter in möglichst großem Umfang für Handelssachen genutzt werden sollten[102]. Daneben dürfte wohl auch der Gedanke mitgespielt haben, durch die obligatorische Einrichtung, die von Anträgen der Parteien unabhängige Zuständigkeit anstelle der Zivilkammer und die gesetzlich vorgeschriebene örtliche Zuständigkeitskonzentration eine möglichst gut funktionierende Rechtsprechung für die Kreise der Wirtschaft zur Verfügung zu stellen und damit die Investitionsbereitschaft und den wirtschaftlichen Aufschwung zu fördern. Insgesamt wirft die knappe Regelung der Zuständigkeit in Handelssachen mehrere Zweifelsfragen auf.

Die **Abweichungen von den Regelungen des GVG** bestehen im wesentlichen im **75**
folgenden: (1) Kammern für Handelssachen (grundsätzlich unter Mitwirkung ehrenamtlicher Richter) sind im gesamten erstinstanzlichen Zuständigkeitsbereich vorgeschrieben, also auch in den Verfahren, die in die Zuständigkeit der Amtsgerichte fallen. (2) Die Einrichtung von Kammern für Handelssachen ist, abweichend von § 93, 94 GVG, obligatorisch, dabei ist eine örtliche Konzentration gesetzlich vorgesehen. (3) Die Zuständigkeit der Kammern für Handelssachen ist von Amts wegen zu berücksichtigen, auf die Anträge der Parteien kommt es nicht an. (4) In der Berufungsinstanz sind stets Senate für Handelssachen vorzusehen, also auch dann, wenn nach dem GVG das OLG zuständig wäre (s. Rdn. 98 f). Trotz dieser größeren Selbständigkeit der Kammern für Handelssachen bleiben diese aber Spruchkörper der „ordentlichen" Gerichtsbarkeit für bürgerliche Rechtsstreitigkeiten und Angelegenheiten der freiwilligen Gerichtsbarkeit. Die Kammern und Senate für Handelssachen sind Spezialkammern oder -senate der Kreis- oder Bezirksgerichte und damit gegenüber den Zivilkammern und -senaten gleichartige Spruchkörper[103]. Die insoweit für das (bisherige) Bundesgebiet entwickelten Grundsätze gelten auch für die in den Maßgaben getroffenen Regelungen, durch die den besonderen Bedürfnsisen der Rechtspflege in den fünf neuen Ländern vorübergehend Rechnung getragen, nicht aber das Institut der Kammern für Handelssachen tiefgreifend umgestaltet werden sollte.

b) Einrichtung. Konzentration. Maßgabe e Abs. 2 Satz 1 schreibt verbindlich vor, **76**
daß Kammern für Handelssachen mit dem gesetzlich näher bestimmten Zuständigkeitsbereich gebildet werden müssen, stellt dies also, anders als § 93 GVG, nicht in das Ermessen der Landesjustizverwaltung. Die Vorschrift enthält ferner eine gesetzliche örtliche Zuständigkeitskonzentration dergestalt, daß für den Bezirk jedes Bezirksgerichts nur bei dem Kreisgericht, in dessen Bezirk das Bezirksgericht seinen Sitz hat, Kammern für Handelssachen gebildet werden dürfen. Die Länder dürfen die Bezirke der Kammern für Handelssachen nicht dadurch verkleinern, daß sie bei mehreren Kreisgerichten eines Bezirksgerichts Kammern für Handelssachen einrichten; eine weitergehende Konzentration ist nach Maßgabe n Abs. 1 zulässig. Wegen der Zulässigkeit der Einrichtung der Kammern für Handelssachen bei einem anderen Kreisgericht s. Rdn. 136.

---

99 Vgl. zur Vorgeschichte *Tischendorf* DtZ **1990** 266.
100 Vgl. zu diesem u. a. *Walter* DtZ **1990** 262.
101 VO der DDR vom 6. 6. 1990 (GBl. I S. 284) – Umgestaltung des Staatlichen Vertragsgerichts; s. auch *Tischendorf* DtZ **1990** 266.
102 BTDrucks. 11 7817, S. 11.
103 Vgl. – auch zu den Konsequenzen – *Kissel* GVG, § 94, 2 ff.

77 c) **Die Zuständigkeit** in bürgerlichen Rechtsstreitigkeiten richtet sich nach § 95 GVG[104] mit der Besonderheit, daß die Streitigkeiten aus Rechtsverhältnissen, die sich auf den Schutz der Warenbezeichnungen, Muster und Modelle beziehen (§ 95 Abs. 1 Nr. 4 Buchst. c GVG) und Streitigkeiten aus Rechtsverhältnissen des Seerechts (§ 95 Abs. 1 Nr. 4 Buchst. f GVG) ausgenommen sind, weil insoweit die aufrechterhaltenen örtlichen Zuständigkeitskonzentrationen für das Gebiet der gesamten früheren DDR den Vorzug genießen sollten[105]. Diese Angelegenheiten gehören damit vor die Zivilkammern. Nicht ausdrücklich den Kammern für Handelssachen zugewiesen sind abweichend von **§ 87 Abs. 2 GWB** bürgerliche Rechtsstreitigkeiten aus dem GWB oder aus Kartellverträgen und Kartellbeschlüssen. Die Erläuterungen zum Einigungsvertrag rechtfertigen diese Ausnahme nicht. Angesichts der Entstehungsgeschichte des Vertrages liegt es nicht fern, daß die Zuweisung dieser Streitigkeiten an die Kammern für Handelssachen in § 87 Abs. 2 GWB übersehen worden ist; doch erscheint angesichts des klaren Wortlauts der Bestimmung eine erweiternde Auslegung, die diese Sachen in die Zuständigkeit der Kammern für Handelssachen mit einbezieht, wohl nicht vertretbar.

78 Zweifelhaft ist, ob und in welchem Umfang **Angelegenheiten der freiwilligen Gerichtsbarkeit** in die Zuständigkeit der Kammern (Abteilungen) für Handelssachen der Kreisgerichte fallen. Maßgabe e Abs. 2 stellt ersichtlich nur auf die Zuständigkeitsregelung in bürgerlichen Rechtsstreitigkeiten nach dem GVG, nicht aber auf die für Handelssachen ab, die § 30 Abs. 1 Satz 2 FGG im Auge hat[106]. Indessen ergibt sich aus der Besetzungsregelung in Maßgabe g Abs. 1 Nr. 1, daß zumindest Registersachen zu den Handelssachen zählen; damit dürften alle **Registersachen** erfaßt sein, die nach dem FGG und hierauf verweisenden Vorschriften[107] zu den Handelssachen zählen. Darüber hinaus wird man jedoch annehmen müssen, daß auch die **sonstigen Handelssachen** der freiwilligen Gerichtsbarkeit[107a] als Handelssachen im Sinne der Maßgabe e Abs. 2, g Abs. 1 Nr. 1 und j Abs. 2 mit der Folge anzusehen sind, daß die örtlichen Zuständigkeitskonzentrationen und die besonderen Besetzungsvorschriften gelten. Mit dem erkennbaren Zweck der gegenüber dem allgemein geltenden Recht die Zuständigkeit der Kammern (Abteilungen) und Senate für Handelssachen ausdehnenden Sonderregelung, die Rechtsprechung auf diesen Gebieten durch Spezialisierung zu verbessern (Rdn. 74), wäre eine Zuständigkeitsreduktion in diesem Bereich nicht vereinbar. Eine Besonderheit gilt für das **Dispache-Verfahren** (§§ 148 Abs. 2 bis 158 FGG) insoweit, als unbeschadet der Zugehörigkeit zu den Handelssachen die bisherige Konzentration beim Kreisgericht Rostock[108] nach Maßgabe n Abs. 3 vorerst erhalten bleibt und daher als lex specialis die generelle Zuständigkeitskonzentration für die Kammern für Handelssachen verdrängt.

79 d) **Verfahren.** Nach Maßgabe e Abs. 2 Satz 3 finden die Vorschriften keine Anwendung, die die Zuständigkeit der Kammern für Handelssachen von Anträgen der Parteien abhängig machen. Dazu gehören insbesondere § 96, § 97 Abs. 1, § 98 Abs. 1, § 99 Abs. 1, § 101 GVG. Vielmehr haben sowohl die Zivilkammern wie auch die Kammern für Handelssachen die jeweilige Zuständigkeit der anderen Kammern von Amts

---

[104] S. näher *Kissel* GVG, § 95.

[105] BTDrucks. **11** 7817, S. 11; s. aber Rdn. 138 sowie für Mecklenburg-Vorpommern § 2 Abs. 2 der VO vom 30. 1. 1991 – Fußn. 183a.

[106] S. dazu die Aufzählung bei *Keidel/Kuntze/Winkler* FGG[12] § 30, 4 f und Vor § 125, 1 ff; und bei *Kissel* GVG, § 104, 9 ff.

[107] Vgl. *Keidel/Kuntze/Winkler* FGG[12] § 30, 4.

[107a] Vgl. dazu insbes. §§ 145, 148 FGG.

[108] VO vom 27. 5. 1976 (GBl. I S. 298); s. auch Maßgabe Nr. 13 Buchst. e und dazu BT-Drucks. **11** 7817, S. 26.

wegen zu beachten. § 104, der dies für Beschwerdesachen ausdrücklich ausspricht, gilt daher allgemein[109].

e) **Besetzung.** In den bürgerlichen Rechtsstreitigkeiten entscheiden die Kammern für Handelssachen in der Besetzung mit einem Berufsrichter und zwei ehrenamtlichen Richtern (Handelsrichtern) (Maßgabe g Abs. 1 Nr. 1). Die Handelsrichter wirken nicht mit, soweit nach den Vorschriften der Prozeßgesetze der Vorsitzende allein entscheiden kann; wann dies der Fall ist, bestimmt **§ 349 ZPO**. Wegen der Auswahl und Ernennung der Handelsrichter s. die Erläuterungen zu Maßgabe p, insbesondere Rdn. 165. In Registersachen entscheidet die Kammer für Handelssachen stets durch einen Berufsrichter allein; dies dürfte auch für andere erstinstanzliche Angelegenheiten der freiwilligen Gerichtsbarkeit gelten, für die die Kammer für Handelssachen zuständig ist. **80**

4. Strafsachen

a) **Allgemeines zum Aufbau der Strafgerichtsbarkeit.** Der Aufbau der Strafgerichtsbarkeit und die Zuständigkeitsabgrenzung zwischen den verschiedenen Spruchkörpern (Gerichten höherer und niedrigerer Ordnung) in den fünf neuen Ländern entspricht in stärkerem Maße als in der Zivilgerichtsbarkeit den allgemein geltenden Regeln. Die Aufteilung der erstinstanzlichen Zuständigkeit der erkennenden Gerichte auf das Kreisgericht (Einzelrichter und Schöffengericht), das Bezirksgericht (Strafsenat) und dessen besonderen Senat (Staatsschutzstrafsachen, s. aber Rdn. 123) entspricht weitgehend der auf den Strafrichter, das Schöffengericht, die Strafkammer und das Oberlandesgericht im ersten Rechtszug. Das sog. erweiterte Schöffengericht (§ 29 Abs. 2 GVG) ist bei den Kreisgerichten nicht vorgesehen. Auch die Rechtsmittelzuständigkeiten entsprechen im wesentlichen dem allgemein geltenden Recht, indem die Strafsenate der Bezirksgerichte als Berufungs- und Beschwerdegerichte die Funktion der Kleinen und Großen Strafkammern und die besonderen Senate der Bezirksgerichte im wesentlichen die Aufgaben der Strafsenate der Oberlandesgerichte übernehmen. Die die erstinstanzliche Zuständigkeit inhaltlich bestimmenden Abgrenzungsmerkmale (Maßgabe f Abs. 1, Maßgabe g Abs. 1 Nr. 4 und Maßgabe i Abs. 1) sind zwar formal teilweise abweichend von den Vorschriften des GVG (überwiegend knapper) gefaßt, decken sich aber in ihrem Kerngehalt weitgehend mit diesen. Dagegen ist die Besetzung der den Großen Strafkammern entsprechenden Strafsenate teilweise reduziert und außerhalb der Tätigkeit der Strafgerichte als erkennende Gerichte sind Aufgaben des Landgerichts dem Kreisgericht und nicht dem Bezirksgericht zugewiesen worden. **81**

Wegen dieser weitgehenden Übereinstimmung können die Vorschriften der StPO über die **Prüfung und Beachtung der sachlichen Zuständigkeit** im konkreten Verfahren und die dazu in der Rechtsprechung und im Schrifttum entwickelten Grundsätze und Auslegungen unmittelbar angewandt werden[110]. Es gelten daher im Verhältnis zwischen allein entscheidendem Richter beim Kreisgericht, Schöffengericht und erstinstanzlich entscheidendem Strafsenat sowie besonderem Senat in Staatsschutzsachen, die als **Gerichte höherer und niedrigerer Ordnung** im Sinne der StPO anzusehen sind, insbesondere die §§ 6, 209, 225 a, 269 und 270 StPO, und es sind im Verhältnis der Jugendgerichte zu den allgemeinen Strafgerichten ebenso wie im Verhältnis der besonderen Strafkammern zueinander (s. Rdn. 104) die §§ 6 a und 209 a StPO anzuwenden. **82**

---

[109] Er ist auch (analog) in Handelssachen anzuwenden, die zur freiwilligen Gerichtsbarkeit gehören; vgl. *Keidel/Kuntze/Winkler* FGG[12] § 1, 28 mit weit. Nachw., auch zur Gegenmeinung.

[110] S. insbes. LR, Erläuterungen zu den §§ 209, 209 a StPO.

b) Zuständigkeit der Kreisgerichte als erkennende Gerichte

83 **aa) Allgemeines.** Nach Maßgabe f Abs. 1 sind die Kreisgerichte (als Schöffengerichte oder Einzelrichter — Strafrichter — s. Rdn. 86 f) als erkennende Gerichte im ersten Rechtszug zuständig, soweit nicht ausdrücklich die Zuständigkeit des Bezirksgerichts begründet ist. Für diese ergibt sich die Zuständigkeit als erkennende Gerichte in Strafsachen aus Maßgabe i Abs. 1 und Maßgabe l Abs. 1. In der gesetzestechnischen Form ist — teilweise abweichend von den komplizierteren und nur aus der Entstehungsgeschichte erklärbaren Regelungen in den §§ 24, 74 Abs. 1 GVG — eine **generelle Zuständigkeit** des Kreisgerichts als Auffangzuständigkeit vorgesehen. Diese sind jedoch **nicht zuständig**: (1) Wenn eine ihren Strafbann überschreitende Rechtsfolge der Tat zu erwarten ist; (2) wenn das Verfahren eine der in § 74 Abs. 2 GVG (Schwurgerichtskammer), § 74 a GVG (sog. Staatsschutzstrafkammer) oder § 120 GVG (Staatsschutzstrafsache in der Zuständigkeit des OLG) genannten Taten zum Gegenstand hat; (3) wenn die Strafsache von besonderem Umfang, besonderer Schwierigkeit oder besonderer Bedeutung ist und deshalb eine Verhandlung vor dem Strafsenat des Bezirksgerichts geboten ist (näher Rdn. 102) und (4) wenn im Verfahren gegen Jugendliche und Heranwachsende die Zuständigkeit der Jugendkammer nach § 41 Abs. 1 JGG gegeben wäre. Im Ergebnis stimmt diese Abgrenzung weitgehend mit der nach dem GVG überein; ein Unterschied besteht aber darin, daß der besondere Umfang oder die besondere Schwierigkeit der Sache die Zuständigkeit des Bezirksgerichts begründet[111]. Da das JGG gilt[112], richtet sich die Zuständigkeit der Kreisgerichte in **Jugendstrafverfahren** (gegen Jugendliche und Heranwachsende) nach den §§ 39, 40 JGG (s. auch Rdn. 103).

84 Abweichend von dem mißverständlichen und durch die verfassungsrechtliche Entwicklung und Rechtsprechung überholten[113] Wortlaut des § 24 Abs. 1 Nr. 3 und (für das Verhältnis von Schöffengericht und Strafrichter) § 25 Nr. 3 GVG stellt die Maßgabe f (und g Abs. 1 Nr. 4) für die Zuständigkeit bei den „beweglichen" **normativen Zuständigkeitsmerkmalen der besonderen Bedeutung, des besonderen Umfangs oder der besonderen Schwierigkeit** nicht darauf ab, wo die Staatsanwaltschaft die Anklage erhebt. Es kommt vielmehr auf das objektive Vorliegen dieser Merkmale an. Darin liegt kein sachlicher Unterschied zur Regelung nach dem GVG, weil auch hier entgegen dem Wortlaut die Zuständigkeitsbestimmung durch die Staatsanwaltschaft keine konstitutive oder bindende Bedeutung hat, sondern lediglich die im gerichtlichen Verfahren nach § 209 StPO überprüfbare Rechtsauffassung der Staatsanwaltschaft darstellt[114].

85 Der **Strafbann der Kreisgerichte** ist entsprechend § 24 Abs. 2 GVG beschränkt[115]. Dabei ist der Ausschluß der Zuständigkeit zur Verhängung von **Sicherungsverwahrung** für die Strafgerichte der fünf neuen Länder vorerst von nur untergeordneter Bedeutung[116], da für Taten im Beitrittsgebiet Sicherungsverwahrung nicht angeordnet werden kann[117]. Sicherungsverwahrung kommt aber dann in Betracht, wenn von einem Gericht der fünf beitretenden Länder ein Angeklagter abgeurteilt wird, bei dem die Voraussetzungen des Art. 1 a EGStGB vorliegen. In diesem Fall wäre der Strafsenat des Bezirksgerichts zuständig.

---

[111] Zur Rechtslage nach § 24 GVG s. LR § 24 GVG, 14; s. näher Rdn. 102.

[112] Anlage I Kap. III Sachgebiet C Abschnitt III Nr. 3.

[113] S. LR § 24 GVG, 17; § 25 GVG, 5 mit weit. Nachw.

[114] Näher LR § 209 StPO, 24.

[115] S. wegen der Einzelheiten LR § 24 GVG, 18 ff.

[116] BTDrucks. **11** 7817, S. 12.

[117] Vgl. Art. 1 a EGStGB i. d. F. der Anlage I Kap. III Sachgebiet C Abschnitt II Nr. 1 in Verb. mit Abschnitt III Nr. 1.

bb) Zuständigkeit des Schöffengerichts und des Einzelrichters. Entsprechend den §§ 24, 25 GVG sind auch bei den Kreisgerichten das Schöffengericht und der Einzelrichter (Strafrichter) als erkennende Gerichte der ersten Rechtszugs vorgesehen. Das ergibt sich aus der Besetzungsvorschrift der Maßgabe g Abs. 1 Nr. 4, in der der zweite Halbsatz den Zuständigkeitsbereich des Einzelrichters umschreibt und damit funktionell dem § 25 GVG entspricht. Die Zuständigkeit des Einzelrichters ist auch schon bei der Erhebung der Anklage und im Eröffnungsverfahren zu berücksichtigen (§ 200 Abs. 1 Satz 2, Abs. 2 Satz 1; § 207 Abs. 1, zweiter Halbsatz; § 209 StPO). Sie besteht, wenn keine höhere Strafe als Freiheitsstrafe von einem Jahr zu erwarten ist. Zusätzlich zu erwartende Nebenstrafen und Nebenfolgen sowie Maßregeln der Besserung und Sicherung — außer den in Maßgabe f Abs. 1 genannten — hindern die Zuständigkeit des Einzelrichters nicht[118]; auf die Anklageerhebung vor dem Einzelrichter durch die Staatsanwaltschaft kommt es nicht an. Eine Zuständigkeit des Einzelrichters für **Privatklagen** entsprechend § 25 Nr. 1 GVG besteht als solche nicht, doch wird regelmäßig bei Privatklagen die Straferwartungsgrenze nicht überschritten werden. Andernfalls wäre das Schöffengericht zuständig. 86

Anders als nach der Rechtsprechung des BVerfG zu § 25 Nr. 3 GVG[119] dürfte es bei der **Zuständigkeit des Einzelrichters** nicht darauf ankommen, daß die Sache zusätzlich zur Straferwartung von „minderer Bedeutung" ist. Dieses normative Zuständigkeitsmerkmal ist vom BVerfG nur deshalb im Wege der verfassungskonformen Auslegung entwickelt worden, um den sich aus dem Grundsatz des gesetzlichen Richters ergebenden Bedenken Rechnung zu tragen. Solche Bedenken bestehen aber bei der Fassung der Maßgaben f Abs. 1 und g Abs. 1 Nr. 4 nicht, da immer dann, wenn bis zu einem Jahr Freiheitsstrafe zu erwarten ist, der Einzelrichter und bei einer höheren Straferwartung das Schöffengericht zuständig ist. Hieraus folgt, daß für die Verhandlung über den Einspruch im **Strafbefehlsverfahren** stets der Einzelrichter zuständig und § 407 StPO insoweit leerlaufend ist, als er die Zuständigkeit des Vorsitzenden des Schöffengerichts für den Erlaß des Strafbefehls vorsieht. Auch bei einer Straferwartung unter einem Jahr entfällt aber die Zuständigkeit des Kreisgerichts insgesamt — und damit auch des Einzelrichters — wenn die Sache von besonderem Umfang, besonderer Schwierigkeit oder besonderer Bedeutung ist. 87

cc) Prüfung und Beachtung der Zuständigkeit. Bis zur Eröffnung des Hauptverfahrens sind alle Merkmale der sachlichen Zuständigkeit von Amts wegen zu prüfen und zu beachten. Danach ist entsprechend den allgemein entwickelten Regeln[120] und den Besonderheiten der Zuständigkeitsabgrenzung nach den Maßgaben wie folgt zu unterscheiden: Wird eine Überschreitung der Strafgewalt des Kreisgerichts erforderlich oder kommt eine Verurteilung wegen einer in § 74 Abs. 2, §§ 74 a, 120 GVG genannten Straftat in Betracht, so hat das Kreisgericht die Sache nach § 225 a StPO dem Bezirksgericht vorzulegen oder nach § 270 StPO an dieses zu verweisen. Dagegen beeinflußt — abgesehen von den Fällen der willkürlichen Zuständigkeitsbestimmung — die nachträgliche Erkenntnis der besonderen Schwierigkeit, des besonderen Umfangs oder der besonderen Bedeutung die Zuständigkeit nicht mehr; das Schöffengericht ist zur Vorlage bzw. Verweisung an den Strafsenat des Bezirksgerichts weder berechtigt noch verpflichtet. Für die Zuständigkeit des Einzelrichters kommt es nur auf die Straferwartung bei 88

---

[118] LR § 25 GVG, 3, 4 mit weit. Nachw.

[119] BVerfGE **22** 254; dazu LR § 25 GVG, 5; *Kleinknecht/Meyer* StPO[39], § 25 GVG, 6; beide mit weit. Nachw.

[120] S. ausführlich *Rieß* GA **1976** 1.

Eröffnung des Hauptverfahrens an; er kann, auch ohne Mitwirkung von Schöffen, die gesamte Strafgewalt des Kreisgerichtes ausschöpfen[121].

89 c) **Strafvollstreckungskammer.** Die nach § 78 a GVG beim Landgericht zu bildenden Strafvollstreckungskammern werden nach Maßgabe f Abs. 2 bei den Kreisgerichten eingerichtet; bei den Bezirksgerichten sind keine Strafvollstreckungskammern zu bilden. Abweichend von § 78 b GVG entscheiden die Kreisgerichte nur dann in der Besetzung mit drei Richtern, wenn über die Aussetzung des Restes einer lebenslangen Freiheitsstrafe oder die Aussetzung des Vollzugs der Unterbringung zu entscheiden ist. Die besondere Besetzungsvorschrift des § 78 b Abs. 2 GVG läuft leer; Mitglieder der Strafvollstreckungskammer können die beim Kreisgericht tätigen Richter werden.

90 d) **Gerichtliche Entscheidungen nach § 161 a Abs. 3 Satz 2 StPO.** Nach § 161 a Abs. 3 Satz 2 StPO entscheidet eine Strafkammer des Landgerichts über den Antrag auf gerichtliche Entscheidung gegen bestimmte Maßnahmen der Staatsanwaltschaft[122]; diese Vorschrift ist in § 111 l Abs. 6 Satz 1 und § 163 a Abs. 3 Satz 3 StPO in bezug genommen worden. Nach Maßgabe f Abs. 2 ist für diesen Rechtsbehelf nicht das Bezirksgericht, sondern das Kreisgericht zuständig, und zwar dasjenige, in dessen Bezirk die Staatsanwaltschaft ihren Sitz hat. Es entscheidet in diesem Fall weitgehend nach Beschwerdegrundsätzen (§ 161 a Abs. 3 Satz 3 StPO). Durch die Verlagerung auf das Kreisgericht hat sich an der Unanfechtbarkeit der Entscheidung (§ 161 a Abs. 3 Satz 4 StPO) nichts geändert; eine Beschwerde an den Strafsenat des Bezirksgerichts ist also nicht zulässig.

91 e) **Weitere Zuständigkeiten, insbesondere als Ermittlungsrichter.** Im übrigen ergibt sich die Zuständigkeit des Kreisgerichts in Strafsachen anstelle des Amtsgerichts auch ohne ausdrückliche Bestimmung in der Maßgabe f aus der allgemeinen Gleichstellungsklausel in Maßgabe b Abs. 1[123]. Aus ihr folgt insbesondere, daß das Kreisgericht für die Aufgabe des Ermittlungsrichters (§ 162), des Haftrichters im Vorverfahren (§ 125 StPO), für das beschleunigte Verfahren (§ 212), für das Strafbefehlsverfahren (§ 407) und für die Erledigung von Rechtshilfeersuchen (§ 157 GVG) zuständig ist. Die Zuständigkeit für Bußgeldsachen ergibt sich zusätzlich aus Maßgabe m[124].

92 f) **Besetzung.** Die Kreisgerichte entscheiden in Strafsachen grundsätzlich durch einen Berufsrichter allein (Maßgabe f Abs. 2). Eine Besetzung durch drei Berufsrichter ist lediglich nach Maßgabe f Abs. 1 Nr. 5 in einigen wenigen Aufgaben der Strafvollstreckungskammer vorgesehen (Rdn. 89). Als erkennende Gerichte entscheiden sie als Schöffengerichte entsprechend dem GVG (nur) in der Hauptverhandlung durch einen Richter und zwei Schöffen; diese wirken bei Entscheidungen außerhalb der Hauptverhandlung nicht mit (§ 30 Abs. 2 GVG)[125].

---

[121] So die inzwischen ganz h. M zum Verhältnis Strafrichter–Schöffengericht; vgl. LR § 25 GVG, 7 *Kleinknecht/Meyer* aaO, 10; beide mit weit. Nachw.

[122] S. näher LR § 161 a StPO, 47 ff.

[123] BTDrucks. 11 7817, S. 11.

[124] S. auch die Zusammenstellung der den Amtsgerichten in Strafsachen übertragenen Geschäfte in LR § 27 GVG, 2.

[125] S. nähe LR § 30 GVG, 5 f.

Maßgabe h
Zuständigkeit der Bezirksgerichte in bürgerlichen Rechtsstreitigkeiten, Familiensachen und Angelegenheiten der freiwilligen Gerichtsbarkeit

(1) [1]In bürgerlichen Rechtsstreitigkeiten einschließlich von Ehe- und Familiensachen und in Angelegenheiten der freiwilligen Gerichtsbarkeit entscheiden die Zivilsenate der Bezirksgerichte über Berufungen und Beschwerden gegen die Entscheidungen des Kreisgerichts, soweit nicht die Zuständigkeit der besonderen Senate nach Maßgabe l) begründet ist. [2]An die Stelle der Zivilsenate treten für die in Maßgabe e) Abs. 2 genannten Verfahren Senate für Handelssachen bei den Bezirksgerichten, in deren Bezirk die Landesregierung ihren Sitz hat; die Landesregierungen können durch Rechtsverordnung die örtliche Zuständigkeit eines anderen Bezirksgerichts begründen.

(2) Die Zivilsenate entscheiden über Berufungen und Beschwerden abschließend, soweit nach den Vorschriften des Gerichtsverfassungsgesetzes und der Zivilprozeßordnung im ersten Rechtszug das Amtsgericht und im zweiten Rechtszug das Landgericht zuständig wäre; Maßgabe l) Abs. 3 bleibt unberührt.

Maßgabe i
Zuständigkeit der Bezirksgerichte in Strafsachen

(1) [1]Die Strafsenate der Bezirksgerichte sind als erkennende Gerichte des ersten Rechtszuges zuständig
1. für die in § 74 Abs. 2, § 74 a genannten Straftaten,
2. wenn die Strafgewalt des Kreisgerichts nicht ausreicht,
3. wenn wegen des besonderen Umfangs, der besonderen Schwierigkeit oder der besonderen Bedeutung der Sache eine Verhandlung vor dem Strafsenat geboten ist,
4. soweit nach den Vorschriften des Jugendgerichtsgesetzes die Jugendkammer im ersten Rechtszug zuständig ist.

[2]Die Zuständigkeit des besonderen Senats nach Maßgabe l) bleibt unberührt.

(2) Die Strafsenate der Bezirksgerichte sind ferner zuständig
1. zur Verhandlung und Entscheidung über Berufungen gegen Urteile des Kreisgerichts,
2. zur Entscheidung über Beschwerden gegen Verfügungen des Richters beim Kreisgericht und Entscheidungen der Kreisgerichte,
3. zur Entscheidung über Kassationen in Strafsachen.

Maßgabe j
Besetzung der Bezirksgerichte

(1) [1]Die Bezirksgerichte entscheiden in Strafsachen in der Hauptverhandlung
1. durch zwei Richter und zwei Schöffen
   a) als erkennende Gerichte im ersten Rechtszug,
   b) über Berufungen gegen Urteile der Schöffengerichte,
2. durch einen Richter und zwei Schöffen über Berufungen gegen Urteile des Kreisgerichts als Einzelrichter.

[2]Außerhalb der Hauptverhandlung entscheidet der Vorsitzende allein. [3]In den in Maßgabe i) Abs. 2 Nr. 2 und 3 genannten Fällen entscheiden die Bezirksgerichte durch drei Richter.

(2) [1]Die Bezirksgerichte entscheiden über Berufungen und Beschwerden in Handelssachen und in Landwirtschaftssachen durch einen Richter und zwei ehrenamtliche Richter; diese wirken nicht mit, soweit nach den Vorschriften des Gerichtsverfassungsgesetzes oder der Prozeßgesetze eine Mitwirkung der ehrenamtlichen Richter nicht stattfindet. [2]Soweit nach den Vorschriften des Gerichtsverfassungsgesetzes und der Zivilprozeßordnung das Langericht im ersten Rechtszug zuständig wäre, entscheidet der Senat für Handelssachen durch drei Richter.

(3) Im übrigen entscheiden die Bezirksgerichte in bürgerlichen Rechtsstreitigkeiten einschließlich von Ehe- und Familiensachen und in Angelegenheiten der freiwilligen Gerichtsbarkeit über Berufungen und Beschwerden durch drei Richter, soweit nicht nach den Vorschriften der Prozeßgesetze ein Richter allein entscheidet.

Erläuterungen zu den Maßgaben h bis j

Übersicht

93 **1. Überblick.** Die derzeit 14 Bezirksgerichte in den fünf neuen Ländern (Rdn. 19) haben im Bereich der ordentlichen Gerichtsbarkeit nach der Gleichstellungsklausel in Maßgabe b Abs. 1 die Funktion des Landgerichts, soweit dessen Aufgaben nicht ausdrücklich dem Kreisgericht übertragen sind, und der Oberlandesgerichte; sie nehmen für eine Übergangszeit zugleich Aufgaben der besonderen Gerichtsbarkeiten wahr. Sie sind damit in den fünf neuen Bundesländern die oberen Landesgerichte. Außer in der Strafgerichtsbarkeit sowie für Sonderzuständigkeiten die nur im Beitrittsgebiet anfallen, sind die Bezirksgerichte überwiegend Rechtsmittelgerichte[126]. Einen besonderen Charakter haben die **besonderen Senate der Bezirksgerichte**. Sie erscheinen überwiegend als Rechtsmittelgerichte gegen Entscheidungen der „normalen" Bezirksgerichte (näher Rdn. 118; 127; 128). Von ihnen abgesehen entspricht der Charakter der Bezirksgerichte

[126] Überblick über die erstinstanzliche Zuständigkeit in Rdn. 69.

insgesamt eher dem der Landgerichte als dem der Oberlandesgerichte. Wegen der gesetzlich vorgeschriebenen örtlichen Konzentration auf bestimmte Bezirksgerichte s. Rdn. 134. Eine **Verpflichtung zur Vorlage an den Bundesgerichtshof** trifft die Senate der „normalen" Bezirksgerichte in keinem Fall[127], weil die hierfür in Betracht kommenden Entscheidungen den besonderen Senaten zugewiesen sind.

2. Zivilsachen und Angelegenheiten der freiwilligen Gerichtsbarkeit

a) Zuständigkeit. Nach Maßgabe h sind die Zivilsenate der Bezirksgerichte in bürgerlichen Rechtsstreitigkeiten, Ehe- und Familiensachen und Angelegenheiten der freiwilligen Gerichtsbarkeit (s. Rdn. 16) allgemein für die Entscheidung über Berufungen und Beschwerden zuständig; Ausnahmen bestehen nur insoweit, als die besonderen Senate nach Maßgabe l Abs. 3 zuständig sind. Sie treten damit als Berufungsgerichte in **bürgerlichen Rechtsstreitigkeiten** einschließlich von Familien- und Kindschaftssachen uneingeschränkt an die Stelle der Landgerichte (§ 72 GVG) und der Oberlandesgerichte (§ 119 Abs. 1 Nr. 1 bis 3 GVG) sowie als Beschwerdegerichte an die Stelle der Land- und Oberlandesgerichte (§§ 72, 119 Abs. 1 Nr. 2, 4 GVG), soweit es sich um Beschwerden gegen erstinstanzliche Entscheidungen handelt und nicht ausnahmsweise die besonderen Senate zuständig sind. In **Angelegenheiten der freiwilligen Gerichtsbarkeit** treten sie als Beschwerdegerichte an die Stelle der Landgerichte für die Erstbeschwerde gegen Entscheidungen der Amtsgerichte (Kreisgerichte), wenn nicht ausnahmsweise der besondere Senat zuständig ist. In **Grundbuchangelegenheiten** und **Vereinsregistersachen** entscheiden die Zivilsenate der Bezirksgerichte über die Rechtsbehelfe gegen Maßnahmen der für die Grundbuch- und Registerführung zuständigen Behörden (Teil A Rdn. 90; 91). Soweit Berufungen (und Beschwerden) gegen Entscheidungen der Amtsgerichte ausgeschlossen sind[128], sind sie auch nicht gegen vergleichbare Entscheidungen der Kreisgerichte eröffnet; gleiches gilt für solche Entscheidungen, die durch besondere Maßgaben für unanfechtbar erklärt worden sind (s. Teil A Rdn. 78). **94**

b) Weitere Rechtsmittel gegen Entscheidungen der Bezirksgerichte. Maßgabe h Abs. 2 überträgt für die Zulässigkeit der **Revision** die Unanfechtbarkeit landgerichtlicher **Berufungsentscheidungen** (§ 511 ZPO in Verb. mit § 119 Abs. 1 Nr. 3 GVG) auf den gerichtsverfassungsrechtlichen Aufbau in den fünf neuen Ländern. Die Formulierung, daß die Zivilsenate abschließend entscheiden, soweit im ersten Rechtszug das Amtsgericht und im zweiten Rechtszug das Landgericht zuständig wäre, schließt in diesem Fall die Revision zum Bundesgerichtshof aus; maßgebend ist für diese Frage die Zuständigkeitsbestimmung nach den §§ 23, 71 GVG[129]. Die Revision bleibt dagegen zulässig, soweit die Bezirksgerichte als Berufungsinstanz in Kindschaftssachen[130] und Familiensachen entschieden haben; denn insoweit wäre im zweiten Rechtszug nicht das Landgericht, sondern das Oberlandesgericht zuständig (§ 119 Abs. 1 Nr. 1 GVG). Soweit die Revision zulässig ist, unterliegt sie den Begrenzungen der ZPO, insbesondere nach § 545 Abs. 2, §§ 546, 554 ZPO[130a]. Die Unberührtheitsklausel der Maßgabe h Abs. 2 letzter Halbsatz hat für Berufungsentscheidungen der Zivilsenate und für die Zulässigkeit der Revision keine Bedeutung. **95**

[127] BTDrucks. **11** 7817, S. 12.

[128] S. insbesondere § 511 a ZPO.

[129] Zur Zuständigkeit des Landgerichts im ersten Rechtszug s. auch die Übersicht bei *Kissel* GVG, § 71, 15.

[130] S. § 23 c Nr. 1 GVG und dazu *Kissel* GVG, § 23 a, 4 ff.

[130a] BGH DtZ **1991** 144.

96 **Beschwerdeentscheidungen** der Zivilsenate des Bezirksgerichts in bürgerlichen Rechtsstreitigkeiten und in Angelegenheiten der freiwilligen Gerichtsbarkeit sind nach Maßgabe h Abs. 2[131] stets unanfechtbar, wenn die Zulässigkeit der (weiteren) Beschwerde nicht ausdrücklich in Maßgabe l Abs. 3 eröffnet wird.

97 c) **Besetzung.** Die Zivilsenate entscheiden (anders als in Handelssachen, s. Rdn. 99) regelmäßig in der Besetzung durch drei Berufsrichter, und zwar sowohl über Berufungen als auch über Beschwerden. Lediglich in Landwirtschaftssachen nach § 1 des LwVfG sind sie mit einem Berufsrichter und zwei ehrenamtlichen Richtern (Landwirtschaftsrichtern) besetzt. Die Regelung stimmt weitgehend mit der allgemein geltenden (§§ 75, 122 GVG) überein; ist jedoch in bezug auf die Besetzung der Rechtsmittelinstanz bei den Landwirtschaftsgerichten (vgl. § 2 Abs. 2 LwVfG) reduziert.

3. Handelssachen

98 a) **Zuständigkeit.** In Handelssachen (Rdn. 77 ff) treten für Berufungen und Beschwerden sowohl in bürgerlichen Rechtsstreitigkeiten als auch in den zu den Handelssachen zählenden Angelegenheiten der freiwilligen Gerichtsbarkeit Senate für Handelssachen an die Stelle der Zivilsenate (Maßgabe h Abs. 1 Satz 2). Die Zuständigkeit ist örtlich (für das gesamte Land) bei dem Bezirksgericht konzentriert, in dessen Bezirk die Landesregierung ihren Sitz hat; das Landesrecht kann ein anderes Bezirksgericht bestimmen, jedoch die Konzentration nicht aufheben (s. auch Rdn. 136). Zweifelhaft ist, wie zu verfahren ist, wenn im ersten Rechtszug beim Kreisgericht fälschlicherweise in einer Handelssache eine Zivilkammer oder Zivilabteilung oder in einer Nichthandelssache die Kammer für Handelssachen entschieden hat. Angesichts der Gleichwertigkeit der Kammern für Handelssachen und der Zivilkammern dürfte ein Fall des § 539 ZPO nicht vorliegen[132]. Sachgerecht erscheint es, entsprechend § 100 GVG unter Berücksichtigung des Umstandes zu verfahren, daß es auf Anträge der Parteien nicht ankommt (Maßgabe e Abs. 2 Satz 2). Danach wird, jeweils mit bindender Wirkung (§ 102 GVG), bei einer an den Zivilsenat gelangten Handelssache diese das Verfahren an den Senat für Handelssachen zu verweisen haben und umgekehrt.

99 b) **Besetzung.** Die Senate für Handelssachen entscheiden nach Maßgabe j Abs. 2 durch einen Berufsrichter und zwei ehrenamtliche Richter (auch über Beschwerden[133]), wenn die Sache im ersten Rechtszug nach den allgemeinen Vorschriften zur Zuständigkeit der Amtsgerichte gehört hätte, also namentlich in der Regel bei Streitwerten unter 6000 DM[133a] sowie in Registersachen. Wäre für den ersten Rechtszug das Landgericht zuständig gewesen, also bei höheren Streitwerten und in den Fällen, in denen beispielsweise nach dem Aktiengesetz oder dem Börsengesetz die Landgerichte ausschließlich zuständig sind[134], so entscheidet der Senat für Handelssachen durch drei Berufsrichter; Handelsrichter wirken nicht mit[135]. Bei den Bezirksgerichten, bei denen Senate für Handelssachen einzurichten sind, muß der Geschäftsverteilungsplan daher sowohl die mit einem Berufsrichter besetzten („kleinen“) als auch die mit drei Berufsrichtern besetzten („großen“) Senate für Handelssachen ausweisen. Dabei steht dem nichts entge-

---

[131] S. auch Rdn. 128 und Maßgabe Nr. 5 (ZPO) Buchst. d.

[132] Vgl. auch *Kissel* GVG, § 94, 6.

[133] *Kissel* GVG, § 105, 5; 11.

[133a] § 23 Nr. 1 GVG i. d. F. von Art. 2 Nr. 2 des Rechtspflege-Vereinfachungsgesetzes vom 17. 12. 1990 (BGBl. I S. 2847).

[134] S. die Übersicht bei *Kissel* GVG, § 71, 15.

[135] Zu den Gründen s. BTDrucks. **11** 7817, S. 12.

gen, daß die Mitglieder der „großen" Senate für Handelssachen zugleich mit dem Vorsitz in den „kleinen" Senaten für Handelssachen betraut werden.

4. Strafsachen

a) Überblick. In Strafsachen entspricht die Zuständigkeit der „normalen" Bezirksgerichte im wesentlichen der der Landgerichte[136], während die Zuständigkeit der Oberlandesgerichte in Strafsachen weitgehend von den besonderen Senaten wahrgenommen wird (Rdn. 122; 127). Die landgerichtliche Zuständigkeit der Strafvollstreckungskammern und für Entscheidungen nach § 161 a Abs. 3 StPOP wird von den Kreisgerichten wahrgenommen (Rdn. 89 f). Die Besetzung der den erkennenden großen Strafkammern entsprechenden Strafsenate ist gegenüber den Vorschriften des GVG reduziert. Die Bezirksgerichte sind ferner für die nur im Beitrittsgebiet vorkommende Kassation zuständig (Rdn. 107). **100**

b) Zuständigkeit als erkennende Gerichte

aa) Straferwartung, Straftaten nach § 74 Abs. 2, § 74 a GVG. Nach Maßgabe l Abs. 1 sind die Strafsenate der Bezirksgerichte (zur Besetzung siehe Rdn. 105) als erkennende Gerichte (einschließlich der Entscheidung über die Eröffnung des Verfahrens) zuständig, wenn die Strafgewalt des Kreisgerichts (Rdn. 85) nicht ausreicht (Abs. 1 Nr. 2), wenn also, auch als Gesamtstrafe, eine Freiheitsstrafe von mehr als drei Jahren oder die Anordnung der Sicherungsverwahrung oder der Unterbringung in einem psychiatrischen Krankenhaus (auch im selbständigen Sicherungsverfahren nach den §§ 413 ff StPO) zu erwarten ist. Unabhängig von der Höhe der zu erwartenden Strafe sind sie (Abs. 1 Nr. 1) stets zuständig wenn das Verfahren Straftaten zum Gegenstand hat[137], die in § 74 Abs. 2 GVG (Schwurgerichtskammer) oder § 74 a GVG (sogenannte Staatsschutzstrafkammer einschließlich der Fälle des § 74 a Abs. 2 GVG[138]) genannt sind. Die Strafsenate der normalen Bezirksgerichte sind nicht zuständig, soweit nach § 120 GVG die Oberlandesgerichte im ersten Rechtszug zuständig wären und damit nach Maßgabe l Abs. 1 die besonderen Senate der Bezirksgerichte (bzw. das Kammergericht) zuständig sind. **101**

bb) Ohne Rücksicht auf die Straferwartung sind die Strafsenate im ersten Rechtszug ferner zuständig, wenn eine Verhandlung vor ihnen wegen des **besonderen Umfangs, der besonderen Schwierigkeit oder der besonderen Bedeutung** der Sache geboten ist. Wegen des Umfangs der Prüfung und Berücksichtigung dieses normativen Zuständigkeitsmerkmals s. Rdn. 82; 84; 88. Der Begriff der besonderen Bedeutung wird auch im GVG verwandt und kann hier ebenso ausgelegt werden[139]. Der besondere Umfang oder die besondere Schwierigkeit der Sache rechtfertigt die Verhandlung vor dem Strafsenat immer dann, wenn es geboten erscheint, daß mehrere Berufsrichter in der Hauptverhandlung und der Beratung mitwirken, weil der Vorsitzende allein mit der Verhandlungsleitung, der Vernehmung des Angeklagten und der Aufnahme der Beweise überfordert wäre. In Betracht kommen insbesondere Verfahren mit einer Vielzahl von Zeugen und Sachverständigen, einer größeren Zahl von Angeklagten oder sonst einem besonders umfangreichen und verwickelten Verhandlungsstoff, namentlich **102**

---

[136] BTDrucks. **11** 7817, S. 12.

[137] Vgl. insoweit zu den Einzelheiten LR § 74 GVG, 6 f; § 74 a, 5 ff; wegen des Ausscheidens von diese Zuständigkeit begründenden Tatteilen nach § 154 a StPO LR § 154 a StPO, 14 ff.

[138] S. wegen der Einzelheiten LR § 74 a GVG, 7 ff mit weit. Nachw.; zur örtlichen Zuständigkeit s. Rdn. 104.

[139] S. näher LR § 24 GVG, 13; *Kleinknecht/Meyer* StPO[39], § 24 GVG, 5 ff.

solche, bei denen sich die Hauptverhandlung über längere Zeit erstrecken wird. Die besondere Schwierigkeit der Sache kann tatsächliche (beispielsweise eine besonders verwickelte Beweislage) oder rechtliche Gründe haben; dazu gehören nicht nur schwierige materielle Rechtsfragen, auch eine komplizierte verfahrensrechtliche Lage reicht aus. Es genügt aber nicht, daß Umfang oder Schwierigkeit der Sache den Durchschnitt vergleichbarer Fälle lediglich übersteigt; die *besondere* Schwierigkeit oder der *besondere* Umfang liegt nur bei einer beträchtlichen Abweichung vor.

103 cc) In **Jugendstrafsachen** nach dem JGG (gegen Jugendliche und Heranwachsende) sind die Strafsenate der Bezirksgerichte in gleichem Umfang wie nach den allgemeinen Zuständigkeitsvorschriften des JGG zuständig (Maßgabe i Abs. 1 Nr. 4); es gilt also § 41 JGG. Die sonstigen Zuständigkeitsvorschriften sind daneben — abgesehen von § 120 GVG in Verb. mit Maßgabe l Abs. 1 — nicht anzuwenden.

104 **dd) Besondere Strafkammern. Vorrang.** § 74 Abs. 2 sowie die §§ 74 a bis 74 c und § 74 e GVG gelten auch für die Bezirksgerichte[140]. Das folgt aus der ergänzenden Geltung des GVG (s. Rdn. 9). Die gesonderte, ausdrückliche Erwähnung der §§ 74 Abs. 2, 74 a GVG in Maßgabe i Abs. 1 Nr. 1 hat hiermit nichts zu tun, sondern ihren Grund darin, daß insoweit auch, anders im Falle des § 74 c GVG, eine ausschließliche sachliche Zuständigkeit bestimmt wird. Ein zwingender systematischer Grund, bei den Bezirksgerichten diese besonderen Strafkammern nicht einzurichten, läßt sich aus dem abweichenden Gerichtsaufbau durch die Maßgaben nicht ableiten. Es sind also (ggfs. unter Ausnutzung der Ermächtigung zur örtlichen Zuständigkeitskonzentration) Strafsenate mit einer gesetzlich vorgeschriebenen Zuständigkeit für **Schwurgerichtssachen** (§ 74 Abs. 2 GVG) und **Wirtschaftsstrafsachen** (§ 74 c GVG) einzurichten[141]. Der Wirtschaftsstrafsenat ist auch für Berufungen gegen schöffengerichtliche Urteile (des Kreisgerichts) zuständig, soweit die Zuständigkeitsmerkmale nach Absatz 1 erfüllt sind[142]. Die Strafsenate mit der Zuständigkeit der besonderen Strafkammern nach § 74 a GVG (sogenannte **Staatsschutzstrafsachen**) sind nur bei den Bezirksgerichten zu bilden, in deren Bezirk die Landeshauptstadt ihren Sitz hat, also nur bei einem Bezirksgericht in jedem Land[143]. Das ergibt sich daraus, daß § 74 a Abs. 1 GVG eine Zuständigkeitskonzentration dieser Strafkammern auf den Bezirk des Oberlandesgerichts vorschreibt und daß als Oberlandesgericht in diesem Sinne dasjenige Bezirksgericht anzusehen ist, bei dem die besonderen Senate im Sinne der Maßgaben k, l gebildet sind. Bei Meinungsverschiedenheiten über die Zuständigkeiten zwischen den verschiedenen Arten von Strafsenaten gilt die **Vorrangregelung** des § 74 e GVG mit den auf ihr aufbauenden verfahrensrechtlichen Regelungen (§§ 209 a, 225 a Abs. 1 Satz 1 zweiter Halbsatz, Abs. 4, § 270 Abs. 1 Satz 1 zweiter Halbsatz, Satz 2 StPO). Werden Sachen nach Urteilsaufhebung durch das Revisionsgericht an das Bezirksgericht zurückzuverweisen, so ist die Sache von dem nach Sachlage zuständigen Spezialstrafsenat, auch dem Jugendsenat, zu verhandeln; die zurückverweisende Revisionsentscheidung sollte dies ausdrücklich aussprechen.

105 **ee) Besetzung.** Nach Maßgabe j Abs. 1 Satz 2 Nr. 1, Satz 2 sind die Strafsenate als erkennende Gerichte im ersten Rechtszug, abweichend von § 76 GVG, in der Hauptverhandlung mit zwei Berufsrichtern und zwei Schöffen besetzt; außerhalb der Hauptver-

---

140 So für §§ 74 a, 74 c GVG ausdrücklich BTDrucks. **11** 7817, S. 12.

141 Zu der Frage, ob und in welchem Umfang diesen Spruchkörpern auch andere Sachen zugewiesen werden können, s. LR § 74 GVG, 8 ff; § 74 c GVG, 4.

142 Näher LR § 74 c GCG, 5.

143 BTDrucks. **11** 7817, S. 12.

handlung entscheidet der Vorsitzende allein, der zweite Berufsrichter wirkt also nicht mit. Diese Zusammensetzung entspricht im wesentlichen der des sogenannten erweiterten Schöffengerichts nach § 29 Abs. 2 GVG, so daß wegen etwaiger Zweifelsfragen auf die dazu entwickelten Grundsätze zurückgegriffen werden kann[144]. Für die **Abstimmung** in der Hauptverhandlung ist der für das erweiterte Schöffengericht geltende § 196 Abs. 4 GVG entsprechend anzuwenden[145]. Bei Stimmgleichheit gibt danach die Stimme des Vorsitzenden den Ausschlag, doch gilt dies nicht bei den im Vordergrund stehenden Entscheidungen über die Schuld- und Straffrage, da insoweit eine Mehrheit von zwei Dritteln erforderlich ist (§ 263 StPO)[146].

c) Zuständigkeit als Berufungsgerichte. Die Strafsenate der Bezirksgerichte entscheiden ferner über alle Berufungen gegen Urteile der Kreisgerichte, und zwar als „große Strafsenate" (wegen der Besetzung s. Rdn. 105) gegen Urteile der mit einem Berufsrichter und zwei Schöffen besetzten Schöffengerichte und als „kleine Strafsenate" gegen Urteile des Einzelrichters in der Besetzung mit einem Berufsrichter und zwei Schöffen entsprechend der kleinen Strafkammer nach § 76 Satz 1 zweiter Halbsatz GVG. Nicht ausdrücklich geregelt ist die Zuständigkeit und Besetzung bei Berufungen gegen Urteile der **Jugendgerichte**. Da das JGG insoweit ohne Maßgabe übergeleitet worden ist[147] und für die erstinstanzliche Zuständigkeit ausdrücklich unverändert gilt, hat entsprechend § 41 Abs. 2 JGG der an die Stelle der Jugendkammer tretende Strafsenat in der Besetzung mit zwei Berufsrichtern und zwei Schöffen über alle Berufungen zu entscheiden, unabhängig davon, ob das Jugendschöffengericht oder der Jugendeinzelrichter (Jugendrichter) im ersten Rechtszug tätig war. Als **weiteres Rechtsmittel** gegen die Berufungsurteile ist die Revision zu den besonderen Senaten des Bezirksgerichts zulässig (s. näher Rdn. 127). **106**

d) Beschwerden. Kassationen. Die Strafsenate der Bezirksgerichte sind in der Besetzung mit drei Berufsrichtern (Maßgabe j Abs. 1 Satz 3) entsprechend § 73 Abs. 1 GVG für die Entscheidung über **Beschwerden** gegen die Entscheidung der Kreisgerichte zuständig. Der Umfang der Beschwerdefähigkeit solcher Entscheidungen richtet sich nach den §§ 304 ff StPO, Besonderheiten bestehen nicht. Schließlich sind die Strafsenate der Bezirksgerichte, ebenfalls in der Besetzung mit drei Berufsrichtern, für die Entscheidung über **Kassationen** über strafgerichtliche Verurteilungen zuständig, die nach den modifiziert aufrechterhaltenen Vorschriften der StPO/DDR zeitlich befristet für das Beitrittsgebiet zulässig bleibt. Wegen der Einzelheiten s. Teil C Rdn. 56. In **Berlin** ist für die Kassation das Landgericht zuständig[148]. **107**

5. Senate für Rehabilitierungsverfahren

a) Allgemeines. Nach dem durch die Zusatzvereinb. modifiziert aufrechterhaltenen RehabG[149] sind gemäß dessen § 11[150] die Bezirksgerichte für die gerichtlichen **108**

---

[144] S. auch BTDrucks. **11** 7817, S. 12.

[145] Zu diesem näher LR § 196 GVG, 6; zu der Frage, wie zu verfahren ist, wenn sich die beiden Berufsrichter nicht über die Fassung der Urteilsgründe einigen können, s. LR § 30 GVG, 7; *Kissel* GVG, § 196, 7 mit weit. Nachw.

[146] Wegen der Fälle, in denen nur die einfache Mehrheit erforderlich ist, s. LR § 263 StPO, 13 ff mit weit. Nachw.

[147] Sachgebiet C Abschnitt III Nr. 3.

[148] Abschnitt IV Nr. 3 Buchst. e.

[149] S. näher mit Textabdruck Teil C Rdn. 79; ausführliche Erläuterung bei *Amelung/Brüssow/Keck/Kemper/Mehle* Teil C.

[150] Diese Bestimmung ist durch Art. 3 Nr. 6 Buchst. f der Zusatzvereinb. nur insoweit modifiziert worden, als an die Stelle des dort genannten Obersten Gerichts der DDR das Bezirksgericht auch in den Fällen des Abs. 1 Satz 2 tritt.

Entscheidungen in Rehabilitierungsverfahren im ersten Rechtszug zuständig[151]. Nach § 11 Abs. 2 entscheidet das Bezirksgericht durch einen mit drei Berufsrichtern besetzten „besonders zu bildenden Senat für Rehabilitierungsverfahren". Nach § 11 Abs. 3 Satz 1 werden die Berufsrichter dieser Senate durch den Minister der Justiz ernannt. Das noch von der Volkskammer der DDR erlassene Gesetz, zu dem für die hier interessierenden Fragen aussagekräftige Gesetzgebungsmaterialien nicht zur Verfügung stehen und das als partielles Bundesrecht fortgilt, enthält in § 11 zahlreiche Undeutlichkeiten und Unklarheiten. Die Verfassungsgemäßheit dieser Vorschrift erscheint nicht unzweifelhaft; sie erfordert jedenfalls eine verfassungskonforme Auslegung.

109 **b) Bildung des Senats.** Die Formulierung des § 11 Abs. 2 Satz 1 RehabG bedeutet nicht, das für Rehabilitierungsverfahren die besonderen Senate der Bezirksgerichte im Sinne der Maßgabe k zuständig wären, es handelt sich vielmehr um Spruchkörper des „normalen" Bezirksgerichts. Die wenig klare Formulierung „ein besonders zu bildender Senat" kann auch nicht dahin ausgelegt werden, daß es sich bei diesen Senaten um besondere Gerichte im Sinne des § 13 GVG oder um lediglich organisatorisch den Bezirksgerichten zugeordnete selbständige Spruchkörper handelt. Man wird vielmehr annehmen müssen, daß mit dieser Formulierung nur zum Ausdruck gebracht werden soll, daß die Aufgaben des Rehabilitierungsverfahrens bei den Bezirksgerichten bei bestimmten Spruchkörpern zu konzentrieren sind und nicht auf eine größere Zahl von Spruchkörpern, als nach dem Geschäftsanfall notwendig ist, dergestalt verteilt werden dürfen, daß diesen Spruchkörper in erheblichem Umfang andere Aufgaben zugewiesen werden können. Insoweit handelt es sich um eine gesetzliche Geschäftsverteilung, die ihrer Struktur nach mit der Einrichtung von Schwurgerichtskammern und Wirtschaftstrafkammern vergleichbar ist[151a]. Darüber hinaus steht die Formulierung in Beziehung zu der Sonderregelung für die „Ernennung" dieser Richter in § 11 Abs. 3 Satz 1 RehabG, indem sie sicherstellt, daß das „Benennungsrecht" des Landesjustizministers (näher Rdn. 112 ff) sich nur auf so viele Richter bezieht, wie für die Erledigung von Rehabilitierungsaufgaben erforderlich sind.

110 Die **Zahl der** bei dem jeweiligen Bezirksgericht erforderlichen **Senate** für Rehabilitierungsverfahren bestimmt nach allgemeinen Grundsätzen (s. Rdn. 52) die jeweilige Landesjustizverwaltung; dabei können trotz der Formulierung „*einen* besonders zu bildenden Senat" auch mehrere Senate eingerichtet werden, wenn die Geschäftslage dies erfordert[151b]. Das wird angesichts der bereits jetzt absehbaren Zahl von Rehabilitierungsanträgen vielfach der Fall sein, zumal § 12 Abs. 1 Satz 1 RehabG eine „zügige" Entscheidung vorschreibt und damit auch die Justizverwaltung zur Bereitstellung des erforderlichen Personals verpflichtet. Die Zahl darf aber nur so bemessen werden, daß voraussichtlich die in ihnen tätigen Richter zum überwiegenden Teil ihrer Arbeitskraft ausgelastet sind, andernfalls würde das „Ernennungsrecht" des Justizministers zu weit ausgedehnt werden[151c]. § 11 RehabG sieht keine örtliche Konzentration vor, verlangt also die Einrichtung von Senaten für Rehabilitierungsverfahren bei jedem Bezirksgericht. Jedoch kann eine örtliche Zuständigkeitskonzentration durch das Landesrecht gemäß Maßgabe n vorgenommen werden.

---

[151] Wegen der Beschwerdezuständigkeit s. Rdn. 130.

[151a] Zu weitgehend und in dieser Form nicht verständlich allerdings die Auffassung von *Amelung / Brüssow / Keck / Kemper / Mehle* Teil C § 17 RehabG Nr. 1, daß es sich um Sonderstrafkammern gem. § 74 a GVG handele.

[151b] Ebenso *Amelung / Brüssow / Keck / Kemper/ Mehle* Teil C § 11 RehabG Nr. 4.

[151c] A. A. *Amelung/Brüssow/Keck/Kemper/Mehle* aaO.

c) **Generell inhabile Richter.** § 11 Abs. 3 Satz 2 RehabG schließt solche Richter von der Mitwirkung in Rehabilitierungsverfahren aus, die an Verurteilungen beteiligt waren, die den Voraussetzungen des § 3 RehabG[151d] unterfallen. Dabei handelt es sich nach dem klaren Wortlaut der Vorschrift nicht etwa nur um den Ausschluß des jeweiligen Richters in einem konkreten Rehabilitierungsverfahren wegen der Mitwirkung an der in diesem Verfahren zu überprüfenden Verurteilung entsprechend der Regelung des § 23 StPO, sondern um eine generelle Unfähigkeit zur Tätigkeit als Richter in Rehabilitierungssachen aufgrund irgendeiner Mitwirkung an einer dem § 3 RehabG unterfallenden Verurteilung (einschließlich einer rechtsstaatswidrigen Einweisung in eine psychiatrische Anstalt[152]). Die bloße Mitwirkung an dieser Entscheidung reicht aus, unerheblich ist, ob der Richter sie auch inhaltlich mitgetragen hat Wegen des Begriffs der Mitwirkung kann auf die Rechtsprechung und das Schrifttum zu § 23 StPO zurückgegriffen werden[153]. Die **praktische Anwendung** dieser Ausschlußklausel kann erhebliche Probleme aufwerfen, wenn der Einsatz von Richter in Frage steht, die bereits vor dem Inkrafttreten des 6. StrÄndG/DDR tätig waren, weil sich die Frage einer Mitwirkung an dem § 3 RehabG unterfallenden Entscheidungen vielfach nicht verläßlich wird klären lassen. Aus diesem Grunde könnte es sich empfehlen, nur solche Richter zu Mitgliedern der Senate für Rehabilitierungsverfahren zu bestimmen, bei denen eine Mitwirkung an derartigen Entscheidungen nach ihrer bisherigen beruflichen Tätigkeit generell als ausgeschlossen erscheint. **111**

d) **Bestimmung der Richter.** Die in § 11 Abs. 3 Satz 1 RehabG vorgeschriebene „Ernennung" der Berufsrichter der Senate für Rehabilitierungsverfahren durch den Minister der Justiz kann nicht ihrem Wortlaut entsprechend ausgelegt werden. Daß die Richter durch den Minister der Justiz ernannt, also in das Richteramt berufen werden, ist eine Selbstverständlichkeit, die für diese Richter nicht besonders geregelt zu werden brauchte; im übrigen kommen als Mitglieder der Senate für Rehabilitierungsverfahren auch Richter in Betracht, die bereits vorher als Richter tätig waren, also bereits seit längerem zu Richtern „ernannt" worden sind. Die Fassung läßt auch nicht die Deutung zu, daß diese Richter, falls dies noch erforderlich ist, der Bestätigung durch die Richterwahlausschüsse (s. Teil A Rdn. 47) nicht bedürfen, hierfür wäre ein sachlicher Grund nicht erkennbar. Schließlich kann die Vorschrift schon aus kompetenzrechtlichen Gründen auch nicht dahin verstanden werden, daß sie die „Ernennung" solcher Richter exklusiv dem Justizminister vorbehält, also eine Ressortzuständigkeit begründet, an die auch das Landesverfassungsrecht und das Landesorganisationsrecht gebunden wäre. Der erkennbare **Sinn der Vorschrift** liegt vielmehr darin, daß der Landesjustizminister, also eine der Exekutive zugehörige Behörde, bei der Besetzung der Senate für Rehabilitierungsverfahren bestimmen kann, welche Richter in diesen Senaten tätig werden sollen. Die Vorschrift suspendiert daher insoweit die Befugnis der Präsidien, im Rahmen der Geschäftsverteilung nach § 21 e Abs. 1 Satz 1 GVG die Besetzung der Spruchkörper zu bestimmen; sie schränkt in diesem Umfang die richterliche Selbstverwaltung ein. Der **Grund** für diese in der Geschichte des deutschen Gerichtsverfassungsrechts exzeptionelle Aus- **112**

[151d] Zu diesem ausführlich *Amelung/Brüssow/Keck/Kemper/Mehle* Teil C § 3 RehabG; *Pfister* NStZ **1991** 165 ff.

[152] Ergänzung des § 3 RehabG durch Art. 3 Nr. 6 Buchst. b der Zusatzvereinb; dazu ausführlich *Amelung/Brüssow/Keck/Kemper/Mehle* Teil C III.

[153] S. LR § 23 StPO, 6; 13.

nahme[154] dürfte darin zu sehen sein, daß, wie auch die Regelung in § 11 Abs. 3 Satz 2 RehabG über die generell inhabilen Richter zeigt, angesichts des hochsensiblen Stoffes der Rehabilitierungsentscheidungen eine Vorbelastung der hier tätigen Richter ausgeschlossen sein sollte und daß angenommen wird, daß dies durch ein Bestimmungsrecht des Justizministers sicherer erreicht werden kann als durch die Geschäftsverteilung durch die Präsidien.

113 **Die Verfassungsmäßigkeit** des § 11 Abs. 3 Satz 1 RehabG erscheint nicht **unzweifelhaft**; eine Rechtfertigung ist, wohl nur unter Rückgriff auf den neuen Art. 143 GG möglich[154a]. Bedenken gegen die Vorschrift ergeben sich sowohl aus dem verfassungsrechtlichen Anspruch auf den gesetzlichen Richter (Art. 101 Abs. 1 GG), der gerade durch die Prinzipien der gerichtlichen Selbstverwaltung und der Präsidialverfassung den Einfluß der Exekutive auf die richterliche Zuständigkeit ausschließen will[155], als auch aus den die richterliche Unabhängigkeit gewährleistenden Verfassungsbestimmungen (Art. 97), denen ebenfalls die in der Hand der Präsidien liegende Geschäftsverteilung zu dienen bestimmt ist. Zumindest bedarf § 11 Abs. 3 Satz 1 der **verfassungskonformen Auslegung**, durch die bei Aufrechterhaltung der Zielsetzung der Bestimmung der Einfluß der Exekutive auf die Besetzung der Senate für Rehabilitierungsverfahren möglichst gering gehalten wird.

114 Der Landesjustizminister ist deshalb durch § 11 Abs. 3 Satz 1 RehabG lediglich zur **Benennung** derjenigen bei den jeweiligen Bezirksgerichten tätigen Richter befugt, die (einschließlich der Vertreter) als Richter in den Senaten für Rehabilitierungsverfahren eingesetzt werden sollen. Er hat dabei § 11 Abs. 3 Satz 2 zu beachten. Es ist, namentlich wenn mehrere Senate dieser Art zu bilden sind, **Sache des Präsidiums**, die Geschäftsverteilung zwischen ihnen und deren Besetzung festzulegen und — solange Maßgabe c Abs. 5 gilt — den Vorsitzenden zu bestimmen (Rdn. 56). Diese Benennung ist, jedenfalls im Laufe des Geschäftsjahres grundsätzlich **nicht widerrufbar**, weil dies einen unvertretbaren Eingriff der Exekutive in die richterliche Unabhängigkeit darstellen würde. Etwas anderes gilt lediglich dann, wenn sich herausstellt, daß bei einem Richter die Voraussetzung des § 11 Abs. 3 Satz 2 (generelle Inhabilität, s. Rdn. 111) vorliegen. Zweifelhaft ist, ob die Benennung (Ernennung) durch den Justizminister für jedes Geschäftsjahr gesondert oder auf Dauer erfolgt. Die erste Lösung würde zwar dem Prinzip entsprechen, daß die Geschäftsverteilung und die Besetzung für jedes Geschäftsjahr neu vorzunehmen ist (§ 21 e Abs. 1 GVG). Sie eröffnet jedoch der Exekutive die Möglichkeit, durch eine Nichtwiederbenennung auf die Inhalte der Entscheidung zu reagieren; als verfassungskonforme Auslegung ist deshalb die vorzuziehen, daß eine einmal vorgenommene Benennung grundsätzlich für die Zukunft bindet, wenn nicht erkennbar wird, daß der Richter nach § 11 Abs. 3 Satz 2 nicht hätte als Mitglied des Senats für Rehabilitierungsverfahren bestellt werden dürfen[155a]. In analoger Anwendung der Maßgabe

---

[154] Bereits das GVG in der Fassung von 1877 sah für die Landgerichte und die Gerichte höherer Ordnung vor, daß die Verteilung des Vorsitzes in den Kammern durch das Direktorium (§ 61 GVG) und die Besetzung im übrigen durch das Präsidium (§§ 62, 63 GVG), also im Wege der gerichtlichen Selbstverwaltung erfolgte. Diese Regelung hat lediglich während der Beseitigung des Präsidiums von 1937 bis 1945 keinen vollen Bestand gehabt.

[154a] Für verfassungsrechtlich unbedenklich wird die Regelung bei *Amelung/Brüssow/Keck/Kemper/Mehle* Teil C § 11 RehabG Nr. 7 f gehalten.

[155] S. *Maunz/Dürig* GG, Art. 101, 38; *Schorn/Stanicki* Präsidialverfassung², S. 1.

[155a] Vgl. auch (ähnlich) *Amelung/Brüssow/Keck/Kemper/Mehle* aaO.

Nr. 8 Buchst. h wird darüber hinaus ein Widerrufsrecht erwogen werden können, wenn nachträglich sonstige Umstände bekannt werden, die die Benennung als Mitglied des Senats für Rehabilitierungsverfahren nicht gerechtfertigt hätten.

e) **Örtliche Zuständigkeit.** Örtlich zuständig ist nach § 11 Abs. 1 Satz 1 RehabG **115**
dasjenige Bezirksgericht, in dessen Bezirk die mit dem Rehabilitierungsantrag angegriffene Prozeßhandlung (erstinstanzliches Strafverfahren oder Ermittlungsverfahren) vorgenommen worden ist. Richtet sich der Rehabilitierungsantrag gegen eine Entscheidung des Obersten Gerichts, so wird man jedes Bezirksgericht als zuständig ansehen müssen, bei dem nach den §§ 7 ff StPO für den ursprünglichen Tatvorwurf ein Gerichtsstand begründet gewesen wäre[156].

6. **Richterdienstgerichte.** Bis zur Einrichtung von Richterdienstgerichten durch **116**
das Landesrecht ist nach Maßgabe Nr. 8 Buchst. u bei dem Bezirksgericht, in dessen Bezirk die Landesregierung ihren Sitz hat (gesetzliche Konzentrationsverpflichtung) für das jeweilige Land ein Senat für die Aufgabe des Dienstgerichts (vgl. § 77 ff DRiG) zuständig, der in der Besetzung durch drei vom Präsidium bestimmte Berufsrichter entscheidet. Diese können zwar auch Richter auf Probe oder auf Zeit sein, müssen aber mindestens drei Jahre im richterlichen Dienst tätig gewesen sein, wobei es auf den Dienstherrn nicht ankommt. Die Richterdienstgerichte sind bis zur Schaffung landesrechtlicher Vorschriften nunmehr auch für **Disziplinarsachen** zuständig (§ 78 Nr. 1 DRiG); die aufrechterhaltene Disziplinarordnung vom 1. 8. 1990 (GBl. I S. 1061)[157] ist nur noch in bezug auf das Disziplinarverfahren anwendbar. Die Vorschriften, die in Verb. mit § 27 Abs. 2 RiG/DDR die Bildung des ad hoc zusammengesetzten Disziplinargerichts betreffen[158] (insbes. § 2 Abs. 1 bis 3, § 4 Abs. 1 der VO) laufen — trotz des Fehlens einer ausdrücklichen einschränkenden Maßgabe — leer. Für das Land Sachsen ist die Regelung bedeutungslos geworden, weil dort bereits ein Richtergesetz in Kraft getreten ist, durch das besondere Richterdienstgerichte gebildet worden sind[158a].

Maßgabe k
Besondere Senate der Bezirksgerichte

(1) [1]Bei den Bezirksgerichten, in deren Bezirk die Landesregierung ihren Sitz hat, werden besondere Senate gebildet. [2]Diese Senate treten im Rahmen ihrer Zuständigkeit an die Stelle der Oberlandesgerichte.

(2) Die besonderen Senate entscheiden in der Besetzung mit drei Richtern, soweit nicht nach den Vorschriften der Prozeßgesetze der Einzelrichter zu entscheiden hat.

Maßgabe l
Zuständigkeit der besonderen Senate

(1) [1]Die besonderen Senate sind im ersten Rechtszug als Strafsenate für die in § 120 genannten Sachen zuständig. [2]Für diese Sachen ist zunächst für das in Artikel 3 des Einigungsvertrages genannte Gebiet das Kammergericht in Berlin zuständig. [3]Sobald eines

---

156 Ebenso im vergleichbaren Fall der Kassation Teil C Rdn. 56.

157 Anlage II Kap. III Sachgebiet A Abschnitt I Nr. 6.

158 Dazu *Schmidt-Räntsch* Recht im Amt, **1990** 266.

158a Sächsisches Richtergesetz vom 29. 1. 1990 (Sächs. GVBl. S. 21), §§ 33 ff. Nach § 33 ist das Dienstgericht beim Bezirksgericht Leipzig, der Dienstgerichtshof beim Bezirksgericht Dresden errichtet. Zur Besetzung s. § 38.

der in Artikel 1 Abs. 1 des Einigungsvertrages genannten Länder durch Landesgesetz die Zuständigkeit nach Satz 1 begründet, entfällt die Zuständigkeit des Kammergerichts für das Gebiet dieses Landes. [4]Bereits anhängige Verfahren werden von einem Zuständigkeitswechsel nach Satz 3 nicht berührt.

(2) Die besonderen Senate sind als Strafsenate ferner zuständig

1. für die Verhandlung und Entscheidung des Rechtsmittels der Revision nach Maßgabe des § 121 Abs. 1 Nr. 1,
2. für die Verhandlung und Entscheidung über Rechtsbeschwerden über Entscheidungen der Strafvollstreckungskammern nach Maßgabe des § 121 Abs. 1 Nr. 3,
3. für die Entscheidungen gemäß § 25 Abs. 1, § 35 Satz 2, § 37 Abs. 1 des Einführungsgesetzes zum Gerichtsverfassungsgesetz, soweit der Antrag eine Angelegenheit der Strafrechtspflege oder des Vollzuges betrifft,
4. für die Entscheidungen, die nach dem Gesetz über die internationale Rechtshilfe in Strafsachen dem Oberlandesgericht obliegen,
5. für die Entscheidungen nach den §§ 120, 121, 172 Abs. 2 bis 4 der Strafprozeßordnung sowie über weitere Beschwerden in Haftsachen nach § 310 Abs. 1 der Strafprozeßordnung,
6. für die Entscheidungen, die nach §§ 138a bis 138c der Strafprozeßordnung den Oberlandesgerichten zugewiesen sind,
7. für die Entscheidungen über Beschwerden gegen Entscheidungen der Strafsenate der Bezirksgerichte bei der Eröffnung des Hauptverfahrens und als erkennende Gerichte,
8. für die Bestimmung des zuständigen Gerichts in den Fällen des § 140a und der Kassation (Maßgabe h) zur Strafprozeßordnung — Nr. 14).

(3) Die besonderen Senate sind als Zivilsenate zuständig für die Entscheidung

1. gemäß § 25 Abs. 1 des Einführungsgesetzes zum Gerichtsverfassungsgesetz, soweit nicht die Zuständigkeit des Strafsenats (Absatz 2 Nr. 3) begründet ist,
2. über Beschwerden und weitere Beschwerden nach dem Gesetz über die Angelegenheiten der freiwilligen Gerichtsbarkeit in den in §§ 27, 28, 143 Abs. 2 genannten Fällen sowie nach § 78 der Grundbuchordnung, soweit das Oberlandesgericht zuständig ist,
3. über sofortige Beschwerden nach § 8 Abs. 2 Satz 1 des Sorgerechtsübereinkommens-Ausführungsgesetzes vom 5. April 1990 (BGBl. I S. 701),
4. über Vorlagebeschlüsse nach Artikel III Abs. 1 Satz 1 des Dritten Gesetzes zur Änderung mietrechtlicher Vorschriften vom 21. Dezember 1967 (BGBl. I S. 1248), geändert durch Gesetz vom 5. Juni 1980 (BGBl. I S. 657),
5. über die Bestimmung des zuständigen Gerichts in den Fällen der §§ 5, 46 Abs. 2, 3 des Gesetzes über die Angelegenheiten der freiwilligen Gerichtsbarkeit, soweit das Oberlandesgericht zuständig ist,
6. über die Entscheidung der Landesjustizverwaltung nach Artikel 7 § 1 des Familienrechtsänderungsgesetzes vom 11. August 1961 (BGBl. I S. 1221), geändert durch Gesetz vom 14. Juni 1976 (BGBl. I S. 1421),
7. über Beschwerden gegen Verfügungen der Kartellbehörden nach §§ 62ff des Gesetzes gegen Wettbewerbsbeschränkungen,
8. über sonstige Beschwerden, soweit diese nach §§ 71, 89 Abs. 1 Satz 3, §§ 135, 141 Abs. 3, §§ 372a, 380, 387, 390, 406, 409, 411 Abs. 2 der Zivilprozeßordnung (Maßgabe d) zur Zivilprozeßordnung — Nr. 5) und § 102 des Gesetzes über die Zwangsversteigerung und die Zwangsverwaltung (Maßgabe a) zum Gesetz über die Zwangsversteigerung und die Zwangsverwaltung — Nr. 15) zulässig sind,
9. über die Anfechtung von Wahlen zum Präsidium nach § 21b Abs. 6.

Erläuterungen zu den Maßgaben k und l

Übersicht

1. Änderung. In der ursprünglichen Fassung des Einigungsvertrages bezog sich Maßgabe l Abs. 3 Nr. 4 auf Vorlagebeschlüsse nach Art. III Abs. 1 Satz 1 des Dritten Gesetzes zur Änderung mietrechtlicher Vorschriften. Diese Verweisung ist mit Wirkung vom 1. April 1991 durch Art. 8 Abs. 3 des Rechtspflege-Vereinfachungsgesetzes vom 17. 12. 1990 (BGBl. I S. 2847) durch die Verweisung auf § 541 ZPO ersetzt worden[159], weil der bisher im Dritten Mietrechtsänderungsgesetz geregelte Rechtsentscheid mit der Aufhebung dieses Gesetzes nunmehr in § 541 ZPO geregelt ist. Eine sachliche Änderung ist damit nicht verbunden. **117**

2. Funktion und Rechtsnatur der besonderen Senate

a) Bedeutung. Die besonderen Senate stellen gleichsam die Keimzellen der künftig einzurichtenden Oberlandesgerichte dar[160]. Sie haben insbesondere die Funktion der Rechtsmittelgerichte gegen Entscheidungen der Landgerichte, die im Interesse der Aufrechterhaltung der Funktionsfähigkeit des Bundesgerichthofes nicht diesem zugewiesen werden können und für die es wegen des zweistufigen Aufbaus der Landesgerichte in den fünf neuen Ländern an einer selbständigen Instanz fehlt. Daneben sind ihnen diejenigen Aufgaben zugewiesen worden, für die aus anderen Gründen, insbesondere wegen ihrer besonderen Bedeutung, eine Entscheidung durch wenige, herausgehobene Gerichte notwendig erschien[161]. Verglichen mit dem Zuständigkeitsbereich der Oberlandesgerichte wird die Belastung dieser besonderen Senate vor allem dadurch wesentlich gemindert, daß sie nicht für die besonders kapazitätsbeanspruchenden Berufungen in bürgerl.chen Rechtsstreitigkeiten und in Ehe- und Familiensachen zuständig sind[162]. **118**

b) Rechtsnatur. Trotz dieser gewissen funktionellen Selbständigkeit sind die besonderen Senate keine selbständigen Gerichte, sondern **Teil der Bezirksgerichte**, bei denen sie gebildet sind, und es kommt diesen Bezirksgerichten nicht deshalb eine recht- **119**

[159] In der Form, daß die ursprüngliche Verweisung als eine solche auf § 541 ZPO „gilt“.
[160] BTDrucks. **11** 7817, S. 12; zu dieser Formulierung kritisch, aber zu einseitig aus der Perspektive des Berufungsgerichts in Zivilsachen *Bergerfurth* DtZ **1990** 351 Fußn. 13.
[161] BTDrucks. **11** 7817, S. 12.
[162] BTDrucks. **11** 7817, S. 12.

lich herausgehobene Stellung zu, weil zu ihnen die besonderen Senate gehören. Dem Präsidenten dieses Bezirksgerichts steht deshalb auch nicht ohne weiteres die Dienstaufsicht über die übrigen Bezirksgerichte und diejenigen Kreisgerichte zu, die außerhalb des eigentlichen Bezirks des Gerichtes liegen[163]. Allerdings können die Landesjustizverwaltungen diesem Präsidenten die Dienstaufsicht über alle Gerichte des Landes übertragen. Wegen der Präsidien und der Besetzung dieser Senate siehe Rdn. 46; 55.

120 c) **Einrichtung und Besetzung.** Die besonderen Senate, und zwar mindestens ein Strafsenat und ein Zivilsenat[164], werden nur bei den fünf Bezirksgerichten gebildet, in deren Bezirk die jeweilige Landeshauptstadt ihren Sitz hat. Das sind derzeit für Brandenburg das Bezirksgericht Potsdam, für Mecklenburg-Vorpommern das Bezirksgericht Schwerin, für Sachsen-Anhalt das Bezirksgericht Magdeburg, für Sachsen das Bezirksgericht Dresden und für Thüringen das Bezirksgericht Erfurt. Diese Vorgabe gilt nur für die Übergangszeit; sie hindert die Länder nicht, bei der Errichtung der ordentlichen Gerichtsbarkeit nach den Vorschriften des GVG die Oberlandesgerichte an anderen Orten oder mehrere Oberlandesgerichte einzurichten[164a]. Im Umfang der jeweiligen Zuständigkeit erstreckt sich der Gerichtsbezirk der besonderen Senate auf das ganze Land[165]. Die besonderen Senate sind mit drei Berufsrichtern besetzt; ehrenamtliche Richter wirken in keinem Fall mit. Auch bei ihnen können (rechtlich zulässigerweise auch ausschließlich) Richter auf Probe, Richter auf Zeit und abgeordnete sowie zugewiesene Richter mitwirken (s. Rdn. 64 f).

121 d) **Vorlagepflicht.** Die besonderen Senate sind, anders als die normalen Senate der Bezirksgerichte (s. Rdn. 93), in gleichem Umfang wie die Oberlandesgerichte bei beabsichtigten Abweichungen von einer Entscheidung des Bundesgerichtshofes oder eines anderen Oberlandesgerichts oder des besonderen Senats eines anderen Bezirksgerichts zur Vorlage an den Bundesgerichtshof verpflichtet. Diese Verpflichtung trifft auch die Oberlandesgerichte in den alten Bundesländern, wenn sie von einer Entscheidung eines besonderen Senats abweichen wollen[166]. In Betracht kommen insoweit namentlich die in § 121 Abs. 2 GVG, § 29 Abs. 1 Satz 2 EGGVG, § 28 Abs. 2 FGG[167], § 541 Abs. 1 Satz 3 ZPO[168] und § 42 IRG geregelten Fälle.

3. Zuständigkeit in Staatsschutz-Strafsachen (Maßgabe l Abs. 1)

122 a) **Allgemeine Zuständigkeit.** Die Vorschrift enthält eine Doppelregelung. Satz 1 bestimmt allgemein für die Dauer der Übergangsfrist, daß für die in § 120 GVG genannten Strafsachen die besonderen Senate als Gerichte des ersten Rechtszugs zuständig sind; sie üben danach, soweit der Generalbundesanwalt das Amt des Staatsanwaltschaft wahrnimmt (§ 142 a GVG), nach § 120 Abs. 6 Gerichtsbarkeit des Bundes aus. Abweichend von § 122 Abs. 2 GVG entscheiden sie auch in diesen Verfahren stets in der Besetzung mit drei (nicht mit fünf) Berufsrichtern.

---

[163] Für die Staatsanwaltschaft bei diesem Bezirksgericht s. dagegen Rdn. 147.

[164] Wegen der Rehabilitierungsverfahren s. Rdn. 130.

[164a] S. § 2 des Entwurfs des Gerichtsstrukturgesetzes für Mecklenburg-Vorpommern (Fußn. 38a), wo als Sitz des Oberlandesgerichts Rostock bestimmt werden soll.

[165] S. dazu die vergleichbare ausdrückliche Regelung in § 74 a Abs. 4; § 74 c Abs. 4 GVG.

[166] BTDrucks. 11 7817, S. 12.

[167] Einschließlich der Fälle, in denen § 28 Abs. 2 FGG in anderen Gesetzen ausdrücklich für anwendbar erklärt wird; s. dazu die Übersicht bei *Keidel/Kuntze/Winkler* FGG[12] § 28, 10.

[168] Die Vorschrift ist mit Wirkung vom 1. 4. 1991 an die Stelle des Art. III Abs. 1 des 3. Mietrechtsänderungsgesetzes getreten, s. Rdn. 117.

b) Zuständigkeit des Kammergerichts. Diese Zuständigkeit der besonderen Senate in Staatsschutzstrafsachen kommt jedoch derzeit nicht zum Tragen, weil nach Abs. 1 Satz 2 „zunächst" das Kammergericht Berlin für das gesamte Beitrittsgebiet, also sowohl für den Ostteil von Berlin als auch für die fünf neuen Länder alle Zuständigkeiten nach § 120 GVG wahrnimmt. Insoweit umfaßt der Bezirk des Kammergerichts das Gebiet der fünf neuen Länder mit. Es ist nicht nur eröffnendes und erstinstanzliches Gericht für die in § 120 Abs. 1 und 2 GVG bezeichneten Angelegenheiten, sondern es ist auch für die in § 120 Abs. 3 und 4 bezeichneten Angelegenheiten zuständig[169], als Rechtsmittelgericht auch insoweit, als es sich um Entscheidungen der Kreis- und Bezirksgerichte handelt. § 122 Abs. 2 GVG gilt; das Kammergericht entscheidet also in der Hauptverhandlung und bei der Eröffnung durch fünf Richter. **123**

Die **Zuständigkeit** des Kammergerichts **endet** nach Maßgabe l Abs. 1 Satz 3, sobald eines der fünf neuen Länder durch Landesgesetz (eine Rechtsverordnung reicht nicht aus) die Zuständigkeit des besonderen Senats begründet und damit seine Justizhoheit in Anspruch nimmt, für das Gebiet dieses Landes. Sie endet ferner ohne besonderen Gesetzgebungsakt, sobald ein Land nach Maßgabe a Abs. 2 zum „normalen" Aufbau der ordentlichen Gerichtsbarkeit übergeht. Soll danach, was zweckmäßig sein kann, die Zuständigkeit des Kammergerichts erhalten bleiben, so bedarf es einer staatsvertraglichen Regelung nach § 120 Abs. 5 Satz 2 GVG. In beiden Fällen bleibt nach Satz 4 das Kammergericht für die bereits anhängigen Verfahren zuständig, also für solche in denen die Anklage bereits erhoben war[170]. **124**

4. Zuständigkeit für die Anfechtung von Justizverwaltungsakten. Die besonderen Senate sind gemäß Maßgabe l Abs. 1 Nr. 3, Abs. 2 Nr. 1 für die Entscheidung über die Anfechtung von Justizverwaltungsakten nach den §§ 23 ff EGGVG in gleichem Umfang zuständig, wie die Oberlandesgerichte nach § 25 Abs. 1 EGGVG. **125**

5. Zuständigkeit als gemeinsames oberes Gericht. Ausdrücklich sind die besonderen Senate lediglich in Maßgabe l Abs. 2 Nr. 5 als gemeinsame obere Gerichte für Angelegenheiten der freiwilligen Gerichtsbarkeit bestimmt worden. Man wird aber annehmen müssen, daß sie, infolge ihrer Gleichstellung mit den Oberlandesgerichten, überall dort als gemeinsame obere Gerichte zu gelten haben, wo die Verfahrensgesetze Obergerichten unter dieser Bezeichnung Aufgaben, namentlich die Bestimmung des zuständigen Gerichts bei Streit oder Ungewißheit über die örtliche Zuständigkeit zuweisen, also auch in den Fällen der **§§ 12 Abs. 2, §§ 14, 19 StPO**. Ob das gleiche uneingeschränkt für die Fälle des **§ 36 ZPO** gilt ist zweifelhaft[171]; jedenfalls sind die besonderen Senate dann zur Entscheidung berufen, wenn sie aufgrund der Maßgaben als im Rechtszug zunächst höheres Gericht entscheiden. Sofern man mit der wohl herrschenden Meinung in den Fällen des § 36 Nr. 2 bis 6 ZPO das gemeinschaftliche nächsthöhere Gericht als zuständig betrachtet, wird man sie in diesen Fällen auch davon unabhängig als zuständig ansehen müssen. Die besonderen Senate sind jedoch gemeinsame obere Gerichte nur in den Fällen, in denen die Ursprungsgerichte zum Bezirk verschiedener „normaler" Be- **126**

---

[169] Zu den Einzelheiten s. LR, 23. Aufl., § 120 GVG, 7 ff; *Kleinknecht/Meyer* StPO[39], § 120 GVG, 4 ff; *Kissel* GVG, § 120, 8 ff.

[170] Zum Begriff der Anhängigkeit (auch im Verhältnis zur Rechtshängigkeit) s. LR § 151 StPO, 12.

[171] Vgl. zur Auslegung des § 36 ZPO mit weit. Nachw. *Stein-Jonas/Schumann*, ZPO[20] § 36, 4; *Zöller/Vollkommer* ZPO[16] § 36, 4.

zirksgerichte gehören; ist die Zuständigkeit nur innerhalb des Bezirks eines Bezirksgerichts zweifelhaft, so entscheidet dessen normaler Zivil- oder Strafsenat.

127 6. **Die Zuständigkeit der besonderen Strafsenate** ergibt sich aus Maßgabe l Abs. 2, in Bußgeldsachen sowie für die gerichtlichen Verfahren im ersten Rechtszug in Kartellordnungswidrigkeiten (Rdn. 131) aus Maßgabe m. Danach sind sie in **Strafverfahren** zuständig als **Revisionsgerichte** gegen die Berufungsurteile der Bezirksgerichte (Nr. 1), als **Beschwerdegerichte** für Beschwerden gegen Entscheidungen der Strafsenate der Bezirksgerichte (Nr. 7) und für weitere Haftbeschwerden unter den Voraussetzungen des § 310 Abs. 1 StPO[172] (Nr. 5); ferner für das **Klageerzwingungsverfahren** (Nr. 5), für die Prüfung, ob eine **Haft über sechs Monate** hinaus vollzogen werden darf (§§ 120, 121 StPO — Nr. 5) und für die Entscheidungen über den **Ausschluß eines Verteidigers** (Nr. 6). Sie bestimmen ferner anstelle des Präsidiums des Oberlandesgerichts gemäß § 140 a Abs. 2 GVG[173] das für **Wiederaufnahmeverfahren** zuständige örtliche Gericht und das örtlich zuständige **Kassationsgericht**[174]. Schließlich sind die besonderen Senate als Rechtsbeschwerdegerichte in **Strafvollzugs- und Strafvollstreckungsangelegenheiten** (Nr. 2) und für die den Oberlandesgerichten übertragenen Aufgaben des **internationalen Rechtshilfeverkehrs** in Strafsachen zuständig (Nr. 4).

7. **Zuständigkeit der besonderen Zivilsenate**

128 a) **Beschwerdezuständigkeit in Zivilsachen.** Im Bereich der fünf neuen Länder sind grundsätzlich **keine weiteren Beschwerden** zulässig; ausgenommen sind die in Maßgabe Nr. 5 (ZPO) Buchst. d letzter Satzteil genannten Fälle, in denen der Bundesgerichtshof zuständig ist[175], sowie die weiteren Beschwerden nach § 102 ZVG (Maßgabe Nr. 15 Buchst. a), für die der besondere Senat zuständig ist[176]. Ausgeschlossen ist die weitere Beschwerde ferner in allen Kostensachen[177]. Die **Erstbeschwerde** gegen Entscheidungen der Bezirksgerichte, für die die besonderen Senate zuständig sind (Maßgabe l Abs. 2 Nr. 8), ist eingeschränkt; sie findet nur in den in Maßgabe l Abs. 2 Nr. 8 genannten Fällen statt[178], nämlich Zurückweisung eines Nebenintervenienten (§ 71 ZPO), Kostenersatz des vollmachtlosen Vertreters (§ 89 Abs. 1 Satz 3 ZPO), Zwischenstreit über die Pflicht zur Urkundenzurückgabe (§ 135 ZPO), Festsetzung von Ordnungsgeld bei unentschuldigtem Ausbleiben in Terminen (§ 141 Abs. 3, § 380 ZPO), Zwischenstreit über Zeugnis- und Untersuchungsverweigerung (§§ 373 a, 387, 390 ZPO), Ablehnung von Sachverständigen (§ 406 Abs. 5 ZPO), unberechtigte Weigerung der Gutachtenerstattung und Fristversäumnis des Sachverständigen (§§ 409, 411 ZPO).

129 b) Die **weiteren Zuständigkeiten des besonderen Zivilsenats** betreffen den Rechtsentscheid in Mietsachen nach § 541 ZPO (Nr. 4, s. Rdn. 117), die Zuständigkeit für Beschwerden und weitere Beschwerden in Angelegenheiten der freiwilligen Gerichtsbar-

---

[172] Wegen des teilweise umstrittenen Umfangs der Zulässigkeit s. LR § 310 StPO, 11 ff mit weit. Nachw.

[173] Die Sondervorschriften des § 140 a Abs. 2 bis 4 GVG sind beim gegenwärtigen Gerichtsaufbau in den fünf neuen Ländern ohne Bedeutung.

[174] S. Maßgabe Nr. 14 (StPO) Buchst. h Satz 2 und dazu Teil C Rdn. 56.

[175] S. BTDrucks. 11 7817, S. 17; s. auch *Vollkommer* Einigungsvertrag, Rdn. 21 (urteilsvertretende Entscheidung über die Zulässigkeit von Rechtsbehelfen).

[176] Zur Begründung s. BTDrucks. 11 7817, S. 28.

[177] Maßgabe Nr. 20 (KostO) Buchst. c; Maßgabe Nr. 21; Maßgabe Nr. 26 (BRAGO) Buchst. b und dazu BTDrucks. 11 7817, S. 29.

[178] Zur Begründung der Auswahl dieser Entscheidungen s. BTDrucks. 11 7817, S. 17; vgl. auch *Vollkommer* Einigungsvertrag, Rdn. 21.

keit (Nrn. 2, 3, 6), bei denen es sich vorwiegend um Rechtsbeschwerden handelt, in denen eine Pflicht zur Divergenzvorlage besteht, Kartellangelegenheiten (Nr. 7) sowie die Anfechtung von Präsidiumswahlen (Nr. 9).

8. Zuständigkeit in Rehabilitierungsverfahren. Nach § 14 Abs. 2 RehabG in der Fassung von Art. 3 Nr. 6 Buchst. g der Zusatzvereinb.[179] entscheidet der besondere Senat über Beschwerden gegen Entscheidungen der Senate für Rehabilitierungsverfahren bei den Bezirksgerichten. Die besonderen Besetzungsvorschriften des § 11 Abs. 3 Satz 1 RehabG (s. Rdn. 112 ff) gelten nicht[179a]. Diese Vorschrift bezieht sich ihrem Wortlaut nach nur auf den Rehabilitierungssenat des „normalen" Bezirksgerichts; eine analoge Anwendung verbietet sich schon wegen der aus verfassungsrechtlichen Gründen notwendigen (Rdn. 113 f) engen Auslegung. Es besteht auch keine Verpflichtung, entsprechend § 11 Abs. 2 Satz 1 RehabG (s. dazu Rdn. 109 f) die für Beschwerden zuständigen Senate „besonders" einzurichten. Es handelt sich vielmehr wegen der Verwandtschaft des Rehabilitierungsverfahrens mit dem Strafverfahren (s. § 14 Abs. 3 RehabG) um eine den besonderen Strafsenaten zuzuweisende Aufgabe. Obwohl eine rechtliche Verpflichtung hierzu wohl nicht besteht, dürfte es sich für das Präsidium empfehlen, diese Zuständigkeit bei einem Senat zu konzentrieren, wenn mehrere besondere Strafsenate eingerichtet werden. Die Regelung über die generell inhabilen Richter in § 11 Abs. 3 Satz 2 RehabG (s. Rdn. 111) gilt dagegen auch für die mit Beschwerden befaßten Mitglieder der besonderen Senate, denn das Beschwerdeverfahren ist Teil des Rehabilitierungsverfahrens[179b]. 130

Maßgabe m
Bußgeldsachen

[1]Die Maßgaben f), g), i), j), k) und l) gelten für Bußgeldsachen nach Maßgabe des § 46 Abs. 7 des Gesetzes über Ordnungswidrigkeiten sinngemäß. [2]Für die Entscheidung über Rechtsbeschwerden und ihre Zulassung in Bußgeldsachen nach §§ 79 und 80 des Gesetzes über Ordnungswidrigkeiten und für Entscheidungten nach §§ 82, 84 und 85 des Gesetzes gegen Wettbewerbsbeschränkungen ist der besondere Senat des Bezirksgerichts (Maßgabe k) zuständig.

Die Maßgabe hat im wesentlichen klarstellende Bedeutung[180], indem sie deutlich macht, daß auch für die gerichtliche Zuständigkeit in Verfahren nach dem OWiG die für Strafsachen geltenden Zuständigkeiten und Besetzungen der Kreis- und Bezirksgerichte einschließlich von deren besonderen Senaten anzuwenden sind. Konstitutiv wirkt die Regelung des Satz 2, zweite Alternative; **Kartellordnungswidrigkeiten** werden im ersten Rechtszug nicht vom Strafsenat des „normalen" Bezirksgerichts, sondern vom besonderen Strafsenat behandelt. Dies hat allerdings für Maßnahmen des Bundeskartellamts in Berlin keine Bedeutung; da sich die gerichtliche Zuständigkeit nach dem Sitz der Kartellbehörde richtet, ist insoweit das Kammergericht Berlin zuständig[181]. 131

[179] Abgedruckt Teil C Rdn. 79.
[179a] A. A. *Amelung/Brüssow/Keck/Kemper/Mehle* Teil C § 11 RehabG Nr. 9.
[179b] Ebenso *Amelung / Brüssow / Keck / Kemper/ Mehle* aaO.
[180] BTDrucks. 11 7817, S. 13.
[181] BTDrucks. 11 7817, S. 13.

Weitere Anpassungsvorschriften

Maßgabe n
Zuständigkeitskonzentrationen

(1) [1]Die Landesregierungen werden ermächtigt, durch Rechtsverordnung einem Gericht für die Bezirke mehrerer Gerichte Sachen aller Art ganz oder teilweise zuzuweisen oder auswärtige Kammern oder Senate von Gerichten einzurichten, wenn dies für eine sachdienliche Erledigung der Sachen zweckmäßig ist. [2]Die Landesregierungen können die Ermächtigung durch Rechtsverordnung auf die Landesjustizverwaltungen übertragen.

(2) Die Länder können durch Vereinbarung dem Gericht eines Landes obliegende Aufgaben ganz oder teilweise dem zuständigem Gericht eines anderen Landes übertragen.

(3) [1]Die nach dem bisher geltenden Recht vorgenommenen Konzentrationen bleiben, vorbehaltlich einer Regelung durch die Länder, bestehen; soweit sich die sachliche Zuständigkeit ändert, gilt die Konzentration auch für das danach sachlich zuständige Gericht. [2]Satz 1 gilt nicht für Urheberrechtsstreitigkeiten.

Übersicht

1. Allgemeines zu den Zuständigkeitskonzentrationen

132 **a) Bedeutung von Zuständigkeitskonzentrationen.** Die gesetzliche Bestimmung oder die durch Gesetz eröffnete Möglichkeit, bestimmte Gerichtsaufgaben über die Gerichtsbezirke hinweg einzelnen Gerichten für größere örtliche Bezirke zuzuweisen (Zuständigkeitskonzentrationen) ist namentlich bei den im Durchschnitt verhältnismäßig kleinen Gerichtsbezirken der (früheren) DDR ein wichtiges Mittel zum möglichst rationellen Einsatz der vorhandenen beschränkten Ressourcen[182]. Konzentrationen ermöglichen insbesondere eine größere Spezialisierung und gestatten es, Richter, die besondere Fachkenntnisse besitzen oder durch ihre Tätigkeit im Spezialgebiet erwerben, sachgerecht einzusetzen, Spezialbibliotheken besser auszustatten oder moderne Mittel der Bürotechnik besser einzusetzen und auszunutzen. Den Rechtspflegeregelungen des

[182] Generell zu den Vor- und Nachteilen von Konzentrationen *Kissel* GVG, § 23 c, 1 f.

Einigungsvertrages liegt daher ein umfassendes System von Zuständigkeitskonzentrationen zugrunde von dem die Maßgabe n nur einen, wenn auch wichtigen Teilaspekt regelt.

b) Systematik der Zuständigkeitskonzentrationen des Einigungsvertrages. Als verbindlichste Form von Zuständigkeitskonzentrationen enthält der Einigungsvertrag bundesrechtliche Vorschriften, die zwingend anordnen, daß bestimmte Materien bei bestimmten Gerichten zu konzentrieren sind (Rdn. 134). Ferner begegnen bundesrechtliche oder als Bundesrecht weitergehende Vorschriften des (früheren) Rechts der DDR, die eine Konzentration vornehmen, es aber dem Landesrecht überlassen, hiervon abzuweichen, also für den Landesgesetzgeber disponibel sind (Rdn. 135). Eine besondere Spielart hiervon bilden die Regelungen in Maßgabe n Abs. 3, die vorhandene Konzentrationen vorbehaltlich einer Regelung durch das Landesrecht aufrechterhalten (Rdn. 138 f). Schließlich enthält Maßgabe n Abs. 1 eine weitgefaßte und allgemein gehaltene Ermächtigung an das Landesrecht zur örtlichen Konzentration (Rdn. 149), die die einzelnen und verstreuten Konzentrationsermächtigungen des allgemein geltenden Bundesrechts[183] ersetzt und ergänzt[183a]; sie wird in Absatz 2 um eine Ermächtigung erweitert, auch länderübergreifende Konzentrationen vorzunehmen. **133**

2. Zuständigkeitskonzentrationen kraft Bundesrechts

a) Überblick. Aufgrund der Maßgaben zum Einigungsvertrag sind bundesrechtlich folgende gerichtliche Zuständigkeiten bei bestimmten Gerichten örtlich konzentriert, ohne daß durch Landesrecht diese Konzentrationen aufgehoben werden können[184]: (1) **Handelssachen** im ersten Rechtszug bei dem Kreisgericht, in dessen Bezirk das Bezirksgericht seinen Sitz hat und im zweiten Rechtszug bei den Bezirksgerichten der Landeshauptstädte (Maßgabe e Abs. 2, h Abs. 1 Satz 2); (2) die in die Zuständigkeit der **besonderen Senate** der Bezirksgerichte fallenden Angelegenheiten bei den Bezirksgerichten der Landeshauptstädte (Maßgabe k Abs. 1 Satz 1); (3) Angelegenheiten der **Richterdienstgerichte** bei den Bezirksgerichten der Landeshauptstädte (Maßgabe Nr. 8 Buchst. u Satz 1); (4) Angelegenheiten der **Verwaltungs-** und **Sozialgerichtsbarkeit** im ersten Rechtszug bei den Kreisgerichten der Bezirksgerichte und im Zuständigkeitsbereich der Oberverwaltungs- und Landessozialgerichte bei den Bezirksgerichten der Landeshauptstädte (Maßgaben u Abs. 1 Satz 1, Abs. 2 Satz 1, x Abs. 1, 2); (5) Angelegenheiten der **Finanzgerichtsbarkeit** bei den Bezirksgerichten der Landeshauptstädte (Maßgabe v Abs. 1). In den zuletzt genannten Fällen bleibt die in gleichem Umfang aber bei einem anderen Gericht konzentrierte Zuständigkeit erhalten, wenn sie am Tage des Beitritts bestand (Maßgabe u Abs. 3 Satz 1, v Satz 3, x Abs. 4); diese Ausnahmeklausel ist ohne praktische Bedeutung[184a]. **134**

Vorbehaltlich einer **abweichenden Regelung durch das Landesrecht** schreiben die Maßgaben im Einigungsvertrag ferner folgende Konzentrationen vor: (1) Führung der **Handels- und Genossenschaftsregister** bei den Kreisgerichten der Bezirksgerichte **135**

---

[183] Übersicht bei *Kissel* GVG, § 23 c, 2.

[183a] Hiervon hat Mecklenburg-Vorpommern durch die Verordnung über die Zuständigkeit der Gerichte vom 30. 1. 1991 (GVBl. S. 43) bereits Gebrauch gemacht.

[184] S. aber zur Sitzverlegung Rdn. 136.

[184a] Der Grund für diese (nicht praktisch gewordene) Klausel liegt in erster Linie darin, daß bei Abschluß des Einigungsvertrages und auch beim Wirksamwerden des Beitritts der Sitz der Landesregierung der sich erst bildenden Länder noch nicht endgültig feststand, eine Verlegung der bereits eingerichteten Fachsenate bei einem Wechsel der „Landeshauptstadt" allein aus diesem Grunde aber vermieden werden sollte.

(Maßgabe Nr. 13 Buchst. c)[185]; (2) Führung des **Seeschiffahrtsregisters** beim Kreisgericht Rostock (Stadt) und (3) des **Binnenschiffahrtsregisters** beim Kreisgericht Magdeburg (Anlage I Kap. III Sachgebiet B Abschnitt III Nr. 6 Buchst. c).

136 **b) Spielraum des Landesrechts.** Soweit die vorgenannten Konzentrationen unter dem Vorbehalt des Landesrechts stehen (Rdn. 135), entspricht der Spielraum demjenigen, der gemäß Maßgabe n Abs. 3 eröffnet ist (s. Rdn. 140). Bei den zwingenden Konzentrationen (Rdn. 134) kann, solange diese Maßgaben gelten (Rdn. 144), die Konzentration nicht durch Landesrecht aufgehoben oder verringert werden; dagegen sind die Länder nicht gehindert, nach Maßgabe n Abs. 1 und 2 **weitergehende Konzentrationen zu** schaffen. Die Konzentration von kreisgerichtlichen Aufgaben auf das Kreisgericht am Sitz des Bezirksgerichts hindert die Länder (selbstverständlich) nicht, aufgrund ihrer Organisationshoheit (Rdn. 20) zusätzliche **neue Bezirksgerichte** einzurichten und damit den faktischen Umfang der Konzentration zu verringern. Wenn so verfahren wird, beschränkt sich der Umfang der Konzentration auf die neu gebildeten Sprengel der Bezirksgerichte. Das Landesrecht kann grundsätzlich auch (durch Rechtsverordnung[186]) unter Aufrechterhaltung des Umfangs der Konzentrationen **andere Gerichte** für die jeweils konzentrierten Aufgaben bestimmen. Das ist überwiegend ausdrücklich geregelt (Maßgabe h Abs. 2 Satz 2; Maßgabe u Abs. 3 Satz 2; Maßgabe v Satz 1; Maßgabe x Abs. 4), wird aber, weil dies als Ausfluß der Organisationsgewalt der Länder (s. Rdn. 19 f) anzusehen ist und weil darin ein allgemeiner Grundsatz zum Ausdruck kommt, ohne ausdrückliche Regelung im Wege der Analogie auch bei den Kammern für Handelssachen der Kreisgerichte (Maßgabe e Abs. 2) und bei der Zuständigkeit der Bezirksgerichte für die Aufgaben der Richterdienstgerichte (Maßgabe Nr. 8 Buchst. u Satz 1) anzunehmen sein[186a]. Es ist auch noch als zulässig anzusehen, wenn bei örtlicher Konzentration der Zuständigkeit für die Aufgaben für die besonderen Gerichtsbarkeiten die Gerichtsbezirke abweichend von der sonstigen Einteilung der Bezirksgerichte geschnitten werden[186b], wenn nur die Zahl der hierfür örtlich zuständigen Kreisgerichte nicht vergrößert wird. Das folgt aus der Organisationshoheit der Länder und findet einen ausreichenden gesetzlichen Anhalt in Maßgabe u Abs. 3 Satz 2.

3. Aufrechterhaltene Zuständigkeitskonzentrationen (Absatz 3)

137 **a) Bedeutung.** Absatz 3 Satz 1 erhält in Form einer **Generalklausel** alle Zuständigkeitskonzentrationen des bis zum Wirksamwerden des Beitritts geltenden Rechts der (früheren) DDR (mit Ausnahme der in Satz 2 genannten Urheberrechtsstreitigkei-

[185] Die Maßgabe hat selbständige Bedeutung nur für die alten Registereintragungen, die nicht bereits auf das Staatliche Vertragsgericht übertragen worden sind, weil sich bei den letzteren die Konzentration aus Maßgabe n Abs. 3 ergibt; s. BTDrucks. **11** 7817, S. 26.

[186] Eine Ermächtigung zur Übertragung der Rechtsverordnungsermächtigung von der jeweiligen Landesregierung auf die Landesjustizverwaltung ist in diesen Fällen, anders als nach Maßgabe n Abs. 1 Satz 2, nicht vorgesehen; ein Grund für diese Differenzierung ist nicht ersichtlich; es erscheint deshalb erwägenswert, in Maßgabe n Abs. 1 Satz 2 eine alle Rechtsverordnungsermächtigungen zur örtlichen Zuständigkeitskonzentration in den Maßgaben umfassende allgemeine Bestimmung zu sehen.

[186a] Für die besonderen Richterdienstgerichte entsprechend den Vorschriften der §§ 77 ff DRiG in den Richtergesetzen der Länder besteht ohnehin keine Konzentrationsverpflichtung.

[186b] S. dazu in Mecklenburg-Vorpommern § 5 der VO vom 30. 1. 1991 (Fußn. 183a), nach dem für verwaltungsgerichtliche Angelegenheiten die Zuständigkeit der Kreisgerichte Greifswald, Rostock und Schwerin mit von den Bezirksgerichten abweichenden örtlichen Zuständigkeiten bestimmt worden ist.

ten[187]) aufrecht, unabhängig davon, ob sie sich auf das Gebiet eines der neuen Länder beschränken oder darüber hinausgreifen. Nach Satz 1, zweiter Halbsatz gilt dies auch für den Fall, daß sich infolge der zum Gerichtsaufbau getroffenen Regelung im Einigungsvertrag die sachliche Zuständigkeit ändert; beispielsweise vom bisher erstinstanzlich zuständigen Bezirksgericht auf das Kreisgericht übergeht. Die örtliche Zuständigkeitskonzentration im ersten Rechtszug führt automatisch und ohne daß es einer besonderen gesetzlichen Regelung bedarf, dazu, daß die jeweiligen Verfahren auch im **Rechtsmittelzug** nur an das übergeordnete Gericht gelangen, zu dessen Bezirk das Gericht gehört, daß für die konkrete Sache zuständig ist.

b) Überblick. Über die Landesgrenzen hinausgehende Konzentrationen sind **138**
durch die Regelung namentlich in folgenden Fällen aufrechterhalten: (1) Für Rechtsstreitigkeiten auf dem Gebiet des **Patent-, Muster-** und **Kennzeichenrechts** ist für das Gebiet der fünf neuen Länder[187a] das Kreisgericht Leipzig zuständig[188]; (2) für das **Dispacheverfahren** (s. §§ 149 ff FGG, Maßgabe Nr. 13 Buchst. e) in See- und Binnenschiffahrtssachen ist das Kreisgericht **Rostock** zuständig[189]. Dagegen ist dies (3) für Rechtsstreitigkeiten auf dem Gebiet des **Seehandelsrechts**, wohl entgegen der der Regelung in Maßgabe e Abs. 2 zugrundegelegten Annahme (s. Rdn. 77), nur insoweit der Fall, als es sich um die Bildung eines Haftungsfonds im Zusammenhang mit der beschränkten Reederhaftung handelte[190]; die Vorschrift hat weiterhin bei Anwendung der seerechtlichen Verteilungsordnung Bedeutung[190a]. Bei diesen aufrechterhaltenen Zuständigkeitskonzentrationen nach altem Recht der DDR genügt es, wenn die Materien, auf die sich die Konzentrationen beziehen, ihrem Gegenstand nach übereinstimmen, auch wenn sie früher durch ein Gesetz der DDR geregelt waren, jetzt aber durch eine vergleichbare bundesgesetzliche Regelung geordnet sind[190b]. Das ergibt sich aus der allgemeinen Maßgabe Nr. 28 Buchst. b.

Konzentrationen innerhalb des jeweiligen **Landes** sind insbesondere für die Ange- **139**
legenheiten nach der Gesamtvollstreckungsordnung bei den Kreisgerichten, in deren Bezirk das jeweilige Bezirksgericht seinen Sitz hat[191], aufrechterhalten worden[192].

[187] Zum Grund hierfür s. BTDrucks. **11** 7817, S. 13.

[187a] Seit März 1991 nicht mehr für Mecklenburg-Vorpommern, s. Fußn. 192a.

[188] § 30 Abs. 3 GVG/DDR; s. auch §§ 28 ff Patentgesetz/DDR vom 27. 10. 1983 (GBl. I S. 284); §§ 18, 28 der Verordnung über industrielle Muster vom 17. 1. 1974 (GBl. I S. 140); Warenkennzeichengesetz vom 30. 11. 1984 (GBl. I S. 397); Sortenschutz-VO vom 22. 3. 1972 (GBl. I S. 213).

[189] VO über das Dispacheverfahren vom 27. 5. 1976 (GBl. I S. 298); ausdrückliche Unanwendbarkeit der Zuständigkeitskonzentration für das Land Berlin in Abschnitt IV Nr. 3 Buchst. d cc.

[190] S. § 115 Abs. 5 des Seehandelsschiffahrtsgesetzes vom 5. 2. 1976 (GBl. I S. 109); vgl. auch § 56 der Schiffahrtsverfahrensordnung der DDR (SchVO) vom 27. 5. 1976 (GBl. I S. 291), wo eine allgemeine örtliche Zuständigkeit der Gerichte vorausgesetzt wird.

[190a] Vgl. § 1 bis 3 der Seerechtlichen Verteilungsordnung v. 26. 7. 1986 (BGBl. I S. 1130), in Kraft getreten am 1. 9. 1987 (s. Bekanntmachung vom 30. 7. 1987, BGBl. I S. 2083).

[190b] S. dazu die Aufzählung in § 2 Abs. 2, vierter bis neunter Spiegelstrich der VO vom 30. 1. 1991 (Fußn. 183a) in Mecklenburg-Vorpommern, wo diese Angelegenheiten dem Kreisgericht Rostock übertragen sind.

[191] 1. Durchführungsverordnung zur Verordnung über die Gesamtvollstreckung vom 31. 7. 1990 (GBl. I S. 1152), wo die jeweils zuständigen Kreisgerichte im einzelnen aufgeführt sind. S. auch § 21 Abs. 2 Satz 3 GVollstrO, wo diese VO bis zu einer abweichenden Länderregelung als (gemeinsame) Rechtsverordnung der Landesregierungen aufrechterhalten wird.

[192] Bei den bei *Errens* AnwBl. **1990** 602 Fußn. 2 bis 6 mitgeteilten Fällen handelt es sich nicht um örtliche Zuständigkeitskonzentrationen im Sinne der Maßgabe n Abs. 3, sondern um die Bildung gemeinschaftlicher Kreisgerichte.

140 c) **Vorbehalt landesrechtlicher Regelung.** Die nach Absatz 3 aufrechterhaltenen Konzentrationen stehen, als Konsequenz der Justizhoheit der Länder (Rdn. 11), zur Disposition des Landesrechts. Bei Konzentrationen, die nicht über die Landesgrenzen hinausgehen (Rdn. 139), kann nach Absatz 1 durch Rechtsverordnung eine anderweitige Regelung getroffen werden. Bei länderübergreifenden Konzentrationen (Rdn. 138) kann jedes Land, bei dem keine Zuständigkeit besteht, die Zuständigkeit seiner Gerichte für die in sein Gebiet fallenden Angelegenheiten begründen und dabei, was regelmäßig zweckmäßig sein wird, für diese Sachen innerhalb seines Landes eine örtliche Konzentration vorsehen[192a]. Die in der Vorschrift vorbehaltene Regelung durch die Länder bedarf keines förmlichen Gesetzes; die in Absatz 1 vorgesehene Rechtsverordnung reicht aus, ist aber auch erforderlich. Solange nur einzelne Länder von dieser Möglichkeit Gebrauch machen, setzt sich die aufrechterhaltene Konzentration für die übrigen Länder fort. Da die länderübergreifenden örtlichen Zuständigkeitskonzentrationen im Interesse aller Länder aufrechterhalten sind, dürfte es als unzulässig anzusehen sein, daß die Länder, bei denen solche Konzentrationen eingerichtet sind[193], durch eine einseitige Maßnahme ohne Zustimmung der übrigen Länder diese Konzentrationen mit der Folge beseitigen, daß die Zuständigkeiten auf die Gerichte der übrigen Länder zurückfallen.

141 4. **Ermächtigung zur Zuständigkeitskonzentration (Absatz 1).** Die Ermächtigung zur örtlichen Zuständigkeitskonzentration innerhalb eines Landes ist umfassend[193a], sie umfaßt auch die Bildung auswärtiger Kammern und Senate für alle Sachgebiete und — als actus contrarius — die Befugnis, bestehende oder aufrechterhaltene[194] Konzentrationen aufzuheben oder einzuschränken, soweit sie nicht bundesrechtlich zwingend vorgeschrieben sind (Rdn. 134)[195]. Die sachliche Voraussetzung, daß die Konzentration für eine sachdienliche Erledigung zweckmäßig ist, ist entsprechenden Ermächtigungen im Gerichtsverfassungsrecht nachgebildet[196], aber knapper gefaßt. Die sachdienliche Erledigung umfaßt beispielsweise neben der Ersparnis von Kosten und Aufwand[197] die Ausnutzung von Spezialkenntnissen, die Förderung einer einheitlichen Rechtsprechung[198] und die schnellere Erledigung der Verfahren. Ob von der Ermächtigung Gebrauch gemacht werden soll, entscheiden die Länder nach pflichtgemäßem Ermessen; den Gerichten steht keine Nachprüfung zu[199].

142 5. **Ermächtigung zu länderübergreifenden Zuständigkeitskonzentrationen (Absatz 2).** Das allgemein geltende Gerichtsverfassungsrecht enthält lediglich einzelne Ermächtigungen, durch Vereinbarungen der Länder über die Landesgrenzen hinaus ge-

---

[192a] Dies ist hinsichtlich der Zuständigkeit für Patent-, Muster- und Kennzeichenrecht für Mecklenburg-Vorpommern durch § 2 Abs. 2 der VO vom 30. 1. 1991 (Fußn. 183a) geschehen; diese Sachen sind nunmehr beim Kreisgericht Rostock konzentriert, die Zuständigkeit des Kreisgerichts Leipzig ist entfallen.

[193] Nämlich Mecklenburg-Vorpommern für die das Kreisgericht Rostock betreffenden, Sachsen für die das Kreisgericht Leipzig betreffenden und Sachsen-Anhalt für die das Kreisgericht Magdeburg betreffenden Angelegenheiten.

[193a] Bisher in Anspruch genommen durch Mecklenburg-Vorpommern durch die VO vom 30. 1. 1991 (Fußn. 183a).

[194] S. Rdn. 138 f.

[195] Wegen der Geltung für die besonderen Gerichtsbarkeiten s. Rdn. 144.

[196] Vgl. z. B. § 23 c; § 58 Abs. 1 Satz 1, § 74 c Abs. 3 Satz 1, § 74 d Satz 1, § 78 a Abs. 2 Satz 1 GVG; § 2 Abs. 3 Seerechtliche Verteilungsordnung (Fußn. 190a); vgl. zur Auslegung z. B. LR § 58 GVG, 11.

[197] Hierzu LR § 58 GVG, 11.

[198] Vgl. § 23 c Satz 1.

[199] LR § 58 GVG, 11.

meinsame Gerichte zu bilden[200]; doch bringt dies einen allgemein geltenden Rechtsgedanken zum Ausdruck[201], der seine Rechtfertigung in der Justizhoheit der Länder findet. Absatz 2 bestimmt hieran anknüpfend ausdrücklich und umfassend, daß die Länder gemeinschaftliche Gerichte bilden oder gerichtliche Aufgaben den Gerichten eines anderen Landes übertragen können. Die Ermächtigung bezieht, schon weil sie lediglich einen allgemeinen Rechtsgrundsatz konkretisiert, auch die alten Bundesländer mit ein; die ausdrückliche Regelung in Maßgabe u Abs. 4[201a] rechtfertigt keinen Umkehrschluß. Es können deshalb auch Rechtsprechungsaufgaben aus den neuen Bundesländern von Gerichten benachbarter alter Bundesländer übernommen werden. Die weitgespannten sachlichen Voraussetzungen des Absatz 1, daß dies für die sachdienliche Erledigung zweckmäßig sein muß, gilt auch für diesen Fall. Erforderlich ist eine staatsvertragliche Regelung durch die beteiligten Länder, die der Zustimmung durch den Landesgesetzgeber bedarf[202].

6. Geltungsdauer. Ob die Konzentrationsanordnungen und Ermächtigungen fortbestehen, wenn die Länder den normalen Gerichtsaufbau einrichten (Maßgabe a Abs. 2, s. Rdn. 22 ff) ist nicht unzweifelhaft; dürfte aber grundsätzlich jedenfalls teilweise zu bejahen sein. Denn die vorgenommenen örtlichen Konzentrationen sind unabhängig davon sinnvoll, in welcher Form die Länder die Gerichtsbarkeit organisiert haben und können dazu beitragen, den Übergang zur „normalen" Gerichtsbarkeit zu erleichtern. Die Maßgabe n dürfte demnach auch nach Einführung der Amts-, Land- und Oberlandesgerichte uneingeschränkt weitergelten. Zweifellos gelten bis zu diesem Zeitpunkt nach den Absätzen 1 und 2 vorgenommene Konzentrationen dann weiter, wenn sie sich auf eine der sonstigen Konzentrationsermächtigungen stützen lassen. Das gleiche gilt für diejenigen bundesrechtlichen Konzentrationsanordnungen des Einigungsvertrages, die zur Disposition des Landesgesetzgebers stehen (Rdn. 135); hier können die Länder beim Übergang zur normalen Gerichtsbarkeit die erforderlichen Anpassungen vornehmen. Insoweit treten an die Stelle der Kreis- und Bezirksgerichte die dann zuständigen Gerichte. **143**

Dagegen **enden die zwingenden** bundesrechtlichen **Konzentrationsanordnungen** (Rdn. 135) gleichzeitig mit den besonderen allgemeinen Zuständigkeitsbestimmungen. Das ergibt sich für die Richterdienstgerichte und die besonderen Senate schon daraus, daß deren Existenz mit der jeweiligen Einführung der allgemeinen Gerichte endet; für die Kammern und Senate für Handelssachen daraus, daß deren besondere Zuständigkeiten entfallen und die §§ 93 ff GVG, § 30 Abs. 1 Satz 2, 125 ff FGG uneingeschränkt anwendbar sind. Die Zuständigkeitskonzentrationen der **besonderen Gerichtsbarkeiten** sind schon dem Wortlaut nach auf die Dauer ihrer Zuordnung zu den Kreis- und Bezirksgerichten beschränkt; dies gilt nach dem klaren Wortlaut der Maßgabe t Abs. 3 auch für die allgemeine Ermächtigung zur Zuständigkeitskonzentration nach Maßgabe n. **144**

---

[200] Z. B. § 78 a Abs. 3, § 120 Abs. 5 Satz 2 GVG; § 3 Abs. 2 VwGO; § 3 Abs. 2 FGO; § 2 Abs. 4 Seerechtliche Verteilungsordnung (Fußn. 190a).

[201] LR § 58 GVG, 5; unklar *Kissel* GVG, § 58, 7 a. E.

[201a] S. zu dieser Rdn. 182.

[202] LR 23. Aufl., § 120 GVG, 11; *Redeker/v. Oertzen* VwGO⁹ § 3, 3.

Maßgabe o
Staatsanwaltschaften

(1) [1]Bei den Bezirksgerichten sind Staatsanwaltschaften zu bilden, die auch das Amt der Staatsanwaltschaft bei den Kreisgerichten wahrnehmen, soweit dort keine selbständigen Staatsanwaltschaften eingerichtet werden. [2]Eine der Staatsanwaltschaft bei den Oberlandesgerichten entsprechende Staatsanwaltschaft wird nur bei den Bezirksgerichten errichtet, bei denen besondere Senate gebildet sind. [3]Im Sinne der §§ 144, 147 erstreckt sich der Bezirk dieser Staatsanwaltschaft auf das ganze Land.

(2) Zu Hilfsbeamten der Staatsanwaltschaft können auch Angestellte bestellt werden, die gemäß § 152 Abs. 2 bezeichneten Personengruppen vergleichbar sind.

145 **1. Aufbau der Staatsanwaltschaften (Absatz 1).** Absatz 1 der Maßgabe o paßt für die Übergangszeit bis zur Einrichtung der „normalen" Strafgerichtsbarkeit (Maßgabe a Abs. 2; s. Rdn. 22 ff) die Organisation der Staatsanwaltschaften dem abweichenden Aufbau der Gerichtsbarkeit an. Im übrigen gelten die Vorschriften des GVG über die Staatsanwaltschaft uneingeschränkt[203]; es sind also namentlich die §§ 143 bis 146, 150, 151, 152 Abs. 1 GVG anzuwenden und dem Generalbundesanwalt stehen die in § 142 a GVG bezeichneten Befugnisse auch in den fünf neuen Ländern zu. Abweichend vom früheren Recht der DDR[204], nach der die Staatsanwaltschaft eine außerhalb der Organisation der Justiz stehende, unmittelbar der Volkskammer verantwortliche Institution auch zur Kontrolle der sozialistischen Gesetzlichkeit darstellte[204a], ist die Staatsanwaltschaft eine in den normalen Justizaufbau eingegliederte Institution der Rechtspflege der Länder. Die Staatsanwaltschaften der einzelnen neuen Länder unterstehen damit dem jeweiligen Landesjustizminister.

146 Staatsanwaltschaften sind bei jedem **Bezirksgericht** einzurichten. Die Fassung kann nicht dahin verstanden werden, daß solche Staatsanwaltschaften erst künftig einzurichten seien, weil andernfalls für eine Übergangszeit überhaupt keine Staatsanwaltschaften vorhanden wären. Vielmehr bestehen die vorhandenen Staatsanwaltschaften bei den Bezirksgerichten als den Staatsanwaltschaften bei den Landgerichten vergleichbare Strafverfolgungsbehörden fort. Bei den Kreisgerichten können selbständige Staatsanwaltschaften gebildet werden; soweit dies nicht geschieht, wird das Amt der Staatsanwaltschaft bei diesen durch die Staatsanwaltschaft des übergeordneten Bezirksgerichts wahrgenommen; daher können auch für den Bezirk eines oder mehrerer Kreisgerichte Zweigstellen errichtet werden. Der Einsatz von **Amtsanwälten** ist in den Grenzen des § 142 Abs. 2 GVG bei den Kreisgerichten zulässig. Die Wendung des Absatz 1 Satz 1, daß bei den **Kreisgerichten** selbständige Staatsanwaltschaften gebildet *werden*, verdeutlicht, daß die Praxis der früheren DDR, grundsätzlich bei jedem Kreisgericht eine selbständige Staatsanwaltschaft einzurichten, nicht ohne weiteres aufrechterhalten werden soll, sondern daß es einer Entscheidung der jeweiligen Landesjustizverwaltung bedarf, bei welchen Kreisgerichten selbständige Staatsanwaltschaften eingerichtet werden sollen. Das wird sich nur ausnahmsweise empfehlen, da eine ausreichende Spezialisierung

---

[203] Zur Befugnis, das Amt des Staatsanwaltes auszuüben, s. Maßgabe Nr. 8 Buchst. z und Teil A Rdn. 59 f.

[204] Vgl. StAG/DDR in der bis zu den Änderungen durch das Gesetz vom 5. 7. 1990 (GBl. I S. 605) geltenden Fassung; *Reuter* NJ **1990** 322; *Brunner* (Teil A Fußn. 18), S. 430 f.

[204a] Vgl. dazu *Wünsche* e. a. (Fußn. 4), S. 117 ff, z. B. die folgende Aufgabenbeschreibung: „Die Staatsanwaltschaft ist das Organ der sozialistischen Statsmacht, das die Aufsicht über die strikte Einhaltung und die einheitliche und richtige Anwendung des sozialistischen Rechts ausübt."

der Staatsanwaltschaften bei den meist kleinen Kreisgerichten oft nicht erreicht werden kann. Selbständige Staatsanwaltschaften bei den Kreisgerichten können auch in der Form eingerichtet werden, daß eine Staatsanwaltschaft bei einem Kreisgericht für die **Bezirke mehrerer Kreisgerichte** eingerichtet wird. Aus dem Gesamtzusammenhang läßt sich ableiten, daß die im Zeitpunkt des Beitritts vorhandenen Staatsanwaltschaften bei den Kreisgerichten nicht als selbständige Staatsanwaltschaften fortbestehen, sondern, solange nicht durch einen Organisationsakt der jeweiligen Landesjustizverwaltung solche Staatsanwaltschaften neu gebildet werden, unselbständige Außenstellen oder Zweigstellen der Staatsanwaltschaft bei dem Bezirksgericht darstellen.

Den **Generalstaatsanwaltschaften beim Oberlandesgericht** vergleichbare Behörden **147** werden nach Absatz 1 Satz 2 nur bei den Bezirksgerichten eingerichtet, bei denen die besonderen Senate gebildet sind, also bei denen, in deren Bezirk die Landesregierung ihren Sitz hat (Maßgabe k, s. Rdn. 120). Dazu genügt ein Organisationsakt der Landesjustizverwaltung, eine besondere landes**gesetzliche** Regelung ist nicht erforderlich. Nach dem Wortlaut des Satzes 2 handelt es sich dabei um eine selbständige, von der Staatsanwaltschaft bei diesem Bezirksgericht getrennte und dieser vorgesetzte Behörde. Unbeschadet ihres Devolutionsrechtes (§ 145 GVG) nehmen diese Behörden das Amt der Staatsanwaltschaft nur bei den besonderen Strafsenaten des Bezirksgerichts wahr. Die Behördenleiter dieser Staatsanwaltschaften sind ferner die Vorgesetzten der Staatsanwaltschaften der Bezirksgerichte; ihnen steht damit das Weisungs-, Devolutions- und Substitutionsrecht (§§ 145, 147 Nr. 3 GVG) für das ganze Land zu[205].

2. Hilfsbeamte der Staatsanwaltschaft (Absatz 2). Die in § 152 Abs. 2 GVG vorge- **148** sehene landesrechtliche Bestimmung der zu Hilfsbeamten der Staatsanwaltschaft zu bestellenden Personen muß spätestens ab 1. Juli 1991 erfolgen, da die übergangsweise Übertragung der den Hilfsbeamten zustehenden Befugnisse nach der StPO auf die Untersuchungsorgane der Ministerien des Innern (s. Teil C Rdn. 28) bis zu diesem Zeitpunkt befristet ist. Da bis zu diesem Zeitpunkt im Beitrittsgebiet die in Betracht kommenden hoheitlichen Funktionen noch nicht in ausreichendem Maße Beamten übertragen sein werden[206], gestattet der Absatz 2, über die engen Grenzen des § 152 Abs. 2 Satz 2 GVG hinaus, generell auch Angestellte zu Hilfsbeamten der Staatsanwaltschaft zu bestellen, wenn sie in ihrem Funktionsbereich Tätigkeiten ausüben, die mit denen vergleichbar sind, die die von den zu Hilfsbeamten der Staatsanwaltschaft bestellten Beamtengruppen nach den Rechtsverordnungen der alten Bundesländer ausgeübt werden.

Maßgabe p
Ehrenamtliche Richter

(1) Ehrenamtliche Richter, die nach § 37 des Richtergesetzes der Deutschen Demokratischen Republik vom 5. Juli 1990 (GBl. I Nr. 42 S. 637) gewählt oder berufen worden sind oder demnächst gewählt oder berufen werden, üben ihr Amt für die Dauer des Zeitraums, für den sie gewählt oder berufen sind, nach Maßgabe des Gerichtsverfassungsgesetzes und der sonstigen Verfahrensgesetze aus.

---

[205] BTDrucks. 11 7817, S. 13. Der Hinweis auf § 144 GVG im Text des Satzes 2 der Maßgabe dürfte ein offensichtliches Redaktionsversehen sein. Die Bezugnahme ergibt keinen Sinn; gemeint ist ersichtlich § 145 GVG.

[206] S. Art. 20 Abs. 1, 2 des Einigungsvertrages sowie Anlage I Kap. XIX Sachgebiet A Abschnitt III Nr. 2 und 3.

(2) [1]Die Vorschriften über die Heranziehung der Schöffen in Strafverfahren sind erstmals auf die Schöffen anzuwenden, die nach den Vorschriften des Gerichtsverfassungsgesetzes gewählt werden. [2]Bis zu diesem Zeitpunkt bewendet es bei den bisherigen Vorschriften der Deutschen Demokratischen Republik.

Übersicht

1. Problematik. Übersicht

149 **a) Problematik.** Die in der Maßgabe p getroffene Regelung für die Wahl und Heranziehung der ehrenamtlichen Richter in den verschiedenen Gerichtszweigen ist wegen der nur teilweise ausdrücklichen, teilweise stillschweigenden Verweisung auf fortgeltendes Recht der DDR wenig übersichtlich und wirft infolge ihrer Knappheit eine Reihe von Auslegungs- und Anwendungsproblemen auf. Die Problematik hängt damit zusammen, daß das Recht der früheren DDR die Beteiligung von ehrenamtlichen Richtern an der Rechtspflege in anderem Umfang vorsah wie das übergeleitete Recht der Bundesrepublik, daß die Auswahl oder Bestellung dieser Richter und ihre Heranziehung zu den einzelnen Sitzungen nach anderen Grundsätzen erfolgte und daß infolge der außerordentlich kurzen Zeit zwischen dem Abschluß des Einigungsvertrages und dem Wirksamwerden des Beitritts und der zeitgleich in Kraft tretenden gerichtsverfassungsrechtlichen und verfahrensrechtlichen Regelungen keine Möglichkeit bestand, ehrenamtliche Richter nach den übergeleiteten Vorschriften zu benennen, auszuwählen und zu berufen, zumal dies teilweise die Mitwirkung von Körperschaften, Verbänden und Institutionen erfordert, die erst nach dem Wirksamwerden des Beitritts gebildet werden mußten.

150 Mit der Überleitung des Rechts der Bundesrepublik waren deshalb in bezug auf die ehrenamtlichen Richter folgende **Fragen** verbunden: (1) In welchen Verfahren und in welchem Umfang sollen ehrenamtliche Richter an der Entscheidungsfindung mitwirken? (2) Welche ehrenamtlichen Richter wirken bis zur ersten — notwendigerweise zeitlich nach dem Tag des Wirksamwerdens des Beitritts liegenden — Neuwahl oder Neuberufung der ehrenamtlichen Richter mit und welcher Zeitraum steht hierzu zur Verfügung? (3) Nach welchen Vorschriften richtet sich diese erste Wahl oder Berufung nach dem Wirksamwerden des Beitritts? (4) Nach welchen Vorschriften richtet sich die Rechtstellung und die Heranziehung dieser ehrenamtlichen Richter? Dabei war zu be-

rücksichtigen, daß das im Zeitpunkt des Abschlusses des Einigungsvertrags geltende Recht der DDR in § 37 RiG/DDR[207] eine alsbaldige Neuwahl beziehungsweise Berufung aller ehrenamtlicher Richter vorsah und die derzeit amtierenden nur für eine kurze Zeit zur weiteren Ausübung ihrer Tätigkeit ermächtigte[208] und daß während der Sachberatungen über den Inhalt des Einigungsvertrags noch davon ausgegangen werden konnte und mußte, daß im Zeitpunkt des Wirksamwerdens des Beitritts die vorgesehene Wahl oder Berufung der ehrenamtlichen Richter weitgehend abgeschlossen sein würde. Darauf beruht auch noch die Fassung des Absatz 1 Satz 1, die in erster Linie auf ehrenamtliche Richter verweist, die „gewählt oder berufen *worden* sind". Die zeitliche Vorverlegung des Beitritts hat dazu geführt, daß es zu dieser Wahl oder Berufung während der Existenz der DDR nicht mehr gekommen ist; diesem Umstand muß auch bei der Auslegung der Vorschrift Rechnung getragen werden.

b) Inhalt der Vorschrift. Die Frage nach dem **Umfang der Mitwirkung** beantwortet **151**
sich ausschließlich nach dem übergeleiteten Recht der Bundesrepublik einschließlich der besonderen, es modifizierenden Maßgaben, insbesondere nach den verschiedenen Besetzungsvorschriften der Maßgaben zum GVG[209] und ist nicht Gegenstand der hier zu erläutender Maßgabe p. Diese betrifft ihrem Wortlaut nach nur die Fragen, nach welchen **Rechtsvorschriften** nunmehr die neu zu wählenden oder zu berufenden **ehrenamtlichen Richter zu bestellen** und wie sie zu den einzelnen Sitzungen **heranzuziehen sind**, und regelt sie im Grundsatz dahingehend, daß für das erste das aufrechterhaltene Recht der DDR (Abs. 1 erster Halbsatz) und für das zweite das übergeleitete Bundesrecht maßgebend ist (Abs. 1 zweiter Halbsatz), macht vom zweiten aber für Schöffen im Strafverfahren eine Ausnahme. Maßgabe p regelt dagegen nicht ausdrücklich die Frage, wie bis zu dieser ersten Wahl zu verfahren ist. Daß insoweit die zur Ausübung ermächtigten ehrenamtlichen Richter befristet mitzuwirken haben, ergibt sich aus anderen Zusammenhängen, insbesondere aus dem geänderten § 45 Abs. 2 RiG/DDR (näher Rdn. 156).

2. Rechtsgrundlagen

a) § 37 RiG/DDR. Der in Maßgabe p Abs. 1 in Bezug genommene § 37 RiG/ **152**
DDR ist eine Vorschrift eines selbständigen, die ehrenamtlichen Richter betreffenden Teils des RiG/DDR (§§ 35 bis 44). Diese Vorschriften haben folgenden Wortlaut:

Teil IV

Ehrenamtliche Richter

§ 35

(1) Ehrenamtliche Richter üben gleichberechtigt Rechtsprechung mit gleichem Stimmrecht wie die Berufsrichter aus.

(2) Sie unterliegen dem Beratungs- und Abstimmungsgeheimnis gemäß § 2.

(3) Die ehrenamtlichen Richter in der Straf-, Zivil-, Familien-, Verwaltungs-, Arbeits- und Sozialgerichtsbarkeit führen die Bezeichnung „Schöffe", die ehrenamtlichen Richter bei den Kammern für Handelsrecht die Bezeichnung „Handelsrichter", in der Patentgerichtsbarkeit

207 Text s. Rdn. 152.

208 S. zunächst Beschluß der Volkskammer der Deutschen Demokratischen Republik zur Verlängerung der Wahlperiode von Richtern und Schöffen vom 8. 6. 1990 (GBl. I S. 283); danach § 45 Abs. 2 RiG/DDR (Text Rdn. 155).

209 S. im einzelnen Maßgabe g Abs. 1, Maßgabe j Abs. 1, Abs. 2 Satz 1, Maßgabe u Abs. 1 Satz 2, Abs. 2 Satz 2, Maßgabe v Satz 2, Maßgabe w Abs. 3 und Maßgabe x Abs. 1 Satz 2, Abs. 2 Satz 3.

die Bezeichnung „Patentrichter“ und bei den Kammern für Finanzrecht die Bezeichnung „ehrenamtlicher Richter“.

§ 36

Als ehrenamtlicher Richter kann gewählt werden, wer von seiner Persönlichkeit her die Gewähr dafür bietet, daß er sein Amt entsprechend den Grundsätzen der Verfassung ausübt. Er muß das Wahlrecht besitzen.

§ 37

Wahl bzw. Berufung der ehrenamtlichen Richter

(1) Die ehrenamtlichen Richter werden auf Vorschlag der im jeweiligen Bezirk vertretenen Parteien und politischen Vereinigungen durch die zuständigen Volksvertretungen für die Dauer von 5 Jahren gewählt. Die Vorbereitung und Durchführung der Wahl bestimmt der Minister der Justiz in einer Wahlordnung.

(2) Die ehrenamtlichen Richter in den Kammern für Handelsrecht, für Finanzrecht und in der Patentgerichtsbarkeit werden auf Vorschlag der zuständigen Berufsvereinigungen, die ehrenamtlichen Richter der Arbeits- und Sozialgerichtsbarkeit je zur Hälfte auf Vorschlag der Gewerkschaften und der Arbeitgeberverbände durch den Direktor bzw. Präsidenten des Gerichts berufen.

(3) Die ehrenamtlichen Richter werden am zuständigen Gericht in einer Liste geführt.

§ 38

Die ehrenamtlichen Richter verpflichten sich gegenüber dem Direktor bzw. Präsidenten des Gerichts durch einen Eid zur verfassungsmäßigen Ausübung ihres Ehrenamtes entsprechend der Eidesformel gemäß § 11 Abs. 3.

§ 39

(1) Die ehrenamtlichen Richter sind für die Wahrnehmung ihrer Tätigkeit freizustellen. Kosten, die durch die Nichtgewährung der Freistellung entstehen, können den Arbeitsstellen auferlegt werden.

(2) Ehrenamtliche Richter haben für diese Zeit Anspruch auf ihre Einkünfte aus der beruflichen Tätigkeit und auf die Vergütung von Auslagen nach Maßgabe der geltenden Rechtsvorschriften.

(3) Den ehrenamtlichen Richtern dürfen durch die Wahrnehmung ihrer ehrenamtlichen Tätigkeit keinerlei berufliche, materielle oder sonstige persönliche Nachteile entstehen. Ihre Kündigung ist unzulässig, es sei denn, daß Tatsachen vorliegen, die den Arbeitgeber zur Kündigung aus wichtigem Grund ohne Einhaltung einer Kündigungsfrist berechtigen.

Rat der ehrenamtlichen Richter

§ 40

(1) An den Bezirks- und Kreisgerichten besteht ein Rat der ehrenamtlichen Richter, dessen Mitglieder von den ehrenamtlichen Richtern des jeweiligen Gerichts gewählt werden.

(2) Dieser Rat vertritt die Interessen der ehrenamtlichen Richter und berät den Präsidenten des Bezirksgerichts und Direktor des Kreisgerichts zu Fragen ihrer Tätigkeit.

§ 41

Bei Vorliegen der Abberufungsgründe wie für Berufsrichter gemäß § 22 kann der ehrenamtliche Richter auf Antrag des Direktors bzw. Präsidenten des Gerichts durch die zuständige Volksvertretung abberufen werden. Die anderen ehrenamtlichen Richter können aus den gleichen Gründen durch den Direktor bzw. Präsidenten des Gerichts abberufen werden. Vor der Abberufung ist der Rat der ehrenamtlichen Richter zu hören.

§ 42

Recht auf Weiterbildung

Die ehrenamtlichen Richter haben das Recht auf Weiterbildung für ihre ehrenamtliche Funktion. Für seine Verwirklichung tragen die Gerichte Verantwortung.

§ 43

Erlöschen der Funktion

Die Funktion eines ehrenamtlichen Richters erlischt, wenn der Bürger nicht mehr im Zuständigkeitsbereich des Gerichts, für das er gewählt wurde, wohnt oder arbeitet.

§ 44

Nachwahlen bzw. nachträgliche Berufungen

Nachwahlen bzw. nachträgliche Berufungen von ehrenamtlichen Richtern sind durchzuführen, wenn dies zur Sicherung der Arbeitsfähigkeit der Gerichte erforderlich ist.

§ 37 RiG/DDR gilt als aufrechterhaltenes Recht der DDR im Sinne von Art. 9 **153**
Abs. 2 des Einigungsvertrages als (partielles) Bundesrecht für die erste Wahlperiode der ehrenamtlichen Richter **fort**, auch wenn diese Vorschrift nicht in Anlage II aufgeführt ist. Das ergibt sich aus ihrer Inbezugnahme in der Maßgabe sowie daraus, daß die Wahlordnung für die ehrenamtlichen Richter ausdrücklich aufrechterhalten ist und den § 37 RiG/DDR zur notwendigen Voraussetzung hat. Die weiteren Vorschriften des vierten Teils des RiG/DDR über die ehrenamtlichen Richter gelten dagegen jedenfalls insoweit nicht mehr, als sie Materien betreffen, die in die Gesetzgebungskompetenz des Bundes fallen[210] und nicht unerläßliche Ergänzungen des § 37 darstellen. Zu diesen unerläßlichen Ergänzungen wird man die §§ 36, 44 zu rechnen haben.

b) Wahlordnung für ehrenamtliche Richter. Die EhRiWO gilt gemäß Anlage II **154**
zum Einigungsvertrag als Bundesrecht fort[211]; sie hat folgenden Wortlaut:

Gemäß § 49 Richtergesetz vom 5. Juli 1990 (GBl. I Nr. 42 S. 637) wird zur Durchführung des § 37 Richtergesetz folgendes bestimmt:

I.

Wahl ehrenamtlicher Richter

§ 1

(1) Zur Vorbereitung der Wahl der ehrenamtlichen Richter wird in den Ländern, in den Landkreisen und in den kreisfreien Städten je ein Wahlausschuß gebildet.

(2) Dem Wahlausschuß gehören ein vom Ministerpräsidenten des Landes, vom Landrat bzw. vom Oberbürgermeister benannter Vertreter der Land-, Kreis- oder Stadtverwaltung als Leiter, der Präsident bzw. Direktor des betreffenden Gerichts sowie 8 bis 10 Vertrauenspersonen, die vom Landtag, vom Kreistag bzw. von der Stadtverordnetenversammlung gewählt werden, an.

---

[210] Zur Frage, ob einzelne Bestimmungen als Landesrecht fortgelten s. *Schmidt-Räntsch* DtZ **1991** 34, der dies für die §§ 40, 42 RiG/DDR bejaht (zweifelhaft).

[211] Anlage II Kap. III Sachgebiet A Abschnitt I Nr. 8, 9; geändert (nur hinsichtlich der Zählweise wegen der Zusammenfassung in einer VO) durch Zusatzvereinb. Art. 4 Nr. 10.

§ 2

Der Wahlausschuß hat insbesondere folgende Aufgaben zu erfüllen:

- die Parteien und politischen Vereinigungen zum Einreichen von Wahlvorschlägen aufzufordern,
- die eingereichten Wahlvorschläge auf das Vorliegen der gesetzlichen Voraussetzungen für die Wahl als ehrenamtlicher Richter zu prüfen; bei Mängeln den Einreicher zur unverzüglichen Beseitigung derselben aufzufordern,
- die den gesetzlichen Anforderungen entsprechenden Wahlvorschläge zu registrieren und in einer Vorschlagsliste zusammenzufassen,
- die Vorschlagsliste für die Dauer von mindestens einer Woche vor Einreichung an den Ministerpräsidenten des Landes, den Landrat bzw. an den Oberbürgermeister an dessen Sitz und am Gericht zu jedermanns Einsicht auszulegen; Zeitpunkt und Ort rechtzeitig öffentlich bekanntzugeben,
- die Vorschlagsliste mindestens eine Woche vor dem Wahltermin dem Ministerpräsidenten des Landes, dem Landrat bzw. dem Oberbürgermeister zuzuleiten,
- die Ergebnisse der Wahl der ehrenamtlichen Richter zusammenzustellen und innerhalb von zwei Wochen nach Abschluß der Wahl dem Präsidenten des Bezirksgerichts zu übermitteln.

§ 3

Der Landtag, der Kreistag bzw. die Stadtverordnetenversammlung beschließt, zu welchem Termin innerhalb von sechs Monaten nach Inkrafttreten des Richtergesetzes die Wahl der ehrenamtlichen Richter für die Straf-, Zivil-, Familien- und Verwaltungsgerichtsbarkeit erfolgt.

§ 4

(1) Die für das Gericht erforderliche Zahl der zu wählenden ehrenamtlichen Richter bestimmt dessen Präsident bzw. Direktor.

(2) Sie ist so zu bemessen, daß voraussichtlich jeder ehrenamtliche Richter zu nicht mehr als zwölf ordentlichen Sitzungstagen im Jahre herangezogen wird.

§ 5

(1) Der Direktor des Kreisgerichts übermittelt die erforderliche Zahl der zu wählenden ehrenamtlichen Richter innerhalb von zwei Wochen nach Inkrafttreten der Wahlordnung dem Landrat bzw. dem Oberbürgermeister.

(2) Ist ein Kreisgericht für mehrere Landkreise zuständig, so erfolgt die Verteilung auf die Kreise in Anlehnung an die Einwohnerzahl. Sie ist vom Direktor des Gerichts vorzunehmen.

§ 6

Der Präsident des Bezirksgerichts übermittelt innerhalb von zwei Wochen nach Bildung der Länder dem Ministerpräsidenten des Landes die erforderliche Zahl der zu wählenden ehrenamtlichen Richter.

§ 7

(1) Die Kandidaten für die Wahl der ehrenamtlichen Richter werden von den im jeweiligen Bezirk vertretenen Parteien und politischen Vereinigungen vorgeschlagen. Die Anzahl der von den Parteien und politischen Vereinigungen zu erbringenden Vorschläge legt der Landtag, der Kreistag bzw. die Stadtverordnetenversammlung fest.

(2) Die Kandidaten müssen die gesetzlichen Voraussetzungen des § 36 Richtergesetz erfüllen und im Zuständigkeitsbereich des Gerichts wohnen oder arbeiten.

(3) Alle Gruppen der Bevölkerung sollen nach Geschlecht, Alter, Beruf und sozialer Stellung angemessen berücksichtigt werden.

§ 8

(1) Die schriftlichen Wahlvorschläge sind bis zu dem vom Wahlausschuß bestimmten Termin einzureichen.

(2) Die schriftlichen Wahlvorschläge haben folgende Angaben zu enthalten (vgl. Muster 1):
— den vollständigen Namen der vorschlagenden Partei bzw. politischen Vereinigung,
— Angaben zur Person des Kandidaten,
Familienname, Geburtsname, Vornamen, Geburtsjahr und -ort, Beruf, Wohnanschrift,
— Kandidatur für das Kreisgericht bzw. das Bezirksgericht,
— die Erklärung des Kandidaten, daß er mit seiner Nominierung einverstanden und nicht vorbestraft ist.

§ 9

(1) Die eingereichten Wahlvorschläge sind durch den Wahlausschuß innerhalb von drei Tagen zu prüfen.

(2) Die den gesetzlichen Anforderungen entsprechenden Wahlvorschläge sind zu registrieren und in einer Vorschlagsliste zu erfassen.

(3) Weisen Wahlvorschläge Mängel auf, so ist der Einreicher aufzufordern, diese unverzüglich zu beseitigen.

§ 10

(1) Die Vorschlagsliste hat folgende Angaben zu enthalten:
— Familienname, Geburtsname, Vornamen, Geburtsjahr und -ort, Wohnanschrift und Beruf der vorgeschlagenen Personen,
— Kandidatur für das Kreisgericht oder das Bezirksgericht.

(2) Der Wahlausschuß legt die Vorschlagsliste für die Dauer von einer Woche vor Einreichung an den Ministerpräsidenten des Landes, den Landrat bzw. den Oberbürgermeister zu jedermanns Einsicht an dessen Sitz und am Gericht aus.

(3) Gegen Kandidaten kann binnen einer Woche, gerechnet vom Ende der Auslegungsfrist, Einspruch beim Wahlausschuß erhoben werden. Der Wahlausschuß entscheidet darüber mit einfacher Mehrheit.

§ 11

Der Wahlausschuß übersendet mindestens eine Woche vor dem Wahltermin dem Ministerpräsidenten des Landes, dem Landrat bzw. dem Oberbürgermeister die endgültige Vorschlagsliste — einschließlich der Wahlvorschläge und der Entscheidungen über Einsprüche gegen Kandidaten.

§ 12

(1) Die ehrenamtlichen Richter werden gemäß § 37 Abs. 1 Richtergesetz vom Landtag, vom Kreistag bzw. von der Stadtverordnetenversammlung für die Dauer von fünf Jahren gewählt.

(2) Die Wahl sowie die Feststellung des Wahlergebnisses erfolgt nach der für die Beschlußfassung des Landtages, des Kreistages bzw. der Stadtverordnetenversammlung geltenden Geschäftsordnung durch Abstimmung über die vom Wahlausschuß erstellte Vorschlagsliste.

(3) Der Ministerpräsident des Landes, der Landrat bzw. der Oberbürgermeister übermittelt innerhalb einer Woche nach Wahldurchführung die Liste der gewählten ehrenamtlichen Richter an den Präsidenten bzw. Direktor des Gerichts.

§ 13

(1) Die Wahlunterlagen sind bei der Landes-, Kreis- bzw. Stadtverwaltung aufzubewahren.

(2) Die Vernichtung der Wahlunterlagen ist erst nach Ablauf der Wahlperiode der ehrenamtlichen Richter zulässig.

II.

Berufung ehrenamtlicher Richter

§ 14

(1) Der Präsident bzw. Direktor des Gerichts legt die Anzahl der zu berufenden ehrenamtlichen Richter für die Handels-, Finanz-, Patent- sowie Arbeits- und Sozialgerichtsbarkeit fest.

(2) Die Anzahl der ehrenamtlichen Richter ist so zu bemessen, daß voraussichtlich jeder ehrenamtliche Richter zu nicht mehr als zwölf ordentlichen Sitzungstagen im Jahre herangezogen wird.

§ 15

(1) Der Präsident bzw. Direktor des Gerichts hat die im Gerichtsbezirk ansässigen zuständigen Berufsvereinigungen, Gewerkschaften sowie Arbeitgeberverbände zur Einreichung von Vorschlägen in der notwendigen Anzahl aufzufordern.

(2) Die vorgeschlagenen ehrenamtlichen Richter müssen die gesetzlichen Voraussetzungen des § 36 Richtergesetz erfüllen und im Gerichtsbezirk wohnen, ihren Betriebssitz haben oder beschäftigt sein.

§ 16

(1) Die zuständigen Berufsvereinigungen, Gewerkschaften sowie Arbeitgeberverbände haben ihre Vorschläge in Listen zu erfassen. Die Vorschlagslisten haben folgende Angaben zu enthalten: Familienname, Geburtsname, Vornamen, Geburtsjahr und -ort sowie Wohnanschrift der vorgeschlagenen Personen.

(2) Der Vorschlagsliste ist für jeden vorgeschlagenen ehrenamtlichen Richter ein Personalbogen beizufügen (vgl. Muster 2). Er hat folgende Angaben zu enthalten: Familienname, Geburtsname, Vornamen, Geburtsjahr und -ort, erlernter Beruf, jetzige Tätigkeit, Anschrift des Betriebes, Staatsangehörigkeit sowie die Erklärung des Kandidaten, daß er mit seiner Nominierung einverstanden und nicht vorbestraft ist.

(3) Die Vorschlagslisten und Personalbögen sind von den zuständigen Berufsvereinigungen, Gewerkschaften und Arbeitgeberverbänden bis zu dem vom Präsidenten bzw. Direktor des Gerichts benannten Termin bei diesem einzureichen.

§ 17

(1) Die ehrenamtlichen Richter werden durch den Präsidenten bzw. den Direktor des Gerichts auf die Dauer von fünf Jahren berufen. Sie sind in angemessenem Verhältnis unter Berücksichtigung der Minderheiten aus den Vorschlagslisten zu entnehmen. Die ehrenamtlichen Richter für die Arbeits- und Sozialgerichtsbarkeit sind je zur Hälfte aus den Kreisen der Arbeitgeber und der Arbeitnehmer zu entnehmen.

(2) Die Berufung der ehrenamtlichen Richter hat innerhalb von sechs Monaten nach Inkrafttreten des Richtergesetzes zu erfolgen. Die ehrenamtlichen Richter sind über ihre Berufung zu informieren.

(3) Die Berufungsunterlagen sind für die Dauer des Zeitraumes der Berufung aufzubewahren.

III.

Heranziehung von ehrenamtlichen Richtern

§ 18

Der Präsident bzw. Direktor des Gerichts legt für jede Kammer/jeden Senat die Anzahl der ehrenamtlichen Richter fest, die zu den ordentlichen Sitzungen herangezogen werden. Er bestimmt auch die Anzahl der ehrenamtlichen Richter, die anstelle ausfallender, für die ordentlichen Sitzungen vorgesehener ehrenamtlicher Richter herangezogen werden.

§ 19

(1) Die ehrenamtlichen Richter werden — mit Ausnahme der ehrenamtlichen Richter für die Strafgerichtsbarkeit — zu den Sitzungen nach der Reihenfolge einer Liste herangezogen, die das Präsidium des Gerichts vor Beginn der Amtszeit neu berufener/gewählter ehrenamtlicher Richter für jede Kammer/jeden Senat erstellt.

(2) Für die Heranziehung von Vertretern bei unvorhergesehener Verhinderung kann eine Hilfsliste von ehrenamtlichen Richtern aufgestellt werden, die am Gerichtssitz oder in der Nähe wohnen oder ihren Dienstsitz haben.

§ 20

(1) Die ehrenamtlichen Richter für die Strafgerichtsbarkeit sind — sowohl für die ordentlichen Sitzungen als auch anstelle ausfallender, für die ordentlichen Sitzungen vorgesehener ehrenamtlicher Richter — aus der Liste der gewählten ehrenamtlichen Richter für jede Kammer/jeden Senat auszulosen. Gleichfalls auszulosen ist die Reihenfolge ihres Heranziehens.

(2) Die Auslosung erfolgt in einer öffentlichen Sitzung des Gerichts. Das Los zieht der Präsident bzw. Direktor des Gerichts oder ein von ihm beauftragter Richter. Über die Auslosung nimmt ein Urkundsbeamter des Gerichts ein Protokoll auf.

§ 21

(1) Der Präsident bzw. Direktor des Gerichts benachrichtigt die ehrenamtlichen Richter von ihrer Heranziehung.

(2) Die Listen der ehrenamtlichen Richter werden von einem Urkundsbeamten des Gerichts geführt.

IV.

Schlußbestimmung

§ 22

(1) Diese Durchführungsbestimmung tritt am 1. September 1990 in Kraft.

(2) Diese Durchführungsbestimmung gilt nicht für Berlin, Hauptstadt der DDR.

c) § 45 Abs. 2 RiG/DDR. Für die Rechtslage bis zur ersten Wahl oder Berufung ist ferner der zu den Übergangs- und Schlußvorschriften gehörende § 45 Abs. 2 RiG/DDR von Bedeutung. Die Vorschrift hatte ursprünglich folgenden Wortlaut: **155**

(2) Die Berufung der Richter und die Wahl bzw. Berufung der ehrenamtlichen Richter ist innerhalb von sechs Monaten nach dem Inkrafttreten dieses Gesetzes vorzunehmen. Bis zu diesem Zeitpunkt sind die im Amt befindlichen Richter und Schöffen zur Ausübung der Rechtspflege ermächtigt.

Soweit sich die Vorschrift auf Berufsrichter bezog, ist sie durch Maßgabe Nr. 8 Buchst. o Abs. 2 ersetzt worden (s. Teil. A Rdn. 46). Im übrigen hat sie durch Art. 7 Abs. 25 des Rechtspflege-Vereinfachungsgesetzes[212] folgende Fassung erhalten:

(2) Die Wahl bzw. Berufung der ehrenamtlichen Richter ist spätestens bis zum 30. Juni 1991 vorzunehmen. Längstens bis zu diesem Zeitpunkt sind die im Amt befindlichen ehrenamtlichen Richter zur Ausübung der Rechtsprechung ermächtigt.

---

[212] Vom 17. 12. 1990 (BGBl. I S. 2847); die Änderung ist gemäß Art. 11 Abs. 4 am 1. 1. 1991 in Kraft getreten.

3. Mitwirkung ehrenamtlicher Richter bis zur ersten Wahl

156 **a) Grundlagen.** Bis zu der in der Maßgabe p in Verb. mit der EhRiWO geregelten ersten Wahl oder Berufung der ehrenamtlichen Richter, längstens aber bis zum 30. Juni 1991, üben diejenigen Personen weiterhin das Amt der ehrenamtlichen Richter bei den verschiedenen, mit solchen besetzten Spruchkörpern aus, die hierfür mit dem Wirksamwerden des Beitritts zur Verfügung standen. Das ergibt sich zwar nicht aus der Maßgabe p, aber aus dem Gesamtzusammenhang der Überleitungsvorschriften sowie aus der vom Bundesgesetzgeber beschlossenen Neufassung des § 45 Abs. 2 RiG/DDR. Namentlich folgt dies aus der für den Berufsrichter geltenden Maßgabe Nr. 8 Buchst. o. Sie bestimmt im Interesse der Aufrechterhaltung einer funktionsfähigen Rechtspflege, daß die Dienstverhältnisse der amtierenden Richter befristet fortdauern, damit überhaupt Rechtspflegeaufgaben erfüllt werden können. Gleiches muß, da die Überleitungsgesetzgebung die Vorschriften des übergeleiteten Rechts über die Mitwirkung ehrenamtlicher Richter sofort hat wirksam werden lassen, (erst recht) für die ehrenamtlichen Richter gelten. Auch die Neufassung des § 45 Abs. 2 RiG/DDR durch das Rechtspflege-Vereinfachungsgesetz beruht auf diesem Gedanken[213]; sie regelt darüber hinaus für die Zukunft (mindestens klarstellend) daß diese ehrenamtlichen Richter weiter mitzuwirken haben.

157 **b) Umfang der Mitwirkung.** Die derzeit vorhandenen und bis zum 30. 6. 1991 zur Ausübung ihrer Tätigkeit ermächtigten ehrenamtlichen Richter können unabhängig von der Art ihrer Berufung oder Wahl in allen Bereichen eingesetzt werden, auch als Handelsrichter sowie als ehrenamtliche Richter in der Arbeits- und Sozialgerichtsbarkeit und in landwirtschaftlichen Verfahren. Die besonderen Berufungsvoraussetzungen der Maßgabe w Abs. 3 (für die Arbeitsgerichtsbarkeit) und x Abs. 3 (für die Sozialgerichtsbarkeit) gelten für diese ehrenamtlichen Richter noch nicht, sondern sind erst auf die bis zum 30. 6. 1991 vorzunehmende Wahl oder Benennung und die darauf beruhenden Berufungen anzuwenden[214]. Das folgt zwingend daraus, daß bei der in der Vergangenheit liegenden Wahl oder Berufung dieser ehrenamtlichen Richter erst später normierte Auswahlkriterien notwendigerweise nicht berücksichtigt werden konnten und die Ermächtigung zur Fortführung ihrer Tätigkeit nicht eingeschränkt ist. Die gelegentlich vertretene und praktizierte Auffassung, daß mangels der paritätischen Besetzung der Spruchkörper für die Arbeits- und Sozialgerichtsbarkeit in diesen Verfahren derzeit nicht mit ehrenamtlichen Richtern entschieden werden könne, erscheint abwegig und ist mit der Hauptzielrichtung des Überleitungsrechts im Bereich der Rechtspflege, eine funktionsfähige Rechtspflege aufrechtzuerhalten, unvereinbar.

158 **c) Dauer der Ermächtigung.** Die Ermächtigung zur Fortsetzung der Tätigkeit endet spätestens am 30. 6. 1991; die Landesjustizverwaltungen sind verpflichtet, bis dahin die Wahl oder Berufung der neuen ehrenamtlichen Richter nach der EhRiWO unter Berücksichtigung der sonstigen Maßgaben des Einigungsvertrags (insbesondere Maßgabe w Abs. 3, x Abs. 3) durchzuführen. Wie sich aus der Verwendung der Worte „spätestens“ und „längstens“ in der Neufassung des § 45 Abs. 2 RiG/DDR ergibt, handelt es sich um eine vorsorgliche Höchstfrist, die nicht ausgeschöpft werden muß[215].

---

[213] S. auch BTDrucks. **11** 8283, S. 53 (schriftlicher Bericht des BTRAussch.), wo von der „auslaufenden Amtsperiode“ die Rede ist.

[214] Wohl ebenso für die Arbeitsgerichtsbarkeit *Kissel* NZA **1990** 835, freilich mit unklarer Unterscheidung zu den Fällen der Maßgabe p Abs. 1; hinsichtlich der Sozialgerichtsbarkeit möglicherweise **a. A.** (aber unklar) *Becher* Die Sozialgerichtsbarkeit **1991** 2.

[215] S. auch BTDrucks. **11** 8283, S. 53, wo als Grund für die Verlängerung lediglich mitgeteilt wird, daß die Wahlen nicht bis zum 15. 1. 1991 abgeschlossen werden könnten.

Die Landesjustizverwaltungen haben alle zumutbaren Anstrengungen zu unternehmen, um die Neuwahl oder Berufung möglichst frühzeitig herbeizuführen, und zwar jeweils unter Berücksichtigung der örtlichen Verhältnisse, also ggfs. in den verschiedenen Gerichtsbezirken und für die verschiedenen Gruppen ehrenamtlicher Richter zu unterschiedlichen Zeitpunkten. Die Ermächtigung zur Ausübung der Tätigkeit als ehrenamtlicher Richter endet für den jeweiligen Gerichtsbezirk und ggfs. für die einzelnen, künftig unterschiedlich wahrzunehmenden Aufgaben, sobald die neuen ehrenamtlichen Richter gewählt oder berufen sind.

4. Wahl und Berufung der ehrenamtlichen Richter im allgemeinen

a) Grundsätze. Nach § 37 RiG/DDR und nach der EhRiWO (Rdn. 154) werden die Schöffen für die Strafgerichtsbarkeit und die Verwaltungsgerichtsbarkeit nach den §§ 1 bis 13 EhRiWO gewählt[215a] und nach § 20 EhRiWO ausgelost. Dagegen werden die ehrenamtlichen Richter für die Kammern und Senate für Handelssachen, für Patent-, Gebrauchsmuster-, Geschmacksmuster- und Warenzeichensachen (Maßg. g Abs. 1 Nr. 2) und für die finanzgerichtlichen, arbeitsgerichtlichen und sozialgerichtlichen Fachspruchkörper aufgrund der Vorschläge der zuständigen Vereinigungen nach den §§ 14 bis 17 EhRiWO berufen und nach § 18 Abs. 1 Satz 1 auf die einzelnen Spruchkörper verteilt. Für die Richter der Patentgerichtsbarkeit (s. Rdn. 73) sind wegen der aufrechterhaltenen örtlichen Zuständigkeitskonzentration beim Kreisgericht Leipzig (Rdn. 138) nur für dieses Gericht sowie wegen der in Mecklenburg-Vorpommern getroffenen Regelung[215b] für das Kreisgericht Rostock ehrenamtliche Richter zu bestellen. Eine ausdrückliche Regelung für die Richter der Landwirtschaftsgerichte fehlt, hier werden die §§ 14 bis 17 EhRiWO entsprechend anwendbar sein. Schon wegen der unterschiedlichen Vorschlagsbefugnisse und Auswahlkriterien müssen die ehrenamtlichen Richter für die verschiedenen Zweige der Gerichtsbarkeit getrennt berufen werden. Für etwa erforderlich werdende Nachwahlen gilt das gleiche. 159

b) Ergänzende Geltung der allgemeinen Vorschriften. Zweifelhaft und gesetzlich nicht vollständig geregelt ist, unter welchen Voraussetzungen ehrenamtliche Richter die Berufung ablehnen oder nach ihrer Wahl auf ihren Antrag oder ggfs. von Amts wegen von ihrem Amt entbunden werden können. Die EhRiWO enthält hierüber keine Vorschriften; die des RiG/DDR (§§ 41, 43) gelten nicht fort; sie sind darüber hinaus erkennbar lückenhaft und teilweise nicht sachgerecht[216]. Die Geltung des § 37 RiG/DDR und der EhRiWO bezieht sich nach dem Wortlaut des Absatz 1 der Maßgabe ausdrücklich auf die Wahl bzw. Berufung der ehrenamtlichen Richter und die Dauer der Amtsperiode, während für die Ausübung des Amtes die allgemein geltenden Vorschriften anzuwenden sind. Anzuwenden sind deshalb zunächst die §§ 44, 45 DRiG, die allerdings nur gewisse Mindestregeln enthalten[216a]. Im übrigen gelten für die Frage der Abberufung der ehrenamtlichen Richter die jeweils für sie nach dem allgemein geltenden Verfahrensrecht des GVG oder der verschiedenen Verfahrensordnungen maßgebenden Vorschriften. Bei der gebotenen teleologischen Auslegung (Teil A Rdn. 36) erscheint es auch 160

[215a] Soweit die EhRiWO (vgl. u. a. § 3) noch die Wahl der ehrenamtlichen Richter für die Zivil- und Familiengerichte regelt, läuft die Vorschrift leer, da hier nach dem übergeleiteten Bundesrecht ehrenamtliche Richter nicht mehr mitwirken.

[215b] § 2 Abs. 2 der VO vom 30. 1. 1991 – Fußn. 183a; s. auch Rdn. 140 Fußn. 192a.

[216] Dies gilt insbesondere, soweit § 41 RiG/DDR für die Abberufung auf die für Berufsrichter geltenden Abberufungsgründe des § 22 RiG/DDR abstellt, die darüber hinaus durch die Maßgaben zum DRiG (Nr. 8) auch für diese teilweise obsolet geworden sind.

[216a] Vgl. dazu näher *Schmidt-Räntsch* DRiG[4], § 44, 5 ff; § 46, 3 ff.

noch vertretbar, gleiches für die Berücksichtigung von Ablehnungsgründen vor der Ernennung anzunehmen.

161 c) **Dauer der Wahlperiode.** Nach Maßgabe p Abs. 1 richtet sich die Dauer der Amtsperiode der nach der EhRiWO gewählten oder berufenen Richter nach den dort gegebenen Vorschriften. Insoweit bestimmt der aufrechterhaltene § 37 Abs. 1 Satz 1 RiG/DDR, daß die ehrenamtlichen Richter für die Dauer von fünf Jahren gewählt oder berufen werden. Dies würde jedoch für die ehrenamtlichen Richter in den besonderen Gerichtsbarkeiten nur insoweit gelten, als nicht vorher diese Gerichtsbarkeiten nach Maßgabe p gilt nach Maßgabe t Abs. 4 ausgegliedert werden. Denn Maßgabe p gilt nach Maßgabe t Abs. 3 entsprechend nur für die Zugehörigkeit der besonderen Gerichtsbarkeiten zu den Kreis-und Bezirksgerichten. Es sind also nach den jeweiligen Vorschriften der VwGO, des FGG, des ArbGG und des SGG ehrenamtliche Richter neu zu berufen, sobald diese Gerichtsbarkeiten verselbständigt werden. Hierauf müssen die neuen Länder bei der Bestimmung der Zeitpunkte Rücksicht nehmen, zu denen sie die Einrichtung selbständiger besonderer Gerichtsbarkeiten wirksam werden lassen; es muß eine hinreichend bemessene Übergangszeit vorgesehen werden, um die Berufung dieser ehrenamtlichen Richter vorzunehmen.

162 Für den **Bereich der ordentlichen Gerichtsbarkeit** endet die Amtsperiode der Schöffen in der Strafgerichtsbarkeit, der Handelsrichter und der ehrenamtlichen Richter in den Landwirtschaftsgerichten spätestens Ende 1995. Es kann nicht darauf abgestellt werden, zu welchem Zeitpunkt innerhalb des ersten Halbjahres 1991 die ehrenamtlichen Richter des jeweiligen Gerichts konkret berufen worden sind, weil dann kein praktikabler Übergang auf die allgemein geltenden Vorschrift ermöglicht würde, die jeweils auf Kalenderjahre abstellen. Eine **frühere Beendigung** der Wahlperiode der ehrenamtlichen Richter kann nur durch eine **bundesgesetzliche Regelung** herbeigeführt werden, für die im Hinblick auf die zahlreichen Auslegungsprobleme des derzeit geltenden Rechts manches spricht. Erfolgt eine solche nicht, so bewirkt der Übergang zum „normalen“ Gerichtsaufbau nach Maßgabe a Abs. 2 wohl nicht automatisch die Beendigung der Wahlperioden der nach Maßgabe p Abs. 1 berufenen ehrenamtlichen Richter; vielmehr üben sie ihr Amt bei den danach gebildeten Amts- und Landgerichten aus.

5. Besonderheiten für einzelne Bereiche

163 a) **Arbeitsgerichtsbarkeit.** Nach Maßgabe w Abs. 3 entscheiden die Kammern und Senate für Arbeitssachen in der durch das ArbGG vorgeschriebenen Besetzung. Dazu gehört auch die dort vorgeschriebene Mitwirkung ehrenamtlicher Richter sowie der Grundsatz der paritätischen Besetzung. Es gelten also insbesondere § 16 Abs. 2, §§ 30, 35 Abs. 2 ArbGG. Für das Benennungsrecht der Verbände der Arbeitgeber und Arbeitnehmer treten an die Stelle der detaillierten Vorschriften des ArbGG die Bestimmungen der §§ 16, 17 Abs. 1 Satz 3 der EhRiWO[216b]. Als zur Benennung von ehrenamtlichen Richtern berechtigt wird man, obwohl § 16 Abs. 3 EhRiWO lediglich von Arbeitgeberverbänden spricht, entsprechend § 20 Abs. 1 Satz 2 ArbGG auch die Anstellungskörperschaften für die Beschäftigten des öffentlichen Dienstes (vgl. § 22 Abs. 2 Nr. 3 ArbGG) anzusehen haben, weil andernfalls dem Grundprinzip der Repräsentativität der Vorschläge, von dem auch § 37 Abs. 2 RiG/DDR und die §§ 16, 17 EhRiWO ausgehen, nicht entsprochen werden könnte.

[216b] Für die längstens bis zum 30. 6. 1991 ermächtigten ehrenamtlichen Richter kommt es auch hierauf nicht an; s. Rdn. 157.

b) Sozialgerichtsbarkeit. Maßgabe x Abs. 3 bestimmt, daß den Kammern und Senaten für Sozialrecht in allen Streitigkeiten je ein auf Vorschlag der Gewerkschaften und Arbeitgeberverbände berufener ehrenamtlicher Richter angehört; das entspricht dem Grundsatz der paritätischen Besetzung nach dem SGG und stimmt mit der in § 17 Abs. 1 Satz 3 EhRiWO getroffenen Regelung überein. Dagegen finden die Vorschriften des SGG, die für die verschiedenen Fachklammern und Fachsenate hierüber hinausgehende spezielle Auswahl- und Besetzungsvorschriften enthalten, insbesondere ihre Zugehörigkeit zum Kreis der Versicherten, der Kassenärzte und der nach dem Recht der Kriegsopferversorgung Versorgungsberechtigten, oder die Vorschlagsbefugnis bestimmter berufsständischer Vereinigungen betreffen (§ 12 Abs. 2 bis 4, § 13 Abs. 3 bis 5, § 14 Abs. 3, 4 SGG) für die Wahl und die Mitwirkung für die erste Wahlperiode solange keine Anwendung, wie die Sozialgerichtsbarkeit durch die Kreis- und Bezirksgerichte ausgeübt wird. **164**

c) Handelsrichter. Die EhRiWO enthält keine Bestimmung darüber, wer als zuständige Berufsvereinigung im Sinne des § 16 Abs. 1 EhRiWO anzusehen ist und welche fachlichen Voraussetzungen für die Berufung als Handelsrichter vorliegen müssen. Insoweit sind die Vorschriften des GVG ergänzend heranzuziehen. Es gilt also § 108 GVG, wonach zur Benennung der Handelsrichter die Industrie- und Handelskammern berufen sind. Ob für die fachliche Qualifikation § 109 GVG uneingeschränkt gilt ist zweifelhaft, zumindest wird man aber die der Regelung zugrundeliegenden Grundgedanken entsprechend anwenden können. Folgt man dieser Auffassung, so dürfte es vertretbar sein, im Vorgriff auf die allgemein am 1. 1. 1992 in Kraft tretende Neufassung der Vorschrift durch das Rechtspflege-Vereinfachungsgesetz[217] bereits jetzt bei der Auswahl den erweiterten Personenkreis zu berücksichtigen, insbesondere auch Prokuristen zu berufen. **165**

6. Rechtstellung und Heranziehung der ehrenamtlichen Richter. Abgesehen von der Mitwirkung der Schöffen im Strafverfahren (Rdn. 167 f) richtet sich die Rechtstellung der nach der EhRiWO gewählten ehrenamtlichen Richter und insbesondere die Art, wie sie zu den einzelnen Sitzungen herangezogen werden, nach den Vorschriften des allgemein geltenden Rechts. Die §§ 18, 19 EhRiWO finden insoweit keine Anwendung. Zu diesen anwendbaren Bestimmungen des allgemein geltenden Rechts gehören auch die über die Unabhängigkeit, die Wahrung des Beratungsgeheimnisses und die Eidesleistung[217a] sowie über die Abberufung der ehrenamtlichen Richter vor Ablauf der Amtsperiode[218], die ihrem Schutz dienenden Vorschriften[219], die Vorschriften über die Sanktionierung ordnungswidrigen Verhaltens[220] und über die Bildung von Ausschüssen der ehrenamtlichen Richter[221]. **166**

7. Heranziehung von Schöffen in Strafsachen. Nach Absatz 2 sind für die Heranziehung der Schöffen zu den einzelnen Sitzungen die Vorschriften des GVG erst dann anzuwenden, wenn die Schöffen nach diesen Vorschriften auch gewählt worden sind, **167**

---

217 Art. 2 Nr. 8 des Rechtspflege-Vereinfachungsgesetzes vom 17. 12. 1990 (BGBl. I S. 2843); zur Bedeutung der Änderung s. BTDrucks. **11** 3621, S. 53 f; vgl. auch *Kissel* NJW **1991** 952.

217a § 45 DRiG.

218 § 113 GVG; §§ 24, 27 ArbGG; § 24 VwGO; § 21 FGO; § 18 Abs. 2, § 20 SGG; übergreifend § 44 Abs. 2 DRiG (Abberufung nur aufgrund gesetzlicher Vorschriften und gegen den Willen nur durch gerichtliche Entscheidung).

219 § 26 ArbGG; § 20 SGG.

220 § 28 ArbGG; § 33 VwGO; § 30 FGO; § 21 SGG.

221 § 29 ArbGG; § 23 SGG.

also nicht für diejenigen, die bis spätestens 30.6. 1991 nach den Vorschriften der EhRiWO gewählt werden. Mit dieser Sonderregelung soll dem Umstand Rechnung getragen werden, daß die die Wahl und die Heranziehung der Schöffen betreffenden Regelungen eng aufeinander bezogen sind[222]. **Unanwendbar** und durch die §§ 1 bis 13 und § 20 der EhRiWO ersetzt sind daher nicht nur die §§ 36 bis 43 GVG, sondern auch die die Heranziehung betreffenden Vorschriften der §§ 44 bis 49, § 52 Abs. 5, 6, § 54 Abs. 2 und 3 GVG. Dagegen dürften die Bestimmungen, die nicht unmittelbar die Heranziehung betreffen, sondern die Rechtstellung der Schöffen regeln, jedenfalls sinngemäß anwendbar sein, so insbesondere die §§ 50, 51 Abs. 1, 2 (Streichung von der Schöffenliste), § 54 Abs. 1 (Entbindung von einzelnen Dienstleistungen), § 55 (Entscheidung) und § 56 (Festsetzung von Ordnungsgeld). Gleiches gilt für die im GVG mehrfach bestimmte Unanfechtbarkeit solcher Entscheidungen[223], die zugleich die revisionsgerichtliche Kontrolle gemäß § 336 Satz 2 StPO begrenzt[224].

168 Die **Heranziehung der Schöffen** richtet sich **nach § 20 EhRiWO**. Danach werden die Schöffen und die Reihenfolge ihrer Mitwirkung für die einzelnen Kammern und Senate ausgelost, und zwar unter Einschluß derjenigen, die an die Stelle der ausfallenden Schöffen treten. Eine gesonderte Hilfsschöffenliste wird aber, anders nach § 19 Abs. 2 EhRiWO, nicht erstellt. Aus der in § 19 Abs. 1 EhRiWO getroffenen Regelung läßt sich ableiten, daß die Auslosung für die gesamte Amtszeit, also nicht für das einzelne Geschäftsjahr vorzunehmen ist. Die sehr knappe Vorschrift läßt zahlreiche Fragen offen. Diese sind durch generell geltende Verwaltungsanweisungen mindestens auf der Ebene des jeweiligen Gerichtes[225] unter Beachtung der Grundsätze und Anforderungen zu lösen, die sich aus dem Prinzip des gesetzlichen Richters ergeben. Namentlich muß dabei sichergestellt werden, daß Manipulationen bei der Besetzung in größtmöglichem Umfang ausgeschlossen werden und daß auch für die Mitwirkung der Schöffen gewährleistet ist, daß die Sache möglichst „blindlings" an den zuständigen Richter gelangt[226].

169 **8. Sonderregelung für das Land Berlin.** Für das Land Berlin, für das die Maßgabe nicht anwendbar ist, enthält Anlage I Kap. III Sachgebiet A Abschnitt IV Maßgabe Nr. 3 Buchst. a cc einige besondere Vorschriften, die mit dem Übergang der Gerichtsbarkeit von Berlin/Ost auf die vorhandene Gerichtsorganisation zusammenhängen. Für die **Schöffen** ist bestimmt, daß trotz der Vergrößerung der Gerichtsbezirke keine Neuwahl stattfindet; die derzeit berufenen Schöffen üben ihr Amt weiterhin aus; für etwaige Ergänzungswahlen bleiben die vorhandenen Vorschlagslisten maßgebend. Zu **Handelsrichtern** beim Landgericht Berlin können in Ergänzung des § 108 GVG auch solche Personen bestellt werden, die am Tage des Wirksamwerdens des Beitritts an einer Kammer für Handelssachen des Stadtgerichts Berlin-Mitte[226a] als ehrenamtliche Richter tätig waren; entsprechendes gilt in Ergänzung des § 13 Abs. 1 SGG und § 20 Abs. 1 ArbGG für das **Sozialgericht** und das **Arbeitsgericht** Berlin. Abweichend hiervon sind die bei den Kammern für Verwaltungssachen beim Stadtbezirksgericht Berlin-Mitte tätig gewesenen ehrenamtlichen Richter (Schöffen) ohne einen besonderen Wahl- oder Bestellungsakt mit Wirkung vom 2. Dezember 1990 für die Dauer der laufenden Wahlperiode ehrenamtliche Richter des **Verwaltungsgerichts** Berlin geworden.

---

[222] BTDrucks. **11** 7817, S. 14.

[223] § 52 Abs. 4, § 53 Abs. 2 Satz 2, § 54 Abs. 3 Satz 1 GVG.

[224] S. näher LR § 336 StPO, 14.

[225] Auch Verwaltungsanweisungen über die Heranziehung der Schöffen durch die jeweilige Landesjustizverwaltung wird man als zulässig ansehen müssen.

[226] S. dazu LR § 16 GVG, 6; s. auch *Herrmann* NJ **1990** 251.

[226a] Zur Bezeichnung der Gerichte in Berlin/Ost s. Rdn. 38 a.

Maßgabe q
Urkundsbeamte der Geschäftsstelle und Gerichtsvollzieher

(1) Mit den Aufgaben eines Urkundsbeamten der Geschäftsstelle können auch andere als die in § 153 genannten Personen betraut werden.

(2) Die Aufgaben der Gerichtsvollzieher können auch von Angestellten wahrgenommen werden.

Die Regelung dient in erster Linie der **Anpassung an das Recht des öffentlichen** 170
Dienstes im Beitrittsgebiet, nach dem jedenfalls für eine Übergangszeit noch nicht in ausreichendem Maße beamtenrechtliche Dienstverhältnisse bestehen werden[226b]. Absatz 1 trägt davon unabhängig der angespannten Personallage in der Rechtspflege Rechnung[227]. Hinsichtlich der **Urkundsbeamten der Geschäftsstelle** gelten die Vorbildungsvoraussetzungen des § 153 Abs. 2, 3 GVG ebensowenig wie die Gleichstellungsvoraussetzungen für andere Personen nach Absatz 5. Vielmehr stellt die Maßgabe die Landesjustizverwaltungen rechtlich darin völlig frei, wen sie zum Urkundsbeamten der Geschäftsstelle bestellt oder wem sie einzelne Aufgaben des Urkundsbeamten nach § 153 Abs. 5 GVG überträgt. Es ist selbstverständlich, daß nur solche Personen ausgewählt werden, von denen erwartet werden kann, daß sie, ggfs. nach entsprechender Einweisung, die ihnen obliegenden Aufgaben erfüllen können. Zulässig ist in diesem Zusammenhang auch, nur einzelne Aufgaben des Urkundsbeamten[228] zu übertragen, wenn die Kenntnisse und Fähigkeiten nur hierzu ausreichen.

Die Ordnung des **Gerichtsvollzieherwesens** ist nach § 154 GVG den Ländern über- 171
lassen; § 154 bestimmt bundesrechtlich nur, daß zu Gerichtsvollziehern nur Beamte im staatsrechtlichen Sinne bestellt werden dürfen[229]. Hiervon suspendiert Absatz 2 für die fünf neuen Länder insoweit, als er auch die Bestellung von Angestellten zu Gerichtsvollziehern gestattet. Es ist Aufgabe der Landesjustizverwaltungen, das in der DDR nicht vorhandene Gerichtsvollzieherwesen organisatorisch und personell aufzubauen und, etwa durch Übernahme der zwischen den (bisherigen) Ländern bundeseinheitlich abgestimmten und von ihnen erlassenen Gerichtsvollzieherordnung (GVO) und der Geschäftsanweisung für Gerichtsvollzieher (GVGA)[230], zu regeln[230a].

[226b] S. dazu *Nicksch* DtZ **1990** 340 ff.

[227] BTDrucks. **11** 7817, S. 14.

[228] Zusammenstellung der dem Urkundsbeamten obliegenden Aufgaben bei *Kissel* GVG, § 153, 6 f.

[229] *Kissel* GVG, § 154, 2.

[230] Dazu näher *Kissel* GVG, § 154, 8 f.

[230a] Die GVO und die GVGO sind, jeweils mit besonderen Maßgaben, in Kraft gesetzt worden in Mecklenburg-Vorpommern durch Allgemeinverfügung vom 20. 12. 1990 (Amtsblatt **1991** S. 78) und in Sachsen-Anhalt durch Allgemeinverfügung vom 24. 1. 1991 (MBl. Nr. 3) sowie in Sachsen durch Allgemeinverfügung vom 20. 3. 1991.

Maßgabe r
Rechte der Sorben

Das Recht der Sorben, in den Heimatkreisen der sorbischen Bevölkerung vor Gericht sorbisch zu sprechen, wird durch § 184 nicht berührt.

172 Die Vorschrift entspricht nahezu wörtlich dem § 12 Abs. 2 GVG/DDR; sie hält ein traditionelles **Recht der sorbischen Minderheit** aufrecht[231]. Das Recht, sich vor Gericht in seiner Heimatsprache zu äußern, kann ein Sorbe auch dann ausüben, wenn er der deutschen Sprache mächtig ist, sei es als Angeklagter, als Kläger oder Beklagter im Zivilprozeß oder als Zeuge. Gegebenenfalls muß für die übrigen Prozeßbeteiligten und für das Gericht ein Dolmetscher bestellt werden. Kosten für diesen dürfen auch dem verurteilten Angeklagten, außer bei Vorliegen der Voraussetzungen des § 464 c StPO, nicht auferlegt werden; die Ausnahmeklausel in Nr. 1904 des Kostenverzeichnisses zum GKG ist auf diesen Fall mindestens entsprechend anzuwenden. Der dort genannten Voraussetzung, daß der Beschuldigte der deutschen Sprache nicht mächtig ist, steht das in Maßgabe r enthaltene Recht gleich, sich unabhängig hiervon in seiner Muttersprache auszudrücken.

173 Die Befugnis zur Benutzung der sorbischen Sprache umfaßt nach dem Sinn der Vorschrift auch das Recht, sich mit **schriftlichen Eingaben** in sorbischer Sprache mit verfahrensrechtlicher und namentlich fristwahrender Wirkung an das Gericht zu wenden[232]. Sie gibt jedoch dem der deutschen Sprache mächtigen Sorben keinen Anspruch darauf, daß ihm auch die Erklärungen des Gerichts und anderer Prozeßbeteiligter in die sorbische Sprache übersetzt werden[232a], und sie ist auf Verhandlungen in den Heimatkreisen der sorbischen Bevölkerung beschränkt; gilt also nicht, wenn die Verhandlung vor einem außerhalb dieser gelegenen Gericht stattfindet.

174 Die **Vorschrift** ist unabhängig von den vorübergehenden Besonderheiten des Gerichtsaufbaus. Sie **bleibt** daher auch **wirksam**, wenn die Länder zum „normalen" Gerichtsaufbau übergehen. Für die besonderen Gerichtsbarkeiten gilt sie zwar gemäß Maßgabe t Abs. 3 nur für die Dauer der Zuständigkeit der Kreis- und Bezirksgerichte entsprechend, jedoch ändert sich auch danach nichts an der Rechtslage, weil alle Verfahrensordnungen der besonderen Gerichtsbarkeiten wegen der Gerichtssprache auf das GVG verweisen[233].

---

[231] BTDrucks. 11 7817, S. 14. S. auch die Protokollerklärung Nr. 3 zu Art. 35 des Einigungsvertrages: „Angehörige des sorbischen Volkes und ihre Organisationen haben die Freiheit zur Pflege und Benutzung der sorbischen Sprache im öffentlichen Leben; dazu BTDrucks. 11 7760, S. 378.

[232] Ebenso *Vollkommer* Einigungsvertrag, Rdn. 15; zur Rechtslage im allgemeinen LR, 23. Aufl., § 184 GVG, 3 ff; *Kissel* GVG, § 184, 5.

[232a] Wohl a. A *Vollkommer* Einigungsvertrag, Rdn. 15; aber entgegen seiner Argumentation bestimmt die Maßgabe gerade nicht, daß die Gerichtssprache sorbisch ist, sondern gibt nur das Recht, sich in dieser Sprache auszudrücken.

[233] § 9 ArbGG; § 8 FGG; § 52 FGO; § 61 SGG; § 55 VwGO.

Maßgabe s
Gerichtsferien

Die Vorschriften des Siebzehnten Titels des Gerichtsverfassungsgesetzes über die Gerichtsferien sind nicht anzuwenden.

Dem Gerichtsverfassungs- und Verfahrensrecht der DDR war das Institut der **Gerichtsferien** unbekannt. Die Unanwendbarkeit des 17. Titels des GVG dient nach der amtlichen Erläuterung dem Interesse an einem möglichst unkomplizierten Verfahrensablauf[234]. Aus der Fassung der Erläuterung, daß von der „alsbaldigen" Einführung abgesehen werden soll, läßt sich schließen, daß mit dem Übergang zum „normalem" Gerichtsaufbau die insgesamt rechtspolitisch umstrittene[235] Regelung über die Gerichtsferien wirksam wird. 175

Besondere Vorschriften für die Verwaltungs-, Finanz-, Arbeits- und Sozialgerichtsbarkeit

Maßgabe t
Grundsatz

(1) [1]Die Kreis- und Bezirksgerichte verhandeln und entscheiden bis zur Errichtung einer selbständigen Verwaltungs-, Finanz-, Arbeits- und Sozialgerichtsbarkeit als Gerichte der Länder auch in den in deren Zuständigkeit fallenden Sachen. [2]Die Vorschriften der Verwaltungsgerichtsordnung, der Finanzgerichtsordnung, des Arbeitsgerichtsgesetzes und des Sozialgerichtsgesetzes über die Errichtung, die Organisation und die Besetzung der Gerichte finden für die Dauer der Zuständigkeit der Kreis- und Bezirksgerichte in diesen Sachen insoweit keine Anwendung, als die nachfolgenden Bestimmungen entgegenstehen.

(2) Im Verhältnis der Spruchkörper der Kreis- und Bezirksgerichte, die die ordentliche streitige Gerichtsbarkeit oder Angelegenheiten der freiwilligen Gerichtsbarkeit oder Aufgaben
— der Verwaltungsgerichtsbarkeit,
— der Finanzgerichtsbarkeit,
— der Arbeitsgerichtsbarkeit oder
— der Sozialgerichtsbarkeit
ausüben, gelten die Vorschriften über die Entscheidung über die Zulässigkeit oder Unzulässigkeit des Rechtswegs und die Verweisung in einen anderen Rechtsweg entsprechend.

(3) Für die Dauer der Zuständigkeit der Kreis- und Bezirksgerichte gelten die Maßgaben n), p) und r) entsprechend.

(4) [1]Die Länder richten baldmöglichst durch Gesetz für die in Absatz 1 Satz 1 genannten Sachgebiete Gerichte der Länder ein, soweit hierfür unter Berücksichtigung der Bedürfnisse einer geordneten Rechtspflege jeweils die personellen und sachlichen Voraussetzungen geschaffen werden können. [2]Sie können dabei Regelungen über den Übergang der anhängigen Verfahren treffen.

---
[234] BTDrucks. 11 7817, S. 14.
[235] *Kissel* GVG, § 199, 2 mit Nachw.

Maßgabe u
Verwaltungsgerichtsbarkeit

(1) [1]Für Sachen, für die nach dem Recht der Bundesrepublik Deutschland die Verwaltungsgerichte zuständig sind, werden bei den Kreisgerichten, in deren Bezirk das Bezirksgericht seinen Sitz hat, Kammern für Verwaltungssachen eingerichtet. [2]Diese verhandeln und entscheiden durch zwei Richter und drei ehrenamtliche Richter, soweit nicht nach den Vorschriften der Prozeßgesetze die ehrenamtlichen Richter nicht mitwirken oder ein Richter allein entscheidet. [3]In den Fällen des § 5 Abs. 3 Satz 2 der Verwaltungsgerichtsordnung sowie des Artikels 2 § 1 Abs. 1 Satz 2 des Gesetzes zur Entlastung der Gerichte in der Verwaltungs- und Finanzgerichtsbarkeit vom 31. März 1978 (BGBl. I S. 446), zuletzt geändert durch Artikel 1 des Gesetzes vom 4. Juli 1985 (BGBl. I S. 1274), entscheiden die Kammern durch den Vorsitzenden; ist ein Berichterstatter bestellt, so entscheidet dieser.

(2) [1]Für Sachen, für die nach dem Recht der Bundesrepublik Deutschland die Oberverwaltungsgerichte zuständig sind, werden bei den Bezirksgerichten, in deren Bezirk die Landesregierung ihren Sitz hat, Senate für Verwaltungssachen eingerichtet. [2]Diese verhandeln und entscheiden durch drei Richter und zwei ehrenamtliche Richter; Absatz 1 Satz 2 letzter Satzteil gilt entsprechend.

(3) [1]Soweit am Tag des Wirksamwerdens des Beitritts ein anderes Kreis- oder Bezirksgericht örtlich zuständig ist, bleibt es dabei. [2]Die Landesregierungen können durch Rechtsverordnung die örtliche Zuständigkeit eines anderen Kreis- oder Bezirksgerichts begründen.

(4) Die Länder können vereinbaren, daß für Streitigkeiten nach dem Asylverfahrensgesetz und wegen Verwaltungsentscheidungen der Ausländerbehörden gegen Asylbewerber Gerichte in den Gebieten, in denen die Verwaltungsgerichtsordnung schon vor dem Wirksamwerden des Beitritts gegolten hat, auch dann zuständig sind, wenn der Asylantragsteller seinen Wohnsitz in dem in Artikel 3 des Vertrages genannten Gebiet hat.

Maßgabe v
Finanzgerichtsbarkeit

[1]Für Sachen, für die nach dem Recht der Bundesrepublik Deutschland die Finanzgerichte zuständig sind, werden bei den Bezirksgerichten, in deren Bezirk die Landesregierung ihren Sitz hat, Senate für Finanzrecht eingerichtet. [2]Diese verhandeln und entscheiden durch drei Richter und zwei ehrenamtliche Richter; Maßgabe u) Abs. 1 Satz 2 letzter Satzteil gilt entsprechend. [3]Ist am Tag des Wirksamwerdens des Beitritts ein anderes Bezirksgericht eines Landes zuständig, so bleibt es dabei. [4]Die Landesregierungen können durch Rechtsverordnung die Zuständigkeit eines anderen Bezirksgerichts des Landes begründen.

Maßgabe w
Arbeitsgerichtsbarkeit

(1) Für Sachen, für die nach dem Recht der Bundesrepublik Deutschland die Arbeitsgerichte zuständig sind, werden bei den Kreisgerichten Kammern für Arbeitsrecht eingerichtet.

(2) Für Sachen, für die nach dem Recht der Bundesrepublik Deutschland die Landesarbeitsgerichte zuständig sind, werden bei den Bezirksgerichten Senate für Arbeitsrecht eingerichtet.

(3) Die Kammern und Senate für Arbeitsrecht entscheiden in den im Arbeitsgerichtsgesetz in der Fassung der Bekanntmachung vom 2. Juli 1979 (BGBl. I S. 853, 1036), zuletzt geändert durch Artikel 1 des Gesetzes vom 26. Juni 1990 (BGBl. I S. 1206), festgelegten Besetzungen.

Maßgabe x
Sozialgerichtsbarkeit

(1) [1]Für Sachen, für die nach dem Recht der Bundesrepublik Deutschland die Sozialgerichte zuständig sind, werden bei den Kreisgerichten, in deren Bezirk das Bezirksgericht seinen Sitz hat, Kammern für Sozialrecht eingerichtet. [2]Diese entscheiden durch einen Richter und zwei ehrenamtliche Richter, soweit nicht nach den Prozeßgesetzen die ehrenamtlichen Richter nicht mitwirken.

(2) [1]Für Sachen, für die nach dem Recht der Bundesrepublik Deutschland die Landessozialgerichte zuständig sind, werden bei den Bezirksgerichten, in deren Bezirk die Landesregierung ihren Sitz hat, Senate für Sozialrecht eingerichtet. [2]Diese verhandeln und entscheiden durch drei Richter und zwei ehrenamtliche Richter; Maßgabe u) Abs. 1 Satz 2 letzter Satzteil gilt entsprechend.

(3) Diesen Kammern und Senaten gehören in allen Streitigkeiten je ein auf Vorschlag der Gewerkschaften und der Arbeitgeberverbände nach § 37 des Richtergesetzes der Deutschen Demokratischen Republik vom 5. Juli 1990 (GBl. I Nr. 42 S. 637) berufener ehrenamtlicher Richter an.

(4) Maßgabe u) Abs. 3 gilt entsprechend.

Erläuterungen zu den Maßgaben t bis x

Übersicht

1. Allgemeines

a) Ausgangslage und Grundprinzip. Nach Maßgabe t Abs. 1 Satz 1 sind die Kreis- 176
und Bezirksgerichte als Gerichte der Länder vorübergehend (Rdn. 178) auch für die nach allgemein geltendem Recht in die Zuständigkeit der besonderen Gerichtsbarkeiten (Verwaltungsgerichtsbarkeit, Finanzgerichtsbarkeit, Arbeitsgerichtsbarkeit und Sozialgerichtsbarkeit) fallenden Angelegenheiten zuständig. Der Grund hierfür liegt darin,

daß diese Angelegenheiten, soweit sie nach dem Recht der DDR überhaupt bei den Gerichten anfielen[236], von den „ordentlichen“ Gerichten zu erledigen waren und daß angesichts der Schwierigkeit des Neuaufbaus der Justiz insgesamt eine kurzfristige Einrichtung selbständiger besonderer Gerichtsbarkeiten die Funktionsfähigkeit der Rechtspflege erheblich gefährdet hätte[237]. Eine gewisse **Selbständigkeit** dieser „künftigen“ besonderen Gerichtsbarkeiten zeigt sich schon jetzt darin, daß diese Sachen kraft Gesetzes besonderen Fachspruchkörpern zugewiesen sind, die überwiegend entsprechend den Spruchkörpern der besonderen Gerichtsbarkeiten besetzt sind (s. aber Rdn. 188 f), und für deren Verhältnis untereinander und zu den allgemein zuständigen Spruchkörpern die Vorschriften über die Rechtswegzuständigkeiten gelten (Rdn. 185)[238]. Unberührt von dieser Zusammenfassung bleibt die **Zuständigkeit der obersten Bundesgerichte** als Rechtsmittelinstanzen für die jeweiligen Gerichtsbarkeiten, also des Bundesverwaltungsgerichts für Entscheidungen der Fachkammern und -senate für Verwaltungssachen, des Bundesfinanzhofes für solche für Finanzrecht, des Bundesarbeitsgerichts für solche für Arbeitsrecht und des Bundessozialgerichts für solche für Sozialrecht.

177 **b) Maßgebende Vorschriften.** Grundsätzlich gelten, auch schon für die Dauer der Zuständigkeit der Kreis- und Bezirksgerichte, die für die besonderen Gerichtsbarkeiten maßgebenden Verfahrensgesetze (VwGO[239], FGO, ArbGG und SGG), gegebenenfalls mit den jeweils im Einigungsvertrag enthaltenen Maßgaben[239a]. **Unanwendbar** sind nach Maßgabe t Abs. 1 Satz 2 diejenigen Vorschriften über die Errichtung, Organisation und Besetzung der Gerichte, die mit den besonderen Bestimmungen in den Maßgaben t bis x nicht vereinbar sind. Unanwendbar sind ferner diejenigen Vorschriften, die den in Maßgabe t Abs. 3 genannten allgemein geltenden Maßgaben zur Gerichtsverfassung widersprechen oder durch diese (vorübergehend) gegenstandslos werden. Dabei handelt es sich um die Maßgaben über die Zuständigkeitskonzentration[240], den Einsatz ehrenamtlicher Richter[241] und die Verwendung der sorbischen Sprache vor Gericht[242]. Allerdings ist diese Verweisung in Maßgabe t Abs. 3 unvollständig; aus dem systematischen Gesamtzusammenhang ergibt sich, daß auch die die Verwendung von Richtern, die nicht Richter auf Lebenszeit sind, regelnde Maßgabe d[243] und die die Präsidialverfassung modifizierende Maßgabe c[244] vorgehen, und zwar auch dann, wenn die besonderen Gerichtsbarkeiten nicht mehr zu den Kreis- und Bezirksgerichten gehören, sondern ausgegliedert sind[245].

2. Ausgliederung der besonderen Gerichtsbarkeiten (Maßgabe t Abs. 4)

178 **a) Grundsatz.** Die Länder sind verpflichtet, die besonderen Gerichtsbarkeiten baldmöglichst zu verselbständigen. Maßgabe t Absatz 4 korrespondiert mit Maßgabe a Abs. 2, die die Verpflichtung enthält, in der ordentlichen Gerichtsbarkeit die dem GVG entsprechenden Gerichte und Staatsanwaltschaften einzurichten. Auf die dortigen Erläuterungen (Rdn. 22 ff) wird insgesamt verwiesen. Nach dem Aufbau beider Vorschrif-

---

236 S. dazu Teil A Rdn. 18 ff und oben Rdn. 5.

237 BTDrucks. **11** 7817, S. 14.

238 Wegen der Bildung einheitlicher Präsidien und der Geschäftsverteilung s. Rdn. 46, 58.

239 Ab 1. 1. 1991 i. d. F. des 4. VwGOÄndG vom 17. 12. 1990 (BGBl. I S. 2809); dazu *Stelkens* NVwZ **1991** 209 ff; Neubekanntmachung vom 19. 3. 1991 (BGBl. I S. 686).

239a S. Teil A Rdn. 94 ff.

240 S. näher Rdn. 132 ff.

241 S. näher Rdn. 149 ff, insbes. Rdn. 157, 161, 163 ff.

242 S. näher Rdn. 172 ff.

243 S. näher Rdn. 62 ff.

244 S. näher Rdn. 58.

245 Zur Dauer s. die jeweiligen Erläuterungen bei den einzelnen Maßgaben.

ten hat die Ausgliederung der Fachgerichtsbarkeiten den Vorrang (Rdn. 23). Die Länder (und zwar jedes für sich nach Maßgabe der jeweiligen Situation; Rdn. 29) brauchen nicht alle besonderen Gerichtsbarkeiten gleichzeitig auszugliedern; es kann (und muß ggfs.) für jede gesondert beurteilt werden, ob die Voraussetzungen hierfür gegeben sind[246].

b) Einzelfragen. Die inhaltlichen Voraussetzungen entsprechen den bei Maßgabe a Abs. 2 erläuterten (Rdn. 24 ff). Dabei ist bei der Rücksichtnahme auf die Bedürfnisse einer geordneten Rechtspflege nicht allein auf die jeweilige Fachgerichtsbarkeit abzustellen, sondern danach zu fragen, welche Auswirkungen deren Ausgliederung auf die Rechtspflege insgesamt hat. Sie muß deshalb auch dann unterbleiben, wenn der Abzug des Personals der jeweiligen Fachspruchkörper und die Aufteilung der sächlichen Mittel erhebliche nachteilige Auswirkungen für die bei den Kreis- und Bezirksgerichten verbleibenden Rechtsprechungsaufgaben haben würden[247]. Dieser Gesichtspunkt wird namentlich bei kleineren Kreisgerichten bei der Ausgliederung der Arbeitsgerichtsbarkeit eine Rolle spielen, weil sie die Möglichkeit einschränken würde, Dezernate für arbeitsrechtliche und zur ordentlichen Justiz gehörende Streitigkeiten einem Richter zuzuweisen. **179**

Der Wortlaut der Vorschrift verpflichtet die Länder **zu zumutbaren Anstrengungen**[248] um die Voraussetzung für die Ausgliederung *baldmöglichst* zu schaffen, jedoch haben diese keine absolute Priorität vor anderen staatlichen Aufgaben, auch nicht vor anderen Rechtspflegeaufgaben. Bei der Frage, ob die Voraussetzungen geschaffen werden können, sind daher auch die sonstigen Bedürfnisse einer geordneten Rechtspflege, und — soweit es um die damit verbundene Bereitstellung finanzieller Mittel geht — die Landesaufgaben insgesamt zu berücksichtigen. **180**

3. Zuständigkeiten

a) Die **sachliche Zuständigkeit** der für die Fachgerichtsbarkeiten zuständigen Spruchkörper wird von den Maßgaben[249] durch eine globale Verweisung auf die Zuständigkeitsregelungen in den jeweiligen allgemeinen Vorschriften bestimmt. Es gelten also in erster Linie für den Verwaltungsrechtsweg die §§ 40, 45 bis 48 VwGO; für den Finanzrechtsweg die §§ 33 und 35 FGO, für den Arbeitsrechtsweg die §§ 2 bis 4, 64 Abs. 1, 78 Abs. 1 Satz 2, 91 Abs. 1 Satz 1 ArbGG und für den Sozialrechtsweg die §§ 8, 29, 51 SGG. Die Zuständigkeit kann sich aber auch aus sonstigen Vorschriften ergeben, durch die die Gerichte der besonderen Gerichtsbarkeiten zur Entscheidung berufen werden. Zuständigkeitsveränderungen im allgemein geltenden Recht wirken sich unmittelbar auf die Fachspruchkörper der Kreis- und Bezirksgerichte aus, ohne daß es einer Anpassung bedarf. Dies gilt auch dann, wenn solche Änderungen im gemäß Art. 9 des Einigungsvertrages aufrechterhaltenen Recht der DDR erfolgen[249a]. Soweit auf- **181**

[246] Vgl. BTDrucks. 11 7817, S. 14.
[247] BTDrucks. 11 7817, S. 14.
[248] Zur abweichenden Rechtslage bei der Umgestaltung der ordentlichen Gerichtsbarkeit s. Rdn. 28.
[249] Maßgabe u Abs. 1 Satz 1, Abs. 2. Satz 1 (Verwaltungsgerichtsbarkeit), Maßgabe v Satz 1 (Finanzgerichtsbarkeit), Maßgabe w Abs. 1, 2 (Arbeitsgerichtsbarkeit) und Maßgabe x Abs. 1 Satz 1, Abs. 2 Satz 1 (Sozialgerichtsbarkeit).
[249a] S. z. B. die Änderung des Gesetzes über besondere Investitionen in der Deutschen Demokratischen Republik durch Art. 2 des Gesetzes zur Beseitigung von Hemmnissen bei der Privatisierung von Unternehmen und zur Förderung von Investionen vom 22. März 1991 (BGBl. I S. 766), wo in einem neuen § 5 besondere verfahrensrechtliche Regelungen vorgesehen sind; ähnlich auch in § 37 des durch Art. 1 dieses Gesetzes geänderten Vermögensgesetzes.

rechterhaltenes Recht der DDR den Rechtszug generell, also ohne nähere Bestimmung der Zuständigkeit eröffnet[250], ist ggfs. aufgrund der jeweiligen Generalklausel[251] zu entscheiden, ob und ggfs. welche Fachgerichtbarkeit zuständig ist[252].

182 **b) Baulandsachen.** Nach den §§ 217 ff des Baugesetzbuches (BauGB) sind für die in § 217 BauGB genannten Angelegenheiten bei den Land- und Oberlandesgerichten Kammern und Senate für Baulandsachen zu bilden, die in der Besetzung von drei Richtern der ordentlichen Gerichtsbarkeit und zwei Richtern der Verwaltungsgerichtsbarkeit entscheiden (§§ 220, 229 Abs. 1 BauBG). Der befristet für das Beitrittsgebiet geltende, neu eingefügte § 246 a Abs. 1 Nr. 17 BauBG[253] bestimmt hiervon abweichend, daß die Kammern für Verwaltungssachen bei den Kreisgerichten (anstelle der Baulandkammern) und die Senate für Verwaltungssachen bei den Bezirksgerichten (anstelle der Baulandsenate) zuständig sind und daß sich das Verfahren nach der VwGO richtet. Die Vorschrift hat, soweit in diesem Zusammenhang von Bedeutung, folgenden Wortlaut:

§ 246 a

Überleitungsregelungen aus Anlaß der Herstellung der Einheit Deutschlands

(1) Bis zum 31. Dezember 1997 gelten in dem in Artikel 3 des Einigungsvertrages genannten Gebiet die folgenden Maßgaben:

1 . . .

2 . . .

17. (Verfahren vor den Kammern [Senaten] für Baulandsachen) Die §§ 217 bis 232 sind mit der Maßgabe anzuwenden, daß die Kammern für Verwaltungsrecht bei den Kreisgerichten und die Senate für Verwaltungsrecht bei den Bezirksgerichten zuständig sind; für das Verfahren gelten die Vorschriften der Verwaltungsgerichtsordnung. Dies gilt nicht für das Land Berlin für den Teil, in dem das Grundgesetz bisher nicht galt. § 217 ist auch auf Verwaltungsakte nach den Nummern 7 und 9 anzuwenden.

18 . . .

(2) Auf Verfahren, die nach den Maßgaben des Absatzes 1 bis zum 31. Dezember 1997 eingeleitet worden sind, sind die Maßgaben weiter anzuwenden. . . .

(3) . . .

(4) . . .

183 Die Fassung der Maßgabe stellt auf den **gegenwärtigen Zustand** der Wahrnehmung verwaltungsrechtlicher Aufgaben durch die Kreis- und Bezirksgerichte ab; sie regelt nicht ausdrücklich den Fall, daß die Verwaltungsgerichtsbarkeit verselbständigt wird, Land- und Oberlandesgerichte, bei denen Kammern für Baulandsachen einzurichten wären, aber noch nicht gebildet sind. Der erkennbare Sinn der Vorschrift besteht indessen darin, dieses Defizit zu überbrücken. Deshalb setzt sich die Zuständigkeit für Baulandsachen **nach der Verselbständigung der Verwaltungsgerichtsbarkeit** mindestens so lange bei dieser fort, bis die Länder zum normalen Aufbau der ordentlichen Gerichtsbarkeit ι bergehen. Da die Sonderregelung in § 246 a Abs. 1 Nr. 17 BauGB bis zum

[250] So z. B. § 37 des Gesetzes zur Regelung offener Vermögensfragen (Anlage II Kap. III Sachgebiet B Abschnitt I Nr. 4 des Einigungsvertrages); in der Neufassung durch Art. 1 Nr. 23 des in Fußn. 249a genannten Gesetzes ergibt sich aus dem Gesamtzusammenhang der Regelung, daß der Verwaltungsrechtsweg gemeint ist.

[251] § 40 VwGO; § 33 FGO; §§ 2, 2 a ArbGG und § 51 SGG.

[252] Dies ist, wie auch die Neufassung des § 37 (Fußn. 250) klarstellt, bei der Regelung offener Vermögensfragen regelmäßig die Verwaltungsgerichtsbarkeit.

[253] Anlage I Kap. XIV Abschnitt II Nr. 1.

31.12.1997 befristet ist[254], müssen spätestens zu diesem Zeitpunkt entweder Land- und Oberlandesgerichte mit Baulandkammern und Baulandsenaten bestehen oder es muß eine Regelung innerhalb der dann noch übergangsweise fortgeltenden Gerichtsorganisation getroffen werden. Zweifelhaft ist, ob die Regelung obsolet wird, sobald durch Landesrecht Land- und Oberlandesgerichte eingerichtet sind, bei denen Baulandkammern und Baulandsenate gebildet werden könnten. Angesichts des Umstandes, daß die besondere Zuständigkeit und Besetzung für Baulandsachen allein im BauGB geregelt ist und § 246 a Abs. 1 keine bloße Höchstfrist, sondern eine feste Fristbestimmung enthält, wird man dies verneinen müssen. Ohne eine Änderung des § 246 a Abs. 1 Nr. 17 BauGB bleiben daher die Verwaltungsgerichte in den fünf neuen Ländern unabhängig von der Ausgestaltung des Aufbaus der ordentlichen Gerichtsbarkeit bis zum 31.12. 1997 zuständig.

c) **Örtliche Zuständigkeit. Zuständigkeitskonzentration.** Die örtliche Zuständig- **184**
keit im allgemeinen richtet sich nach den Vorschriften der jeweils in Betracht kommenden Verfahrensgesetze[254a]. Die Aufgaben der Verwaltungs-, Finanz- und Sozialgerichtsbarkeit sind auf die Kreisgerichte am Sitz des Bezirksgerichts und auf die Bezirksgerichte der Landeshauptstädte zwingend konzentriert. S. dazu sowie zu dem noch verbleibenden Spielraum des Landesrechts, insbesondere zur Befugnis, auch andere Gerichte zu bestimmen und die Bezirke abweichend zu schneiden, und zur Dauer Rdn. 134; 136; 144. Eine länderübergreifende Ermächtigung zu einer Zuständigkeitskonzentration für **Asyl- und Ausländerverfahren** durch Staatsvertrag enthält Maßgabe u Abs. 4. Sie ist, solange Maßgabe n Abs. 2 gilt, der Sache nach, weil von dieser mit umfaßt, überflüssig (s. Rdn. 142). Deshalb ließe sich die Ansicht vertreten, daß diese Konzentrationsermächtigung auch nach der Verselbständigung der Verwaltungsgerichtsbarkeit als Ergänzung von § 3 Abs. 2 VwGO fortgilt. Für die **Arbeitsgerichtsbarkeit** sind örtliche Zuständigkeitskonzentrationen kraft Gesetzes nicht vorgesehen; jedoch können die Länder von der Konzentrationsermächtigung der Maßgabe n Abs. 1[255] und nach der Verselbständigung der Arbeitsgerichtsbarkeit von der des §§ 14 Abs. 1 Nr. 4, Abs. 3, § 33 Satz 2 ArbGG Gebrauch machen[255a].

4. **Rechtswegverweisungen (Maßgabe t Abs. 2).** Obwohl die Fachkammern und **185**
Fachsenate für Verwaltungsangelegenheiten, Finanzrecht, Sozialrecht und Arbeitsrecht nur besondere Spruchkörper eines einheitlichen Gerichtes sind, werden sie nach Maßgabe t Abs. 2 in bezug auf die Zulässigkeit des Rechtsweges und die Verweisung in einen anderen Rechtsweg wie selbständige Gerichtsbarkeiten behandelt; die Maßgabe ordnet an, daß die hierüber bestehenden Vorschriften entsprechend gelten. Die Begründung führt hierzu aus, daß dies im Hinblick auf die unterschiedliche Besetzung der Spruchkörper notwendig sei und den späteren Übergang auf die zu bildenden Fachgerichtsbarkeiten erleichtere[256]. Von dieser Begründung würde eine Auslegung des nicht ganz klaren Wortlauts nicht getragen, die im Verhältnis der ordentlichen streitigen Gerichtsbar-

---

[254] Überleitungsvorschrift für die im Zeitpunkt des Übergangs anhängigen Verfahren in § 246 a Abs. 2 Satz 1 BauGB.

[254a] S. auch Teil A Rdn. 95 a. E für die Arbeitsgerichtsbarkeit.

[255] BTDrucks. **11** 7817, S. 14.

[255a] In Mecklenburg-Vorpommern sind durch § 3 der VO vom 30. 1. 1991 – Fußn. 183a – die arbeitsgerichtlichen Streitigkeiten im ersten Rechtszug auf die Kreisgerichte Schwerin, Rostock, Stralsund und Neubrandenburg und die zweitinstanzlichen Sachen auf das Bezirksgericht Rostock konzentriert worden.

[256] BTDrucks. **11** 7817, S. 14.

keit zur **freiwilligen Gerichtsbarkeit** die im einzelnen umstrittenen Verweisungsregelungen[257] des allgemein geltenden Rechts anwenden würde; es wäre auch möglich, hier lediglich die Regeln über die Zuständigkeit verschiedener Spruchkörper mit unterschiedlichem gesetzlich geregeltem Geschäftsbereich anzuwenden, soweit nicht, was vielfach der Fall ist[258], Spezialregelungen vorhanden sind.

186 Die in Maßgabe t Abs. 2 für entsprechend anwendbar erklärten Vorschriften finden sich nach der **umfassenden Neuregelung des Komplexes** durch Art. 2 des 4. VwGOÄndG[259] jetzt ausschließlich in den §§ 17 bis 17 b GVG[259a]. Danach ist, entgegen der bisher geltenden Regelung, grundsätzlich über die Frage der Zulässigkeit des beschrittenen Rechtsweges vorab durch Beschluß und abschließend im ersten Rechtszug zu entscheiden und an das Gericht des für zulässig gehaltenen Rechtsweges von Amts wegen zu verweisen. Der Beschluß ist mit der sofortigen Beschwerde anfechtbar, die, wenn ein oberes Landesgericht, in den fünf Ländern also das Bezirksgericht (Rdn. 93), entschieden hat, der Zulassung bedarf. Der rechtskräftige Verweisungsbeschluß ist für das Gericht, an das verwiesen wird, hinsichtlich der Zulässigkeit des Rechtsweges bindend; eine Weiterverweisung ist, entgegen der früheren Rechtslage, ausgeschlossen.

5. Besetzung

187 a) **Allgemeines.** Die Besetzung der Fachkammern und Fachsenate stimmt überwiegend mit derjenigen der entsprechenden Spruchkörper der besonderen Gerichtsbarkeiten überein[260]. Bei der Besetzung der Fachsenate für Verwaltungsrecht ist dabei an die in den alten Bundesländern überwiegend vorhandene Besetzung mit drei Berufsrichtern und zwei ehrenamtlichen Richtern angeknüpft worden[261]. Wegen der Besonderheiten der paritätischen Besetzung mit ehrenamtlichen Richtern in der Arbeits- und Sozialgerichtsbarkeit s. Rdn. 157; 163; 164.

188 b) Die **Fachkammern für Verwaltungssachen** bei den Kreisgerichten entscheiden abweichend von der in § 5 Abs. 3 Satz 1 VwGO vorgeschriebenen Besetzung (drei Berufsrichter und zwei ehrenamtliche Richter) durch zwei Berufsrichter und drei ehrenamtliche Richter; damit soll dem Mangel an Richtern Rechnung getragen werden[262]. Für Entscheidungen, die ohne Mitwirkung der ehrenamtlichen Richter ergehen, ist in den in der Maßgabe u Abs. 1 Satz 3 genannten Fällen der Vorsitzende oder der (bereits bestellte) Berichterstatter zuständig; es ist also durch einen Richter zu entscheiden[263]. Es handelt sich um die Beschlüsse außerhalb der mündlichen Verhandlung und um die Gerichtsbescheide, die nunmehr beide durch § 5 Abs. 3 VwGO[264] erfaßt werden; die

---

[257] Vgl. z. B. mit weit. Nachw. *Kissel* GVG, § 17, 38 ff; *Keidel/Kuntze/Winkler* FGG[12] § 1, 6 ff, 23 ff.

[258] Vgl. *Keidel/Kuntze/Winkler* aaO § 1, 23 ff.

[259] Vom 17. 12. 1990 (BGBl. I S. 2809); durch das gleiche Gesetz sind die Vorschriften über die Rechtswegverweisungen in den anderen Verfahrensgesetzen (§ 41 VwGO, §§ 48, 48 a ArbGG, § 54 FGO und § 52 SGG), die in den Erläuterungen zu der Maßgabe (BTDrucks. **11** 7817, S. 14) noch als einschlägig bezeichnet werden, gestrichen bzw. angepaßt worden. Wegen der Einzelheiten der Änderung s. die Begründung zum 4. VwGOÄndG, BTDrucks. **11** 7030, S. 37 f.

[259a] Vgl. dazu *Stelkens* NVwZ **1991** 218 f; *Kissel* NJW **1991** 947 ff.

[260] BTDrucks. **11** 7817, S. 14 f.

[261] BTDrucks. **11** 7817, S. 15.

[262] Vgl. BTDrucks. **11** 7817, S. 15 mit Hinweis auf die Parallelen zur früheren Militärregierungsverordnung Nr. 165 und § 139 Abs. 1 Satz 2 Flurbereinigungsgesetz; sehr kritisch (mit einer wenig realistische Infragestellung des Personalmangels) *Stelkens* DtZ **1991** 8 f.

[263] Zu den Gründen (Abstimmungsprobleme bei dem mit zwei Richtern besetzten Gericht) BTDrucks. **11** 7817, S. 15.

[264] I. d. F. von Art. 1 Nr. 1 des 4. VwGOÄndG.

weitere Verweisung auf Art. 2 Abs. 1 Satz 2 des Entlastungsgesetzes ist durch dessen Aufhebung durch das 4. VwGOÄndG gegenstandslos geworden. Zu den durch einen Richter zu entscheidenden Beschlüssen im Sinne des § 5 Abs. 3 Satz 1 VwGO gehören ferner beispielsweise, soweit keine mündliche Verhandlung stattfindet, solche über die Aussetzung oder Anordnung der sofortigen Vollziehung (§ 80 VwGO), über einstweilige Anordnungen (§ 123 VwGO) sowie Entscheidungen über die Zulässigkeit des Rechtsweges nach den neuen §§ 17 ff GVG (vgl. § 17 a Abs. 4 Satz 1 GVG).

Die Besetzung der Kammern mit nur zwei Berufsrichtern hat zur notwendigen, **189**
wenn auch gesetzlich nicht ausdrücklich geregelten Konsequenz, daß der Vorsitzende auch **Aufgaben des Berichterstatters** in angemessenem Umfang übernimmt[264a]. Die von ihm vorzunehmende kammerinterne Geschäftsverteilung (§ 21 g Abs. 2 GVG) wird dies entsprechend berücksichtigen müssen.

Überleitungsvorschriften für anhängige Verfahren

Maßgabe y
Oberstes Gericht

(1) [1]Beim Obersten Gericht der Deutschen Demokratischen Republik anhängige Strafverfahren im ersten Rechtszug gehen in der Lage, in der sie sich befinden, auf das nach Maßgabe l) Abs. 1 zuständige Gericht über. [2]Dieses kann die Sache mit bindender Wirkung an das Bezirks- oder Kreisgericht abgeben, wenn es dessen Zuständigkeit für begründet hält.

(2) [1]Beim Obersten Gericht anhängige Revisionsverfahren, Berufungsverfahren, die als Revisionsverfahren fortgesetzt werden, sowie Berufungsverfahren, die Entscheidungen der Spruchstelle für Nichtigkeitserklärungen des Patentamts der Deutschen Demokratischen Republik betreffen, gehen in der Lage, in der sie sich befinden, auf den zuständigen obersten Gerichtshof des Bundes über. [2]Richtet sich die Zulässigkeit der Revision nach neuem Recht, so entscheidet dieser auch über die Zulässigkeit.

(3) [1]Beim Obersten Gericht anhängige andere Berufungs-, Protest-, Beschwerde- und Kassationsverfahren sowie andere Verfahren, für die nach neuem Recht das Bezirksgericht zuständig ist, gehen in der Lage, in der sie sich befinden, auf das Bezirksgericht über. [2]Beim Bezirksgericht entscheidet ein anderer Spruchkörper als der, dessen Entscheidung angefochten ist; Maßgabe h) Satz 3 zur Strafprozeßordnung — Nr. 14 — bleibt unberührt. [3]Ein Richter oder ehrenamtlicher Richter, der an der angefochtenen Entscheidung mitgewirkt hat, ist von der Ausübung des Richteramtes ausgeschlossen.

Maßgabe z
Generalstaatsanwalt der Deutschen Demokratischen Republik

Bei dem Generalstaatsanwalt der Deutschen Demokratischen Republik anhängige Verfahren gehen auf die Staatsanwaltschaft über, die nach den in Kraft gesetzten Vorschriften zuständig ist.

[264a] Die Erläuterungen in BTDrucks. 11 7817, S. 15 bezeichnen das als „selbstverständlich.

Erläuterungen zu den Maßgaben y und z

Übersicht

190 1. **Bedeutung.** Mit dem Wirksamwerden des Beitritts endete die Existenz des Obersten Gerichts der DDR und des Generalstaatsanwalts der DDR[265]. Die Maßgaben y und z regeln den Übergang der **sachlichen Zuständigkeit** für die zu diesem Zeitpunkt dort noch anhängigen Verfahren nach dem Grundsatz, daß sie auf diejenige Stelle übergehen, die nach den mit dem Beitritt in Kraft gesetzten oder fortgeltenden Vorschriften zuständig wäre[266]; sie bestimmt also, welches Gericht oder welche Staatsanwaltschaft im Rahmen ihrer sachlichen Zuständigkeit diese Verfahren fortzusetzen hat. In der allgemeinen Maßgabe Nr. 28 Buchst. k ist ausdrücklich geregelt, daß die **Akten** und sonstigen Vorgänge der nunmehr zuständigen Stelle unverzüglich zuzuleiten sind. Diesen technischen Vorgang der Aktenweiterleitung hat anstelle des mit Beitritt aufgelösten Obersten Gerichts bzw. Generalstaatsanwalts als Justizverwaltungsaufgabe der Bundesgerichtshof bzw. der Generalbundesanwalt übernommen; dabei entfaltet die lediglich verwaltungstechnische Weiterleitung des Vorgangs für das Gericht oder die Staatsanwaltschaft, an die die Verfahren gelangen, keine Bindungswirkung. Über die **örtliche Zuständigkeit** bei Abgabe an die Landesgerichte und Landesstaatsanwaltschaften enthalten die Maßgaben keine ausdrücklichen Regelungen, siehe dazu die Erläuterungen bei den einzelnen Fallgruppen.

191 2. **Erstinstanzliche Strafverfahren**, die möglicherweise noch beim Obersten Gericht anhängig gewesen sind, gehen zunächst, da es sich auch um solche handeln kann, für die die Zuständigkeit des Oberlandesgerichts im ersten Rechtszug nach § 120 gegeben ist[267], auf das Kammergericht (Maßgabe l Abs. 1 Satz 2) über; dieses gibt die Sache unter Beachtung der Zuständigkeitskriterien der Maßgabe f Abs. 1 und i Abs. 1 an das Bezirks- oder Kreisgericht ab, falls eine Zuständigkeit nach § 120 GVG nicht gegeben ist. **Örtlich zuständig** ist jedes Gericht, bei dem nach dem Tatvorwurf der Anklage eine Zuständigkeit nach den §§ 7 ff StPO gegeben ist. Sollte dies, was kaum vorstellbar ist, im Beitrittsgebiet nicht der Fall sein, so müßte nach § 13 a StPO verfahren werden[268]. Der **Abgabebeschluß** des Kammergerichts **bindet** das empfangende Gericht nach ausdrückli-

[265] Zur Abwicklung s. *Welp* DtZ **1991** 16 f.

[266] BTDrucks. **11** 7817, S. 15; kritisch zu den Regelungen *Gottwald* FamRZ **1990** 1180 f.

[267] Nach § 37 Abs. 1 GVG/DDR war das Oberste Gericht im ersten Rechtszug in Strafsachen dann zuständig, wenn der Generalstaatsanwalt wegen der besonderen Bedeutung Anklage vor dem Obersten Gericht erhoben hatte; die Annahme in den Erläuterungen (BTDrucks. **11** 7817, S. 15), daß es sich *regelmäßig* um unter § 120 GVG fallende Verfahren handele, findet in der Rechtslage keine Stütze.

[268] So ausdrücklich BTDrucks. **11** 7817, S. 15; vgl. auch BGH vom 9. 1. 1991 – 2 ARs 465/90 (keine Gerichtsstandsbestimmung bei Streit über die Höhe der Entschädigung nach den §§ 369 ff StPO/DDR, weil dies nach dem StREG nicht zum Aufgabenbereich der Strafgerichte gehört).

cher Regelung der Maßgabe y Abs. 1 Satz 2. Freilich kann dies nicht gelten, wenn sich aufgrund nachträglich hervortretender Umstände zeigt, daß die Zuständigkeit eines Gerichtes höherer Ordnung begründet ist, beispielsweise, weil nach dem Ergebnis der Hauptverhandlung eine den Strafbann des Kreisgerichts übersteigende Strafe zu erwarten ist. In diesen Fällen bleibt § 270 StPO anwendbar.

3. **Überleitung an die obersten Bundesgerichte (Abs. 2).** Für **zivilrechtliche und arbeitsrechtliche Streitigkeiten** war bereits seit der Änderung der ZPO/DDR[269] die Revision zum Obersten Gericht zulässig[269a]. Beim Obersten Gericht anhängige Revisionen dieser Art gehen je nach Verfahrensgegenstand auf den Bundesgerichtshof oder das Bundesarbeitsgericht über[270]. Gleiches gilt nach Satz 1 für Berufungen gegen erstinstanzliche Entscheidungen der Bezirksgerichte in **Strafsachen**, die bis zum Wirksamwerden des Beitritts nach der StPO/DDR als einziges Rechtsmittel zulässig und für die das Oberste Gericht zuständig war[271]. Diese Berufungen sind mit dem Wirksamwerden des Beitritts, wie sich aus der allgemeinen Maßgabe Nr. 28 Buchst. i sowie aus Absatz 2 Satz 1 („Berufungsverfahren die als Revisionsverfahren fortgeführt werden") ergibt, als Revisionen fortzuführen (Teil C Rdn. 18 f); über sie entscheidet deshalb der Bundesgerichtshof[271a]. Obwohl der Wortlaut nur von Berufungen spricht, muß gleiches für Proteste der Staatsanwaltschaft[272] gelten, da es sich dabei lediglich um eine abweichende Bezeichnung des gleichen Rechtsmittels handelt[273]. Die in Satz 2 getroffene Regelung entspricht der allgemeinen Maßgabe Nr. 28 Buchst. i Satz 3; Das Revisionsgericht entscheidet auch dann über besondere Zulässigkeitsvoraussetzungen, wenn dies an sich Aufgabe des Gerichtes ist, dessen Urteil angefochten ist[274]. **192**

In **Patentsachen** ist gemäß § 110 PatentG der Bundesgerichtshof Berufungsinstanz gegen Entscheidungen des Bundespatentgerichts, denen wiederum nach dem Recht der früheren DDR die Entscheidungen der Spruchstelle für Nichtigkeitserklärungen des Patentamts der DDR entsprachen[275]. Nach dem Grundprinzip der Überleitungsvorschrift gehen auch diese Berufungen auf den Bundesgerichtshof über[276]. Für bürgerliche Rechtsstreitigkeiten auf dem Gebiet des Patentrechts im Sinne des § 51 PatentG gilt dies nicht, hier richtet sich die Behandlung der Berufung nach Absatz 3. **193**

---

[269] § 37 Abs. 1 GVG/DDR i. d. F. des Gesetzes vom 5. 7. 1990 (GBl. I S. 604) in Verb. mit § 160 ZPO/DDR i. d. F. des Gesetzes vom 29. 6. 1990 (GBl. I S. 547).

[269a] Vor diesem Datum ergangene Entscheidungen der Bezirksgerichte wurden sofort rechtskräftig. Die Revision ist auch nicht dadurch eröffnet, daß noch innerhalb der Revisionsfrist die Revision eingelegt wurde; BGH vom 18. 12. 1990 – VI ZR 319/90 – DtZ **1991** 58.

[270] Dem GNV unterfallende verwaltungs- und steuerrechtliche Streitigkeiten, für die infolge der Verweisung auf die ZPO/DDR (§ 10 GNV) entsprechendes gelten würde, sind während der kurzen Zeit der Geltung dieses Gesetzes nicht mit der Revision an das Oberste Gericht gelangt.

[271] § 37 Abs. 1 GVG/DDR.

[271a] Vgl. BGH vom 25. 1. 1991 – 2 StR 614/90.

[272] S. § 283 Abs. 1, § 287 StPO/DDR.

[273] Vgl. dazu z. B. *Luther* e. a. Strafverfahrensrecht, Lehrbuch (DDR), 3. Aufl. (1987) S. 314 ff.

[274] S. BTDrucks. **11** 7817, S. 32 f; vgl. auch BGH vom 20. 12. 1990 – IX ZB 93/90 – DtZ **1991** 58 f, Verwerfung der Revision als unzulässig, die nach früherem Recht statthaft war, nach dem übergeleiteten Recht aber nicht mehr eröffnet ist. Ebenso für die Berufung LAG Berlin, DtZ **1991** 60 f und für die Beschwerde LG Berlin, DtZ **1991** 60; s. auch BGH DtZ **1991** 143; DtZ **1991** 144.

[275] Die Zuständigkeit des Obersten Gerichts hierfür folgt aus § 37 Abs. 1 zweiter Anstrich GVG/DDR.

[276] S. zur Überleitung des Rechts des gewerblichen Rechtsschutzes, insbesondere des Patentrechts, insgesamt Anlage I Kap. III Sachgebiet E Abschnitt I Nr. 1.

194 4. **Überleitung an die Bezirksgerichte (Absatz 3).** Alle nicht den Absätzen 1 oder 2 unterfallenden, beim Obersten Gericht anhängigen Verfahren gehen nach Absatz 3 auf das Bezirksgericht über. Dabei handelt es sich (1) um Berufungen (Proteste)[277] in bürgerlichen Rechtsstreitigkeiten einschließlich Familiensachen und arbeitsrechtlichen Streitigkeiten, wenn im ersten Rechtszug das Bezirksgericht entschieden hatte[278] und für die auch nach übergeleitetem Recht die Berufung (an das Bezirksgericht) zulässig bleibt; (2) etwa noch unerledigte Kassationsverfahren in zivilrechtlichen und arbeitsrechtlichen Streitigkeiten aus der Zeit vor dem Inkrafttreten des Gesetzes zur Änderung und Ergänzung der Zivilprozeßordnung[279], die gemäß dessen § 3 Abs. 2 nach den bisherigen Verfahrensvorschriften zu Ende zu führen waren; (3) um anhängige Kassationsverfahren in Strafsachen[280]; (4) etwa in der Zeit zwischen dem Inkrafttreten des RehabG (18. 9. 1990) und dem Wirksamwerden des Beitritts beim Obersten Gericht nach § 11 Abs. 1 Satz 2 RehabG[281] anhängig gewordene Rehabilitierungsverfahren.

195 **Örtlich zuständig** ist bei Rechtsmitteln und Rechtsbehelfen grundsätzlich das Bezirksgericht, das die angefochtene Entscheidung im ersten Rechtszug erlassen hat. Lediglich bei Kassationsverfahren in Strafsachen ist nach der in Maßgabe Nr. 14 Buchst. h getroffenen Regelung dasjenige Bezirksgericht zuständig, das hierfür vom besonderen Senat bestimmt ist (s. Maßgabe l Abs. 2 Nr. 8 und Teil C Rdn. 56). Die **Zuständigkeit von besonderen Spruchkörpern** richtet sich nach den neuen Vorschriften, so daß in arbeitsrechtlichen Streitigkeiten die Fachsenate für Arbeitsrecht und in Handelssachen die Senate für Handelssachen die Rechtsmittel zu entscheiden habe. Die Regelungen in Satz 2 und 3 sichern die Unparteilichkeit der Entscheidung.

196 5. **Übergang auf die Staatsanwaltschaften (Maßgabe z).** Die Maßgabe meint nur allein bei der Staatsanwaltschaft anhängige Verfahren, also namentlich strafrechtliche Ermittlungsverfahren vor der Erhebung der öffentlichen Klage. Bei bereits gerichtlich anhängigen Verfahren richtet sich die staatsanwaltschaftliche Zuständigkeit nach der des Gerichts (§ 143 Abs. 1 GVG). Die Zuständigkeit des **Generalbundesanwalts** richtet sich nach § 142 a GVG. Kommt sie nicht in Betracht, so ist diejenige Staatsanwaltschaft zuständig, bei der nach dem Gegenstand des Verfahrens sachlich und örtlich eine gerichtliche Zuständigkeit gegeben wäre. Meinungsverschiedenheiten hierüber innerhalb eines Landes entscheidet der Leiter der nach Maßgabe o Abs. 1 Satz 2 bei den Bezirksgerichten mit besonderen Senaten gebildeten Behörde (s. Rdn. 147)[282]; bei länderübergreifenden Zuständigkeitsstreitigkeiten entscheidet nach § 143 Abs. 3 GVG der Generalbundesanwalt.

[277] Gleiches gilt für Beschwerden.

[278] Vgl. § 30 Abs. 2 GVG/DDR (Zuständigkeit kraft Heranziehung, aufgehoben durch Gesetz vom 5. 7. 1990), soweit noch alte Verfahren anhängig waren, und § 30 Abs. 3 GVG/DDR (Zuständigkeit des Bezirksgerichts Leipzig für Angelegenheiten des gewerblichen Rechtsschutzes).

[279] Vom 29. 6. 1990 (GBl. I S. 547), in Kraft getreten am 1. 7. 1990.

[280] Zur Entwicklung der Kassation und zur Fortsetzung anhängiger Kassationsverfahren im allgemeinen Teil C Rdn. 48; 75.

[281] Abdruck Teil C Rdn. 79; s. auch Art. 3 Nr. 6 Buchst. f, g Zusatzvereinb. Beschwerden in Rehabilitierungsverfahren (§ 14 Abs. 2 Satz 1 RehabG) dürften nicht angefallen sein.

[282] LR 23. Aufl., § 143 GVG, 6.

C. ERLÄUTERUNGEN ZUM STRAFVERFAHREN

Übersicht

I. Vorbemerkungen

1 **1. Allgemeines.** Die **Übernahme der Strafprozeßordnung**[1] der Bundesrepublik entspricht dem in Artikel 8 des Einigungsvertrages geregelten Prinzip der weitgehenden Rechtsvereinheitlichung durch grundsätzliche Einführung des Bundesrechts im Gebiet der früheren DDR. Sie ist schon im Hinblick auf die weitgehend verfassungsrechtliche Fundierung des Verfahrensrechts und dessen komplizierte Verflechtungen mit dem materiellen Strafrecht sachgerecht; ergänzend wird hierzu auf die Erläuterungen unter Teil A Rdn. 18 ff verwiesen. Eine „Verschmelzung" der beiden Strafprozeßordnungen unter Beibehaltung wesentlicher Strukturen der StPO der früheren DDR wäre auch wegen der damit verbundenen rechtspolitischen, dogmatischen und systematischen Schwierigkeiten, namentlich im Zusammenhang mit der dann erforderlichen Anpassung der StPO der Bundesrepublik, in der Kürze der zur Verfügung stehenden Zeit nicht realisierbar gewesen. Eine auf eine Übergangszeit begrenzte Beibehaltung der StPO der DDR i. d. F. des 6. Strafrechtsänderungsgesetzes vom 29. Juni 1990 als partielles Bundesrecht hätte — unabhängig von der Frage der Notwendigkeit einer verbesserten Anpassung dieser StPO an rechtsstaatliche Prinzipien und Garantien — kurzfristig komplizierte Adapter-Regelungen für das Nebeneinander und Ineinandergreifen zweier paralleler Verfahrensordnungen sowie erhebliche Anpassungen an das materielle Strafrecht erfordert, jedoch keine wesentlichen Vorteile erbracht.

2 **Artikel 18 des Einigungsvertrages** und die Maßgaben zum Inkrafttreten der StPO bauen auf Artikel 8 und 9 des Vertrages auf. Sie enthalten die im wesentlichen erforderlichen verfahrensrechtlichen Grundsätze und Detailregelungen der strafprozessualen Rechtsvereinheitlichung. Soweit und solange über die Maßgaben bzw. Artikel 9 Abs. 2, 3 ausnahmsweise Recht der früheren DDR in Kraft bleibt (vgl. z. B. Rdn. 26 ff, 48 ff, 79 ff), findet dies seinen Grund zum Teil in den vorausgegangenen politischen Verhältnissen in der DDR, insbesondere im Hinblick auf die frühere politisch/ideologische Prägung des materiellen Strafrechts sowie der Rechtsprechung der Strafgerichte der DDR (vgl. auch Teil A Rdn. 12 ff, 20, 22 ff), zum Teil in der Notwendigkeit der besonderen Entlastung der Strafjustiz im Gebiet der früheren DDR namentlich wegen des dort herrschenden Richtermangels.

3 Die nachfolgend näher erläuterten Grundsätze und Detailregelungen (Maßgaben) gelten grundsätzlich auch im **Land Berlin**, soweit dieses seine Strafgerichtsbarkeit auf das frühere Berlin (Ost) erstreckt hat. Wegen einzelner, u. a. gerichtsverfassungsrechtlicher Besonderheiten wird auf die Erläuterungen zum GVG sowie auf die Erläuterungen unter Rdn. 27, 28, 29, 56, 81 verwiesen.

2. Artikel 18

4 **a) Bedeutung.** Die Vorschrift, die nicht nur das Strafverfahren betrifft, hat im wesentlichen politischen Charakter; sie dient hauptsächlich der Hervorhebung besonders wichtiger verfahrensrechtlicher Grundsätze, die sich in den einzelnen Maßgaberegelungen wiederfinden bzw. aus diesen ableiten lassen. Kern der Regelung ist, daß Entscheidungen der Gerichte der früheren DDR nicht generell als unwirksam oder überprüfungsbedürftig angesehen werden, vielmehr die Lösung der Einzelfallüberprüfung auf Antrag gewählt wird.

---

[1] Die Übernahme des EGStPO beruht auf der generellen Überleitung des Bundesrechts gemäß Artikel 8 des Einigungsvertrages.

b) Bestandsgarantie. Absatz 1 Satz 1 1. Halbsatz regelt demgemäß den Grundsatz, daß Entscheidungen (Urteile, Beschlüsse) der Gerichte der früheren DDR, also auch Strafurteile und sonstige Entscheidungen in Strafsachen (auch der sog. Gesellschaftlichen Gerichte — vgl. Rdn. 25, 26), die vor dem 3. Oktober 1990 ergangen sind, wirksam bleiben, vom Inkraftsetzen der StPO grundsätzlich nicht berührt werden. Dies gilt auch für fehlerhafte Aburteilungen, also auch für eventuelle „rechtsstaatswidrige" Freisprüche; allerdings läßt sich dieses Ergebnis nur aus dem Wortlaut des Artikel 18, nicht jedoch — im Hinblick auf die bisherige Rechtsprechung des BVerfG (BVerfGE **12** 66 ff) — aus Artikel 103 Abs. 3 GG ableiten. Eine solche Lösung erscheint zwar auf den ersten Blick recht radikal, ist jedoch unter dem Gedanken der Rechtssicherheit vertretbar. Nichtige Urteile sind natürlich nicht wirksam, sondern bleiben nichtig (vgl. auch Rdn. 50). Der **räumliche Geltungsbereich** der wirksam bleibenden Entscheidungen ergibt sich über Artikel 1 des Einigungsvertrages. Ebenso wie Entscheidungen der Gerichte der Altländer der Bundesrepublik in Folge des Beitritts in den neuen Bundesländern und Berlin (Ost) zu beachten sind, sind die wirksam bleibenden Entscheidungen der Gerichte der früheren DDR auch in den Altländern zu beachten. Dies bedeutet, daß sich z. B. ein vor dem 3. Oktober 1990 rechtskräftig verhängtes Fahrverbot (§ 44 StGB), ein Entzug der Fahrerlaubnis (vgl. § 54 StGB/DDR) oder ein Berufsverbot (vgl. § 53 StGB/DDR) jetzt auf das gesamte Bundsgebiet erstrecken; das gilt z. B. auch, wenn eine in der Bundesrepublik erteilte Fahrerlaubnis durch ein Gericht der DDR entzogen wurde. Das kann zwar im Einzelfall zu einer im Zeitpunkt der Verurteilung nicht erwarteten räumlichen Ausweitung der Sanktionswirkung führen, die unter verfassungs- und strafrechtlichen Gesichtspunkten nicht unproblematisch sein könnte; eine andere Lösung würde jedoch zu Ergebnissen führen, die unter präventiven Gesichtspunkten bedenklich und nicht praxisgerecht wären. Gerade bei den angesprochenen Maßregeln hat das Sicherungsbedürfnis der Allgemeinheit Vorrang gegenüber einem etwaigen Vertrauensschutz des Verurteilten (in Problemfällen kann u. a. über die Kassation — Rdn. 48 ff — oder z. B. § 69 a Abs. 7, § 70 a Abs. 1 StGB geholfen werden; zur Vollstreckbarkeit vgl. Rdn. 31). 5

Im übrigen bedarf diese „Bestandsgarantie" einiger, zum Teil selbstverständlicher **Einschränkungen**; unberührt bleiben: 6

— nach der StPO zulässige Rechtsmittel/Rechtsbehelfe gegen noch nicht rechtskräftige Entscheidungen,
— die Möglichkeit der Nutzung besonderer Rechtsbehelfe gegen rechtskräftige Entscheidungen (Kassation, Rehabilitierungsverfahren, Wiederaufnahme des Verfahrens), soweit zulässig.

c) Vollstreckung. Aus dem **2. Halbsatz** des Art. 18 Abs. 1 Satz 1 folgt, daß sich die Vollstreckung strafgerichtlicher Entscheidungen grundsätzlich nach der StPO (§§ 449 ff), ergänzt durch die Justizbeitreibungsordnung, und nach den hierzu getroffenen Maßgaben (vgl. Rdn. 30 ff) richtet. Soweit für eine Vollstreckung die Strafvollstreckungsordnung (bzw. die Einforderungs- und Beitreibungsanordnung) herangezogen werden, sind entsprechende Verwaltungsvorschriften in den fünf neuen Bundesländern zu erlassen, soweit dies noch nicht geschehen ist. 7

d) Überprüfung. Satz 2 stellt klar, daß sich auch die Überprüfung der Vereinbarkeit von Entscheidungen und ihrer Vollstreckung mit rechtsstaatlichen Grundsätzen (nur) nach dem gemäß Artikel 8 in Kraft gesetzten und nach dem gemäß Artikel 9 fortgeltenden Recht einschließlich der hierzu getroffenen Maßgaben richtet. Das bedeutet im wesentlichen, daß diese Überprüfung z. B. im Rahmen eines nach der StPO zulässigen Rechtsmittel-(Rechtsbehelfs-)Verfahrens (z. B. Wiederaufnahme eines Verfahrens 8 gegen einen „fehlerhaften“ Freispruch; vgl. auch Rdn. 45 ff), im Kassationsverfahren (vgl. Rdn. 48 ff), im Rehabilitierungsverfahren (vgl. Rdn. 79 ff) oder in einem besonderen vollstreckungsrechtlichen Prüfungsverfahren (vgl. Rdn. 30 ff) erfolgen kann.

9 Für das Rehabilitierungsverfahren wird dies durch **Absatz 1 Satz 3** in Verbindung mit Artikel 17 ausdrücklich bekräftigt (vgl. auch Rdn. 79).

10 Schließlich garantiert **Absatz 2**, anknüpfend an Absatz 1 Satz 2, jedem durch ein Strafgericht der DDR verurteilten Bürger (die StPO der DDR modifizierend, die kein Kassationsantragsrecht des Verurteilten vorsah) nunmehr ein eigenes Recht, die gerichtliche Kassation einer ihn beschwerenden rechtskräftigen Entscheidung initiieren zu können.

11 e) Wegen der **Einzelheiten** hierzu wird auf die Erläuterungen unter Rdn. 12 ff, 30 ff, 45 ff, 48 ff, 79 ff verwiesen.

II. Anhängige Verfahren

12 1. **Allgemeines.** Gemäß Anlage I Kap. III Sachgebiet A Abschnitt III **Nr. 14 in Verbindung mit Maßgabe 28 Buchst. g** des Einigungsvertrages gilt die StPO mit Wirkung vom 3. Oktober 1990 nicht nur für zukünftige, sondern auch für **bereits anhängige Verfahren**, gleichgültig in welchem Verfahrensstadium sie sich befinden; sie sind grundsätzlich nach den Vorschriften der StPO fortzusetzen. Der Inkraftsetzung wird aber keine Rückwirkung beigemessen[1a]. Dies bedeutet, daß nicht nur — gemäß Artikel 18 — Entscheidungen der Strafgerichte (vgl. Rdn. 5), sondern grundsätzlich alle vor dem 3. Oktober nach dem bis dahin geltenden Verfahrensrecht der DDR zulässig getroffenen Maßnahmen bzw. abgegebenen Erklärungen (z. B. Zwangsmaßnahmen im Ermittlungsverfahren, Ladungen, Vernehmungen) wirksam und die hieraus gewonnenen Erkenntnisse verwertbar bleiben.

2. Abweichende Verfahrensregelungen

13 a) **Grundsätze.** Das (vgl. Rdn. 12) dürfte grundsätzlich auch gelten, wenn die **Verfahrensregelungen hierzu nicht mit denen der StPO übereinstimmten**, jedoch mit der Einschränkung, daß die Berücksichtigung von Maßnahmen, insbesondere die Einführung und Verwertung von Erkenntnissen, in einer Hauptverhandlung nach dem 3. Oktober den Bestimmungen und hierdurch festgelegten Maßstäben der StPO zu folgen hat. So dürfen Erkenntnisse, die vor dem 3. Oktober außerhalb der Hauptverhandlung gewonnen wurden, in die Hauptverhandlung nur eingeführt werden, wenn das Verfahren zur Gewinnung dieser Erkenntnisse gemäß der StPO/DDR auch **alle wesentliche Verfahrensvoraussetzungen nach der StPO** erfüllt.

14 b) Wurden z. B. die Verlobte des Beschuldigten oder ein Journalist, denen — abweichend von den §§ 52, 53 StPO — gemäß §§ 26, 27 StPO/DDR kein **Zeugnisverweigerungsrecht** zustand, vor dem 3. Oktober außerhalb der Hauptverhandlung, etwa durch einen ersuchten oder beauftragten Richter vernommen, so dürfte grundsätzlich der Einführung der Aussage in die Hauptverhandlung ein Verlesungs- und Verwertungsverbot entsprechend den zu den §§ 251, 252 StPO entwickelten Grundsätzen entgegenstehen[2].

[1a] Vgl. auch BGH Beschl. vom 25. Januar 1991 – 2 StR 614/90.

[2] Vgl. auch die Erl. und Nachweise bei LR-*Dahs* HW § 52, 38, 50, 52, 53; § 53, 58, 59, bei LR-*Gollwitzer* HW § 251, 14, 49, 61; § 252, 12 bis 14, 17, 18 ff, 24 ff und *Kleinknecht/Meyer*[39] § 52, 32, die hier entsprechend herangezogen werden können.

c) Außerdem ist, weil die StPO/DDR eine **Vereidigung** von Zeugen nicht vorsah, bei der Einführung der Aussage eines außerhalb der Hauptverhandlung richterlich kommissarisch (vgl. §§ 66 b, 223 Abs. 3 StPO; § 210 StPO/DDR) vernommenen Zeugen in die Hauptverhandlung zu prüfen, ob die Vereidigung nachzuholen ist oder die Aussage als uneidliche verwertet werden kann[3]. 15

d) Unzweifelhaft dürfte sein, daß Maßnahmen und Erklärungen unwirksam sind, wenn das Verfahren hierzu nicht einer für den **Schutz des Beschuldigten oder der Wahrheitsfindung** unerläßlichen Bestimmung der StPO oder aus sonstigen Gründen nicht rechtsstaatlichen Maßstäben entsprach. So enthielten weder die StPO/DDR noch die Richtlinie des Plenums des Obersten Gerichts der DDR zu Fragen der gerichtlichen Beweisaufnahme und Wahrheitsfindung im sozialistischen Strafprozeß vom 16. März 1978 (GBl. I Nr. 14 S. 169) eine eindeutige, **§ 136 a StPO** entsprechende Bestimmung. Dennoch ist es selbstverständlich, daß Aussagen des Beschuldigten oder eines Zeugen (vgl. § 69 Abs. 3, § 163 a Abs. 5 StPO), die in einer den Grundsätzen des § 136 a StPO widersprechenden Weise zustande gekommen sind, nicht verwertet werden dürfen. 16

3. Fristen, Rechtsmittel

a) Nach **Maßgabe Nr. 28 Buchst. h** richtet sich der Lauf einer verfahrensrechtlichen **Frist**, der vor dem 3. Oktober 1990 begonnen hat, nach dem bis dahin geltenden Recht der DDR. Diese Vorschrift, die grundsätzlich für alle gerichtlichen Verfahren gilt, beruht auf dem Gedanken des Vertrauensschutzes. Sie bewirkt, daß der Lauf einer Frist nicht mit dem 3. Oktober 1990 neu beginnt, die bereits laufende Frist vielmehr weiter — und nach dem Stichtag gemäß dem früheren Recht abläuft. Dies bedeutet aber auch, daß eine laufende Frist nach dem Recht der DDR auch dann zu beachten ist, wenn sie kürzer ist als die entsprechende Frist nach dem Recht der Bundesrepublik, etwa im Falle der Einspruchsfrist beim Strafbefehl (§ 272 StPO/DDR: eine Woche). Keine verfahrensrechtliche Frist im Sinne dieser Maßgabe ist die **Verjährungsfrist** nach dem StGB. 17

b) **Maßgabe Nr. 28 Buchst. i** befaßt sich speziell mit Übergangsfragen im **Rechtsmittelrecht**; für das Strafverfahren ist nur Satz 1 und 2 von Bedeutung. Für den Fall, daß entweder am 3. Oktober 1990 ein Rechtsmittel (Berufung, Protest) oder Rechtsbehelf eingelegt, aber noch nicht abschließend beschieden ist, oder aber noch eingelegt werden kann, weil die Rechtsmittelfrist noch nicht abgelaufen ist, richtet sich nach **Satz 1** die **Zulässigkeit des Rechtsmittels** (damit auch dessen Art) bzw. Rechtsbehelfs grundsätzlich nach der StPO; entsprechendes gilt für das weitere Verfahren. Daraus folgt, daß in den Fällen, in denen nach dem Recht der DDR Berufung (Protest) zulässig war (vgl. § 287 StPO/DDR), nach der in Kraft gesetzten StPO aber nur eine Revision zulässig ist (§ 333 StPO), das Rechtsmittel als Revision zu behandeln und weiterzuführen ist. Gegen ein erstinstanzlichs Urteil des Bezirksgerichts oder des Obersten Gerichts war also, falls am 3. Oktober die einwöchige Rechtsmittelfrist noch nicht abgelaufen war, Revision einzulegen und eine bereits eingelegte Berufung (Protest) ist als Revision zu verhandeln (vgl. auch Teil B Rdn. 190 ff). 18

c) Nach **Satz 2** führt eine durch das neue Recht bedingte Verschärfung der **Formvorschriften** für die Einlegung eines Rechtsmittels nicht zu dessen Unzulässigkeit; Voraussetzung ist jedoch, daß das Rechtsmittel vor dem 3. Oktober dem Verfahrensrecht der DDR entsprechend formgerecht eingelegt war (vgl. § 288 StPO/DDR). Für das 19

---

[3] Vgl. auch LR-*Dahs* HW § 60, 53; § 66 b, 2.

Strafverfahren ist der **2. Halbsatz** von besonderer Bedeutung: Da die StPO/DDR keine Revision vorsah und die Berufung (der Protest) nur schriftlich begründet werden sollte, läßt die Maßgabe die Nachreichung der erforderlichen Revisionsanträge und Begründung (§ 344 StPO) binnen eines Monats nach dem 3. Oktober 1990 zu (Fristberechnung: §§ 187 Abs. 2, 188 Abs. 2 Satz 2 BGB).

20 **d)** Da dem Inkrafttreten der StPO keine Rückwirkung zukommt (vgl. Rdn. 12), richtet sich die **Beurteilung des Rechtsmittelgerichts**, ob der Vorinstanz in dem vor dem 3. Oktober 1990 liegenden Verfahren eine Gesetzesverletzung unterlaufen ist, grundsätzlich danach, ob das Verfahren bis dahin den Regelungen der StPO/DDR entsprach[3a]. War das Verfahren jedoch nicht mit einer für den **Schutz des Beschuldigten oder der Wahrheitsfindung** unerläßlichen Vorschrift der StPO oder aus sonstigen Gründen nicht mit rechtsstaatlichen Maßstäben vereinbar, so dürfte dies als Gesetzesverletzung (§ 337 StPO) zu bewerten oder ihr wenigstens gleichzustellen sein.

21 Beruht z. B. ein Urteil, das vor dem 3. Oktober 1990 ergangen und zulässig angefochten ist, auf der Aussage einer Verlobten des Angeklagten oder eines Journalisten, denen **kein Zeugnisverweigerungsrecht** zustand (§§ 26, 27 StPO/DDR; vgl. Rdn. 14), so dürfte ein Rechtsfehler insoweit zu verneinen sein; die vom Katalog der §§ 52, 53 StPO abweichende, stärker begrenzende Wertentscheidung des Gesetzgebers (DDR) zur Auswahl der Zeugnisverweigerungsberechtigten betrifft wohl keine für den Schutz des Beschuldigten oder der Wahrheitsfindung unverzichtbaren Vorschriften und dürfte — auch verfassungsrechtlich — vertretbar sein. Im Ergebnis gleiches dürfte für ein solches Urteil gelten, soweit es auf **uneidlichen Zeugenaussagen** beruht, denn die StPO/DDR sah den Eid nicht vor. Der Eid ist auch nach der StPO kein Instrument, das zur Wahrheitsfindung unerläßlich ist, wie die Ausnahmen in § 61, die von der Praxis reichlich genutzt werden, und § 70 StPO zeigen[4].

22 Unzweifelhaft zulässig ist dagegen die Rüge, ein vor dem 3. Oktober 1990 liegendes Verfahren verstoße gegen die Grundsätze des **§ 136 a StPO**, auch wenn die StPO/DDR eine solche Vorschrift nicht enthielt (vgl. Rdn. 16).

23 In **Zweifelsfällen** könnte die bisherige Rechtsprechung zur Verwertbarkeit von Erkenntnissen aus Rechtshilfemaßnahmen der staatlichen Organe der früheren DDR[5] zur Beurteilung der Frage herangezogen werden, ob das vor dem 3. Oktober 1990 auf der Grundlage der StPO/DDR ergangene, jetzt im Rechtsmittelverfahren zu überprüfende Urteil auf einer Gesetzesverletzung (§ 337 StPO) beruht.

24 **4. Verteidiger**[5a]. **Rechtsanwälte** können unabhängig vom Ort ihrer Zulassung innerhalb der Bundesrepublik nach **§ 138 Abs. 1 StPO** zu Verteidigern gewählt werden; dies läßt sich aus Anlage I Kap. III Sachgebiet A Abschnitt II Nr. 2 des Einigungsvertrages (s. Teil A Rdn. 68) ableiten. Die Gleichstellungsklausel bewirkt desweiteren, daß jeder Rechtsanwalt im Rahmen der §§ 140 ff StPO — zum **Pflichtverteidiger** bestellt werden kann. Für **Rechtslehrer an deutschen Hochschulen** findet sich eine ähnliche Gleichstellungsklausel in Maßgabe Nr. 8 Buchst. y) dd); danach sind Hochschullehrer an Rechtswissenschaftlichen Fakultäten oder Fachbereichen von Wissenschaftlichen Hochschulen oder Universitäten in den fünf neuen Bundesländern, die die Einstellungsvoraussetzungen für Professoren nach § 44 des Hochschulrahmengesetzes erfüllen und

---

[3a] Vgl. Fn. 1a. Zum Schweigerecht des Angeklagten und zur Belehrungspflicht insoweit vgl. LG Berlin NJW **1991** 199.

[4] Vgl. auch LR-*Dahs* HW § 59, 2; § 61, 1, 18, 39.

[4] Vgl. auch LR-*Dahs* HW § 59, 2; § 61, 1, 18, 39.

[5] Vgl. auch LR-*Gollwitzer* HW § 251, 22 ff.

[5a] Eingehend hierzu *Rebmann/Roth/Herrmann* OWG, 2. Aufl., § 60 Rdn. 17 ff.

nach dem Wirksamwerden des Beitritts berufen worden sind, zum Richteramt befähigt (§ 7 DRiG) und damit als Rechtslehrer im Sinne von § 138 Abs. 1 StPO anzusehen. Vor dem 3. Oktober 1990 berufene Hochschullehrer der Rechtswissenschaft können wohl gleichfalls nach § 138 Abs. 1 StPO zum Verteidiger gewählt werden; denn nach § 4 Abs. 2 RAG/DDR können sie als Rechtsanwalt zugelassen werden, stehen insofern also Rechtslehrern einer Hochschule der alten Bundesländer gleich — außerdem ist hilfsweise die Regelung in Abschnitt II Nr. 2 (s. o.) analog anzuwenden.

5. **Maßgabe Nr. 14 Buchst. a** regelt — § 57 Abs. 1 des SchiedsstG (Rdn. 26) ergänzend — den Fortgang derjenigen Strafverfahren, die am 3. Oktober 1990 bei den inzwischen aufgelösten Gesellschaftlichen Gerichten der DDR (vgl. § 55 SchiedsstG) anhängig waren. Sie sichert die Verfahrensherrschaft der Staatsanwaltschaft oder des Strafgerichts, bei dem das Verfahren schon vor Abgabe an das Gesellschaftliche Gericht anhängig gewesen war. Ist inzwischen nach den Maßgaben zum GVG ein anderes Gericht zuständig geworden, so sind die Akten an dieses weiterzuleiten. Gleiches gilt, wenn Akten einer anderen Stelle, etwa zur Gewährung von Akteneinsicht, ausgehändigt worden waren (**Maßgabe Nr. 28 Buchst. k**). Eine Abgabe des Verfahrens nach § 40 SchiedsstG (Rdn. 27) wird durch Maßgabe a nicht ausgeschlossen. **25**

6. **Maßgabe b** dient der Berücksichtigung einer gesetzlichen Regelung der DDR, **26**
die die Abgabe und außergerichtliche informelle Erledigung von Bagatellvergehen durch eine Schiedsstelle ermöglicht. Diese Regelung enthält das gemäß Anlage II Kap. III Sachgebiet A Abschnitt I Nr. 3 des Einigungsvertrages weitergeltende **SchiedsstG**[5b] in den §§ 40 bis 45; das Gesetz ist im übrigen für das **Privatklageverfahren** (vgl. § 380 StPO) von Bedeutung. Es hat folgenden Wortlaut:

Gesetz
über die Schiedsstellen in den Gemeinden
vom 13. September 1990

Erster Abschnitt

Die Schiedsstelle

§ 1

(1) Zur Durchführung des Schlichtungsverfahrens über streitige Rechtsangelegenheiten richtet jede Gemeinde eine oder mehrere Schiedsstellen ein und unterhält sie. Kleine Gemeinden können mit anderen Gemeinden eine gemeinsame Schiedsstelle bilden. Die Schiedsstelle führt einen auf die Gemeinde oder ihren Bereich hinweisenden Zusatz. Der Bereich einer Schiedsstelle soll in der Regel nicht mehr als 10 000 Bürger umfassen. Gemeindefreie Gebiete können dem Bereich einer Schiedsstelle zugeordnet werden.

(2) Die Gemeinden erfüllen die ihnen nach diesem Gesetz obliegenden Aufgaben im eigenen Wirkungskreis.

(3) Gemeinden im Sinne dieses Gesetzes sind die kreisangehörigen Städte und Gemeinden, die kreisfreien Städte sowie die Stadtbezirke von Berlin.

§ 2

(1) Die Aufgaben der Schiedsstelle werden von Schiedspersonen wahrgenommen. Die Schiedsperson ist ehrenamtlich tätig.

(2) Jede Schiedsstelle ist mit einem Vorsitzenden und zwei Stellvertretern zu besetzen.

[5b] Vgl. dazu auch *Luther* DtZ **1991** 17 ff.

§ 3

(1) Die Schiedsperson muß nach ihrer Persönlichkeit und ihren Fähigkeiten für das Amt geeignet sein. Sie muß das Wahlrecht besitzen.

(2) In das Amt soll nicht berufen werden,
— wer nicht das 25. Lebensjahr vollendet hat,
— wer nicht im Bereich der Schiedsstelle wohnt.

§ 4

(1) Die Schiedsperson wird als Vorsitzender oder Stellvertreter einer Schiedsstelle von der Gemeindevertretung auf fünf Jahre gewählt.

(2) Das Amt der Schiedsperson endet vorzeitig, wenn die Schiedsstelle aufgelöst wird.

§ 5

(1) Die gewählte Schiedsperson bedarf der Bestätigung durch den Direktor des Kreisgerichts, in dessen Bereich die Schiedsstelle ihren Sitz hat.

(2) Der Direktor des Kreisgerichts hat zu prüfen, ob bei der Wahl der Schiedsperson die gesetzlichen Voraussetzungen gemäß § 3 dieses Gesetzes beachtet worden sind.

(3) Die Bestätigung der Schiedsperson ist dem Gewählten und dem Leiter der Gemeindeverwaltung schriftlich mitzuteilen.

(4) Die Entscheidung, durch die die Bestätigung einer Schiedsperson versagt wird, ist zu begründen und dem Bürger sowie dem Leiter der Gemeindeverwaltung schriftlich mitzuteilen.

§ 6

Die Schiedsperson wird vom Direktor des Kreisgerichts in ihr Amt berufen und verpflichtet, ihre Aufgaben gewissenhaft und unparteiisch zu erfüllen.

§ 7

(1) Die Berufung zur Schiedsperson kann ablehnen, wer
1. das 60. Lebensjahr vollendet hat,
2. infolge Krankheit auf voraussichtlich längere Zeit gehindert ist, das Amt auszuüben,
3. aus beruflichen Gründen häufig oder langdauernd von seinem Wohnort abwesend ist,
4. aus sonstigen wichtigen Gründen das Amt nicht ausüben kann.

(2) Absatz 1 Nr. 2 bis 4 gilt entsprechend für die Niederlegung des Amtes.

(3) Über die Befugnis zur Ablehnung oder Niederlegung des Amtes entscheidet der Direktor des Kreisgerichts.

§ 8

(1) Die Schiedsperson ist ihres Amtes zu entheben, wenn die Voraussetzungen ihrer Wahl gemäß § 3 dieses Gesetzes nicht mehr vorliegen. Sie kann ferner aus wichtigem Grund ihres Amtes enthoben werden. Ein wichtiger Grund liegt insbesondere vor, wenn die Schiedsperson
— ihre Pflichten gröblich verletzt hat,
— sich als unwürdig erwiesen hat,
— ihr Amt nicht mehr ordnungsgemäß ausüben kann.

(2) Über die Amtsenthebung entscheidet auf Antrag des Direktors des Kreisgerichts nach Anhörung der Schiedsperson und des Leiters der Gemeindeverwaltung der Präsident des Bezirksgerichts.

§ 9

(1) Die Tätigkeit der Schiedsperson im Schlichtungsverfahren wird von den Behörden der Justizverwaltung, insbesondere hinsichtlich ihrer fach- und zeitgerechten Durchführung, beaufsichtigt.

(2) Die Schiedsperson untersteht unmittelbar der Aufsicht des Direktors des Kreisgerichts, soweit es ihre Tätigkeit im Rechtspflegebereich betrifft.

§ 10

Der Vorsitzende der Schiedsstelle führt ein Protokollbuch und ein Kassenbuch sowie eine Sammlung der Kostenrechnungen. Abgeschlossene Bücher hat er unverzüglich bei dem Direktor des Kreisgerichts einzureichen.

§ 11

(1) Die Schiedsperson hat, auch nach Beendigung ihrer Amtstätigkeit, über ihre Verhandlungen und die Verhältnisse der Parteien, soweit sie ihr amtlich bekanntgeworden sind, Verschwiegenheit zu wahren.

(2) Über Angelegenheiten, über die Verschwiegenheit zu wahren ist, darf die Schiedsperson nur mit Genehmigung des Direktors des Kreisgerichts aussagen.

§ 12

(1) Die Sachkosten der Schiedsstelle trägt die Gemeinde.

(2) Zu den Kosten gehört auch der Ersatz von Sachschäden der Schiedspersonen, die durch einen Unfall bei Ausübung ihres Amtes eingetreten sind, soweit die Schiedsperson diesen nicht vorsätzlich oder grob fahrlässig verursacht hat und von Dritten keinen Ersatz verlangen kann.

(3) Für Amtspflichtverletzungen der Schiedsperson im Rahmen des Schlichtungsverfahrens haftet das Land.

(4) Bilden mehrere Gemeinden eine gemeinsame Schiedsstelle oder werden gemeindefreie Gebiete dem Bereich einer Schiedsstelle angeschlossen, so werden die Sachkosten der Schiedsstelle nach Maßgabe der Einwohnerzahl geteilt.

Zweiter Abschnitt

Das Schlichtungsverfahren in bürgerlichen Rechtsstreitigkeiten

§ 13

In bürgerlichen Rechtsstreitigkeiten findet das Schlichtungsverfahren über vermögensrechtliche Ansprüche statt, soweit nicht die Schiedsstellen für Arbeitsrecht oder die Kammern für Arbeitsrecht der Kreisgerichte zuständig sind.

§ 14

(1) Das Schlichtungsverfahren ist darauf gerichtet, den Rechtsstreit im Wege des Vergleiches beizulegen. Es wird auf Grund eines Antrages einer der am Rechtsstreit beteiligten Personen durchgeführt.

(2) Die Schiedsstelle wird grundsätzlich in der in § 2 Abs. 2 bestimmten Besetzung tätig. Wenn es im Interesse der gütlichen Beilegung des Rechtsstreits geboten erscheint, kann eine Schiedsperson die Verhandlung allein führen.

§ 15

(1) Zuständig ist die Schiedsstelle, in deren Bereich der Antragsgegner oder die Antragsgegnerin wohnen.

(2) Die Parteien können nach dem Entstehen der Streitigkeit schriftlich oder zu Protokoll der Schiedsstelle eines anderen Bereichs vereinbaren, daß das Schlichtungsverfahren vor dieser Schiedsstelle stattfindet.

§ 16

Das Schlichtungsverfahren wird in deutscher Sprache geführt; mit Einvernehmen der Parteien kann die Verhandlung in einer anderen Sprache geführt werden.

§ 17

Die Schiedsperson ist von der Ausübung ihres Amtes kraft Gesetzes ausgeschlossen:
- in Angelegenheiten, in denen sie selbst Partei ist oder bei denen sie zu einer Partei in dem Verhältnis einer Mitberechtigten, Mitverpflichteten oder Regreßpflichtigen steht;
- in Angelegenheiten ihres Ehegatten oder früherer Ehegatten;
- in Angelegenheiten einer Person, die mit ihr in gerader Linie verwandt oder verschwägert ist;
- in Angelegenheiten, in welchen sie als Prozeßbevollmächtigte oder Beistand einer Partei bestellt ist oder war.

§ 18

(1) Die Schiedsstelle wird nicht oder nicht weiter tätig, wenn
- die zu protokollierende Vereinbarung nur in notarieller Form gültig ist;
- die Parteien auch nach Unterbrechung oder Vertagung der Schlichtungsverhandlung ihre Identität nicht nachweisen;
- Bedenken gegen die Geschäftsfähigkeit oder Verfügungsfähigkeit der Parteien oder gegen die Legitimation ihrer Vertreter bestehen.

(2) Die Schiedsperson soll nicht tätig werden, wenn
- der Rechtsstreit bei Gericht anhängig ist;
- der Rechtsstreit bei einer von berufsständigen Körperschaften oder von vergleichbaren Organisationen eingerichteten Schieds-, Schlichtungs- oder Einigungsstellen anhängig ist.

§ 19

Die Schiedsstelle kann den Antrag auf Einleitung eines Schlichtungsverfahrens ablehnen, wenn
- die streitige Angelegenheit sachlich oder rechtlich schwierig zu beurteilen ist;
- wegen der Person eines Verfahrensbeteiligten eine besonders schwierige Verfahrensgestaltung zu erwarten ist;
- der Antrag erkennbar ohne Einigungsabsicht oder sonst offensichtlich mißbräuchlich gestellt ist.

§ 20

Zu einer amtlichen Tätigkeit außerhalb des Bereichs der Schiedsstelle ist die Schiedsperson nur befugt, wenn die Amtsräume außerhalb des Bereichs der Schiedsstelle liegen oder der Augenschein eingenommen werden soll.

§ 21

(1) Die Schiedsstelle leitet das Schlichtungsverfahren auf Antrag einer Partei ein. Der Antrag kann zurückgenommen werden, nach Beginn der Schlichtungsverhandlung jedoch nur, wenn der Antragsgegner oder die Antragsgegnerin nicht widerspricht.

(2) Endet das Schlichtungsverfahren nicht mit einem Vergleich (§ 31), so bedarf ein erneuter Antrag in derselben Sache der schriftlichen Zustimmung des Antragsgegners oder der Antragsgegnerin. Die Zustimmung ist bei der Antragstellung vorzulegen.

§ 22

(1) Der Antrag auf Durchführung des Schlichtungsverfahrens sowie dessen Rücknahme sind bei der Schiedsstelle schriftlich einzureichen oder mündlich zu Protokoll zu erklären. Er muß Namen, Vornamen und Anschrift der Parteien, eine allgemeine Angabe des Streitgegenstandes und die Unterschrift des Antragstellers oder der Antragstellerin enthalten.

(2) Wohnen die Parteien nicht im Bereich derselben Schiedsstelle, so kann der Antrag auch bei der Schiedsstelle, in dessen Bereich der Antragsteller oder die Antragstellerin wohnt, zu Protokoll gegeben werden. Das Protokoll ist der zuständigen Schiedstelle unverzüglich zu übermitteln.

§ 23

(1) Die Schiedsstelle bestimmt Ort und Zeit der Schlichtungsverhandlung.

(2) Zwischen der Zustellung der Ladung und dem Tag der Schlichtungsverhandlung muß eine Frist von mindestens zwei Wochen liegen (Ladungsfrist). Die Ladungsfrist kann auf eine Woche verkürzt werden, wenn der Antragsteller oder die Antragstellerin glaubhaft macht, daß die Angelegenheit dringlich ist. Eine weitere Verkürzung der Ladungsfrist setzt die Zustimmung beider Parteien voraus.

(3) Die Schiedsstelle händigt die Ladung den Parteien persönlich gegen Empfangsbekenntnis aus oder läßt sie durch die Post zustellen; der Antragsgegner oder die Antragsgegnerin erhält mit der Ladung eine Abschrift des Antrags. Zugleich werden die Parteien auf die Pflicht, persönlich zur Schlichtungsverhandlung zu erscheinen, und auf die Folgen hingewiesen, die eine Verletzung dieser Pflicht haben kann. Hat eine Partei einen gesetzlichen Vertreter, so ist diesem die Ladung zuzustellen.

(4) Eine Partei kann ihr Ausbleiben in dem anberaumten Termin wegen Krankheit, beruflicher Verhinderung, Ortsabwesenheit oder wegen sonstiger wichtiger Gründe entschuldigen. Sie hat ihr Nichterscheinen der Schiedsstelle unverzüglich anzuzeigen und dabei die Entschuldigungsgründe glaubhaft zu machen. Hebt die Schiedsstelle den Termin nicht auf, so hat sie das der Partei mitzuteilen.

§ 24

(1) Die Parteien haben in dem anberaumten Termin persönlich zu erscheinen.

(2) Erscheint eine Partei unentschuldigt nicht zu dem Termin oder entfernt sie sich unentschuldigt vor dem Schluß der Schlichtungsverhandlung, setzt die Schiedsstelle durch Bescheid ein Ordnungsgeld bis 50 Deutsche Mark fest.

(3) Der Bescheid ist dem Betroffenen mit einer Belehrung über die Anfechtung nach Absatz 4 zuzustellen.

(4) Der Betroffene kann den Bescheid durch schriftliche Erklärung anfechten. Die Erklärung ist binnen zwei Wochen nach Zustellung des Bescheids bei dem Kreisgericht, in dessen Bereich die Schiedsstelle ihren Sitz hat, einzureichen. Der Betroffene kann sie auch zu Protokoll der Geschäftsstelle des Kreisgerichts oder zu Protokoll der Schiedsstelle geben, die den Bescheid erlassen hat. In der Erklärung sind die Tatsachen darzulegen und glaubhaft zu machen; mit denen der Betroffene seine Abwesenheit in der Schlichtungsverhandlung entschuldigt oder sich gegen die Höhe des Ordnungsgeldes wendet.

(5) Das Kreisgericht leitet die ihm gegenüber abgegebene Erklärung der Schiedsstelle zu. Hält die Schiedsstelle die Anfechtung für begründet, so hebt sie den Bescheid auf oder setzt das Ordnungsgeld herab. Sie legt die Erklärung unverzüglich dem Kreisgericht vor, wenn sie der Anfechtung nicht oder nur zum Teil abhilft; andernfalls unterrichtet sie das Kreisgericht von der Abhilfe, wenn die Anfechtungserklärung diesem gegenüber abgegeben worden war.

(6) Das Kreisgericht entscheidet über die Anfechtung des Bescheids ohne mündliche Verhandlung durch Beschluß, der zu begründen ist. Die Entscheidung des Kreisgerichts ist nicht anfechtbar.

(7) Für das Verfahren vor dem Kreisgericht werden Kosten nicht erhoben. Auslagen der Parteien werden nicht erstattet.

(8) Steht fest, daß eine Partei der Schlichtungsverhandlung unentschuldigt ferngeblieben ist, vermerkt die Schiedsstelle die Beendigung des Schlichtungsverfahrens. Andernfalls beraumt sie einen neuen Termin an.

§ 25

(1) War der Betroffene ohne Verschulden gehindert, die Frist nach § 24 Abs. 4 Satz 2 einzuhalten, so ist ihm auf Antrag Wiedereinsetzung in den vorigen Stand zu gewähren.

(2) Der Wiedereinsetzungsantrag ist mit der Anfechtungserklärung innerhalb einer Woche nach Wegfall des Hindernisses bei dem Kreisgericht schriftlich einzureichen. Der Betroffene kann ihn auch zu Protokoll der Geschäftsstelle des Kreisgerichts oder zu Protokoll der Schiedsstelle erklären, die den Bescheid erlassen hat. Die Tatsachen zur Begründung des An-

trags sind bei der Antragstellung glaubhaft zu machen. Wird der Wiedereinsetzungsantrag zu Protokoll der Schiedsstelle erklärt, so wird er dem Kreisgericht zugeleitet.

(3) Über den Antrag entscheidet das Kreisgericht ohne mündliche Verhandlung durch Beschluß, der zu begründen ist. Die Entscheidung ist nicht anfechtbar.

(4) Für das Verfahren werden Kosten nicht erhoben. Auslagen der Parteien werden nicht erstattet.

§ 26

Für die Berechnung der Fristen gilt § 222 der Zivilprozeßordnung.

§ 27

Die Verhandlung vor der Schiedsstelle ist mündlich und nicht öffentlich. Sie ist möglichst ohne Unterbrechung zu Ende zu führen; ein Termin zur Fortsetzung der Verhandlung ist sofort zu bestimmen.

§ 28

Die Vertretung natürlicher Personen durch Bevollmächtigte in der Schlichtungsverhandlung ist nicht zulässig. Eltern als gesetzliche Vertreter eines Kindes können einander mit einer schriftlichen Vollmacht vertreten.

§ 29

Jede Partei kann vor der Schiedsstelle mit einem Beistand erscheinen. In der Schlichtungsverhandlung darf ein Beistand nur zurückgewiesen werden, wenn er durch sein Verhalten die Verhandlung nachhaltig stört und dadurch die Einigungsbemühungen wesentlich erschwert. Nicht zurückgewiesen werden dürfen Rechtsanwälte und Beistände von Personen, die nicht lesen oder schreiben können, die die deutsche Sprache nicht beherrschen oder die blind, taub oder stumm sind.

§ 30

(1) Zeugen und Sachverständige, die freiwillig erschienen sind, können gehört werden. Mit Zustimmung und in Anwesenheit der Parteien kann auch der Augenschein genommen werden.

(2) Zur Beeidigung von Zeugen und Sachverständigen, zur eidlichen Parteivernehmung sowie zur Entgegennahme von eidesstattlichen Versicherungen ist die Schiedsperson nicht befugt.

§ 31

(1) Kommt ein Vergleich zustande, so ist er zu Protokoll zu nehmen.

(2) Das Protokoll hat zu enthalten:
den Ort und die Zeit der Verhandlung;
die Namen und Vornamen der erschienenen Parteien, gesetzlichen Vertreter, Bevollmächtigten und Beistände sowie die Angabe, wie diese sich ausgewiesen haben;
den Gegenstand des Streites;
den Vergleich der Parteien.

(3) Kommt ein Vergleich nicht zustande, so ist hierüber ein kurzer Vermerk aufzunehmen.

§ 32

(1) Das Protokoll ist den Parteien vorzulesen oder zur Durchsicht vorzulegen und von ihnen zu genehmigen. Dies ist in dem Protokoll zu vermerken.

(2) Das Protokoll ist von den Schiedspersonen und den Parteien eigenhändig zu unterschreiben. Nach Vollzug der Unterschriften wird ein Vergleich wirksam.

(3) Erklärt eine Partei, daß sie nicht schreiben könne, so muß die Schiedsperson das Handzeichen der schreibunkundigen Person durch einen besonderen Vermerk beglaubigen.

§ 33

(1) Die Parteien oder deren Rechtsnachfolger erhalten auf Verlangen Abschriften oder Ausfertigungen des Protokolls.

(2) Die Ausfertigung besteht aus der mit dem Ausfertigungsvermerk versehenen Abschrift des Protokolls. Der Ausfertigungsvermerk muß Angaben über den Ort und die Zeit der Ausfertigung sowie die Person enthalten, für die die Ausfertigung erteilt wird, von der Schiedsperson unterschrieben und mit einem Dienstsiegel versehen werden.

(3) Die Ausfertigung wird von der Schiedsstelle erteilt, die die Urschrift des Protokolls verwahrt. Die Schiedsperson hat vor Aushändigung der Ausfertigung auf der Urschrift des Protokolls zu vermerken, wann und für wen die Ausfertigung erteilt worden ist.

(4) Befindet sich das Protokoll in der Verwahrung des Kreisgerichts, so wird die Ausfertigung von dem Urkundsbeamten der Geschäftsstelle erteilt.

§ 34

(1) Aus dem vor einer Schiedsstelle geschlossenen Vergleich findet die Zwangsvollstreckung statt.

(2) Die Vorschriften der Zivilprozeßordnung über die Zwangsvollstreckung aus Vergleichen, die vor einer durch die Landesjustizverwaltung eingerichteten oder anerkannten Gütestelle abgeschlossen sind, finden entsprechende Anwendung. Die Vollstreckungsklausel auf der Ausfertigung erteilt das Kreisgericht, in dessen Bereich die Schiedsstelle ihren Sitz hat.

(3) Auf der Urschrift des Protokolls ist zu vermerken, wann und von wem sowie für und gegen wen die Vollstreckungsklausel erteilt worden ist. Das Kreisgericht benachrichtigt die Schiedsstelle von der Erteilung der Vollstreckungsklausel, wenn es das Protokoll nicht verwahrt.

Dritter Abschnitt

Das Schlichtungsverfahren in Strafsachen
Das Sühneverfahren vor Erhebung der Privatklage

§ 35

(1) Die Schiedsstelle ist die Vergleichsbehörde im Sinne des § 380 Abs. 1 Strafprozeßordnung. Sie ist zuständig für die dort genannten Vergehen.

(2) Der Sühneversuch wird im Rahmen eines Schlichtungsverfahrens durchgeführt. Für dieses Verfahren gelten die Vorschriften des 2. Abschnitts, soweit in den §§ 36 bis 39 keine abweichenden Bestimmungen getroffen sind.

§ 36

(1) Das im Falle der Erhebung der Privatklage zuständige Gericht kann auf Antrag gestatten, daß von dem Sühneversuch abgesehen wird, wenn die antragstellende Partei von der Gemeinde, in der die Verhandlung stattfinden müßte, soweit entfernt wohnt, daß ihr unter Berücksichtigung ihrer Verhältnisse und nach den Umständen des Falles nicht zugemutet werden kann, zu der Verhandlung zu erscheinen. Das Gericht kann stattdessen den Antragsteller oder die Antragstellerin ermächtigen, sich in der Schlichtungsverhandlung vertreten zu lassen; der Vertreter legt der Schiedsstelle den gerichtlichen Beschluß sowie eine schriftliche Vollmacht vor.

(2) Die Parteien können die Entscheidung des Gerichts mit der sofortigen Beschwerde nach den Vorschriften der Strafprozeßordnung anfechten.

§ 37

Die Schiedsstelle darf den Sühneversuch nur ablehnen, wenn die Parteien auch nach Unterbrechung oder Vertagung der Schlichtungsverhandlung ihre Identität nicht nachweisen.

§ 38

Hat der Antragsgegner oder die Antragsgegnerin einen gesetzlichen Vertreter, so stellt die Schiedsstelle auch diesem die Terminsnachricht zu. Der Vertreter ist als Beistand zur Schlichtungsverhandlung zugelassen.

§ 39

(1) Auf Antrag bescheinigt die Schiedsperson die Erfolglosigkeit des Sühneversuchs zum Zwecke der Einreichung der Klage (§ 380 Abs. 1 Satz 2 der Strafprozeßordnung), wenn
1. in der Schlichtungsverhandlung eine Einigung nicht zustande gekommen ist oder
2. allein der Antragsgegner oder die Antragsgegnerin dem Schlichtungstermin unentschuldigt ferngeblieben ist oder sich vor dem Schluß der Schlichtungsverhandlung unentschuldigt entfernt hat; wohnen die Parteien in demselben Gemeindebezirk, in dem die Schlichtungsverhandlung stattzufinden hat, so tritt diese Wirkung erst dann ein, wenn die beschuldigte Partei auch in einem zweiten Termin ausbleibt.

Wurde im Falle des Satzes 1 Nr. 2 gegen den Antragsgegner ein Ordnungsgeld verhängt, so wird die Bescheinigung erst ausgestellt, wenn die Frist zur Anfechtung des Bescheids über das Ordnungsgeld abgelaufen ist und der Bescheid nicht angefochten worden ist, oder die Anfechtung erfolglos geblieben ist.

(2) Die Bescheinigung ist von der Schiedsperson zu unterschreiben und mit einem Dienstsiegel zu versehen. Sie hat die Straftat und den Zeitpunkt ihrer Begehung, das Datum der Antragstellung sowie Ort und Datum der Ausstellung zu enthalten.

Das Schlichtungsverfahren zur außergerichtlichen Erledigung einer Strafsache

§ 40

(1) Bei einem Vergehen, dessen Folgen geringfügig sind, kann der Staatsanwalt bei geringer Schuld des Täters und mit dessen Zustimmung die Sache einer Schiedsstelle übergeben, wenn dadurch eine außergerichtliche Erledigung der Sache, namentlich im Wege der Wiedergutmachung oder des Täter-Opfer-Ausgleichs, zu erwarten ist und kein öffentliches Interesse an der Erhebung der öffentlichen Klage besteht. Bei einem gegen fremdes Vermögen gerichteten Vergehen sind die Folgen in der Regel als geringfügig anzusehen, wenn die Höhe des Schadens den Betrag von 300 Deutsche Mark nicht übersteigt.

(2) Die Sache ist der Schiedsstelle zu übergeben, in deren Bereich der Beschuldigte wohnt.

(3) Eine Übergabe soll nicht erfolgen, wenn der Geschädigte von der Gemeinde, in der das Verfahren stattfinden müßte, soweit entfernt wohnt, daß ihm unter Berücksichtigung seiner Verhältnisse und nach den Umständen des Falles nicht zugemutet werden kann, zu der Verhandlung zu erscheinen.

(4) Für dieses Verfahren gelten die Vorschriften des 2. Abschnitts, soweit in den §§ 41 bis 45 keine abweichenden Bestimmungen getroffen sind.

§ 41

(1) Die Übergabe der Sache ist durch eine schriftlich begründete, der Schiedsstelle zuzustellende Entscheidung vorzunehmen. Der Beschuldigte und der Geschädigte sind von der Übergabe schriftlich zu unterrichten.

(2) In der Übergabeentscheidung sind der Sachverhalt zusammenfassend darzustellen, die Handlung unter Angabe des verletzten Strafgesetzes darzulegen, die Gründe für die Übergabe anzugeben und die Beweismittel zu benennen.

§ 42

(1) Die Schiedsstelle kann gegen die Übergabe beim übergebenden Staatsanwalt Einspruch einlegen, wenn nach ihrer Meinung die Übergabevoraussetzungen nicht vorliegen.

(2) Der Staatsanwalt hat bei begründetem Einspruch die Übergabeentscheidung aufzuheben; anderenfalls ist sie zu bestätigen. Die Bestätigung ist der Schiedsstelle zuzustellen und ist für diese verbindlich.

(3) Erscheint der Beschuldigte zweimal unbegründet nicht bei der Schiedsstelle, hat diese die Sache an den Staatsanwalt zurückzugeben. In diesem Falle ist die Übergabeentscheidung aufzuheben und dem Verfahren Fortgang zu geben.

§ 43

(1) Das Schlichtungsverfahren zur außergerichtlichen Erledigung einer Strafsache ist darauf gerichtet, den durch die Straftat gestörten sozialen Frieden wiederherzustellen und den Ausgleich zwischen Täter und Opfer zu erreichen.

(2) Im Schlichtungsverfahren kann der Beschuldigte folgende Verpflichtungen übernehmen:

— sich beim Geschädigten zu entschuldigen,
— den durch die Tat verursachten Schaden wiedergutzumachen,
— einen Geldbetrag zugunsten einer gemeinnützigen Einrichtung oder der Staatskasse zu zahlen,
— sonstige gemeinnützige Leistungen zu erbringen.

Für die Erfüllung dieser Verpflichtungen sind mit Zustimmung des Beschuldigten Fristen festzulegen, die höchstens 6 Monate betragen.

§ 44

(1) Über das Ergebnis des Schlichtungsverfahrens ist ein Protokoll zu fertigen. Es hat die Zeit und den Ort der Schlichtungsverhandlung, Namen, Vornamen und Anschrift des Beschuldigten sowie des Geschädigten, die Straftat und den Zeitpunkt ihrer Begehung sowie das Ergebnis des Schlichtungsverfahrens, insbesondere die vom Beschuldigten übernommenen Verpflichtungen sowie die zu ihrer Erfüllung festgelegten Fristen, zu enthalten. Das Protokoll ist von der Schiedsperson zu unterschreiben.

(2) Eine Ausfertigung des Protokolls ist innerhalb von 2 Wochen nach Durchführung des Schlichtungsverfahrens dem übergebenden Staatsanwalt und dem Beschuldigten zu übermitteln. Eine Ausfertigung ist auch dem Geschädigten zu übermitteln, wenn der Beschuldigte sich verpflichtet hat, den Schaden wiedergutzumachen.

§ 45

(1) Der Staatsanwalt hat die Erfüllung der vom Beschuldigten übernommenen Verpflichtungen zu kontrollieren. Der Beschuldigte ist verpflichtet, innerhalb von 2 Wochen nach Ablauf der für die Erfüllung der übernommenen Verpflichtungen gesetzten Frist gegenüber dem Staatsanwalt, der die Sache der Schiedsstelle übergeben hat, den Nachweis der Erfüllung zu erbringen.

(2) Erfüllt der Beschuldigte die übernommenen Verpflichtungen, so hat der Staatsanwalt das Verfahren einzustellen; anderenfalls ist dem Verfahren Fortgang zu geben.

Vierter Abschnitt

Kosten

§ 46

(1) Die Schiedsstelle erhebt für ihre Tätigkeit Kosten (Gebühren und Auslagen) nur nach diesem Gesetz.

(2) Der Vorsitzende der Schiedsstelle erledigt die Kassengeschäfte und erstellt die Kostenrechnungen. Er kann damit einen seiner Stellvertreter beauftragen.

Strafverfahren

§ 47

(1) Zur Zahlung der Kosten ist derjenige verpflichtet, der die Tätigkeit der Schiedsstelle veranlaßt hat, im Schlichtungsverfahren zur außergerichtlichen Erledigung einer Strafsache der Beschuldigte.

(2) Kostenschuldner ist ferner

1. derjenige, der die Kostenschuld durch eine vor der Schiedsstelle abgegebene Erklärung oder in einem Vergleich übernommen hat,
2. derjenige, der für die Kostenschuld eines anderen kraft Gesetzes haftet,
3. hinsichtlich der Schreibauslagen derjenige, der die Erteilung von Ausfertigungen oder Abschriften beantragt hat.

(3) Mehrere Kostenschuldner haften als Gesamtschuldner. Die Haftung des Kostenschuldners nach Absatz 2 Nrn. 1 und 3 geht der Haftung des Kostenschuldners nach Absatz 1 vor.

§ 48

(1) Gebühren werden mit der Beendigung des gebührenpflichtigen Geschäfts, Auslagen mit ihrem Entstehen fällig.

(2) Die Schiedsstelle soll ihre Tätigkeit grundsätzlich von der vorherigen Zahlung der voraussichtlich entstehenden Gebühren und Auslagen abhängig machen.

(3) Die Schiedsstelle, die den Antrag im Wege der Amtshilfe aufnimmt, hat lediglich Anspruch auf Ersatz ihrer Auslagen und fordert nur hierfür einen Vorschuß ein.

(4) Dem Kostenschuldner zu erteilende Bescheinigungen, Ausfertigungen und Abschriften sowie Urkunden, die der Kostenschuldner eingereicht hat, kann die Schiedsstelle zurückhalten, bis die in der Angelegenheit entstandenen Kosten gezahlt sind.

§ 49

(1) Die Kosten und Ordnungsgelder werden aufgrund einer von der Schiedsperson unterschriebenen und dem Kostenschuldner mitgeteilten Kostenrechnung eingefordert.

(2) Zahlt der Kostenschuldner nicht oder nicht vollständig innerhalb der Zahlungsfrist, werden die Kosten und Ordnungsgelder auf Antrag der Schiedsperson im Verwaltungswege beigetrieben.

§ 50

(1) Für das Schlichtungsverfahren wird eine Gebühr von 15 Deutsche Mark erhoben; kommt ein Vergleich zustande, so beträgt die Gebühr 30 Deutsche Mark.

(2) Unter Berücksichtigung der Verhältnisse des Kostenschuldners und des Umfangs und der Schwierigkeit des Falles kann die Gebühr auf höchstens 50 Deutsche Mark erhöht werden.

(3) Sind auf der Seite einer Partei oder beider Parteien mehrere Personen am Schlichtungsverfahren beteiligt oder ist die antragstellende Partei zugleich Antragsgegnerin, so wird die Gebühr nur einmal erhoben.

§ 51

(1) Die Schiedsstelle erhebt

1. Schreibauslagen für die Aufnahme von Anträgen, für Mitteilungen an die Parteien sowie für Ausfertigungen und Abschriften von Protokollen und Bescheinigungen; die Höhe der Schreibauslagen bestimmt sich nach § 136 Abs. 3 des Gesetzes über die Kosten in Angelegenheiten der freiwilligen Gerichtsbarkeit (Kostenordnung);
2. die bei der Durchführung einer Amtshandlung entstehenden notwendigen Auslagen in tatsächlicher Höhe.

(2) Die Entschädigung eines hinzugezogenen Dolmetschers zählt zu den baren Auslagen. Vor Hinzuziehung eines Dolmetschers hat die Schiedsstelle grundsätzlich einen die voraussichtlichen Kosten deckenden Vorschuß einzufordern. Wer die Kosten der Inanspruchnahme eines Dolmetschers zu tragen hat, bestimmt sich nach § 47 dieses Gesetzes. Die Höhe der Entschädigung richtet sich nach dem Gesetz über die Entschädigung von Zeugen und Sachverständigen. Die Entschädigung ist auf Antrag der Schiedsstelle oder des Dolmetschers von dem

Kreisgericht, in dessen Bereich die Schiedsstelle ihren Sitz hat, durch richterlichen Beschluß festzusetzen; § 16 Absatz 2 bis 5 des Gesetzes über die Entschädigung von Zeugen und Sachverständigen ist auf das Festsetzungsverfahren entsprechend anzuwenden.

§ 52

(1) Die Schiedsstelle kann ausnahmsweise, wenn das mit Rücksicht auf die wirtschaftlichen Verhältnisse des Zahlungspflichtigen oder sonst aus Billigkeitsgründen geboten erscheint, die Gebühren ermäßigen oder von ihrer Erhebung ganz oder teilweise absehen. Aus denselben Gründen kann von der Erhebung von Auslagen, mit Ausnahme der in § 51 Abs. 2 genannten, abgesehen werden.

(2) Den Ausfall der Schreibauslagen trägt die Schiedsstelle, während notwendige bare Auslagen von der Gemeinde als Sachkosten der Schiedsstelle zu tragen sind.

§ 53

Über Einwendungen des Kostenschuldners gegen die Kostenrechnung oder gegen Maßnahmen nach § 48 Abs. 2 und 4 entscheidet das Kreisgericht, in dessen Bereich die Schiedsstelle ihren Sitz hat, durch richterlichen Beschluß. Die Entscheidung ist nicht anfechtbar. Kosten werden nicht erhoben. Auslagen der Parteien werden nicht erstattet.

§ 54

(1) Die Gebühren stehen zu gleichen Teilen der Schiedsstelle und der Gemeinde zu.

(2) Die nach § 51 Abs. 1 Nr. 1 erhobenen Auslagen erhält die Schiedsstelle.

(3) Die Ordnungsgelder stehen der Gemeinde zu.

Fünfter Abschnitt

Übergangs- und Schlußvorschriften

§ 55

Das Gesetz vom 25. März 1982 über die gesellschaftlichen Gerichte der Deutschen Demokratischen Republik — GGG — GBl. I Nr. 13 S. 269) sowie der Beschluß des Staatsrates der Deutschen Demokratischen Republik vom 12. März 1982 über die Tätigkeit der Konfliktkommissionen — Konfliktkommissionsordnung — (GBl. I Nr. 13 S. 274), zuletzt geändert durch Gesetz über die Errichtung und das Verfahren der Schiedsstellen für Arbeitsrecht vom 29. Juni 1990 (GBl. I Nr. 38 S. 505) und der Beschluß des Staatsrates der Deutschen Demokratischen Republik vom 12. März 1982 über die Tätigkeit der Schiedskommissionen — Schiedskommissionsordnung — (GBl. I Nr. 13 S. 283), zuletzt geändert durch Beschluß des Staatsrates der Deutschen Demokratischen Republik vom 3. März 1989 (GBl. I Nr. 8 S. 117) werden aufgehoben.

§ 56

(1) Die bei Inkrafttreten dieses Gesetzes bestehenden Zuständigkeitsbereiche der Schiedskommissionen bestehen als Bereiche einer Schiedsstelle fort, soweit die Gemeindevertretung keine abweichende Regelung trifft.

(2) Die Schiedsstellen in den Gemeinden sind innerhalb von 2 Monaten nach Inkrafttreten dieses Gesetzes zu bilden.

§ 57

(1) Die zum Zeitpunkt des Inkrafttretens dieses Gesetzes bei den gesellschaftlichen Gerichten anhängigen Verfahren werden in dem Stand, in dem sie sich befinden, an das Kreisgericht abgegeben; Übergabeentscheidungen sind dem übergebenden Organ zurückzugeben.

(2) Aus zum Zeitpunkt des Inkrafttretens dieses Gesetzes für vollstreckbar erklärten Entscheidungen gesellschaftlicher Gerichte findet die Zwangsvollstreckung statt.

§ 58

Dieses Gesetz tritt am Tage des Inkrafttretens des Einigungsvertrages zwischen der Deutschen Demokratischen Republik und der Bundesrepublik Deutschland in Kraft.

27 Die **§§ 40 bis 45** gelten als **partielles Bundesrecht** — neben den Vorschriften der StPO — in den fünf neuen Bundesländern sowie für Vergehen, die auf dem Gebiet des früheren Berlin (Ost) begangen werden, auch im Land Berlin. Sie dienen insbesondere der Entlastung der Strafjustiz, berücksichtigen aber auch Belange der Schadenswiedergutmachung und des Täter-Opfer-Ausgleichs. Die **Auslegung der in § 40 Abs. 1 genannten Kriterien** für eine Abgabe (Folgen geringfügig; geringe Schuld; öffentliches Interesse) kann sich weitgehend an der Rechtsprechung und Literatur[6] zu den §§ 153, 153 a StPO orientieren, hat jedoch u. a. zu beachten, daß § 40 nicht von „Schaden“, sondern weitergehend von „Folgen“ spricht, außerdem nicht vom Interesse an der (Straf-)Verfolgung (Bestrafung), sondern — wohl weitergehend — vom Interesse an der Erhebung der öffentlichen Klage, das auch das Interesse umfaßt, die Sache einem Gericht zur Prüfung der Strafwürdigkeit, ggf. in öffentlicher Verhandlung, vorzulegen; außerdem hängt die Zulässigkeit des Verfahrens von der Zustimmung des Beschuldigten ab. Eine Abgabe nach Anklageerhebung, etwa durch das Gericht, ist nicht möglich; verneint das Gericht eine Strafwürdigkeit, so ist eine Erledigung nur noch über die §§ 153 ff StPO möglich.

28 **7. Maßgabe c** regelt, daß bis zur Bestellung von **Hilfsbeamten der Staatsanwaltschaft** in den fünf neuen Bundesländern durch Rechtsverordnungen gemäß § 152 Abs. 2 GVG, längstens jedoch bis zum 30. Juni 1991, die den Hilfsbeamten zustehenden besonderen Anordnungskompetenzen nach der StPO auch den Untersuchungsorganen der Ministerien des Innern, also den Beamten und Behörden des Polizeidienstes dieser Länder zustehen. Zweck der Vorschrift ist, zu verhindern, daß diese Kompetenzen für eine Übergangszeit leerlaufen. Die Maßgabe gilt daher nicht in Berlin. Im übrigen wird auf die Maßgabe zu § 152 Abs. 2 GVG (vgl. Teil B Rdn. 145 ff) verwiesen.

29 **8. Gebühren[6a], Auslagen und Entschädigungen** richten sich im wesentlichen nach dem in Kraft gesetzten Recht der Bundesrepublik (z. B. GKG, BRAGebO) und den hierzu getroffenen Maßgaben (vgl. Maßgaben Nr. 19, 24 bis 27, 28 Buchst. d); hervorzuheben sind die insoweit vorgesehenen Ermäßigungen (20%); vgl. dazu Teil A Rdn. 100 ff. Die Kosten werden nach dem Recht der früheren DDR erhoben, wenn das Strafverfahren vor dem 3. Oktober 1990 anhängig geworden ist — es fallen also keine Gerichtsgebühren an; das gilt jedoch nicht bzgl. der nach dem 3. Oktober 1990 eingelegten Rechtsmittel. Besonderheiten gelten nach Abschnitt IV Nr. 3 Buchst. f bis i in Berlin. Zur Entschädigung wegen unberechtigter Strafverfolgung vgl. Rdn. 78.

III. Vollstreckung

30 **1. Allgemeines[6b]**. Die Vollstreckung strafgerichtlicher Entscheidungen, deren Zulässigkeit sich schon aus Artikel 18 Abs. 1 Satz 1 des Einigungsvertrages (vgl. Rdn. 7) und aus Maßgabe d 1. Halbsatz (vgl. Rdn. 32) ergibt, betrifft im wesentlichen die rechtskräf-

---

[6] Vgl. z. B. LR-*Rieß* HW § 153, 21 bis 24, 25 bis 31, 49, 50 und § 153 a, 24, 25.

[6a] Eingehend hierzu *Hansens* AnwBl. **1991** 24 ff und DtZ **1991** 97.

[6b] Zur Vollstreckungsverjährung vgl. Anl. I, Kap. III C, Abschnitt II Nr. 1c des Einigungsvertrages.

tiger Urteile und Strafbefehle. Sie richtet sich grundsätzlich nach der StPO (§§ 449 ff); Vollstreckungsbehörde ist also nach § 451 StPO hauptsächlich die Staatsanwaltschaft (s. aber Rdn. 41 sowie §§ 82, 110 JGG). Ergänzend gilt nach Maßgabe f) bb) die Justizbeitreibungsordnung für die Vollstreckung von Geldstrafen (vgl. auch Rdn. 43). Die Justizbeitreibungsordnung ist im übrigen nach Maßgabe Nr. 16 des Einigungsvertrages anwendbar, und zwar mit der Einschränkung, daß ein vor dem 3. Oktober 1990 begonnenes Einziehungsverfahren nach dem früheren Recht der DDR zu erledigen ist; dies kann auch für die Vollstreckung („Verwirklichung") der von Gerichten der DDR verhängten „Ordnungsstrafen" (vgl. §§ 31, 86 StPO/DDR) von Bedeutung sein. Die Vollstreckungsmaßgaben zur StPO (Nr. 14 Buchst. d, e, f) haben weitgehend den Charakter von Generalklauseln. Es wird sich zeigen müssen, ob dies reicht, um in der Praxis auftretende Probleme zu lösen; ggf. müssen von der Rechtsprechung, etwa in analoger Anwendung der Regelungen des Vollstreckungsrechts, pragmatische Lösungsansätze entwickelt werden. Sonderregelungen enthält der Einigungsvertrag bzgl. der Vollstreckung von „Ordnungsstrafen" nach dem OWG/DDR; insoweit wird auf Anlage I Kap. III Sachgebiet C Abschnitt III Nr. 4, dort insbesondere auf Maßgabe e (keine Vollstreckung der vor dem 1. Juli 1990 rechtskräftig verhängten Ordnungsstrafen), verwiesen.

Für die Vollstreckung der von Strafgerichten der DDR verhängten **Freiheitsstrafen** enthält der Einigungsvertrag keine besondere Maßgaberegelung; sie richtet sich **31**
daher nach den Bestimmungen der StPO und den nachfolgend erläuterten Vollstreckungsmaßgaben (vgl. Rdn. 32 und 38). Entstehen Zweifelsfragen, so kann gemäß §§ 458, 462 StPO, §§ 23 ff EGGVG eine gerichtliche Entscheidung herbeigeführt werden, soweit nicht besondere Verfahren (vgl. z. B. Rdn. 32) vorgesehen sind. Gleiches gilt für die Vollstreckung der Anordnung solcher Rechtsfolgen, die (soweit sie) den **Nebenstrafen, Nebenfolgen** und **Maßregeln** des StGB, z. B. den **Maßregeln der Besserung und Sicherung** (§§ 61 ff StGB[6c]) oder **Verfall und Einziehung** (§§ 73 ff StGB), entsprechen (vgl. §§ 49 ff StGB/DDR). Zur Wirksamkeit solcher Entscheidungen einschließlich des räumlichen Geltungsbereichs wird auf Rdn. 5 verwiesen. Die Justizbeitreibungsordnung (vgl. § 459 g StPO) gilt nur für Einziehungsverfahren, die nach dem 3. Oktober 1990 begonnen haben (vgl. Maßgabe Nr. 16 und Rdn. 30, 43); vorher begonnene Einziehungen richten sich nach § 339 StPO/DDR und der Ersten Durchführungsbestimmung zur Strafprozeßordnung der DDR vom 20. März 1975 (GBl. I S. 285; GBl. I 1979, Nr. 23). Noch nicht vollstreckte Anordnungen solcher Rechtsfolgen, die nicht denen des StGB entsprechen, können schon deshalb nicht mehr vollstreckt werden, weil die StPO hierfür keine Regelungen vorsieht. Außerdem enthalten die §§ 8 ff des 6. Strafrechtsänderungsgesetzes vom 29. Juni 1990 (GBl. I S. 526) Vollstreckungsverbote, die — schon unter rechtsstaatlichen Gesichtspunkten — weiterhin zu beachten sind, obwohl der Einigungsvertrag diese Bestimmungen nicht ausdrücklich aufrechterhalten hat. Die Vollstreckung der durch Entscheidungen der Gesellschaftlichen Gerichte verhängten „Erziehungsmaßnahmen" (Geldbußen, Schadensersatz) richtet sich nach § 57 Abs. 2 SchiedsstG (Rdn. 26) und den Maßgaben zur Inkraftsetzung der (bzgl. der Geldbußen analog anzuwendenden) Justizbeitreibungsordnung (Nr. 16) bzw. der ZPO (Nr. 5, insbes. Buchst. i bis k).

[6c] Nicht vollstreckbar ist das Fahrverbot nach § 47 StVO/DDR (Anl. I, Kap. III C, Abschnitt III Nr. 4 e des Einigungssvertrages). Im übrigen kann in Härtefällen z. B. über § 69 a Abs. 7 StGB geholfen werden.

32 2. **Maßgabe d** geht von dem Grundsatz aus, daß — entsprechend Artikel 18 Abs. 1 (vgl. Rdn. 4) — Entscheidungen der Strafgerichte der früheren DDR — unter Beachtung der hierzu getroffenen Maßgaben — vollstreckt werden können und bestimmt als Ausnahme die **Unzulässigkeit der Vollstreckung**, falls ein Gericht feststellt, daß die Verurteilung mit rechtsstaatlichen Maßstäben nicht vereinbar ist oder daß Art oder Höhe der Rechtsfolge nach rechtsstaatlichen Grundsätzen nicht angemessen sind oder dem Zweck eines Bundesgesetzes widersprechen. Die Regelung ist insbesondere im Zusammenhang mit Artikel 17 und 18 Abs. 2 des Einigungsvertrages zu sehen. Die frühere DDR hat in den letzten Jahren mehrfach Maßnahmen getroffen, die das Ziel hatten, strafgerichtliche Urteile, die rechtsstaatlichen Maßstäben widersprechen, aus der Welt zu schaffen. Die Volkskammer hat außerdem ein „Rehabilitierungsgesetz" verabschiedet, das nach den Bestimmungen des Einigungsvertrages zum Teil weiter gilt (vgl. Rdn. 79 mit Textabdruck). Schließlich gilt für eine Übergangszeit das Kassationsverfahrensrecht der StPO/DDR in erheblich modifizierter Form weiter (vgl. Rdn. 48 ff), damit „Unrechtsurteile" zugunsten des Verurteilten beseitigt werden können. Neben diesem Instrumentarium und dem der StPO zur Korrektur unrichtiger Entscheidungen sowie zur Überprüfung der Vollstreckung von Entscheidungen (z. B. § 458 StPO) regelt die Maßgabe d eine Auffangklausel, die sicherstellen soll, daß nicht trotzdem Unrechtsentscheidungen vollstreckt werden, etwa weil dieses Instrumentarium nicht greift (vgl. Rdn. 34) oder — z. B. wegen Fristablaufs — nicht mehr genutzt werden kann.

33 Die **gerichtliche Feststellung** kann bewirken, daß die in einer Entscheidung verhängte Rechtsfolge nicht, nicht in vollem Umfang oder daß nur eine mildere Folgenart vollstreckt werden darf. Die Regelung ist nach dem Vorgesagten nicht anwendbar, wenn (soweit) eine vor dem 3. Oktober 1990 ergangene Entscheidung nach diesem Stichtag durch ein Rechtsmittelgericht überprüft und nicht beanstandet wird.

34 **Satz 1 und 2** sind § 2 Abs. 5 RHG nachgebildet, erfassen aber darüber hinausgehend auch den Fall, daß schon die „Verurteilung", also der Schuldspruch oder das Verfahren, das zur Verurteilung geführt hat, nicht mit **rechtsstaatlichen Maßstäben** vereinbar ist. Letzteres kann z. B. der Fall sein, wenn der Schuldspruch auf einer rechtsstaatswidrigen Vorschrift des materiellen Strafrechts der früheren DDR beruht oder auf einem Verfahren, das nicht rechtsstaatlichen Maßstäben entspricht (z. B. Verletzung der Grundsätze des § 136 a StPO oder des rechtlichen Gehörs). Daß eine Rechtsfolge dem **Zweck eines Bundesgesetzes widerspricht** (ein Umstand, der kein Kassationsgrund ist), ist anzunehmen, wenn sie bzw. ihre Vollstreckung nicht mit wesentlichen Grundgedanken oder Zielen des Rechts der Bundesrepublik vereinbar ist (z. B. Vollstreckung einer Jugendstrafe, die über die Begrenzung des § 18 JGG hinausgeht). Im übrigen wird auf die Erläuterungen unter Rdn. 61 sowie zu § 2 Abs. 5 RHG[7] verwiesen, die ergänzend herangezogen werden können.

35 Die **Sätze 3 bis 8** der Maßgabe enthalten im wesentlichen Verfahrensvorschriften. Nach **Satz 3** kann der **Feststellungsantrag** nur von dem Verurteilten oder der Staatsanwaltschaft gestellt werden; der Rechtspfleger ist nicht antragsbefugt, weil der Antrag nicht eine der Vollstreckungsbehörde obliegende Maßnahme im Sinne von § 31 Abs. 2 RPflG ist. Im Hinblick auf die **Subsidiaritätsklausel** in **Satz 4** wird der Maßgabe in der Praxis kaum große Bedeutung zukommen. Denn der Antrag ist unzulässig, wenn ein Kassationsverfahren durchgeführt worden ist, noch läuft oder noch beantragt werden kann. Gemeint ist damit ein Kassationsverfahren zugunsten des Verurteilten. Es kommt nicht darauf an, wer den Kassationsantrag gestellt hat. **Zweck des Satzes 4** ist, eine Um-

[7] Vgl. LR-*K. Schäfer* HW § 2, 3, 12 bis 14, 21 ff; s. auch *Wasmuth* NJW **1991** 160 ff.

gehung des Kassationsverfahrens und der hier getroffenen Sachentscheidung zu vermeiden. Deshalb ist Satz 4 unter Berücksichtigung des § 311 StPO/DDR in der Fassung des Einigungsvertrages (vgl. Rdn. 58 ff) zu interpretieren. Danach kann ein Kassationsverfahren durchgeführt werden, wenn die Entscheidung auf einer schwerwiegenden Verletzung des Gesetzes beruht, im Rechtsfolgenausspruch gröblich unrichtig ist oder wenn die Entscheidung — gemeint der Rechtsfolgenausspruch, der Schuldspruch oder das der Entscheidung zugrundeliegende Verfahren (vgl. dazu Rdn. 60) — nicht mit rechtsstaatlichen Maßstäben vereinbar ist. Dies bedeutet z. B.: Hat das Kassationsgericht eine Kassation abgelehnt, weil keine der genannten Voraussetzungen erfüllt ist, oder ist auf einen Kassationsantrag das angefochtene Urteil geändert, etwa die Strafe gemildert worden, so ist ein Feststellungsantrag gemäß Satz 4 unzulässig, soweit eine stattgebende Entscheidung auf eine Korrektur des Ergebnisses des Kassationsverfahrens hinauslaufen würde. **Satz 4** ist demgemäß **nicht anwendbar**, wenn mit dem Feststellungsantrag geltend gemacht wird, die verhängte Rechtsfolge widerspreche dem Zweck eines Bundesgesetzes, Kassationsgründe (z. B. Rechtsstaatswidrigkeit) jedoch nicht geltend gemacht werden und auch nicht ersichtlich sind, oder wenn der Kassationsantrag als unzulässig verworfen worden ist (vgl. Rdn. 67).

Zuständig ist nach **Satz 5** das **Kassationsgericht**. Dieses kann nach **Satz 6** vorläufig **36**
einen **Aufschub oder eine Unterbrechung der Vollstreckung** bis zur endgültigen Entscheidung anordnen (§ 458 Abs. 3 Satz 1 StPO); die gleiche Befugnis steht nach **Satz 8** der Staatsanwaltschaft zu. Das Gericht trifft gemäß **Satz 6** seine nicht anfechtbare Entscheidung ohne mündliche Verhandlung durch Beschluß (§ 462 Abs. 1 Satz 1), grundsätzlich nach **Anhörung** des Verurteilten bzw. der Staatsanwaltschaft; ausnahmsweise kann von der Anhörung des Verurteilten abgesehen werden, wenn Tatsachen dafür sprechen, daß die Anhörung nicht ausführbar ist (§ 462 Abs. 2).

Eine **registerrechtliche Folgeregelung** enthält **Maßgabe** j. **37**

3. **Maßgabe** e stellt klar, daß eine vor dem 3. Oktober 1990 auf der Grundlage **38**
des **§ 15 RHG** getroffene Feststellung, die Vollstreckung aus einem früheren Strafurteil der DDR sei unzulässig, auch für die fünf neuen Bundesländer gilt und dort ein Vollstreckungshindernis bildet. Diese Klarstellung erschien rein vorsorglich angebracht, weil sich der Anwendungsbereich der Vorschrift bis zur Aufhebung des RHG am 3. Oktober 1990 (vgl. Anlage I Kapitel III Sachgebiet C Abschnitt II Nr. 5) nur auf das frühere Gebiet der Bundesrepublik erstreckte; es muß jedoch sichergestellt sein, daß die nach § 15 ergangenen, weiterhin gültigen Entscheidungen auch auf dem Gebiet der früheren DDR beachtet werden (vgl. auch Rdn. 55 und BezG Rostock DtZ **1991** 154).

4. **Maßgabe** f befaßt sich speziell mit Fragen der **Vollstreckung von Geldstrafen** **39**
aus Urteilen der Strafgerichte der früheren DDR. Sie regelt zunächst den Grundsatz, daß für die Vollstreckung solcher Geldstrafen und die **Festsetzung der Ersatzfreiheitsstrafen** das bisherige Recht der früheren DDR gelten soll, schränkt dies jedoch durch drei Ausnahmen ein. Der Grundsatz geht davon aus, daß nach dem materiellen Strafrecht der DDR Geldstrafen nicht nach dem Tagessatzsystem sondern als Geldsummenstrafen verhängt wurden, und bezweckt insbesondere, damit verbundene Schwierigkeiten bei der Festsetzung der Ersatzfreiheitsstrafen zu vermeiden. Die Regelung gilt nicht, wenn (soweit) über eine vor dem 3. Oktober 1990 verhängte Geldstrafe nach diesem Stichtag durch ein Rechtsmittelgericht entschieden wird, weil dann die Geldstrafe nach den Bestimmungen des StGB zu verhängen ist.

Demgemäß sind insbesondere **folgende Bestimmungen des bisherigen Rechts der** **40**
DDR von Bedeutung:

StPO/DDR

§ 339

Zuständige Organe

(1) Für die Verwirklichung der Maßnahmen der strafrechtlichen Verantwortlichkeit sind zuständig
1. das Gericht bei ... Geldstrafe ...

...

(5) Die Einzelheiten des Vollzuges der Strafen mit Freiheitsentzug regelt das Strafvollzugsgesetz; die Einzelheiten der Verwirklichung der anderen Maßnahmen strafrechtlicher Verantwortlichkeit regeln besondere Durchführungsbestimmungen.

§ 340

Durchsetzung von Urteilen

(1) Urteile können erst durchgesetzt werden, wenn sie rechtskräftig sind. Dies gilt auch für Beschlüsse über die Verwirklichung von Maßnahmen der strafrechtlichen Verantwortlichkeit.
(2) Das Gericht erster Instanz leitet die Durchsetzung auf Grund einer mit der Bescheinigung der Rechtskraft versehenen Ausfertigung der Urteils- oder Beschlußformel ein. Tritt die Rechtskraft einer gerichtlichen Entscheidung, mit der auf eine Strafe mit Freiheitsentzug erkannt oder der Vollzug einer Strafe mit Freiheitsentzug angeordnet wurde, im Rechtsmittelverfahren ein und befindet sich der Angeklagte in Untersuchungshaft, ist die Verwirklichung dieser Strafe durch das Gericht zweiter Instanz einzuleiten.

§ 346

Umwandlung von Geldstrafe in Freiheitsstrafe

Das Gericht entscheidet durch Beschluß gemäß § 36 Absatz 3 des Strafgesetzbuches über die Umwandlung einer Geldstrafe in eine Freiheitsstrafe. Das Gericht kann zur Entscheidung über die Umwandlung eine mündliche Verhandlung durchführen.

§ 360

Verjährung der Verwirklichung von Maßnahmen der strafrechtlichen Verantwortlichkeit

(1) Die Verwirklichung rechtskräftig erkannter Maßnahmen der strafrechtlichen Verantwortlichkeit verjährt:
1.
2.
3.
(2) Die Verwirklichung einer Geldstrafe verjährt in drei Jahren.
(3)
(4) Die Verjährung beginnt mit dem Tage, an dem das Urteil oder der Beschluß rechtskräftig geworden ist.
(5) Die Verwirklichung einer Zusatzstrafe verjährt mit der Verjährung der Verwirklichung der Hauptstrafe

StGB/DDR

§ 36

Geldstrafe als Hauptstrafe

(1) Die Geldstrafe soll den Täter durch einen empfindlichen Eingriff in seine persönlichen Vermögensinteressen zur Achtung der Gesetzlichkeit und der Rechte der Bürger erziehen. Bei

ihrer Anwendung und Bemessung sind die wirtschaftlichen Verhältnisse des Täters und durch die Straftat begründete Schadenersatzverpflichtungen zu berücksichtigen.

(2) Die Geldstrafe beträgt 50,— Deutsche Mark bis 100 000,— Deutsche Mark. Bei Straftaten, die auf erheblicher Gewinnsucht beruhen, kann sie bis auf 500 000,— Deutsche Mark erhöht werden.

(3) Kann eine Geldstrafe nicht verwirklicht werden, weil der Verurteilte sich seiner Verpflichtung zur Zahlung entzieht, insbesondere wenn Maßnahmen der gesellschaftlichen Einwirkung fruchtlos bleiben, wird sie durch Beschluß des Gerichts in eine Freiheitsstrafe von drei Monaten bis zu einem Jahr umgewandelt. Von ihrem Vollzug kann abgesehen werden, wenn der Verurteilte die Geldstrafe zahlt.

Erste Durchführungsbestimmung zur Strafprozeßordnung der Deutschen Demokratischen Republik vom 20. März 1975 (GBl. I S. 285)

unter Berücksichtigung der Anordnung
zur Änderung
der Ersten Durchführungsbestimmung
zur Strafprozeßordnung
der Deutschen Demokratischen Republik
vom 27. Juli 1979
(GBl. I Nr. 23)

Gemäß § 4 des Gesetzes vom 19. Dezember 1974 zur Änderung der Strafprozeßordnung der Deutschen Demokratischen Republik — StPO — (GBl. I Nr. 64 S. 597) wird zur Durchführung des § 339 Abs. 5 der Strafprozeßordnung vom 12. Januar 1968 in der Neufassung des 3. Strafrechtsänderungsgesetzes vom 28. Juni 1979 (GBl. I Nr. 17 S. 139) im Einvernehmen mit den Leitern der zuständigen zentralen Organe folgendes bestimmt:

I.

Anwendungsbereich

§ 1

(1) Diese Durchführungsbestimmung regelt

1. die Aufgaben der Gerichte bei der Einleitung der Durchsetzung gerichtlicher Entscheidungen,
2. die Verwirklichung von Strafen ohne Freiheitsentzug, Zusatzstrafen sowie anderen gerichtlichen Maßnahmen und Verpflichtungen.

(2) Gerichtliche Entscheidungen im Sinne dieser Durchführungsbestimmung sind Urteile in Strafsachen, Strafbefehle, Beschlüsse zur Verwirklichung von Maßnahmen der strafrechtlichen Verantwortlichkeit und Beschlüsse über die Einweisung in stationäre Einrichtungen für psychisch Kranke.

II.

Einleitung der Durchsetzung gerichtlicher Entscheidungen

§ 2

Verwirklichungsersuchen

(1) Das zuständige Gericht (§ 340 Abs. 2 StPO) leitet die Durchsetzung der gerichtlichen Entscheidung durch Zustellung eines Verwirklichungsersuchens an das für die Verwirklichung der Maßnahme der strafrechtlichen Verantwortlichkeit oder einer anderen gerichtlichen Maßnahme gemäß § 339 Abs. 1 Ziffern 2 bis 4 StPO und den Vorschriften dieser Durchführungsbestimmung zuständige Organ ein.

(2) Das Verwirklichungsersuchen enthält die mit der Bescheinigung der Rechtskraft versehene Ausfertigung der Entscheidungsformel und die Aufforderung, die Entscheidung zu verwirklichen. Das Ersuchen ist zu siegeln.

(3) Bei Strafen mit Freiheitsentzug (§ 3), Aufenthaltsbeschränkung (§§ 26 bis 32), staatlichen Kontrollmaßnahmen (§ 39), staatlicher Kontroll- und Erziehungsaufsicht (§ 41), fachärztlicher Behandlung (§ 42), Aufenthalts-, Umgangs-, Besitz- und Verwendungsverboten (§ 43) und Einweisung in eine psychiatrische Einrichtung (§ 52) enthält das Verwirklichungsersuchen eine mit der Bescheinigung der Rechtskraft versehene Ausfertigung der gesamten Entscheidung oder — soweit der Vorsitzende des Gerichts, dies bestimmt — der Urteilsformel mit einem Auszug aus den Entscheidungsgründen.

(4) Wird eine rechtskräftig ausgesprochene Maßnahme der strafrechtlichen Verantwortlichkeit oder andere gerichtliche Maßnahme
— in oder nach einem Rechtsmittelverfahren (§ 302 StPO),
— in oder nach einem Kassationsverfahren (§§ 322, 325 StPO),
— in einem Wiederaufnahmeverfahren (§ 335 StPO) oder
— im Zusammenhang mit dem Absehen vom Vollzug einer Freiheitsstrafe (§ 36 Abs. 3 StGB)

aufgehoben oder abgeändert, ist das Verwirklichungsersuchen zurückzuziehen oder unter Hervorhebung der Änderungen ein neues Verwirklichungsersuchen zuzustellen. Das neu erkennende Gericht hat die Verwirklichung unaufschiebbarer Entscheidungen, insbesondere über die Beendigung der Strafhaft, unverzüglich selbst zu veranlassen.

§ 3

Strafen mit Freiheitsentzug

(1) Die Durchsetzung einer gerichtlichen Entscheidung, in der eine Strafe mit Freiheitsentzug (§§ 38; 74 und 76 StGB) ausgesprochen wurde, ist durch Zustellung der Verwirklichungsersuchens und des Strafregisterauszuges an die zuständige Untersuchungshaftanstalt einzuleiten. Wurde im Verfahren ein psychiatrisches oder psychologisches Gutachten beigezogen, ist es abschriftlich beizufügen. Bei Jugendlichen ist außerdem die schriftliche Stellungnahme der Organe der Jugendhilfe zu übersenden.

(2) Bei Beschlüssen, in denen
— der Vollzug der mit der Verurteilung auf Bewährung angedrohten Freiheitsstrafe (§ 344 Absätze 1 bis 3 StPO),
— die Jugendhaft wegen vorsätzlicher Nichterfüllung gerichtlich auferlegter Pflichten (§ 345 Abs. 2 StPO),
— die Umwandlung der Geldstrafe in Freiheitsstrafe (§ 346 StPO),
— der Vollzug der auf Bewährung ausgesetzten Freiheitsstrafe (§ 350 a StPO) oder
— die nachträgliche Bildung einer Hauptstrafe (§ 355 StPO)

angeordnet wird, ist der zuständigen Untersuchungshaftanstalt, soweit dies nicht schon früher erfolgte, ferner eine Ausfertigung des dem Beschluß zugrunde liegenden Urteils oder der Urteilsformel mit einem Auszug aus den Urteilsgründen oder eine Ausfertigung des Strafbefehls zu übersenden.

§ 4

Verkürzung, Aussetzung und Beendigung von gerichtlichen Maßnahmen

...

§ 5

Frist

(1) Die Durchsetzung der gerichtlichen Entscheidungen ist unverzüglich, spätestens 10 Tage nach Eintritt der Rechtskraft, einzuleiten. Das gilt auch, wenn eine Entscheidung nur hinsichtlich eines vom Rechtsmittel nicht betroffenen Angeklagten oder mit Ausnahme der Entscheidung über den Schadensersatz rechtskräftig wird.

(2) Die zuständigen Organe haben auf Grund des gerichtlichen Verwirklichungsersuchens die Maßnahmen der strafrechtlichen Verantwortlichkeit und anderen gerichtlichen Maßnahmen unverzüglich zu verwirklichen, soweit hierfür keine besonderen Fristen festgelegt sind.

§ 6

Mitteilung von der Verwirklichung

(1) Die für die Verwirklichung von Maßnahmen strafrechtlicher Verantwortlichkeit zuständigen Organe haben dem zuständigen Staatsanwalt vom Abschluß der Verwirklichung unverzüglich Mitteilung zu machen.
(2) Die Mitteilungspflicht an den Generalstaatsanwalt der Deutschen Demokratischen Republik — Strafregister — bleibt hiervon unberührt.

Geldstrafen

§ 23

(1) Für die Verwirklichung der Geldstrafe ist das Gericht erster Instanz verantwortlich. Sie wird durch die für dieses Gericht zuständige Buchhaltung durchgeführt.

(2) Die Geldstrafe wird mit Rechtskraft der Entscheidung fällig. Das Gericht hat den Verurteilten unverzüglich nach Rechtskraft der Entscheidung zur Zahlung der Geldstrafe aufzufordern. Bleibt die Aufforderung zur Zahlung der Geldstrafe erfolglos, hat das Gericht Maßnahmen zur Vollstreckung einzuleiten oder — sofern die Voraussetzungen des § 36 Abs. 3 StGB vorliegen — die Geldstrafe in eine Freiheitsstrafe umzuwandeln.

(3) Für das Verfahren der Vollstreckung finden, soweit nachfolgend nichts anderes geregelt ist, die Bestimmungen des Zivilverfahrensrechts Anwendung. Das Verfahren bei Umwandlung der Geldstrafe in eine Freiheitsstrafe richtet sich nach § 25.

§ 24

(1) Die Verwirklichung der Geldstrafe ist in der Regel innerhalb eines Jahres abzuschließen.

(2) Dem Verurteilten kann unter Berücksichtigung seiner wirtschaftlichen Verhältnisse auf Antrag Ratenzahlung bewilligt werden. Die festzusetzenden Raten müssen eine fühlbare wirtschaftliche Belastung für ihn darstellen.

(3) Dem Verurteilten kann auf Antrag die Bezahlung der Geldstrafe bis zu einem Jahr nach Rechtskraft der Entscheidung gestundet werden, wenn die sofortige Leistung auf Grund nicht verschuldeter wirtschaftlicher Schwierigkeiten auch in Raten nicht möglich ist. Nach Ablauf der Stundung ist die Zahlungsfähigkeit des Verurteilten zu überprüfen und über die weiteren Maßnahmen zu entscheiden.

(4) Alle zur Verwirklichung einer Geldstrafe zu treffenden gerichtlichen Entscheidungen sind unter Berücksichtigung der Verjährungsfrist (§ 360 Absätze 2 und 5 StPO) festzulegen. Die Kontrolle der Verjährungsfrist obliegt der Buchhaltung. Nach Eintritt der Verjährung sind die Maßnahmen zur Verwirklichung der Geldstrafe einzustellen. Der noch nicht verwirklichte Teil der Geldstrafe ist zu löschen.

(5) Die Entscheidungen über Maßnahmen der Vollstreckung, die Bewilligung von Ratenzahlungen ur d die Stundung hat der Leiter der Buchhaltung zu treffen. In Zweifelsfällen hat er den Vorsitzenden des Gerichts, das die Geldstrafe ausgesprochen hat, zu konsultieren.

§ 25

(1) Für die Entscheidung gemäß § 36 Abs. 3 StGB ist das Gericht zuständig, das die Geldstrafe ausgesprochen hat. Der Leiter der Buchhaltung hat dem zuständigen Gericht unverzüglich Mitteilung zu machen, wenn sich der Verurteilte der Verpflichtung zur Zahlung der Geldstrafe entzieht.

(2) Die Entscheidung kann auf Grund eines Antrages des Staatsanwalts, auf Anregung des Leiters der Buchhaltung oder von Amts wegen getroffen werden. Vor der Entscheidung ist dem Verurteilten Gelegenheit zur Äußerung zu geben.

(3) Die Maßnahmen zur Verwirklichung der Geldstrafe sind nach Antragstellung oder nach Anregung durch den Leiter der Buchhaltung gemäß Abs. 2 vorläufig, nach rechtskräftiger Entscheidung gemäß § 36 Abs. 3 StGB endgültig einzustellen.

(4) Zahlt der Verurteilte vor dem Vollzug der gemäß § 36 Abs 3 StGB festgesetzten Freiheitsstrafe freiwillig die Geldstrafe, hat der Leiter der Buchhaltung das zuständige Gericht unverzüglich zu informieren. Das Gericht hat durch Beschluß zu entscheiden, wenn vom Vollzug der festgesetzten Freiheitsstrafe abgesehen wird.

(5) Wird die gemäß § 36 Abs. 3 StGB festgesetzte Freiheitsstrafe vollzogen, ist die Geldstrafe zu löschen.

(6) Wurde neben einer Verurteilung auf Bewährung zusätzlich auf Geldstrafe erkannt, ist für den Fall, daß sich der Verurteilte seiner Verpflichtung zur Zahlung der Geldstrafe entzieht, zu prüfen, ob gemäß § 35 Abs. 4 Ziff. 4 StGB die Voraussetzungen für den Vollzug der mit der Verurteilung auf Bewährung angedrohten Freiheitsstrafe vorliegen.

41 **Vollstreckungsbehörde** ist danach das Gericht erster Instanz. Die Festsetzung der Ersatzfreiheitsstrafe obliegt dem Gericht, das die Geldstrafe verhängt hat. Ratenzahlung und Stundung richten sich nach § 24 der Ersten Durchführungsbestimmung.

42 Die erste Ausnahme **(f) aa)** berücksichtigt, daß das **JGG** keine Geldstrafe kennt; deshalb soll jedenfalls die Festsetzung einer Ersatzfreiheitsstrafe unterbleiben.

43 Die zweite Ausnahme **(bb)** regelt, daß für das **Verfahren der Vollstreckung der Geldstrafe** nicht gemäß § 23 Abs. 3 Satz 1 die „Bestimmungen des Zivilverfahrensrechts", also die Regelungen der Zwangsvollstreckung im Zivilprozeß, gelten, sondern die **Justizbeitreibungsordnung**. In diesem Zusammenhang ist jedoch zu beachten, daß die Justizbeitreibungsordnung gemäß Maßgabe Nr. 16 (vgl. Rdn. 30) für das Gebiet der früheren DDR nur mit der Einschränkung in Kraft gesetzt wird, daß vor dem 3. Oktober 1990 begonnene Einziehungsverfahren nach dem früheren Recht der DDR zu erledigen sind; dies bedeutet (als Rückausnahme), daß vor diesem Stichtag eingeleitete Zwangsvollstreckungen zur Einziehung von Geldstrafen nicht nach der Justizbeitreibungsordnung, sondern gemäß § 23 Abs. 3 Satz 1 grundsätzlich nach der ZPO/DDR abzuwickeln sind. Die Verweisung auf die „Bestimmungen des Zivilverfahrensrechtes" in Satz 1 ist nicht als Verweisung auf die ZPO der Bundesrepublik zu interpretieren (vgl. dazu Maßgabe Nr. 28 Buchst. b), sondern auf die ZPO/DDR, weil entsprechend dem Eingangssatz in Nr. 28 unter Nr. 16 ausdrücklich die Erledigung begonnener Vollstreckungen nach den bisherigen Regelungen, also nach der ZPO/DDR bestimmt ist.

44 Schließlich beruht die dritte Ausnahme **(cc)** auf der Erwägung, daß die bisherige Regelung der DDR, die eine **Mindest-Ersatzfreiheitsstrafe** von drei Monaten vorsah, nicht mit dem Grundsatz der Verhältnismäßigkeit vereinbar war. Das Gericht (Rdn. 41) kann also nach § 36 Abs. 3 StGB/DDR in Verbindung mit § 25 der Ersten Durchführungsbestimmung die nicht vollstreckbare Geldstrafe in eine Ersatzfreiheitsstrafe von weniger als drei Monaten umwandeln.

IV. Wiederaufnahme des Verfahrens

45 1. **Allgemeines**[7a]. Maßgabe g ist eine Überleitungsvorschrift für anhängige Wiederaufnahmeverfahren. Ein solches Verfahren konnte nach den §§ 328 ff StPO/DDR — abweichend vom Verfahren nach den §§ 349 ff StPO — nicht durch einen Antrag des Verurteilten bei Gericht eingeleitet werden und war nicht dreistufig ausgestal-

[7a] Vgl. auch *Kemper/Lehner* NJW **1991** 329 ff.

tet, sondern erforderte eine Vorprüfung (Ermittlungen) der Staatsanwaltschaft sowie einen Wiederaufnahmeantrag durch diese an das Gericht erster Instanz, das bei begründetem Anlaß zur Wiederaufnahme das Wiederaufnahmeverfahren anordnete und Hauptverhandlungstermin anberaumte. Der Verurteilte konnte nur in einem Gesuch an die Staatsanwaltschaft anregen, eine solche Vorprüfung einzuleiten und eine Wiederaufnahme zu beantragen (§ 330 StPO/DDR).

2. **Wiederaufnahmegesuche. Satz 1** regelt deshalb, daß solche **bei der Staatsanwaltschaft noch anhängigen Gesuche** des Verurteilten dem nach der StPO für die Prüfung eines Wiederaufnahmeantrages zuständigen Gericht (§ 367 StPO) zuzuleiten sind; solche Gesuche sollen nämlich grundsätzlich wie ein Wiederaufnahmeantrag des Verurteilten nach § 365 StPO behandelt werden. Der Verurteilte ist — soweit notwendig — auch auf die Beachtung der Antragserfordernisse nach § 366 StPO hinzuweisen, falls sein Gesuch diese Erfordernisse nicht erfüllt. In gleicher Weise ist zu verfahren, wenn der Staatsanwaltschaft ein Wiederaufnahmegesuch eines anderen nach § 330 Abs. 2 StPO/DDR Antragsberechtigten (z. B. eines Angehörigen) vorliegt. Hatte die Staatsanwaltschaft vor dem 3. Oktober 1990 bereits ein Wiederaufnahmegesuch abgelehnt (§ 332 StPO/DDR), so führt dies nicht zur Unzulässigkeit eines (neuen) Wiederaufnahmeantrages nach § 365 StPO. **46**

3. **Weiteres Verfahren. Satz 2** leitet Wiederaufnahmeverfahren, in denen das Gericht vor dem 3. Oktober 1990 die **Wiederaufnahme zuungunsten des Verurteilten** angeordnet (§ 333 StPO/DDR), die Hauptverhandlung aber noch nicht abgeschlossen hat, in das Probationsverfahren nach den §§ 369, 370 StPO über. Die Begründetheit des Antrages ist also gerichtlich zu prüfen. Ist die **Wiederaufnahme zugunsten** des Verurteilten angeordnet, so ist nach den §§ 370 Abs. 2, 371, 373 StPO zu verfahren und zu entscheiden. Ist der Angeklagte wegen mehrerer Taten abgeurteilt (insgesamt verurteilt oder zum Teil freigesprochen) worden und ist die Wiederaufnahme sowohl zugunsten als auch zuungunsten angeordnet, so gilt Satz 2 nur hinsichtlich der Taten, bzgl. deren eine Wiederaufnahme zuungunsten angeordnet wurde; das Verfahren ist also zu trennen oder mit der Hauptverhandlung ist zu warten, bis das Probationsverfahren insoweit abgeschlossen ist. Nach § 368 StPO ist zu verfahren, wenn das Gericht über einen vorliegenden Wiederaufnahmeantrag der Staatsanwaltschaft bis zum 3. Oktober noch nicht gemäß § 333 StPO/DDR entschieden hatte; gleiches gilt bzgl. der nach Satz 1 dieser Maßgabe dem Gericht vorzulegenden Gesuche. **47**

V. Kassation. Maßgabe h

1. **Allgemeines.** Nach dem Strafverfahrensrecht der DDR war gegen alle erstinstanzlichen Strafurteile das Rechtsmittel der Berufung (bzw. der Protest) zulässig. Das Berufungsurteil bewirkte Rechtskraft. Auf Antrag der Staatsanwaltschaft unterlagen jedoch rechtskräftige Strafurteile und ihnen gleichstehende (z. B. Strafbefehle) sowie andere formell rechtskräftige Entscheidungen der Kassation durch das Oberste Gericht, wenn die angefochtene Entscheidung auf einer schwerwiegenden Gesetzesverletzung beruhte oder im Strafausspruch gröblich unrichtig war. Der Antrag konnte seit Inkrafttreten des 6. Strafrechtsänderungsgesetzes vom 29. Juni 1990 (GBl. I Nr. 39 S. 526) nur noch zugunsten des Verurteilten gestellt werden. Dieser selbst war aber nicht zur Antragstellung berechtigt. Das Verfahren wurde in der DDR zuletzt als Mittel zur Rehabilitierung Verurteilter verwendet. Die Übergangsregelung des Einigungsvertrages erhält **48**

es für einen begrenzten Zeitraum als Instrument zur Beseitigung von Justizunrecht[8]. **Maßgabe h** regelt deshalb — an Artikel 18 Abs. 2 (vgl. Rdn. 10) anknüpfend — die modifizierte Fortgeltung des Kassationsverfahrensrechts der StPO/DDR (§§ 311 ff) für Kassationsanträge, die zwischen dem 3. Oktober 1990 und dem 18. September 1992 gegen rechtskräftige Entscheidungen der Strafgerichte der früheren DDR gestellt werden. Zweifelhaft ist aber im Hinblick auf die Formulierung des Satzes 1 der Maßgabe, ob auch eine Kassation der vor Gründung der DDR ergangenen Entscheidungen der deutschen Gerichte der Sowjetischen Besatzungszone zulässig sein soll; für eine analoge Anwendung des Kassationsrechts dürfte sprechen, daß insoweit auch das Rehabilitierungsrecht gilt (vgl. Rdn. 79). Bzgl. der am 3. Oktober bereits **anhängigen Kassationsverfahren** vgl. Rdn. 75. Die Maßgabe ist teilweise geändert durch Artikel 4 Nr. 1, 2 der Zusatzvereinb.; außerdem ist Artikel 3 Nr. 6 Buchst. h und i dieser Vereinbarung zu beachten. Die Bestimmungen lauten:

StPO/DDR

„Sechstes Kapitel

Kassation

Erster Abschnitt

Kassationsantrag

§ 311

Zulässigkeit und Gründe

(1) Der Kassation unterliegen rechtskräftige Entscheidungen in Strafsachen.

(2) Die Kassation ist nur zugunsten eines Verurteilten zulässig. Sie kann durchgeführt werden, wenn

1. die Entscheidung auf einer schwerwiegenden Verletzung des Gesetzes beruht;
2. die Entscheidung im Strafausspruch oder im Ausspruch über die sonstigen Rechtsfolgen der Tat gröblich unrichtig oder nicht mit rechtsstaatlichen Maßgaben vereinbar ist."[8a]

§ 312

Kassationsantragsberechtigter

Die Kassation einer rechtskräftigen Entscheidung kann vom Generalstaatsanwalt beim Obersten Gericht beantragt werden.

§ 313

Kassationsfrist

(1) Der Antrag ist innerhalb einer Frist von einem Jahr seit Eintritt der Rechtskraft der Entscheidung zulässig und muß innerhalb dieser Frist beim Obersten Gericht eingegangen sein.

(2) Das Präsidium des Obersten Gerichts kann auf Antrag des Generalstaatsanwalts die Zulässigkeit des Kassationsverfahrens beschließen, wenn mehr als ein Jahr seit Rechtskraft der Entscheidung verstrichen ist.

[8] Vgl. auch *Buchholz* ZRP **1990** 466 ff; *Kemper/Lehner* Fn. 7a – auch zu Verfahrensfragen.

§ 314

Inhalt des Kassationsantrages

(1) Der Kassationsantrag ist tatsächlich und rechtlich zu begründen.

(2) Die Begründung des Kassationsantrages hat innerhalb von einem Monat nach Eingang des Kassationsantrages zu erfolgen.

§ 315

Änderung und Rücknahme des Kassationsantrages

(1) Der Kassationsantrag kann auf bestimmte Teile der Entscheidung beschränkt werden.

(2) Der Kassationsantrag kann bis zum Ende der Schlußvorträge erweitert oder zurückgenommen werden; die Rücknahme bedarf der Zustimmung des Verurteilten.

§ 316

(aufgehoben)

Zweiter Abschnitt

Kassationsverfahren

§ 317

Zustellung des Kassationsantrages

(1) Der Kassationsantrag ist dem Verurteilten zusammen mit der Begründung spätestens eine Woche vor dem Hauptverhandlungstermin zuzustellen.

(2) Die Bestimmungen der §§ 184, 185 gelten entsprechend.

§ 318

Teilnahme an der Hauptverhandlung

(1) Der Verurteilte und sein Verteidiger sowie die Eltern oder sonstigen Erziehungsberechtigten eines jugendlichen Verurteilten haben das Recht auf Teilnahme an der Hauptverhandlung; sie sind vom Termin der Hauptverhandlung zu benachrichtigen. Auf sein Verlangen ist der inhaftierte Verurteilte vorzuführen. Der Verurteilte kann sich in der Hauptverhandlung auch durch einen Verteidiger vertreten lassen.

(2) Der Vorsitzende kann das Erscheinen des Verurteilten anordnen. Die Notwendigkeit seiner Anwesenheit in der Hauptverhandlung ist stets zu prüfen.

(3) Der Geschädigte und sein Prozeßvertreter sind vom Termin der Hauptverhandlung zu benachrichtigen, wenn der Kassationsantrag auch den Schadenersatzanspruch betrifft.

§ 319

Hauptverhandlung

(1) Über den Kassationsantrag wird in einer Hauptverhandlung durch Urteil entschieden.

(2) Eine Beweisaufnahme findet im Kassationsverfahren nicht statt.

(3) Der Hauptverhandlungstermin soll nicht später als sechs Wochen nach Eingang der Begründung des Kassationsantrages stattfinden.

§ 320

Vertretung in der Hauptverhandlung

In der Hauptverhandlung wird der Kassationsantrag durch den Generalstaatsanwalt vertreten. Nach seinen Ausführungen haben der Verurteilte und sein Verteidiger das Recht, Erklärungen abzugeben. Das gleiche Recht haben der Geschädigte und sein Prozeßvertreter, soweit der Kassationsantrag auch den Schadenersatzanspruch betrifft.

§ 321

Kassationsurteil

(1) Die angefochtene rechtskräftige Entscheidung ist aufzuheben und abzuändern oder die Sache ist zurückzuverweisen, soweit der Kassationsantrag begründet ist.

(2) Das Kassationsverfahren darf weder zu einer schwereren Maßnahme der strafrechtlichen Verantwortlichkeit noch zu einem Schuldspruch zuungunsten des Verurteilten führen.

§ 322

Selbstentscheidung und Verweisung

(1) Erfolgt die Aufhebung des Urteils nur wegen unrichtiger Anwendung der Strafvorschriften auf die dem Urteil zugrunde liegenden tatsächlichen Feststellungen, kann das Kassationsgericht in der Sache selbst entscheiden, wenn

1. unter Beibehaltung des Strafausspruches der Schuldausspruch zu ändern ist;
2. in Übereinstimmung mit dem Antrag des Generalstaatsanwalts eine gesetzlich vorgeschriebene Mindeststrafe auszusprechen oder von Maßnahmen der strafrechtlichen Verantwortlichkeit abzusehen ist;
3. der Verurteilte freizusprechen ist;
4. eine geringere Strafe auszusprechen ist, Zusatzstrafen oder andere Maßnahmen aufzuheben sind;
5. das angefochtene Urteil nur hinsichtlich der Entscheidung über die Auslagen des Verfahrens oder den geltend gemachten Schadenersatzanspruch abzuändern ist.

(2) Betrifft die Kassation eine zweitinstanzliche Entscheidung, kann das Kassationsgericht selbst entscheiden, wenn ein Protest zuungunsten des Verurteilten als unzulässig oder als unbegründet zurückzuweisen ist.

(3) In anderen Fällen ist die Sache an das Gericht, dessen Urteil aufgehoben wird, oder an ein benachbartes Gericht gleicher Ordnung oder an das sachlich zuständige Gericht zurückzuverweisen.

(4) Bei der Aufhebung von Beschlüssen, die nicht einem Urteil gleich stehen, kann das Kassationsgericht in der Sache selbst entscheiden.

§ 323

Veröffentlichung

Das Kassationsgericht hat auf Veröffentlichung des freisprechenden Urteils zu erkennen, wenn das aufgehobene Urteil veröffentlicht war. Die Veröffentlichung kann angeordnet werden, wenn sich eine wesentliche Veränderung im Schuld- und Strafausspruch ergeben hat und das aufgehobene Urteil veröffentlicht war.

§ 324

(aufgehoben)

§ 325

Wirkung auf Mitverurteilte

Wird das Urteil aus Gründen des § 311 aufgehoben oder abgeändert und erstreckt es sich auch auf Mitverurteilte, wird es auch zu ihren Gunsten aufgehoben oder abgeändert.

§ 326

Fortdauer oder Aussetzung der Verwirklichung von Maßnahmen der strafrechtlichen Verantwortlichkeit

(1) Die Verwirklichung von Maßnahmen der strafrechtlichen Verantwortlichkeit, auf die durch das mit der Kassation angegriffene Urteil erkannt worden ist, dauert auch nach Aufhebung des Urteils bis zum Erlaß des neuen rechtskräftigen Urteils an.

(2) Das Kassationsgericht kann mit Zustimmung des Generalstaatsanwalts die Verwirklichung der im angegriffenen Urteil erkannten Maßnahmen der strafrechtlichen Verantwortlichkeit aussetzen.

§ 327

Anrechnung einer bisher vollzogenen Strafe mit Freiheitsentzug

Die bereits vollzogene Strafe mit Freiheitsentzug ist im neuen Urteil in voller Höhe anzurechnen."

Einigungsvertrag

14. Strafprozeßordnung in der Fassung der Bekanntmachung vom 7. April 1987 (BGBl. I S. 1074, 1319), zuletzt geändert durch Artikel 12 Abs. 1 des Gesetzes vom 9. Juli 1990 (BGBl. I S. 1354),
mit folgenden Maßgaben:
h) Die Staatsanwaltschaft und der Verurteilte können bis zum Ablauf der in § 10 Abs. 1 des Rehabilitierungsgesetzes vom 6. September 1990 (GBl. I Nr. 60 S. 1459) genannten Frist (vorher lautete die Maßgabe: „bis zum 31. Dezember 1991" — vgl. unten Art. 4 Nr. 1) die Kassation einer rechtskräftigen Entscheidung eines Gerichts der Deutschen Demokratischen Republik beantragen. Über den Antrag entscheidet das Bezirksgericht. War dieses mit der Sache bereits befaßt, so entscheidet ein anderes Bezirksgericht; der besondere Senat des Bezirksgerichts bestimmt vor Beginn des Geschäftsjahres, welche Bezirksgerichte örtlich zuständig sind. Die Vorschriften der Strafprozeßordnung der Deutschen Demokratischen Republik über das Kassationsverfahren in der Fassung des Gesetzes vom 29. Juni 1990 (GBl. I Nr. 39 S. 526) — §§ 311 bis 327 — bleiben mit Ausnahme des § 313 mit folgenden Maßgaben anwendbar:
aa) § 361 gilt sinngemäß,
bb) Der Kassationsantrag des Verurteilten und der in § 361 genannten Personen ist der Staatsanwaltschaft zur Stellungnahme zuzuleiten.
cc) Das Kassationsgericht kann auch ohne Zustimmung der Staatsanwaltschaft die Vollstreckung aussetzen.
dd) Das Kassationsgericht kann in entsprechender Anwendung des § 349 über den Antrag durch Beschluß entscheiden.
ee) § 23 Abs. 2 gilt sinngemäß.
ff) Die Entscheidung des Kassationsgerichts ist nicht anfechtbar.
gg) Für die Entscheidung über die Kosten des Verfahrens gelten die Vorschriften des Zweiten Abschnitts des Siebenten Buches sinngemäß.

k) Bei einem begründeten Kassationsantrag (Maßgabe h) ist dem Generalbundesanwalt beim Bundesgerichtshof — Bundeszentralregister — die Entscheidung des Gerichts, mit der die angefochtene rechtskräftige Entscheidung aufgehoben und abgeändert oder die Sache zurückverwiesen worden ist, mitzuteilen. Eintragungen im bisherigen Strafregister der Deutschen Demokratischen Republik, die auf einer Entscheidung beruhen, die in einem Kassationsurteil mit Freispruch aufgehoben worden ist, werden nicht in das Bundeszentralregister übernommen oder wieder aus dem Bundeszentralregister entfernt. Ein zurückverweisendes Kassationsurteil und die ihm zugrundeliegende Entscheidung sind im Bundeszentralregister einzutragen, es sei denn, daß die Vollstreckung der im angegriffenen Urteil erkannten Rechtsfolgen ausgesetzt wird. Ist im letztgenannten Fall das angegriffene Urteil bereits aus dem Strafregister der Deutschen Demokratischen Republik in das Bundeszentralregister übernommen worden, so ist die Eintragung zu entfernen. Ergeht eine abschließende Entscheidung mit einer registerpflichtigen Verurteilung, so wird diese Entscheidung im Bundeszentralregister vermerkt.

Auf Eintragungen nach Absatz 1 finden die Vorschriften des Bundeszentralregistergesetzes über die registerrechtliche Behandlung von Wiederaufnahmeverfahren entsprechende Anwendung.

Zusatzvereinbarung

Artikel 3

Das nachfolgend aufgeführte Recht der Deutschen Demokratischen Republik bleibt nach Wirksamwerden des Beitritts in Kraft. Artikel 9 Abs. 4 des Vertrags gilt entsprechend.

Zu Kapitel III (Geschäftsbereich des Bundesministers der Justiz)

6. Rehabilitierungsgesetz vom 6. September 1990 (GBl. I Nr. 60 S. 149) mit folgenden Maßgaben:
   h) In den Fällen einer Verweisung nach § 15 gilt ein Antrag auf Rehabilitierung als rechtzeitig gestellter Kassationsantrag und umgekehrt.
   i) In § 15 wird folgender neuer Absatz 3 eingefügt:
   „(3) Ein Verweisungsbeschluß nach Absatz 1 oder Absatz 2 ist für das Gericht, an das verwiesen wird, bindend."

Artikel 4

Der am 31. August 1990 in Berlin unterzeichnete Vertrag über die Herstellung der Einheit Deutschlands (Einigungsvertrag) wird wie folgt geändert:

1. In Anlage I Kapitel III Sachgebiet A Abschnitt III Nr. 14 Buchst. h) werden die Worte „bis zum 31. Dezember 1991" durch die Worte „bis zum Ablauf der in § 10 Abs. 1 des Rehabilitierungsgesetzes vom 6. September 1990 (GBl. I Nr. 60 S. 1459) genannten Frist" ersetzt.
2. In Anlage I Kapitel III Sachgebiet A Abschnitt III Nr. 14 Buchst. h) wird folgender Doppelbuchstabe hh) eingefügt:
   „hh) § 311 Abs. 2 der Strafprozeßordnung der Deutschen Demokratischen Republik vom 12. Januar 1968, zuletzt geändert durch das 6. Strafrechtsänderungsgesetz vom 29. Juni 1990 (GBl. I Nr. 39 S. 526) wird wie folgt gefaßt[8a]:
   „(2) Die Kassation ist nur zugunsten eines Verurteilten zulässig. Sie kann durchgeführt werden, wenn
   1. die Entscheidung auf einer schwerwiegenden Verletzung des Gesetzes beruht,
   2. die Entscheidung im Strafausspruch oder im Ausspruch über die sonstigen Rechtsfolgen der Tat gröblich unrichtig oder nicht mit rechtsstaatlichen Maßstäben vereinbar ist."

49 **2. Verhältnis zu anderen Verfahren.** Sowohl das **Kassationsverfahren** als auch das **Rehabilitierungsverfahren** (vgl. Rdn. 79) ermöglichen — neben der **Wiederaufnahme des Verfahrens** gemäß den §§ 359 ff StPO — eine „Korrektur" rechtskräftiger Strafurteile und (u. a.) gleichstehender Entscheidungen der Gerichte der früheren DDR, allerdings mit unterschiedlichen Ansätzen; dennoch sind **Überschneidungen** nicht ausgeschlossen.

50 Das **Kassationsverfahren** dient der Beseitigung von Justizunrecht; es soll im wesentlichen die Möglichkeit geben, solche Entscheidungen zu korrigieren, die auf einer schwerwiegenden Verletzung der im Zeitpunkt der Verurteilung geltenden Strafgesetze oder strafprozessualen Vorschriften der früheren DDR (z. B. auf einer Rechtsbeugung) beruhen; erfaßt werden auch der gröblich unrichtige Rechtsfolgenausspruch und die rechtsstaatswidrige Verurteilung (vgl. Rdn. 58 ff). Derart fehlerhafte Entscheidungen

---

[8a] § 311 Abs. 2 StPO/DDR in der Fassung des 6. Strafrechtsänderungsgesetzes lautete:
„(2) Die Kassation ist nur zugunsten eines Verurteilten zulässig. Sie kann durchgeführt werden, wenn
1. die Entscheidung auf einer schwerwiegenden Verletzung des Gesetzes beruht;
2. die Entscheidung im Strafausspruch gröblich unrichtig ist."

(Urteile, Strafbefehle, sonstige Beschlüsse) können — mit der Folge des Freispruchs, der Abänderung oder der Zurückverweisung — aufgehoben („kassiert") werden. Daher ist — im Interesse des Betroffenen sowie der Rechtsklarheit — auch eine Kassation solcher Urteile möglich, die als „nichtige" Urteile angesehen werden könnten.

Das **Rehabilitierungsverfahren** dagegen zielt auf eine politisch-moralische Genugtuung für den Verurteilten; es ermöglicht die Korrektur solcher Strafurteile und gleichstehender Entscheidungen, die zwar im Zeitpunkt der Entscheidung möglicherweise materiell-rechtlich und prozessual fehlerfrei zustande gekommen waren, letztlich jedoch „politische Urteile" sind, weil der Angeklagte wegen einer Handlung verurteilt wurde, mit der er verfassungsmäßige politische Grundrechte wahrgenommen hatte. Es geht also entscheidend um eine Rehabilitierung, soweit die Verurteilung auf „normiertem Unrecht", nämlich auf materiellem Strafrecht beruht, das als Kriminalisierung der Wahrnehmung „politischer" Grundrechte durch den damaligen Gesetzgeber mit rechtsstaatlichen Maximen nicht vereinbar war[8b]. **51**

Denkbar sind nun Fälle, in denen **Voraussetzungen beider Verfahren** erfüllt sind, etwa eine Verurteilung wegen einer solchen „politischen" Straftat, wobei — um eine Verurteilung (leichter) zu erreichen — das Verfahrensrecht verletzt oder (und) eine grob überhöhte Strafe verhängt wurde. In solchen Fällen kann der Verurteilte das für ihn günstigere Verfahren, insbesondere mit den im Einzelfall weitergehenden „Korrekturmöglichkeiten" wählen; dies dürfte zumeist das Rehabilitierungsverfahren sein[8c]. Falls erforderlich, weil nur so eine vollständige Korrektur zugunsten des Verurteilten erzielt werden kann, ist sowohl nach den §§ 321, 322 StPO/DDR als auch nach § 4 RehabG zu entscheiden; dies kann z. B. notwendig werden, wenn bei Verurteilung wegen mehrerer Taten in einer Entscheidung bzgl. einzelner Taten nur Kassationsvoraussetzungen erfüllt sind, bzgl. anderer Taten nur oder auch die Rehabilitierungsvoraussetzungen, eine Rehabilitierung wegen aller Taten also nicht möglich ist, weil auch § 3 Abs. 1 Satz 2 RehabG — vgl. Rdn. 79 — nicht greift. In diesen Fällen dürften Rehabilitierungs- und Kassationsentscheidung wohl im selben Verfahren zu treffen sein, auch wenn (obwohl) hierfür verschiedene Gerichte und insbesondere nach unterschiedlichen Verfahren berufene Richter (vgl. Teil B, Rdn. 112 ff) zuständig sind. Für eine solche Lösung spricht nämlich nicht nur, daß es sachwidrig wäre, das Verfahren zu trennen und mehrere Gerichte mit der Überprüfung des Urteils zu belasten, sondern auch § 15 Abs. 1, 2 RehabG (vgl. Rdn. 79); diese Vorschrift sieht eine Verweisung nur vor, wenn sich bei der Prüfung eines Antrags ergibt, daß allein die Voraussetzungen der Kassation oder der Rehabilitierung erfüllt sein könnten, regelt also keine „Abtrennung" und Verweisung für den Fall einer „Gemengelage" (vgl. auch Rdn. 71 ff). **52**

Bei einer **Überschneidung mit dem Wiederaufnahmeverfahren**, etwa im Falle des § 359 Nr. 3 StPO, gehen das Kassations- bzw. das Rehabilitierungsverfahren als speziellere vor. **53**

Zum Fall, daß im Kassationsverfahren festgestellt wird, die Kassationsvoraussetzungen seien nicht erfüllt, es könne jedoch eine Rehabilitierung in Betracht kommen, und umgekehrt (**§ 15 RehabG**), vgl. Rd. 71 ff. **54**

3. Antragsbefugnis. Abweichend vom bisherigen Kassationsrecht der StPO/DDR können nach **Maßgabe h Satz 1** seit dem 3. Oktober 1990 die Staatsanwaltschaft und der **Verurteilte** die Kassation, die nur noch zugunsten des Verurteilten zulässig ist (§ 311 **55**

[8b] Vgl. *Pfister* NJW **1991** 165 ff., LG Berlin DtZ **1991** 157 und Fn. 20.

[8c] Vgl. *Pfister* Fn. 8b.

Abs. 2 Satz 1 StPO/DDR), beantragen. Ergänzt wird dieses Antragsrecht durch **Maßgabe h) aa) in Verbindung mit § 361 StPO**; danach wird der Kassationsantrag weder durch die erfolgte Strafvollstreckung noch durch den **Tod des Verurteilten** ausgeschlossen und im Falle des Todes sind die in § 361 Abs. 2 StPO genannten nahen Angehörigen des Verurteilten antragsbefugt. **Verurteilter** ist jeder, der durch den Rechtsfolgenausspruch der strafgerichtlichen Entscheidung unmittelbar beschwert ist. Sind z. B. durch ein Urteil Vermögenswerte eingezogen worden, die nicht dem Angeklagten gehörten, so ist der Eigentümer als Verurteilter im Sinne des § 311 StPO/DDR und der Maßgabe h anzusehen; er oder die in § 361 Abs. 2 StPO genannten Angehörigen sind also antragsbefugt. Eine bereits vorliegende Entscheidung nach **§ 15 RHG** (Rdn. 38) bewirkt nicht die Unzulässigkeit des Antrages (BezG Rostock DtZ **1991** 154). Der Antrag ist — **schriftlich** — an das zuständige Gericht (vgl. Rdn. 56) zu stellen. Er muß die Personalien des Verurteilten (ggf. auch des Antragstellers nach § 361 Abs. 2 StPO) enthalten und sollte die angefochtene Entscheidung hinreichend (wenn möglich: Gericht, Datum, Aktenzeichen) kennzeichnen; außerdem ist er vom Antragsteller zu unterzeichnen. Die Geschäftsstelle des Gerichts ist mangels einer § 10 Abs. 1 des RehabG (Rdn. 79) entsprechenden Regelung nicht verpflichtet, einen Antrag zu Protokoll zu nehmen; tut sie es dennoch, so ist der Antrag wirksam gestellt. Die Antragsbefugnis ist, weil das Kassationsverfahren alsbald beantragt und abgewickelt werden soll, an eine **Frist** gebunden; die Befugnis erlischt gemäß Artikel 4 Nr. 1 der Zusatzvereinb., der eine **Fristenharmonisierung** zwischen Kassation und Rehabilitierung bezweckt, mit Ablauf des 18. September 1992, da das RehabG am 18. September 1990 veröffentlicht wurde und damit in Kraft getreten ist. Die Frist ist eine **Ausschlußfrist** (vgl. dazu auch Rdn. 74). Vor dem 3. Oktober 1990 von dem Verurteilten bei der Staatsanwaltschaft oder einem Gericht angebrachte Anregungen, ein Kassationsverfahren durchzuführen, waren nach dem Recht der DDR keine Kassationsanträge. Da dem Verurteilten aber jetzt ein eigenes Antragsrecht zusteht, erscheint es sachgerecht, solche Gesuche, soweit sie noch nicht abschlägig beschieden sind, als Kassationsanträge anzusehen und sie — soweit erforderlich — in analoger Anwendung der Maßgabe g Satz 1 (vgl. Rdn. 46) dem zuständigen Gericht zuzuleiten. Der Verurteilte ist hiervon zu unterrichten und ggf. auf Mängel des Antrages (z. B. Fehlen der Begründung — vgl. § 314 StPO/DDR; Rdn. 62) hinzuweisen. Will die Stelle, an die das Gesuch gerichtet wurde, nicht so verfahren oder das zuständige Gericht das Gesuch nicht als Kassationsantrag ansehen, so ist der Verurteilte davon zu unterrichten. Entsprechendes gilt für ein solches Gesuch der in § 361 Abs. 2 StPO genannten Personen. Ist bereits **vor dem 3. Oktober 1990 eine Kassationsentscheidung ergangen**, so ist die **Kassationsbefugnis nicht verbraucht** (vgl. Rdn. 69), ein Antrag also noch zulässig, soweit dieser auf Gründe gestützt wird, die nach § 311 StPO/DDR alter Fassung vor dem 3. Oktober 1990 (vgl. Rdn. 48) noch nicht als Kassationsgründe anerkannt waren (z. B. Rechtsstaatswidrigkeit der Entscheidung).

56 **4. Zuständigkeit.** Über den Kassationsantrag entscheidet nach **Maßgabe h Satz 2** das Bezirksgericht. Wird die Entscheidung eines Kreisgerichts angefochten, so ist das übergeordnete Bezirksgericht örtlich zuständig. Falls das Bezirksgericht im Ausgangsverfahren mit der Sache in irgendeiner Weise befaßt gewesen war, z. B. zweitinstanzlich (auch als Beschwerdeeinstanz) oder falls eine erstinstanzliche Entscheidung des Bezirksgerichts angefochten wird, entscheidet gemäß **Satz 3** ein anderes Bezirksgericht (nicht nur ein anderer Spruchkörper). Welche Bezirksgerichte für diese Fälle örtlich zuständig sein sollen, wird vor Beginn eines jeden Geschäftsjahres durch den Besonderen Senat des Bezirksgerichts bestimmt; diese Regelung ist § 140 a Abs. 2 GVG nachgebildet. Hat das **Oberste Gericht** in erster Instanz entschieden, so bestimmt sich die örtliche Zuständigkeit des Bezirksgerichts nach den §§ 7 ff StPO. In **Berlin** entscheidet an Stelle des Bezirksgerichts das Landgericht. Wird der Kassationsantrag fälschlich bei dem Gericht gestellt, dessen Urteil angefochten wird, so leitet dieses den Antrag in analoger Anwendung des § 367 Abs. 1 Satz 2 Halbsatz 2 StPO dem zuständigen Gericht zu. Zweifelhaft ist, ob Kassationsverfahren, für die verschiedene Gerichte zuständig sind, (analog §§ 2, 4 StPO) verbunden werden können.

5. Verfahrensvorschriften. Maßgabe h Satz 4

a) Allgemeines. Satz 4 regelt den Grundsatz, daß sich das Kassationsverfahren im übrigen — unter Beachtung der besonderen Maßgaben h) aa) bis gg) — nach den §§ 311, 312, 314 bis 327 StPO/DDR richtet; weitere Modifizierungen ergeben sich jedoch aus Artikel 3 Nr. 6 Buchst. h und i sowie Artikel 4 Nr. 2 der Zusatzvereinb. (vgl. Rdn. 48). Gegenstand der Kassation können nicht nur rechtskräftige Urteile und Strafbefehle sein, sondern — wie sich aus den §§ 322 Abs. 4, 321 Abs. 1 StPO/DDR ableiten läßt — auch andere **formell rechtskräftige** (d. h. nicht oder nicht mehr mit einem Rechtsmittel anfechtbare) Entscheidungen, die nicht einem Urteil gleichstehen (z. B. Beschluß über den Verfall einer Sicherheit nach § 136 Abs. 3 StPO/DDR, Widerruf der Strafaussetzung gemäß § 350 a StPO/DDR, nachträglicher Hauptstrafenbeschluß gemäß § 355 StPO/DDR oder die Einweisung in eine psychiatrische Anstalt gemäß § 248 Abs. 4 StPO/DDR; nicht jedoch z. B. prozeßleitende Anordnungen des Vorsitzenden, Beweisbeschlüsse und, weil sie das Verfahren nicht endgültig abschließen, sondern der eigentlichen Prüfung zuführen, auch nicht Eröffnungsbeschlüsse; zweifelhaft für die Entscheidungen der sog. Gesellschaftlichen Gerichte [vgl. Rdn. 5, 25, 26], die wohl nicht als Strafgerichte im Sinne von Art. 18 Abs. 2 des Einigungsvertrages anzusehen sind). Wohl unzulässig ist ein Kassationsantrag gegen eine vor dem 3. Oktober 1990 ergangene, grundsätzlich noch anfechtbare Entscheidung, die erst nach diesem Stichtag (z. B.) durch Ablauf der Rechtsmittelfrist rechtmäßig geworden ist. Dies läßt sich aus dem Wortlaut des Satzes 1 der Maßgabe h ableiten; außerdem besteht in diesen Fällen kein Bedürfnis für eine Überprüfung durch Kassation, weil eine rechtsstaatsgemäße Überprüfung mit Hilfe eines ordentlichen Rechtsmittels möglich gewesen wäre. Die Verweisung auf § 312 StPO/DDR läuft leer. Die Regelung zur Kassationsfrist in § 313 StPO/DDR ist im Hinblick auf die neue Fristenfregelung (vgl. Rdn. 55) nicht anwendbar. **57**

b) Schwierigkeiten könnte der Praxis die **Auslegung des § 311 Abs. 2 StPO/** **58**
DDR[9] bereiten. Danach kann eine Kassation durchgeführt werden, wenn (1) die Entscheidung auf einer schwerwiegenden Verletzung des Gesetzes beruht, (2) die Entscheidung im Strafausspruch oder im Ausspruch über die sonstigen Rechtsfolgen der Tat gröblich unrichtig oder nicht mit rechtsstaatlichen Maßstäben vereinbar ist.

Problematisch ist schon die Bestimmung, wann eine **schwerwiegende** Verletzung des **59**
Gesetzes, des materiellen oder des prozessualen Rechts der früheren DDR, anzunehmen ist. Nicht jede Gesetzesverletzung (vgl. dagegen § 337 StPO) soll ein Kassationsgrund sein; jedoch sollte hier zugunsten des Verurteilten großzügig entschieden werden. Im Verfahrensrecht dürfte jede Verletzung einer Vorschrift genügen, der nicht nur Ordnungsfunktion[10] zukommt, deren Nichtbefolgung vielmehr wesentliche Verfahrensgrundsätze und -regeln, etwa die Aufklärungspflicht oder Verfahrensrechte des Verurteilten, verletzt, im materiellen Recht jede Rechtsverletzung, die zu einem fehlerhaften Schuldspruch geführt hat. In jedem Fall ist erforderlich, daß die Entscheidung — wie im

---

[9] Vgl. dazu auch *Lemke*, Strafrecht nach dem Einigungsvertrag, S. 29; *Kemper/Lehner* Fn. 7a.

[10] Vgl. auch LR-*Hanack* HW § 337, 15 ff zur ähnlich gelagerten Problematik der sog. „Ordnungsvorschriften" in der StPO.

Falle des § 337 StPO — auf der Gesetzesverletzung beruht. Unwesentliche Gesetzesverletzungen könnten also auch auf diesem Wege ausgeschieden werden — auf ihnen beruht die Entscheidung regelmäßig nicht[11]. Im Falle eines **gröblich unrichtigen Rechtsfolgenausspruchs**, also bei einer erheblichen Abweichung der verhängten von der nach Sachlage des Einzelfalles höchstens — nach Art und Umfang — angemessenen Rechtsfolgen[11a], dürfte oft auch eine schwerwiegende Verletzung des materiellen Rechts vorliegen.

60 Die **Formulierung der letzten Alternative** ist mißlungen. Sie ist zugunsten des Verurteilten dahingehend zu verstehen, daß sich die **Unvereinbarkeit mit rechtsstaatlichen Maßstäben** nicht nur auf den Straf- und sonstigen Rechtsfolgenausspruch bezieht, sondern auf die gesamte Entscheidung[11b]. Denn letztlich dürfte der Rechtsfolgenausspruch unter rechtsstaatlichen Gesichtspunkten auch dann nicht haltbar sein, wenn das Verfahren, das zur Entscheidung geführt hat, oder der Schuldspruch rechtsstaatlichen Maßstäben nicht genügen — auch in diesen beiden Fällen dürfte also die Kassation nach § 311 durchgeführt werden können. Abgesehen davon sprechen für diese Lösung folgende Überlegungen. Die letzte Alternative des § 311 Abs. 2 Nr. 2 würde wohl weitgehend leerlaufen, wenn man das Kriterium der „Unvereinbarkeit mit rechtsstaatlichen Maßstäben" nur auf den Rechtsfolgenausspruch beziehen würde, weil jeder gröblich unrichtige Rechtsfolgenausspruch nicht mit rechtsstaatlichen Maßstäben vereinbar sein dürfte und — zudem — umgekehrt ein mit diesen Maßstäben nicht vereinbarer Rechtsfolgenausspruch nicht selten zugleich auch nach dem früheren Recht der DDR gröblich unrichtig sein dürfte. Desweiteren könnte eine restriktive Auslegung des § 311 Abs. 2 Nr. 2, die das Kriterium der „Unvereinbarkeit mit rechtsstaatlichen Maßstäben" nur auf den Rechtsfolgenausspruch bezieht, zu dem problematischen Ergebnis führen, daß einerseits eine Kassation abgelehnt wird, weil die Entscheidung (Verfahren oder Schuldspruch) zwar möglicherweise rechtsstaatswidrig sei, aber nicht auf einer schwerwiegenden Verletzung des Rechts der früheren DDR beruhe, ein Antrag auf Feststellung der Unzulässigkeit der Vollstreckung nach Maßgabe d (vgl. Rdn. 32 ff, 35) jedoch nach Satz 4 der Maßgabe d unzulässig wäre, weil ein Kassationsverfahren, wenn auch ohne Erfolg, durchgeführt worden ist. Man müßte also bei restriktiver Auslegung den Antrag nach Maßgabe d zulassen, käme dann jedoch bei einer solchen Auslegung zu dem merkwürdigen Ergebnis, daß ein rechtsstaatswidriger Schuldspruch zwar zur Unzulässigkeit der Vollstreckung führen könnte, aber mangels Zulässigkeit der Kassation bestehen bliebe, dagegen ein rechtsstaatswidriger Rechtsfolgenausspruch — weitergehend — „kassiert" werden könnte.

61 Entscheidungen, die **nicht mit rechtsstaatlichen Maßstäben vereinbar** sind, ohne daß zugleich eine schwerwiegende Gesetzesverletzung bzw. ein gröblich unrichtiger Rechtsfolgenausspruch nach dem Recht der DDR vorliegen, dürften nicht allzu häufig sein. Es ist jedoch z. B. denkbar, daß eine Verurteilung auf einem Verfahren beruht, das nicht den Regeln der StPO/DDR widerspricht, mit grundlegenden, rechtsstaatlich bedingten Verfahrensprinzipien — wie sie sich z. B. in der StPO oder im GVG finden — jedoch nicht zu vereinbaren ist (z. B. Verstoß gegen die in § 136 a StPO normierten Grundsätze oder gegen das Prinzip des rechtlichen Gehörs)[12]. Ebenso erscheint es

---

[11] Vgl. auch LR-*Hanack* HW § 337, 24, 254 ff zur Frage des „Beruhens" des Urteils auf einer Gesetzesverletzung.

[11a] Vgl. auch LG Berlin NJW **1991** 199; BezG Rostock DtZ **1991** 154.

[11b] **A. A** LG Berlin NJW **1991** 198; *Pfister* Fn. 8b.

[12] Zur rechtsstaatswidrigen Überzeugungsbildung hinsichtlich des subjektiven Tatbestandes einer Vorschrift vgl. Präs. OG/DDR DtZ **1990** 283; zum Schweigerecht des Angeklagten und zur Belehrungspflicht insoweit vgl. Fn. 3a.

nicht ausgeschlossen, daß ein Schuldspruch auf einer Norm des materiellen Strafrechts der früheren DDR beruht, die nicht rechtsstaatlichen Kriterien entspricht, etwa wegen erheblicher Unbestimmtheit der Tatbestandsmerkmale, übermäßig hoher Strafdrohung oder auch, weil der Verstoß nicht als strafwürdiges Unrecht zu werten ist, etwa bei Gesetzen zum Schutz des kommunistischen Macht- oder Wirtschaftssystems (z. B. Strafvorschriften gegen „Republikflucht" oder zum Schutz des Handels bzw. wegen Verletzung von Devisen- oder Zollgesetzen). Denkbar ist auch, daß ein Rechtsfolgenausspruch (z. B. eine Einziehung) zwar dem Recht der DDR und der Spruchpraxis der Gerichte entsprach, jedoch bei Würdigung aller Gesichtspunkte des Einzelfalles als grob unverhältnismäßig zu werten ist. Es gelten letztlich Kriterien entsprechend, die auch bei der Auslegung der Maßgabe d heranzuziehen bzw. zu § 2 Abs. 5 RHG entwickelt worden sind (vgl. Rdn. 34)[13].

c) **Verfahren, insbes. Antragsbegründung, Freibeweisverfahren, Akteneinsicht.** **62**
Das **Verfahren** ist, wie sich aus den **§§ 314, 319, 321, 322 StPO/DDR** ergibt, weitgehend revisionsähnlich ausgestaltet. Nach § 314 Abs. 1, 2 StPO/DDR ist — zum Teil ähnlich den Regelungen in den §§ 344, 345 StPO — der Antrag binnen eines Monats nach Eingang bei Gericht „tatsächlich und rechtlich" zu begründen. Der Tenor des Antrags, der auf bestimmte Teile der Entscheidung (z. B. nur den Rechtsfolgenausspruch oder eine von mehreren abgeurteilten Taten) beschränkt werden kann (§ 315 Abs. 1 StPO/DDR) und die Begründung legen (zunächst) fest, in welchem Umfang eine Kassation begehrt wird und durch das Gericht geprüft werden darf (vgl. aber Rdn. 64). An die notwendigerweise **schriftliche Begründung** dürfen jedoch nur geringe Anforderungen gestellt werden. Dies folgt schon daraus, daß für das Kassationsverfahren kein „Anwaltszwang" besteht. Es genügt eine ganz kurze Angabe der maßgeblichen Tatsachen und ihrer rechtlichen Bewertung; bei der „Sachrüge", also dem Vorwurf der fehlerhafte Anwendung des Rechts auf den Sachverhalt (z. B. der Rüge der Verletzung materiellen Strafrechts), dürfte die Angabe ausreichen, daß die Verletzung des sachlichen Rechts beanstandet werde. Fehlt eine solche wenigstens ganz kurze und fristgerecht angebrachte schriftliche Begründung, so ist der Antrag unzulässig und zu verwerfen (§ 349 Abs. 1 StPO; Rdn. 67). Dies erscheint sachgerecht, denn bei Fehlen einer (fristgerechten) Begründung dürfte in vielen Fällen dem Gericht eine unverzügliche sachgerechte Kassationsprüfung nur schwerlich möglich sein und das Gericht soll auch nicht über den Fristablauf hinaus warten müssen, ob (bis) eine wenigstens kurze Begründung eingeht. Wird die Einhaltung der Begründungsfrist unverschuldet versäumt, so kann **Wiedereinsetzung in den vorigen Stand** (§ 44 StPO) gewährt werden. Zur Möglichkeit der **Ergänzung (Erweiterung) des Antrags und der Kassationsgründe** vgl. Rdn. 64. Die Bestellung eines **Pflichtverteidigers**, auch zur Vorbereitung des Verfahrens, richtet sich nach den §§ 140 ff, § 350 Abs. 3, §§ 364 a, 364 b StPO und den hierzu entwickelten Grundsätzen; dies folgt schon aus der Vergleichbarkeit der Interessenlage des Verurteilten. Das Kassationsverfahren ist, wie sich aus § 319 Abs. 3 StPO/DDR ableiten läßt, beschleunigt durchzuführen; die hier genannte 6-Wochen-Frist sollte auch im Beschlußverfahren (Rdn. 67) beachtet werden. Das Kassationsgericht entscheidet, weil gemäß § 319 Abs. 2 StPO/DDR eine Beweisaufnahme nicht stattfindet, auf der Grundlage des Kassationsantrages, dessen Begründung, der Stellungnahmen der Verfahrensbeteiligten (vgl. § 320 StPO/DDR und Rdn. 64) sowie der vorliegenden bzw. beizuziehenden Akten und des angefochtenen Urteils. Unklar ist, ob durch § 319 Abs. 2 auch die Möglichkeit eines Freibeweisverfahrens, insbesondere zur Klärung prozessualer Tatsachen (etwa durch Ein-

[13] Vgl. Fn. 7 und BezG Rostock DtZ **1991 154**.

holung dienstlicher Äußerungen) verschlossen ist. Im Hinblick auf die revisionsähnliche Ausgestaltung des Kassationsverfahrens dürften aber jedenfalls gegen ein **Freibeweisverfahren** außerhalb (vor) der Hauptverhandlung keine durchgreifenden Bedenken bestehen, soweit es die Klärung von Verfahrensfragen (einschließlich der rechtsstaatswidrigen Verfahrensweise) und Prozeßvoraussetzungen[14] (also nicht die Klärung von Tatfragen) ermöglichen soll. Diese Lösung erscheint auch im Hinblick auf die Erweiterung der Kassationsgründe (vgl. Rdn. 48, 60) sachgerecht.

63 Die Befugnis zur **Einsicht** des Verurteilten **in die Verfahrensakten** der Justiz richtet sich nach § 147 StPO (vgl. auch § 10 Abs. 3 Satz 3 des RehabG — Rdn. 79). Sind Strafakten oder das angefochtene Urteil bei der Justiz nicht (mehr) vorhanden und erscheint es nicht ausgeschlossen, daß sie (oder Kopien) sich bei sog. **„Stasi-Akten"** befinden, so kann das Gericht solche Akten beiziehen oder eine entsprechende **Auskunft** einholen. Dem Verurteilten, der sich aus den „Stasi-Akten" — neben den aus den Justizakten gewonnenen Erkenntnissen — Aufschluß über die Erfolgsaussichten eines Kassationsantrages erhofft, ist Auskunt zu erteilen. Die Befugnis zur Auskunftserteilung bzw. **Akteneinsicht** oder Aktenbeiziehung läßt sich aus den im Einigungsvertrag enthaltenen Vorschriften über die Behandlung von Unterlagen des ehemaligen Ministeriums für Staatssicherheit/Amtes für Nationale Sicherheit der DDR (vgl. Anlage I, Kap. II, Sachgebiet B (Verwaltung), Abschnitt II Nr. 2 b des Einigungsvertrages) ableiten[15]. Gemäß § 2 dieser Vorschriften dürfen die in solchen Unterlagen enthaltenen personenbezogenen Daten u. a. übermittelt und genutzt werden für Zwecke der Wiedergutmachung und der Rehabilitierung von Betroffenen, soweit dies unerläßlich und nicht bis zu einer abschließenden gesetzlichen Regelung aufschiebbar ist. Für diese Zwecke kann an die zuständigen Stellen Auskunft erteilt werden. Die Herausgabe von Unterlagen und die Einsicht in diese ist nur in dem erforderlichen Umfang und nur soweit zulässig, wie die Erteilung von Auskünften für den Zweck nicht ausreicht. Gemäß § 3 muß den Betroffenen für Zwecke der Wiedergutmachung und der Rehabilitierung Auskunft über die zu ihrer Person vorhandenen Daten erteilt werden, soweit dies zur Verfolgung ihrer Rechte unerläßlich und unaufschiebbar ist. Unter dem Begriff der Wiedergutmachung ist auch die Kassation zu verstehen; der möglicherweise kassationsantragsbefugte Verurteilte darf nicht schlechter gestellt werden als der Verurteilte, der eine Rehabilitierung erstrebt. Entsprechendes gilt nach dem Tode des Verurteilten für die nach § 361 Abs. 2 StPO Antragsberechtigten. Da sie dann an Stelle des Verurteilten antragsberechtigt sind, haben sie dieselben Verfahrensrechte und -pflichten wie dieser.

64 Der Kassationsantrag wird in der Hauptverhandlung durch die **Staatsanwaltschaft** vertreten (vgl. **§ 320 Satz 1 StPO/DDR**); dies bedeutet im wesentlichen, daß sie in der Hauptverhandlung die Berechtigung des Kassationsantrages erläutert (§ 320 Satz 2 StPO/DDR), erforderliche Anträge stellt und befugt ist, den Kassationsantrag (mit Zustimmung des Verurteilten bzw. der in § 361 Abs. 2 StPO genannten Personen) zurückzunehmen (§ 315 Abs. 2 StPO/DDR). Dies gilt jedoch nur, soweit die Staatsanwaltschaft den Antrag gestellt hat oder (in den erstgenannten Fällen) den Antrag des Verurteilten (eines in § 361 Abs. 2 StPO Genannten) wenigstens befürwortet. Hält sie einen Kassationsantrag des Verurteilten (eines in § 361 Abs. 2 StPO Genannten) für unbegründet, so kann § 320 Satz 1 StPO/DDR keine Anwendung finden. Alle Verfahrensbeteiligten sind befugt und ggf. auch — zur Vermeidung von Nachteilen durch einen

---

[14] Vgl. auch *Kleinknecht/Meyer*[39] § 351, 3; LR-*Hanack* HW § 351, 5; § 136 a, 70.

[15] Vgl. auch *Stoltenberg* ZRP **1990** 460 ff; *Kemper/Lehner* Fn. 7a zu Einzelfragen, insbes. die Aktenaufbewahrung.

„Verbrauch" der Kassation (vgl. Rdn. 69) sowie wegen Maßgabe d, Satz 4 (vgl. Rdn. 35) — gehalten, in ihren (mündlichen oder schriftlichen) Stellungnahmen (vgl. § 320 StPO/DDR und Rdn. 65) alle ersichtlichen Kassationsgründe geltend zu machen, auch soweit dadurch der **Kassationsantrag** eines anderen Verfahrensbeteiligten **ergänzt (erweitert)** wird (vgl. § 315 Abs. 2 StPO/DDR; Rdn. 69). Aus der Zulässigkeit der Erweiterung des Kassationsantrages (§ 315 Abs. 2 StPO/DDR) bis zum Ende der Schlußvorträge (bei Hauptverhandlung) folgt, daß (als minus) auch nur die Kassationsbegründung ergänzt (erweitert) werden darf. Entscheidet das Gericht im Beschlußverfahren (Rdn. 67), so ist eine Stellungnahme sowie eine Änderung (auch Ergänzung) des Antrages und der Begründung bis zum Erlaß des Beschlusses möglich und zu berücksichtigen. Der **Gegenstand der Kassationsentscheidung** wird durch den Antrag und die Begründung in der Fassung der Stellungnahmen (Rdn. 65) und Schlußvorträge, ggf. also nachträglich ergänzt oder beschränkt, festgelegt. Nur in diesem Rahmen darf das Gericht entscheiden. Richtet sich die Kassation danach z. B. nur gegen den Rechtsfolgenausspruch, so sind der Schuldspruch und die tatsächlichen Feststellungen, die nur diesen betreffen, für das Kassationsgericht bindend[16]. Ist das Kassationsgericht nach dem Ergebnis der Verhandlung auf der Grundlage der Erkenntnisse aus den oben genannten Unterlagen der Auffassung, daß eine der in § 311 StPO/DDR genannten Kassationsvoraussetzungen erfüllt ist, so hat es die angefochtene Entscheidung aufzuheben (§ 321 Abs. 1 StPO/DDR) und in der Sache selbst zu entscheiden oder zur erneuten Verhandlung zurückzuverweisen (§ 322 StPO/DDR). Wird die Sache gemäß § 322 Abs. 3 StPO/DDR zurückverwiesen, so richtet sich das weitere Verfahren nach der StPO. Die **Entscheidung** des Kassationsgerichts hat im Falle der Zurückverweisung wohl **keine Bindungswirkung** im Sinne des § 358 Abs. 1 StPO; § 324 StPO/DDR, der die Möglichkeit bindender Weisungen durch das Kassationsgericht vorsah, wurde durch das 6. Strafrechtsänderungsgesetz vom 29. Juni 1990 (GBl. I Nr. 39 S. 526) aufgehoben. Es gilt jedoch das **„Verschlechterungsverbot"** bzgl. der Strafhöhe (vgl. § 321 Abs. 2 StPO/DDR), auch für das Gericht, an das die Sache zurückverwiesen wurde. **§ 325 StPO/DDR** entspricht im wesentlichen § 357 StPO, geht im Wortlaut der Vorschrift jedoch weiter. Die Bestimmung ist restriktiv auszulegen. Sie greift z. B. nicht, wenn ein Verfahrensfehler nur einen Angeklagten beschwert und in der Regel auch nicht, wenn nur der Rechtsfolgenausspruch gegen einen Angeklagten aufgehoben wird. Betrifft das Kassationsverfahren einen **„Schadensersatzanspruch" des Verletzten** (vgl. § 318 Abs. 3, § 320 Satz 3 StPO/DDR), so richtet sich die Entscheidung des Kassationsgerichts nach § 322 Abs. 1 Nr. 5 StPO/DDR sowie § 406 a Abs. 3 StPO und ggf. das weitere Verfahren nach den Regelungen zum Adhäsionsverfahren (§§ 403 ff StPO). Sind durch das angefochtene Urteil **Vermögenswerte eingezogen** worden, so richtet sich deren **Rückgabe** oder die **Entschädigung**, soweit das Urteil als rechtsstaatswidrig aufgehoben wird und die Einziehung auf dem aufgehobenen Teil des Urteils beruhte, nach dem **Gesetz zur Regelung offener Vermögensfragen** (Art. II, Kap. III B, Abschnitt I Nr. 5, dort § 1 Abs. 7)[16a]. Entsprechendes gilt, soweit das Urteil wegen eines anderen Kassationsgrundes aufgehoben und der Angeklagte freigesprochen oder wenigstens die Anordnung der Einziehung für unzulässig erklärt wird.

---

[16] Zur Problematik der Beschränkung eines Rechtsmittels und der hiermit verbundenen Bindungswirkung vgl. z. B. die Erl. bei LR-*Gollwitzer* HW § 318, 49 ff, 62 und LR-*Hanack* HW § 344, 66, die hier ergänzend herangezogen werden können.

[16a] Vgl. hierzu *Fieberg/Reichenbach* NJW **1991** 321 ff.

65 d) **Zuleitung des Antrages; § 317 StPO/DDR.** Maßgabe h) bb) ergänzt § 317 StPO/DDR und § 33 StPO. Die Notwendigkeit der Regelung ergibt sich aus der Einführung eines eigenen Kassationsantragsrechtes des Verurteilten und der in § 361 Abs. 2 StPO genannten Personen. Zweck der Zuleitung des Antrages an den jeweils anderen Verfahrensbeteiligten ist, diesem zu ermöglichen, eine Stellungnahme zu dem Antrag vorzubereiten und vor der Entscheidung des Gerichts abzugeben. Daher ist der Antrag des Verurteilten bzw. der in § 361 Abs. 2 StPO Genannten der Staatsanwaltschaft entsprechend § 317 Abs. 1 StPO/DDR nebst Antragsbegründung spätestens eine Woche vor dem Verhandlungstermin zuzustellen. Statt der in § 317 Abs. 2 StPO/DDR genannten Vorschriften der DDR gelten nach Maßgabe Nr. 28 Buchst. b die §§ 35 ff StPO entsprechend. Beabsichtigt das Gericht, durch Beschluß zu entscheiden (vgl. § 349 StPO; Rdn. 67), so hat es eine Frist zur Stellungnahme zu setzen (vgl. aber Rdn. 64); dies folgt aus dem Sinn der Regelungen. Diese Verfahrensweise ist auch einzuhalten, wenn der Antrag, z. B. wegen eines unheilbaren Formmangels (vgl. Rdn. 62, 67), als unzulässig (§ 349 Abs. 1 StPO) verworfen werden soll.

66 e) Eine **Aussetzung der Vollstreckung** kann das Kassationsgericht nach Maßgabe h) cc) — abweichend von § 326 Abs. 2 StPO/DDR — auch ohne Zustimmung der Staatsanwaltschaft anordnen. Auf diese Weise kann verhindert werden, daß die Staatsanwaltschaft eine berechtigte Aussetzung durch Verweigerung oder Verzögerung ihrer Zustimmung blockiert.

67 f) **Beschlußverfahren.** Nach Maßgabe h) dd) kann das Kassationsgericht entsprechend § 349 StPO über den Antrag durch Beschluß entscheiden. So kann insbesondere in geeigneten, nämlich eindeutigen Fällen durch Einsparung der Hauptverhandlung das Verfahren erleichtert und beschleunigt werden. Zum Verfahren vgl. Rdn. 64, 65. Die entsprechende Anwendung des § 349 Abs. 1 StPO bezieht sich im wesentlichen auf die Kassationsfrist (vgl. Rdn. 48, 55) und § 314 StPO/DDR (vgl. Rdn. 62, 65). Das Verfahren nach § 349 Abs. 2 StPO (einstimmige Beschlußverwerfung eines offensichtlich unbegründeten Antrags) erfordert einen Verwerfungsantrag der Staatsanwaltschaft sowie die Beachtung des § 349 Abs. 3 StPO. Auch wenn das Kassationsgericht einstimmig zu dem Ergebnis kommt, daß ein von der Staatsanwaltschaft oder dem Verurteilten (bzw. von einem in § 361 Abs. 2 StPO Genannten) zugunsten des Verurteilten gestellter Kassationsantrag begründet ist, kann es — ohne Hauptverhandlung — durch Beschluß entscheiden (§ 349 Abs. 4 StPO); hier ist kein Verfahrensantrag der Staatsanwaltschaft erforderlich. Auch in diesem Fall gelten ergänzend die §§ 321, 322 StPO/DDR, so daß das Gericht durch Beschluß in der Sache selbst entscheiden kann. Eine Entscheidung nach Hauptverhandlung durch Urteil ist gemäß § 349 Abs. 5 StPO nur dann erforderlich, wenn das Gericht von den Möglichkeiten der Beschlußentscheidung nach § 349 Abs. 1, 2 oder 4 StPO nicht Gebrauch machen kann oder will.

68 g) Die sinngemäße Geltung des **§ 23 Abs. 2 StPO** nach Maßgabe h) ee) bewirkt, daß ein Richter von der Mitwirkung in einem Kassationsverfahren ausgeschlossen ist, wenn er an der angefochtenen Entscheidung mitgewirkt hat; entsprechendes gilt im Falle der Anfechtung einer zweitinstanzlichen Entscheidung auch für die Richter, die an der erstinstanzlichen Entscheidung mitgewirkt haben[17].

69 h) Die **Unanfechtbarkeit** der Entscheidung des Kassationsgerichts nach Maßgabe h) ff) hat justizentlastende Funktion. Wird das Verfahren zurückverwiesen (vgl.

[17] Zu Einzelheiten vgl. LR-*Wendisch* HW § 23, 13 ff.

Rdn. 64), so richtet sich die Anfechtbarkeit der nunmehr auf die Zurückverweisung hin ergehenden Entscheidung nach allgemeinen Grundsätzen. Die Kassationsentscheidung führt grundsätzlich zum **Verbrauch des Kassationsantragsrechts** aller Antragsberechtigten, unabhängig davon, wer von ihnen den Antrag gestellt hatte. Führt die Kassationsentscheidung zur Abänderung der angefochtenen Entscheidung oder zur Zurückverweisung, so folgt dies schon aus Maßgabe h Satz 1, weil nun an die Stelle der Entscheidung eines Gerichts der früheren DDR die nicht kassationsfähige Entscheidung des Gerichts der Bundesrepublik tritt. Nichts anderes dürfte gelten, wenn der Kassationsantrag als unbegründet zurückgewiesen wird, weil hierdurch die Entscheidung des Gerichts der früheren DDR durch eine nicht kassationsfähige Entscheidung des Gerichts der Bundesrepublik bestätigt wird. Dem Verurteilten und den nach § 361 Abs. 2 StPO Antragsberechtigten werden in der Regel durch einen solchen „Verbrauch" der Kassation keine Nachteile entstehen, weil jeder Verfahrensbeteiligte die Möglichkeit hatte, im Kassationsverfahren alle ersichtlichen Kassationsgründe geltend zu machen (vgl. §§ 320, 315 Abs. 2 StPO/DDR; Rdn. 64). Schließlich dürfte auch eine Verwerfung des Antrages als unzulässig (vgl. § 349 Abs. 1 StPO) zum Verbrauch des Kassationsantragsrechtes des Antragstellers führen. Denn wenn der Antragsteller befugt wäre, nach Verwerfung z. B. wegen eines Formmangels einen neuen, nun formfehlerfreien Antrag vorzulegen (z. B. nach Verwerfung wegen Fehlens der Begründung — § 314 StPO/DDR — einen neuen, nun ordnungsgemäß begründeten Antrag), würde dies auf eine Umgehung der Unanfechtbarkeit hinauslaufen. Dagegen dürfte in diesem Fall kein Verbrauch des Antragsrechts anderer verfahrensbeteiligter Antragsbefugter eintreten. Denn diese haben den Antrag nicht gestellt, sind also für dessen (Un-)Zulässigkeit nicht verantwortlich, und insbesondere werden sie in vielen Fällen keine Möglichkeit haben, die Ursache der Unzulässigkeit des Antrages (den Formmangel) fristgerecht zu beseitigen. Über die Wirkung von Kassationsentscheidungen, die vor dem 3. Oktober 1990 ergangen sind, vgl. Rdn. 55.

i) Die **Kostengrundentscheidung** richtet sich gemäß Maßgabe h) gg) nach den **70**
§§ 464 bis 473 StPO. Die Kassation ist als Rechtsmittel im Sinne von § 473 anzusehen. Die Kostengrundentscheidung ist letztlich vom Ergebnis des Verfahrens abhängig. Wird z. B. der Verurteilte auf Kassation hin freigesprochen, so gelten insbesondere die §§ 464, 467, 473 Abs. 2 Satz 2 StPO. Wird die angefochtene Entscheidung — durch das Kassationsgericht oder nach Zurückverweisung — nur teilweise zugunsten des Verurteilten abgeändert, so gelten insbesondere § 473 Abs. 3 oder 4 StPO[18].

6. Artikel 3 Nr. 6 Buchst. h und i der Zusatzvereinb. in Verbindung mit § 15 des **71**
RehabG in der nach dieser Vereinbarung geltenden Fassung (vgl. Rdn. 48, 79) ist auch von Bedeutung für das Kassationsverfahren. Die Bestimmungen haben insbesondere den **Zweck**, den Interessen des betroffenen Verurteilten entsprechend soweit erforderlich einen möglichst reibungslosen Übergang von einem Verfahren in das andere zu ermöglichen (vgl. auch Rdn. 52 zur „Gemengelage" von Kassations- und Rehabilitierungsgründen).

Kommt das Gericht zu der Überzeugung, daß die **Kassationsvoraussetzungen** **72**
nicht vorliegen, aber eine Rehabilitierung in Betracht kommen kann, so entscheidet es nicht selbst nach dem RehabG, sondern verweist die Sache nach § 15 Abs. 2 dieses Ge-

[18] Zu Einzelheiten vgl. LR-*Hilger* HW § 465, 6; § 467, 2, 6; § 473, 1, 12, 20, 22 ff, 27, 32 ff, 37 ff, 47 ff.

setzes an das zuständige Rehabilitierungsgericht; nach **Maßgabe Nr. 6 Buchst. i** (§ 15 Abs. 3 neu) ist die Verweisung für das Rehabilitierungsgericht bindend. Voraussetzung der Verweisung ist, daß das Kassationsgericht durch unanfechtbare Entscheidung (vgl. § 319 Abs. 1 StPO/DDR sowie Rdn. 67, 69) den Kassationsantrag als unbegründet zurückweist; Zurückweisung und Verweisung können in einer Entscheidung verbunden werden. Die Bindung bewirkt, daß das Rehabilitierungsgericht die Sache nicht zurück- oder weiterverweisen kann. Außerdem kann, weil der Kassationsantrag bereits zurückgewiesen wurde, das Rehabilitierungsgericht nicht gemäß §§ 321, 322 StPO/DDR entscheiden, falls es der Auffassung ist, der Kassationsantrag sei doch begründet.

73 **Entsprechendes** gilt gemäß § 15 Abs. 1, 3 des Rehabilitierungsgesetzes **im umgekehrten Fall**. Hier ist das Kassationsgericht gebunden und kann nicht nach dem RehabG entscheiden. Die Verweisung des Rehabilitierungsgerichtes nach § 15 Abs. 1 erfordert eine die Rehabilitierung ablehnende Entscheidung. Wird gegen diese Entscheidung gemäß § 14 des RehabG Beschwerde eingelegt, so ist die Verweisung nur wirksam, wenn die Beschwerde erfolglos bleibt.

74 **Maßgabe Nr. 6 Buchst. h**, der bestimmt, daß im Falle der Verweisung ein rechtzeitiger Rehabilitierungsantrag als rechtzeitiger Kassationsantrag — und umgekehrt — gilt, dient in erster Linie dem Schutz der Verurteilten, aber auch der Entlastung der Justiz, weil sonst zahlreiche Verurteilte vorsorglich beide Anträge stellen würden. Im übrigen läßt sich aus dieser Regelung ableiten, daß die Antragsfristen (Rdn. 55) absolute **Ausschlußfristen** sind und bei Versäumung eine Wiedereinsetzung in den vorigen Stand nicht möglich ist.

75 7. **Anhängige Kassationsverfahren.** Maßgabe Nr. 28 Buchst. l bestimmt, daß am 3. Oktober 1990 gerichtlich anhängige Kassationsverfahren grundsätzlich nach dem früheren Verfahrensrecht der DDR (§§ 311 ff StPO/DDR) abzuwickeln sind. Die Maßgabe ermöglicht daher die Abwicklung alter Kassationsverfahren zuungunsten des Angeklagten (vgl. §§ 311 ff StPO/DDR i. d. F. v. 18. 12. 1987 — GBl. I Nr. 31 S. 301 ff), die möglicherweise noch am Stichtag bei Gericht anhängig gewesen sein könnten. Es gilt jedoch auch für anhängige Verfahren § 311 StPO/DDR in der Fassung der Zusatzvereinb. (vgl. Rdn. 48), wenn die Kassation vor dem 3. Oktober 1990 zugunsten des Verurteilten beantragt wurde. Außerdem gelten in Altverfahren die Regelungen in Maßgabe Nr. 14 Buchst. h, soweit sie passen; denn diese sind lex specialis für die Kassation in Strafsachen. Dies läßt sich schon aus dem Eingangssatz der Maßgabe Nr. 28 ableiten (. . . „falls . . . nichts anderes bestimmt ist" . . .). Es wäre auch nicht sachgerecht, bei der Anwendung der Regelungen grundsätzlich zwischen Alt- und Neuverfahren zu unterscheiden. Dies zeigt sich z. B. deutlich bei § 311 StPO/DDR in der erweiterten, dem Verurteilten günstigeren Fassung oder bei der Anwendbarkeit des § 349 StPO[18a].

76 8. **Gebühren[18b], Auslagen.** Im Kassationsverfahren gelten nach **Maßgabe Nr. 19 Buchst. c** die Vorschriften des Kostenverzeichnisses und nach **Maßgabe Nr. 26 Buchst. d** die Vorschriften der BRAGebO über das Revisioinsverfahren in Strafsachen, ggf. mit einer Gebührenermäßigung um 20% (vgl. Nr. 19 Buchst. a, 26 Buchst. h), sinngemäß. In Kassationsverfahren, die schon am 3. Oktober 1990 anhängig waren (vgl. Rdn. 75), werden jedoch nach Maßgabe Nr. 19 Buchst. d zum GKG die Kosten nach bisherigem Recht der DDR erhoben; es fallen also keine Gerichtsgebühren an.

[18a] Vgl. LG Berlin NJW **1991** 200.
[18b] Vgl. Fn. 6a.

9. **Maßgabe k** enthält eine registerrechtliche Folgeregelung. 77

10. **Entschädigung.** Nach Anlage I Kap. III Sachgebiet C Abschnitt II Nr. 4 (§ 16 a StrEG neu) richtet sich die Entschädigung für die Folgen einer unberechtigten Strafverfolgungsmaßnahme, die vor dem 3. Oktober 1990 erfolgte oder angeordnet wurde, nach dem Recht der DDR (§§ 369 ff StPO/DDR); jedoch übersteigt bei Kassation die Leistung nicht den für den Fall einer strafrechtlichen Rehabilitierung (vgl. Rdn. 79) vorgesehenen Umfang[19]. Vgl. auch Rdn. 64. 78

VI. Rehabilitierungsverfahren

1. **Allgemeines.** Das gemäß Artikel 9 Abs. 3, Artikel 17 des Einigungsvertrages in Verbindung mit Artikel 3 Nr. 6 der Zusatzvereinb. in der nachfolgenden Fassung — entsprechend den dazu getroffenen Maßgaben — weitergeltende RehabG[20] ermöglicht eine strafrechtliche Rehabilitierung[21]: 79

Rehabilitierungsgesetz

Die Rehabilitierung von Personen, die im Widerspruch zu verfassungsmäßig garantierten Grund- und Menschenrechten strafrechtlich verfolgt, diskriminiert oder in anderer Weise in ihren Rechten schwerwiegend beeinträchtigt wurden, ist ein wesentliches Element der Politik zur demokratischen Erneuerung der Gesellschaft, des Staates und des Rechts in der Deutschen Demokratischen Republik. Insbesondere die Kriminalisierung friedlicher, gewaltfreier politischer Tätigkeit durch Gesetzgebung oder Rechtsprechung ist unvereinbar mit den verfassungsmäßigen politischen Grund- und Menschenrechten jedes Bürgers. Die Rehabilitierung verfolgt das rechtsstaatliche und humanistische Anliegen, Personen vom Makel strafrechtlicher Verurteilung oder anderer Diskriminierung zu befreien, die in der Vergangenheit durch Verletzung dieser Grundsätze verfolgt oder benachteiligt wurden.

1. Abschnitt

Allgemeine Bestimmungen

§ 1

Geltungsbereich

(1) Dieses Gesetz regelt die Rehabilitierung aller Personen,

1. die von einem Gericht der DDR nach dem 7. Oktober 1949 und vor dem Inkrafttreten des 6. Strafrechtsänderungsgesetzes wegen einer Handlung im Sinne des § 3 strafrechtlich verurteilt wurden (strafrechtliche Rehabilitierung);
2. (findet keine Anwendung);
3. (findet keine Anwendung).

(2) Auf die Rehabilitierung von Personen, die wegen der in Abs. 1 Ziffer 1 bezeichneten Handlungen in der Zeit vom 8. Mai 1945 bis zum 7. Oktober 1949 von einem deutschen Gericht in der Sowjetischen Besatzungszone Deutschlands strafrechtlich verurteilt wurden, findet dieses Gesetz entsprechende Anwendung.

---

[19] Vgl. auch *Lemke* Fn. 9.

[20] Vgl. dazu *Buchholz* Fn. 8; *Nissel* DtZ **1990** 330; *Kemper/Lehner* Fn. 7a; *Pfister* und LG Berlin Fn. 8b.

[21] Weitere Maßnahmen des Gesetzgebers zur Lösung von Problemen dürften unumgänglich sein. Insbesondere wird zu prüfen sein, ob eine sog. berufliche bzw. verwaltungsrechtliche Rehabilitierung notwendig ist und ob die Regelungen zum finanziellen Ausgleich von Nachteilen verbessert werden müssen.

(3) Für Personen, deren Strafverfahren auf andere Weise als durch Urteil beendet wurde, gelten die Bestimmungen dieses Gesetzes entsprechend.

(4) (findet keine Anwendung).

§ 2

Inhalt und Wirkungen der Rehabilitierung

(1) Die Rehabilitierung bezweckt eine politisch-moralische Genugtuung für den Betroffenen.

(2) Ferner begründet die Rehabilitierung Ansprüche des Betroffenen nach Maßgabe dieses Gesetzes.

(3) Für die Rückerstattung oder Rückgabe von Vermögenswerten, die im Zusammenhang mit rechtsstaatswidrigen Strafverfolgungsmaßnahmen dem Betroffenen oder Dritten entzogen worden sind, findet das Gesetz zur Regelung offener Vermögensfragen (Anlage II Kapitel III Sachgebiet B Abschnitt I zum Vertrag vom 31. August 1990) Anwendung.

2. Abschnitt

Strafrechtliche Rehabilitierung

§ 3

Voraussetzungen

(1) Personen, die wegen einer Handlung strafrechtlich verurteilt wurden, mit der sie verfassungsmäßige politische Grundrechte wahrgenommen haben, werden rehabilitiert. Das gilt auch bei einer Veurteilung wegen mehrfacher Gesetzesverletzung, sofern die weitere Strafrechtsverletzung bei der Bestrafung von untergeordneter Bedeutung war.

(2) Unter diesen Voraussetzungen werden insbesondere Personen rehabilitiert, die nach Strafbestimmungen des 2. und 8. Kapitels des Besonderen Teils des Strafgesetzbuches oder entsprechenden früheren Strafgesetzen verurteilt wurden, weil sie

1. politischen Widerspruch in Wort und Schrift, durch friedliche Demonstrationen oder Zusammenschlüsse erhoben haben,
2. gewaltlosen Widerstand geleistet haben,
3. mit friedlichen Mitteln Einfluß auf die Genehmigung einer Ausreise aus der DDR genommen haben oder,
4. Kontakt zu Dienststellen, Organisationen und Personen außerhalb des Gebietes der DDR aufgenommen haben, ohne im Sinne des 6. Strafrechtsänderungsgesetzes Spionage- oder Agententätigkeit auszuüben.

(3) Rehabilitiert werden auch Personen, die die DDR entgegen den gesetzlichen Bestimmungen verlassen haben oder verlassen wollten, wenn sie deshalb verurteilt wurden. Abs. 1 Satz 2 gilt entsprechend.

(4) Ist eine Person bei dem Versuch, Grenzsicherungsanlagen der DDR zu überwinden, getötet worden, bestimmen sich die Ansprüche der Hinterbliebenen gemäß § 3 des Staatshaftungsgesetzes.

(5) Eine Rehabilitierung ist ausgeschlossen, wenn die in Betracht zu ziehende Handlung auch nach dem Inkrafttreten des 6. Strafrechtsänderungsgesetzes strafbar ist. Das gilt insbesondere für solche Handlungen, die mit Gewalt oder unter Androhung von Gewalt begangen wurden oder die Kriegshetze oder -propaganda, nationalsozialistische oder militaristische Propaganda, Völker- oder Rassenhetze darstellen.

§ 4

Aufhebung des Urteils

Das Urteil ist aufzuheben, soweit die Voraussetzungen der Rehabilitierung vorliegen. Damit werden die rechtlichen Wirkungen des Urteils in diesem Umfang beseitigt.

§ 5

Beendigung der Strafenverwirklichung und Tilgung im Strafregister

(1) Die Verwirklichung der Haupt- und Zusatzstrafen sowie aller weiteren Verpflichtungen und Maßnahmen ist zu beenden, soweit das Urteil aufgehoben wird.

(2) Sämtliche Eintragungen über das der Rehabilitierung zugrunde liegende Urteil und andere Entscheidungen im Strafregister sind zu tilgen.

§ 6

Ansprüche auf Rückerstattung bezahlter Geldstrafen, Gebühren und Auslagen des Strafverfahrens sowie Haftkosten bleiben einer besonderen gesetzlichen Regelung vorbehalten.

§ 7

Soziale Ausgleichsleistungen

(1) Die Rehabilitierung begründet einen Anspruch auf soziale Ausgleichsleistungen für die dem Betroffenen durch den Freiheitsentzug entstandenen gesundheitlichen, materiellen oder anderen Nachteile.

(2) Für Art und Umfang der sozialen Ausgleichsleistungen gelten sinngemäß die Bestimmungen des Häftlingshilfegesetzes in der Fassung der Bekanntmachung vom 4. Februar 1987 (BGBl. I S. 512), zuletzt geändert durch Artikel 6 des Gesetzes vom 22. Dezember 1989 (BGBl. I S. 2398).

§ 8

Begrenzung und Wegfall des Anspruchs

(1) In Fällen, in denen der Betroffene neben der Handlung, in bezug auf die er rehabilitiert wird, noch wegen einer anderen Straftat verurteilt wurde, sind bei der Festsetzung des Anspruches auf Rückerstattung von entzogenen Vermögenswerten und auf soziale Ausgleichsleistungen der Rechtsgrund der Bestrafung und das Verhältnis der Straftaten zueinander zu beachten.

(2) Bei der Entscheidung über soziale Ausgleichsleistungen sind an den Rehabilitierten bereits erbrachte Leistungen, insbesondere nach dem Häftlingshilfegesetz, anzurechnen.

§ 9

Anrechnung des Freiheitsentzuges

Einem Rehabilitierten, der aufgrund der Verurteilung eine Strafe mit Freiheitsentzug verbüßt hat, wird die Dauer des Freiheitsentzuges

1. bei der Festsetzung einer Rente aus der Sozialpflichtversicherung als Zeit einer versicherungspflichtigen Tätigkeit angerechnet,
2. als Zeit der Zugehörigkeit zur freiwilligen Zusatzrentenversicherung der Sozialversicherung oder zu einem Zusatzversorgungssystem angerechnet, wenn er vor Beginn des Freiheitsentzuges der Zusatzrentenversicherung oder dem Zusatzversorgungssystem angehörte oder unmittelbar nach Beendigung des Freiheitsentzuges beigetreten ist und
3. auf die Betriebszugehörigkeit angerechnet.

§ 10

Antrag auf Rehabilitierung

(1) Ein Antrag auf Rehabilitierung kann innerhalb von zwei Jahren nach dem Inkrafttreten dieses Gesetzes

1. von dem Betroffenen oder seinem gesetzlichen Vertreter,
2. nach dem Tode des Betroffenen von seinem Ehegatten, seinen Geschwistern oder seinen Verwandten in gerader Linie

bei dem gemäß § 11 Absatz 1 für die Entscheidung zuständigen Bezirksgericht oder bei jedem anderen staatlichen Gericht der DDR zu Protokoll der Rechtsantragsstelle erklärt, schriftlich eingereicht oder durch einen beauftragten Rechtsanwalt schriftlich gestellt werden.

(2) Der Antrag kann auch von dem Staatsanwalt, jedoch nicht gegen den ausdrücklichen Willen des Betroffenen oder der anderen gemäß Absatz 1 Ziffer 2 Antragsberechtigten, gestellt werden. Er ist an keine Frist gebunden.

(3) Der Antrag ist zu begründen. Die Tatsachen und Beweismittel, aus denen sich die Voraussetzungen der Rehabilitierung ergeben, sind zu bezeichnen. Zu diesem Zwecke sind dem Antragsteller auf sein Verlangen das Urteil und die Anklageschrift zuzustellen, soweit diese noch vorhanden sind.

§ 11

Zuständigkeit des Gerichts

(1) Für die Entscheidung gemäß § 12 Absatz 1 ist das Bezirksgericht zuständig, in dessen Bereich das erstinstanzliche Strafverfahren oder das Ermittlungsverfahren durchgeführt wurde. Soweit in erster Instanz das Oberste Gericht entschieden hat, ist es auch für die Entscheidung gemäß § 12 Absatz 1 zuständig.

(2) Das Bezirksgericht und das Oberste Gericht entscheiden durch einen besonders zu bildenden Senat für Rehabilitierungsverfahren. Der Senat ist mit drei Berufsrichtern besetzt.

(3) Die Berufsrichter dieser Senate ernennt der Minister der Justiz. Von der Mitwirkung in Rehabilitierungsverfahren sind Richter ausgeschlossen, die an Verurteilungen gemäß § 3 beteiligt waren.

§ 12

Entscheidung des Gerichts

(1) Das Gericht hat über den Antrag auf Rehabilitierung und über im Zusammenhang hiermit geltend gemachte Ansprüche auf Rückerstattung von entzogenen Vermögenswerten und auf soziale Ausgleichsleistungen zügig zu entscheiden. Die Entscheidung ergeht in der Regel ohne mündliche Verhandlung durch Beschluß, im Ablehnungsfall allerdings nur, wenn der Antrag nach einstimmiger Auffassung des Senats offensichtlich unbegründet ist. Dem Staatsanwalt ist, sofern er nicht selbst den Antrag gestellt hat, Gelegenheit zur Stellungnahme zu geben.

(2) Das Gericht kann dem Antragsteller aufgeben, für die Entscheidung benötigte Unterlagen und andere Beweismittel vorzulegen oder zu bezeichnen. Sofern dies dem Antragsteller nicht möglich ist, hat das Gericht erforderliche Ermittlungen selbst vorzunehmen oder kann anordnen, daß diese durch den Staatsanwalt oder andere Behörden durchgeführt werden. Der Staatsanwalt, die Behörden und staatlichen Einrichtungen sind verpflichtet, dem Gericht beweiserhebliche Auskünfte vollständig und wahrheitsgemäß zu erteilen und entsprechende Unterlagen vorzulegen oder beizubringen.

(3) Das Gericht ist berechtigt, vom Antragsteller eine mit der Versicherung der Richtigkeit seiner Angaben versehene Erklärung zu fordern. Der Antragsteller ist über die Folgen einer vorsätzlichen falschen Versicherung zu belehren.

(4) Über den Antrag ist nach mündlicher Verhandlung zu entscheiden, wenn dies zur Klärung der Voraussetzungen der Rehabilitierung oder zur Entscheidung über Ansprüche auf Rückerstattung von entzogenen Vermögenswerten und auf soziale Ausgleichsleistungen notwendig ist. Zur mündlichen Verhandlung sind der Antragsteller, der Staatsanwalt und, sofern der Antragsteller durch einen Rechtsanwalt vertreten wird, der Rechtsanwalt zu laden. Für die Vorbereitung und Durchführung der mündlichen Verhandlung gelten die Bestimmungen der Strafprozeßordnung über die Hauptverhandlung erster Instanz entsprechend.

(5) Das Gericht hat auf Antrag oder von Amts wegen einen Dritten, für den die Entscheidung rechtsgestaltende Wirkung haben kann, als Beteiligten in das Verfahren einzubeziehen.

§ 13

Rechtsstellung eines Dritten

(1) Nach der Einbeziehung in das Verfahren ist dem Dritten der Antrag auf Rehabilitierung zuzustellen. Ihm ist Gelegenheit zur sachdienlichen Äußerung zu geben. Das Gericht kann ihn zu diesem Zwecke anhören.

(2) Der Dritte kann an der mündlichen Verhandlung teilnehmen, Erklärungen abgeben und Anträge stellen. Er kann sich durch einen Rechtsanwalt vertreten lassen. Ihm ist die Entscheidung des Gerichts zuzustellen. Gegen die Entscheidung kann er Beschwerde einlegen.

§ 14

Beschwerde

(1) Gegen den Beschluß des Gerichts ist die Beschwerde zulässig. Die Beschwerde ist bei dem Gericht einzulegen, von dem der angefochtene Beschluß erlassen wurde.

(2) Über die Beschwerde gegen den Beschluß eines Bezirksgerichts entscheidet der für Rehabilitierungsverfahren zuständige Senat des Obersten Gerichts. Für die Entscheidung über die Beschwerde gegen einen erstinstanzlichen Beschluß des Senats des Obersten Gerichts ist der Große Senat des Obersten Gerichts zuständig.

(3) Für die Einlegung der Beschwerde, das Verfahren und die Entscheidung über die Beschwerde gelten im übrigen die Bestimmungen der Strafprozeßordnung entsprechend.

§ 15

Verweisung an das zuständige Gericht

(1) Stellt der Rehabilitierungssenat fest, daß die Voraussetzungen für eine Rehabilitierung nicht vorliegen, jedoch eine Kassation des Urteils nach den Bestimmungen der Strafprozeßordnung zu prüfen ist, verweist er die Sache zur Prüfung und Entscheidung hierüber an das dafür zuständige Kassationsgericht.

(2) Kommt das Gericht bei der Prüfung eines Kassastionsantrages zu der Überzeugung, daß die Voraussetzungen für eine Kassation nicht gegeben sind, aber eine Rehabilitierung nach den Bestimmungen dieses Gesetzes in Betracht kommen kann, verweist es die Sache zur Prüfung und Entscheidung hierüber an den dafür zuständigen Rehabilitierungssenat.

(3) Ein Verweisungsbeschluß nach Absatz 1 oder Absatz 2 ist für das Gericht, an das verwiesen wird, bindend.

§ 16

Kosten des Verfahrens

(1) Gebühren und Auslagen des Staatshaushalts werden nicht erhoben.

(2) Wird dem Antrag ganz oder teilweise stattgegeben, hat die notwendigen Auslagen des Antragstellers der Staatshaushalt zu tragen. Bei Abweisung des Antrages kann das Gericht unter Berücksichtigung aller Umstände die notwendigen Auslagen des Antragstellers ebenfalls ganz oder teilweise dem Staatshaushalt auferlegen.

(3) Für die Auslagen des Beschwerdeverfahrens gilt § 367 der Strafprozeßordnung entsprechend.

§ 17

Anwendbarkeit des Gerichtsverfassungsgesetzes und der Strafprozeßordnung

Für das gerichtliche Verfahren über die Rehabilitierung gelten, soweit in diesem Gesetz keine Regelungen getroffen wurden, die Bestimmungen des Gerichtsverfassungsgesetzes und der Strafprozeßordnung entsprechend.

§§ 18 bis 42 (3. bis 5. Abschnitt) finden keine Anwendung.

6. Abschnitt

Schlußbestimmungen

§ 43

Durchführungsverordnungen

Durchführungsverordnungen zu diesem Gesetz erläßt der Ministerrat.

§ 44

Inkrafttreten

Dieses Gesetz tritt mit seiner Veröffentlichung in Kraft.

Zusatzvereinbarung

Artikel 3

Das nachfolgend aufgeführte Recht der Deutschen Demokratischen Republik bleibt nach Wirksamwerden des Beitritts in Kraft. Artikel 9 Abs. 4 des Vertrags gilt entsprechend.

Zu Kapitel III (Geschäftsbereich des Bundesministers der Justiz)

6. Rehabilitierungsgesetz vom 6. September 1990 (GBl. I Nr. 60 S. 1459) mit folgenden Maßgaben:
   a) § 1 Abs. 1 Nr. 2 und 3 und Absatz 4 sowie der 3. bis 5. Abschnitt (§§ 18 bis 42) finden keine Anwendung. § 2 Abs. 2 gilt nur für Ansprüche der gemäß dem 2. Abschnitt (§§ 3 bis 17) rehabilitierten Personen.
   b) Personen, die durch eine rechtsstaatswidrige Einweisung in eine psychiatrische Anstalt Opfer im Sinne des Artikels 17 des Vertrages geworden sind, haben die gleichen Ansprüche wie gemäß dem 2. Abschnitt (§§ 3 bis 17) Rehabilitierte.
   c) § 2 Abs. 2 und 3 wird wie folgt gefaßt:
   „(2) Ferner begründet die Rehabilitierung Ansprüche des Betroffenen nach Maßgabe dieses Gesetzes.
   (3) Für die Rückerstattung oder Rückgabe von Vermögenswerten, die im Zusammenhang mit rechtsstaatswidrigen Strafverfolgungsmaßnahmen dem Betroffenen oder Dritten entzogen worden sind, findet das Gesetz zur Regelung offener Vermögensfragen (Anlage II Kapitel III Sachgebiet B Abschnitt I zum Vertrag vom 31. August 1990) Anwendung."
   d) § 6 wird wie folgt gefaßt:

   „§ 6

   Ansprüche auf Rückerstattung bezahlter Geldstrafen, Gebühren und Auslagen des Strafverfahrens sowie Haftkosten bleiben einer besonderen gesetzlichen Regelung vorbehalten."
   e) § 8 Abs. 2 wird wie folgt gefaßt:
   „(2) Bei der Entscheidung über soziale Ausgleichsleistungen sind an den Rehabilitierten bereits erbrachte Leistungen, insbesondere nach dem Häftlingshilfegesetz, anzurechnen."
   f) Soweit nach § 11 Abs. 1 Satz 2 und Absatz 2 das Oberste Gericht zuständig ist, tritt an seine Stelle das Bezirksgericht.
   g) Soweit nach § 14 Abs. 2 das Oberste Gericht zuständig ist, tritt an seine Stelle der Besondere Senat des Bezirksgerichts, in dessen Bezirk die Landesregierung ihren Sitz hat (Anlage I Kapitel III Sachgebiet A Abschnitt III Nr. 1 — Gerichtsverfassungsgesetz — Buchstabe k zum Vertrag vom 31. August 1990).

h) In § 15 wird folgender neuer Absatz 3 eingefügt:
„(3) Ein Verweisungsbeschluß nach Absatz 1 oder Absatz 2 ist für das Gericht, an das verwiesen wird, bindend."
Für die Anwendung in dem Teil des Landes Berlin, in dem das Grundgesetz bisher nicht galt, gelten zusätzlich folgende Maßgaben:
a) An die Stelle der in § 11 Abs. 1 bezeichneten Gerichte tritt das Landgericht Berlin.
b) § 11 Abs. 2 und 3 findet keine Anwendung.
c) Soweit nach § 14 Abs. 2 das Oberste Gericht zuständig ist, tritt an seine Stelle das Kammergericht.

2. Einzelfragen. Zum **Zweck des Gesetzes**, zur **Abgrenzung vom Kassationsverfahren**, zum gleichzeitigen Vorliegen von Kassations- und Rehabilitierungsvoraussetzungen sowie zu § 15 des RehabG vgl. Rdn. 48 ff, 71. **80**

Die **Maßgaben Nr. 6 Buchst. f und g** regeln im Hinblick auf die Auflösung des Obersten Gerichts, daß an dessen Stelle sachlich zuständig das Bezirksgericht bzw. dessen Besonderer Senat (in Berlin das Landgericht bzw. das Kammergericht) treten. Der **Gerichtsstand** bestimmt sich, falls das Oberste Gericht in erster Instanz entschieden hatte, nach den §§ 7 ff StPO. **81**

Nach **Artikel 4 Nr. 3** der Vereinbarung ergeben sich im Rehabilitierungsverfahren die **Anwaltsgebühren**[22] wie folgt: Im ersten Rechtszug gilt § 83 Abs. 1 Nr. 2 BRAGebO sinngemäß. Findet eine mündliche Verhandlung nicht statt, gilt § 84 sinngemäß. Im Beschwerdeverfahren (§ 14) gelten die Vorschriften über das Berufungsverfahren vor der großen Strafkammer sinngemäß. Außerdem gilt § 89 BRAGebO mit der Maßgabe sinngemäß, daß der Rechtsanwalt im Beschwerdeverfahren die Gebühren für das Verfahren im ersten Rechtszug erhält. § 89 findet also Anwendung, wenn der Rechtsanwalt auch einen Anspruch auf soziale Ausgleichsleistungen (§ 7 des RehabG) geltend macht. **Gerichtsgebühren** fallen nicht an. **82**

VII. Begnadigung

Maßgabe i stellt die Reichweite der Begnadigungskompetenz des Bundes (vgl. Artikel 60 Abs. 2 GG) klar. In jedem Einzelfall ist also zur Klärung der Zuständigkeitsfrage zu prüfen, ob die dem Gnadenverfahren zugrundeliegende Strafsache der Gerichtsbarkeit des Bundes (vgl. Artikel 96 Abs. 5 GG) unterfallen würde. **83**

[22] Vgl. Fn. 6a.

SACHREGISTER

FSC
www.fsc.org
MIX
Papier | Fördert gute Waldnutzung
FSC® C083411

Kolibri 360 GmbH
Ferdinand-Jühlke-Straße 7
99095 Erfurt, Deutschland
produktsicherheit@kolibri360.de